高等职业院校财经类专业"十二五"规划教材

税　法

喻靖文　叶　青　娄会娟　主编

上海财经大学出版社

图书在版编目(CIP)数据

税法/喻靖文、叶青、娄会娟主编. 一上海：上海财经大学出版社，2015.8

(高等职业院校财经类专业"十二五"规划教材)

ISBN 978-7-5642-2226-0/F・2226

Ⅰ.①税… Ⅱ.①喻…②叶…③娄… Ⅲ.①税法-中国-高等职业教育-教材 Ⅳ.①D922.22

中国版本图书馆 CIP 数据核字(2015)第 173268 号

□ 责任编辑 刘 兵

□ 封面设计 钱宇辰

SHUIFA

税 法

喻靖文 叶 青 娄会娟 主 编

上海财经大学出版社出版发行

(上海市武东路 321 号乙 邮编 200434)

网 址：http://www.sufep.com

电子邮箱：webmaster @ sufep.com

全国新华书店经销

同济大学印刷厂印刷

上海叶大印务发展有限公司装订

2015 年 8 月第 1 版 2015 年 8 月第 1 次印刷

787mm×1092mm 1/16 18 印张 460 千字

印数：0 001—4 000 定价：35.00 元

高等职业院校财经类专业“十二五”规划教材

编写委员会

前　言

为了贯彻落实国家关于加快发展现代职业教育、培养大批高素质高技能型人才的战略部署，我们依据我国现行的税收法律、法规和政策，紧紧围绕高职高专财务会计类人才培养的目标，以服务学生学习和教师教学为宗旨，根据高职高专财务会计类专业税法课程教学的基本要求和 2015 年会计从业资格证书及全国会计专业技术资格考试大纲（初级）的要求，组织编写了本教材。本教材在编写过程中力求体现以下特色。

一、内容依据求新

本书根据税法变化较快的特点，及时地汇集最新的税收法律、法规，充分反映了我国税制改革的最新动态和发展方向，同时结合 2015 年会计从业资格证书及全国会计专业技术资格考试大纲（初级）的新变化，对我国现行的税收法律制度进行了全面阐述。

二、体例编排新颖

在编写体例上，本书突破原有税法教材单纯知识叙述的老框架，每一单元安排有“学习目标”“导入案例”“典型题例”“单元小结”和“知识测试与能力训练”；“学习目标”让学生明确应知应会的知识和能力，“导入案例”让学生带着问题去学习，“典型题例”及“解析”深入分析题目所对应的知识点和能力要求，“单元小结”以知识导图的形式提炼本单元的核心知识点，帮助学生厘清学习思路，“知识测试与能力训练”供学生练习自测，以提高学生的学习兴趣，帮助学生巩固学到的知识。

三、阐释通俗易懂

本教材兼顾当前高职高专学生的知识基础和学习难度，在语言表述上，力求准确表述教学内容，变抽象的法律条文为学生乐于接受的通俗语言，文字简明、浅显易懂。正确处理了法律的严肃性与知识的趣味性之间的关系，符合高职学生学习的心理特征。

本书由喻靖文、叶青、娄会娟主编。具体编写分工为：喻靖文编写第 1 单元、第 7 单元、第 10 单元、第 11 单元，叶青编写第 2 单元、第 3 单元、第 8 单元、第 9 单元，娄会娟编写第 4 单元、第 5 单元、第 6 单元，全书由喻靖文制定写作大纲并总纂定稿。

本书在编写过程中，参阅和借鉴了近年来出版发行的不少优秀教材和税法研究方面的最新成果，在此不逐一列举，谨向各位作者一并表示感谢！

由于中国现行税法内容丰富，并处于不断改革和完善之中，加之编者水平所限，本教材不足之处在所难免，恳请各位读者批评指正。

编　者

2015 年 5 月

目　录

前　言……………………………………………………………（1）

第1单元　税法概述………………………………………………（1）

【学习目标】…………………………………………………………（1）
【导入案例】…………………………………………………………（1）
第一节　税收与税法…………………………………………………（2）
第二节　税法法律关系和税法要素…………………………………（5）
第三节　我国现行税法制度…………………………………………（9）
【导入案例分析】……………………………………………………（13）
【单元小结】…………………………………………………………（13）
【知识测试与能力训练】……………………………………………（14）

第2单元　增值税法………………………………………………（16）

【学习目标】…………………………………………………………（16）
【导入案例】…………………………………………………………（16）
第一节　增值税的概念及特点………………………………………（16）
第二节　增值税的基本法律规定……………………………………（18）
第三节　增值税应纳税额的计算……………………………………（21）
第四节　出口货物退(免)税…………………………………………（29）
第五节　增值税税收优惠……………………………………………（33）
第六节　增值税征收管理……………………………………………（34）
第七节　增值税专用发票的使用管理………………………………（35）
第八节　营业税改征增值税试点的基本内容………………………（37）
【导入案例分析】……………………………………………………（40）
【单元小结】…………………………………………………………（41）
【知识测试与能力训练】……………………………………………（42）

第3单元　消费税法………………………………………………（45）

【学习目标】…………………………………………………………（45）

【导入案例】 …… (45)
第一节 消费税的概念与特点 …… (45)
第二节 消费税法的基本要素 …… (46)
第三节 消费税应纳税额的计算 …… (54)
第四节 出口应税消费品退(免)税 …… (64)
第五节 消费税征收管理 …… (65)
【导入案例分析】 …… (67)
【单元小结】 …… (68)
【知识测试与能力训练】 …… (68)

第 4 单元 营业税法 …… (72)

【学习目标】 …… (72)
【导入案例】 …… (72)
第一节 营业税概述 …… (72)
第二节 税目和税率 …… (76)
第三节 营业税的计税依据及应纳税额的计算 …… (79)
第四节 营业税起征点与税收减免 …… (84)
第五节 营业税的征收管理 …… (87)
【导入案例分析】 …… (90)
【单元小结】 …… (90)
【知识测试与能力训练】 …… (90)

第 5 单元 关税法 …… (94)

【学习目标】 …… (94)
【导入案例】 …… (94)
第一节 关税概述 …… (94)
第二节 关税税则与税率 …… (95)
第三节 关税完税价格与应纳税额计算 …… (98)
第四节 关税的征收管理 …… (104)
【导入案例分析】 …… (106)
【单元小结】 …… (106)
【知识测试与能力训练】 …… (107)

第 6 单元 企业所得税法 …… (109)

【学习目标】 …… (109)
【导入案例】 …… (109)
第一节 企业所得税概述 …… (109)
第二节 企业所得税应纳税额的计算 …… (111)

第三节 特别纳税调整……(128)
第四节 税收优惠……(130)
第五节 源泉扣缴与征收管理……(136)
【导入案例分析】……(139)
【单元小结】……(139)
【知识测试与能力训练】……(140)

第7单元 个人所得税法……(144)

【学习目标】……(144)
【导入案例】……(144)
第一节 个人所得税概述……(144)
第二节 个人所得税法的基本要素……(145)
第三节 个人所得税应纳税额的计算……(161)
第四节 个人所得税的税收优惠及征收管理……(168)
【导入案例分析】……(173)
【单元小结】……(173)
【知识测试与能力训练】……(174)

第8单元 资源类税法……(178)

【学习目标】……(178)
【导入案例】……(178)
第一节 资源税法……(178)
第二节 城镇土地使用税法……(185)
第三节 耕地占用税法……(191)
第四节 土地增值税法……(195)
【导入案例分析】……(202)
【单元小结】……(203)
【知识测试与能力训练】……(204)

第9单元 财产类税法……(207)

【学习目标】……(207)
【导入案例】……(207)
第一节 房产税法……(207)
第二节 车船税法……(212)
第三节 契税法……(219)
【导入案例分析】……(222)
【单元小结】……(223)
【知识测试与能力训练】……(223)

第 10 单元 行为类税法 …… (227)
【学习目标】…… (227)
【导入案例】…… (227)
第一节 印花税法 …… (227)
第二节 车辆购置税法 …… (235)
第三节 城市维护建设税与教育费附加法律制度 …… (238)
【导入案例分析】…… (240)
【单元小结】…… (241)
【知识测试与能力训练】…… (241)

第 11 单元 税收征收管理法律制度 …… (244)
【学习目标】…… (244)
【导入案例】…… (244)
第一节 税收征收管理法概述 …… (244)
第二节 税务管理 …… (245)
第三节 税款征收与税务检查 …… (256)
第四节 税务行政复议 …… (261)
第五节 税收法律责任 …… (265)
【导入案例分析】…… (268)
【单元小结】…… (269)
【知识测试与能力训练】…… (269)

主要参考文献 …… (273)

第 1 单元

税法概述

学习目标

1. 掌握税收的概念、特征及职能，税法的概念、特征及分类
2. 理解税收法律关系及税法要素
3. 熟悉我国税法的立法机关和现行税收法律制度

导入案例

2014 年，我国税务部门组织税收收入 103 768 亿元(已扣减出口退税)，比上年同期增长 8.8%。其中，中央税收收入完成 44 973 亿元，增长 7.4%，地方级税收收入完成 58 795 亿元，增长 9.9%。

从主要税种来看，2014 年国内增值税 30 850 亿元，同比增长 7.1%，扣除营改增转移收入因素后增长 2.5%；国内消费税 8 907 亿元，同比增长 8.2%，个人所得税 7 377 亿元，同比增长 12.9%，进口货物增值税、消费税 14 424 亿元，同比增长 3%，关税 2 843 亿元，同比增长 8.1%。全国共办理出口退税 11 356 亿元，同比增长 8%。

想一想：经过上述数据我们可以看出 2014 年税收收入完成得很好，那么同学们有没有想过税收收入是从哪里取得的，又依据什么收取的，我国到底是如何征税的，通过本章的学习给出正确答案。

第一节 税收与税法

一、税收的概念与特征

(一)税收的概念

税收是国家为了实现其职能的需要,凭借政治权力,按照法律规定的标准和程序,强制、无偿取得财政收入的一种形式。税收是政府取得财政收入的一种重要工具;国家征税的目的是为了实现其职能,满足社会公共需要;国家征税需借助法律形式。

(二)税收的特征

税收的特征,亦称"税收形式特征",是指税收分配形式区别于其他财政分配形式的质的规定性。税收的形式特征通常概括为税收"三性",即:

1. 税收的强制性

国家征税是凭借政治强制力,以法律、法令为依据进行的,表现在税收分配关系和征收过程两个方面。征税者要依法征税,纳税者要依法纳税。

2. 税收的无偿性

无偿性是指国家征税以后税款为国家所有,是价值的单方面向国家转移,国家征税并不直接向纳税人支付任何报酬或代价。

3. 税收的固定性

固定性是指税收是国家通过法律形式,预先规定了对什么征税及其征收比例等税制要素,并保持相对的连续性和稳定性。

(三)税收的职能

税收职能是税收所具有的满足国家需要的能力。我国税收具有组织财政收入、调节社会经济和监督社会经济活动的职能。

1. 组织财政收入

国家为了实现其职能,需要大量的财政资金。税收作为国家依照法律规定参与剩余产品分配的活动,承担起筹集财政收入的重要任务。税收自产生之日起就具备了筹集财政收入的职能,并且是最基本的职能。

2. 调节社会经济

国家为了执行其管理社会和干预经济的职能,除需筹集必要的财政资金作为其物质基础外,还要通过制定一系列正确的经济政策,以及体现并执行诸政策的各种有效手段,才能得以实现。税收作为国家强制参与社会产品分配的主要形式,在筹集财政收入的同时,通过设置不同的税种、税目,确定不同的税率,对不同的部门、单位、个人以及不同的产业、产品进行调节,以调整经济利益关系,促进社会经济的顺利发展,从而使税收成为国家调节社会经济活动的重要经济杠杆。

3. 监督社会经济活动

税收政策体现着国家的意志,税收制度是纳税人必须遵守的法律准绳,它约束纳税人的经济行为,使之符合国家的政治要求。因此,税收成为国家监督社会经济活动的强有力工具。税收监督社会经济活动的广泛性与深入性,是随商品经济发展和国家干预社会经济生活的程度而发展的。一般来说，商品经济越发达，经济生活越复杂，国家干预或调节社会经济生活的必要性就越强烈，税收监督也就越广泛而深入。

二、税法的概念与特征

(一)税法的概念

税法是指有权的国家机关制定的用以调整征税主体与纳税人之间在税收征纳方面的权利与义务关系的法律规范的总称。它是国家及纳税人依法征税、依法纳税的行为准则。

税收是经济学概念，侧重解决分配关系；税法是法学概念，侧重解决权利义务关系。税收与税法是密不可分的，税法是税收的法律表现形式，税收则是税法所确定的具体内容。

税法有广义和狭义之分。广义的税法包括各级有权机关制定的税收法律、法规、规章等；狭义的税法仅指国家最高权力机关正式立法的税收法律。本书所讲的税法是广义上的税法，即通常所说的税收制度。

【例 1－1】 税法是指有权的国家机关制定的用以调整征税主体与纳税人之间在税收征纳方面的权利与义务关系的法律规范的总称。从狭义角度看，有权的国家机关是指(　　)。

A. 全国人民代表大会及其常务委员会　　B. 国务院

C. 财政部　　D. 国家税务总局

【参考解析】 答案：A。狭义的税法仅指国家最高权力机关即全国人民代表大会及其常务委员会正式立法的税收法律。

(二)税法的特征

1. 从立法过程看，税法属于制定法，而不属于习惯法，即税法是由国家制定的，而不是由习惯做法或司法判例而认可的。

2. 从法律性质看，税法属于义务性法规，而不属于授权性法规，即税法直接规定人们的某种义务，具有强制性。

3. 从内容看，税法属于综合法，而不属于单一法，即税法是由实体法、程序法、争讼法等构成的综合法律体系。

三、税法的分类

税法体系中各税法按立法目的、征税对象、权限划分、适用范围、职能作用的不同，可分为不同类型。

(一)按照税法的基本内容和效力的不同，可分为税收基本法和税收普通法

税收基本法也称税收通则，是税法体系的主体和核心，在税法体系中起着税收母法的作用。我国目前还没有制定统一的税收基本法。税收普通法是根据税收基本法的原则，对税收基本法规定的事项分别立法实施的法律，如《中华人民共和国个人所得税法》(以下简称《个人所得税法》)、《中华人民共和国税收征收管理法》(以下简称《税收征收管理法》)等。

(二)按照税法的职能作用的不同，可分为税收实体法和税收程序法

税收实体法主要是指确定税种立法，具体规定各税种的征收对象、征收范围、税目、税率、纳税地点等。例如，《中华人民共和国企业所得税法》(以下简称《企业所得税法》)、《个人所得税法》就属于税收实体法。税收程序法是指税务管理方面的法律，主要包括税收管理法、纳税程序法、发票管理法、税务机关组织法、税务争议处理法等。《税收征收管理法》就属于税收程序法。

(三)按照税法征收对象的不同,税法可分为五种

1. 流转税法

流转税法是对货物流转额和劳务收入额征税的法律规范,主要包括增值税、营业税、消费税、关税等税法。这类税法的特点是与商品生产、流通、消费有密切联系,不受成本费用的影响且收入具有"刚性",具有对经济进行宏观调控的作用。

2. 所得税法

所得税法是规定对纳税单位和个人获取各种所得或利润额征税的法律规范,主要包括企业所得税、个人所得税等税法。这类税法的特点是可以直接调节纳税人收入,具有公平税负、调节分配关系的作用。

3. 财产税法

财产税法是规定对纳税人财产的价值或数量征税的法律规范,如房产税等税法。其特点是避免利用财产投机取巧和财产的闲置浪费,促进财产的节约和合理利用。

4. 行为税法

行为税法是规定对某些特定行为征税的法律规范,如印花税、城市维护建设税等税法。其特点是可选择面较大,设置和废止相对灵活,有利于国家限制或引导某些特定行为而达到预期的目的。

5. 资源税法

资源税法是对纳税人利用国家自然资源而征税的法律规范,如资源税、城镇土地使用税等税法。其特点是调节因自然资源或客观原因所形成的极差收入,避免资源浪费,保护和合理地使用国家自然资源。

(四)按照主权国家行使税收管辖权的不同,可分为国内税法、国际税法、外国税法等

国内税法一般是按照属人或属地原则规定的一个国家的内部税收制度。国际税法是指国家间形成的税收制度,主要包括双边或多边的国家间的税收协定、条约和国际惯例等。一般而言,国际税法的效力高于国内税法。外国税法指外国各个国家制定的税收制度。

(五)按税收收入归属和征收管辖权限的不同,可分为中央税、地方税、中央和地方共享税

1. 中央税。属于中央政府的财政收入,由中央税务机构负责征收管理,如关税、消费税等。

2. 地方税。属于地方各级政府的财政收入,由地方税务局负责征收管理,如城镇土地使用税、契税、营业税等。

3. 中央和地方共享税。属于中央政府和地方政府财政的共同收入,由中央、地方政府按一定的比例分享税收收入,目前由国家税务局负责征收管理,如增值税等。

【例1—2】 根据不同标准可以对税法进行不同的分类。对税法所作的下列分类中,以税法职能作用的不同作为分类标准的是(　　)。

A. 税收法律、税收行政法规、税收规章　　B. 税收实体法和税收程序法

C. 税收基本法和税收普通法　　D. 税收一般法和税收特别法

【参考解析】 答案:B。按照税法的职能作用的不同,可分为税收实体法和税收程序法。

第二节　税法法律关系和税法要素

一、税收法律关系

税收法律关系是由税收法律规范确认和调整的，国家和纳税人之间发生的具有权利和义务内容的社会关系。税收法律关系的一方主体始终是国家，税收法律关系主体双方具有单方面的权利与义务内容，税收法律关系的产生以纳税人发生了税法规定的行为或者事实为根据。

(一)税收法律关系的构成

税收法律关系与其他法律关系一样，都是由法律关系的主体、客体和内容三个方面构成的，但在三方面的内涵上，税收法律关系具有特殊性。

1. 税收法律关系的主体

税收法律关系的主体是指参与税收法律关系依法享有权利和承担义务的当事人，即税收法律关系的参加者。包括征税主体和纳税主体。在我国，征税主体指依法享有国家税收征管权力和履行国家税收征管职能，对纳税主体进行税收征收管理的各级国家机关，包括各级税务机关、海关和财政机关；纳税主体是指依法负有纳税义务的单位和个人，包括法人、自然人和其他组织。

在税收法律关系中，主体双方的法律地位是平等的，但因为主体双方是行政管理者与被管理者的关系，所以双方的权利义务是不对等的，这是税法的一个重要特征。

【例1—3】 下列各项中，可以成为税收法律关系主体的有(　　)。

A. 税务部门　　B. 在我国境内有所得的外国企业

C. 海关部门　　D. 在我国境内有所得的外籍个人

【参考解析】 答案：ABCD。税收法律关系的主体是指参与税收法律关系享有权利和承担义务的当事人，包括征税主体和纳税主体。税务部门和海关部门是征税主体，在我国境内有所得的外国企业和在我国境内有所得的外籍个人是纳税主体。

2. 税收法律关系的客体

税收法律关系的客体是指税收法律关系主体的权利和义务所指向的对象，表现为征税对象，包括物、货币和行为。例如，所得税法律关系的客体就是生产经营所得和其他所得，财产税法律关系的客体即是财产。

税收法律关系的客体是国家利用税收杠杆调节和控制的目标，国家在一定时期根据客观形势发展的需要，通过扩大或缩小征税范围调整征税对象，以达到限制或鼓励国民经济中某些产业、行业发展的目的。

3. 税收法律关系的内容

税收法律关系的内容是指税收法律关系主体所享有的权利和所承担的义务，这是税收法律关系的核心，也是税法的灵魂。它规定权利主体可以有什么行为，不可以有什么行为，若违反了这些规定须承担何种法律责任。

(1)税务机关的权利和义务。

①税务机关的权利。税务机关作为国家税收征收管理的职能部门，享有税务行政管理权。

其主要权利有:法规起草拟订权,即拟订税收法律法规草案,提出税收政策建议,制定、发布关于税收征管的部门规章等。税务管理权,即对纳税人进行登记管理、账簿和凭证管理、纳税申报管理等。税款征收权,主要包括依法计征权、核定税款权、税收保全和强制执行权、追征税款权等。税务检查权,包括查账权、场地检查权、询问权、责成提供资料权、存款账户核查权等。行政处罚权,即对税收违法行为依照法定标准予以行政制裁的权利,如罚款等。

②税务机关的义务。税收征收管理机关在行使职权时,也要承担相应的义务。主要有:宣传税法,辅导纳税人依法纳税的义务;应当依法为纳税人、扣缴义务人的情况保守秘密,为检举违反税法行为者保密;为纳税人办理税务登记、开具完税凭证的义务;受理税务行政复议的义务;进行回避的义务及其他义务。

(2)纳税人、扣缴义务人的权利和义务。

①纳税人、扣缴义务人的权利主要有:知情权,即纳税人、扣缴义务人有权向税务机关了解国家税收法律、行政法规的规定,以及与纳税程序有关的情况;要求保密权,即纳税人、扣缴义务人有权要求税务机关对自己的生产经营和财务状况及有关资料保守秘密;享受税法规定的减税、免税和出口退税优惠;多缴税款申请退还权;陈述权、申辩权,即纳税人、扣缴义务人对税务机关做出的决定,享有采用一定的方式表达自己的意见,对自己的行为做出陈述与辩护的权利;如要求听证、申请行政复议和向法院提起诉讼等;要求税务机关承担赔偿责任权等。

②纳税人、扣缴义务人的义务主要有:按期办理税务登记,并按规定使用税务登记证件的义务;按规定设置账簿,并正确使用、保管有关凭证的义务;按期办理纳税申报的义务;按期缴纳或解缴税款的义务;接受税务检查的义务;纳税人、扣缴义务人、纳税担保人同税务机关在纳税上发生争议时,必须先履行依照税务机关的纳税决定缴纳,或者解缴税款及滞纳金,或者提供相应的担保的义务,然后才可以申请行政复议和起诉。

【例 1—4】 下列各项中,属于税务机关权利的有( )。

A. 税务管理权　　B. 税款征收权

C. 税务检查权　　D. 税收法律、法规和规章的知情权

【参考解析】 答案:ABC。根据税收征收管理法律制度的规定,税务管理权、税款征收权和税务检查权是税务机关的权利,而税收法律、法规和规章的知情权是纳税人和扣缴义务人的权利。

(二)税收法律关系的产生、变更与消灭

税法是引起税收法律关系的前提条件,但税法本身并不能产生具体的税收法律关系。税收法律关系的产生、变更和消灭必须有能够引起税收法律关系产生、变更或消灭的客观情况,也就是由税收法律事实来决定。税收法律事实可以分为税收法律事件和税收法律行为。

税收法律事件是指不以税收法律关系权利主体的意志为转移的客观事件,例如自然灾害可以导致税收减免,从而改变税收法律关系内容的变化。税收法律行为是指税收法律关系主体在正常意志支配下做出的行为,例如,纳税人开业经营即产生税收法律关系,纳税人转业或停业造成税收法律关系的变更或消灭。

(三)税收法律关系的保护

税收法律关系是同国家利益及企业和个人的权益相联系的。保护税收法律关系,实质上就是保护国家正常的经济秩序,保障国家财政收入,维护纳税人的合法权益。税收法律关系的保护形式和方法是很多的,税法中关于限期纳税、征收滞纳金和罚款的规定,《中华人民共和国刑法》对构成偷税、抗税罪给予刑事罚的规定,以及税法中对纳税人不服税务机关征税处理决

定可以申请复议或提出诉讼的规定等都是对税收法律关系的直接保护。税收法律关系的保护对权利主体双方是对等的，不能只对一方保护，而对另一方不予保护，对权利享有者的保护，就是对义务承担者的制约。

二、税法的构成要素

税法的构成要素是各种单行税法具有的共同的基本要素的总称。它包括总则、纳税义务人、征税对象、税目、税率、纳税环节、纳税期限、纳税地点、减税免税、罚则、附则等项目。

(一)总则

主要包括立法依据、立法目的、适用原则等。

(二)纳税义务人

纳税义务人又称“纳税主体”，是税法规定的直接负有纳税义务的单位和个人。纳税人有两种基本形式：自然人和法人。自然人是对能够独立享有法律规定的民事权利，并承担民事义务的普通人的总称。凡是在我国居住，可享受民事权利并承担民事义务的中国人、外国人或无国籍人，以及虽不在我国居住，但受我国法律管辖的中国人或外国人，都属于负有纳税义务的自然人。法人是依照法定程序成立，有一定的组织机构和法律地位，能以自己的名义独立支配属于自己的财产、收入，承担法律义务，行使法律规定权利的社会组织。我国法人主要有四种：机关法人、事业法人、企业法人、社团法人。法人若拥有税法规定的应税财产、收入和特定行为，就对国家负有纳税义务。

在实际纳税工作中要注意纳税人与代扣代缴义务人的区别。代扣代缴义务人亦称“扣缴义务人”，是指按照税法规定负有扣缴税款义务的单位和个人。确定代扣代缴义务人，有利于加强税收的源泉控制，简化征税手续，减少税款流失。但扣缴义务人不是纳税主体，而是纳税人和税务机关的中介。代扣代缴义务人必须严格履行扣缴义务，对于其履行代扣代缴义务的，税务机关将支付一定的手续费；反之，如果扣缴义务人未按规定代扣代缴税款而造成应纳税款流失，或将已扣缴的税款私自截留挪用、不按时纳入国库或帮助纳税人偷逃税款，就要追究其法律责任。

(三)征税对象

征税对象又叫课税对象，是征税的目的物，即对什么征税，是征纳税双方权利义务共同指向的客体或标的物，是区别一种税与另一种税的重要标志。例如，消费税的征税对象是应税消费品，房产税的征税对象是房产等。征税对象是税法最基本的要素，因为它体现着征税的最基本界限，决定着某一种税的基本征税范围；同时，征税对象也决定了各个不同税种的名称，如消费税、个人所得税、土地增值税等。

(四)税目

税目指各个税种所规定的具体征税项目，是征税对象的具体化，反映各税种具体的征税范围，是对课税对象质的界定；税目体现征税的广度，凡列入税目的即为应税项目，未列入税目的，则不属于应税项目。并非所有的税种都需要规定税目，有些税种不分征税对象的具体项目，一律按照征税对象的应纳税额采用统一税率计征税款，因此一般无需设置税目，如企业所得税。有些税种的具体征税对象比较复杂，因此需要设置不同的税目，如消费税、营业税等。

(五)税率

税率指对征税对象的征收比例或征收额度。税率体现征税的深度，是衡量税负轻重的重要标志。税率是最活跃、最有力的税收杠杆，是税收制度的核心。常用的税率主要有以下几种：

1. 比例税率

比例税率是对同一征税对象或同一税目，不论数额大小，都按同一比例征税的税率。我国的增值税、营业税、城市维护建设税、企业所得税等都采用的是比例税率。比例税率的优点表现在：同一课税对象的不同纳税人税收负担相同，能够鼓励先进，鞭策落后，有利于公平竞争，计算简便，有利于税收的征收管理。但是，不考虑纳税人实际环境差异按同一税率征税，这与纳税人的实际负担能力不完全相符，在调节企业利润水平方面有一定的局限性，难以体现税收的公平原则。

2. 累进税率

累进税率是指按征税对象数额的大小，划分若干等级，每个等级由低到高规定相应的税率，征税对象数额越大税率越高，数额越小税率越低。累进税率因计算方法和依据的不同，又分以下几种：

(1)全额累进税率。它是指对征税对象的金额按照与之相适应等级的税率计算税额。在征税对象提高到一个级距时，对征税对象金额都按高一级的税率征税。全额累进税率在调节收入方面，较之比例税率要合理。但是采用全额累进税率，在两个级距的临界部位会出现税负增加不合理的情况。这种方法目前在世界各国已很少使用。

(2)超额累进税率。又简称超累税率，是把征税对象的数额划分为若干等级，对每个等级部分的数额分别规定相应税率，分别计算税额，各级税额之和为应纳税额。超累税率的“超”字，是指征税对象数额超过某一等级时，仅就超过部分按高一级税率计算征税。这种方法累进程度较为缓和，目前已被多数国家采用，如我国现行工资、薪金所得的个人所得税税率等。

(3)超率累进税率。它是以征税对象的某种比例为累进依据，按超额累进方式计算应纳税额的税率。其计税原理与超额累进税率相同，只是税率累进的依据不是征税对象的绝对数额，而是相对比例(增值率等)，如我国现行的土地增值税税率。

3. 定额税率

定额税率是税率的一种特殊形式。它是按照征税对象的计量单位规定固定税额，所以又称为固定税额，一般适用于从量计征的税种，如城镇土地使用税、车船税等。定额税率的优点是：从量计征，不是从价计征，有利于鼓励纳税人提高产品质量和改进包装，计算简便。但是，由于税额的规定同价格的变化情况脱离，在价格提高时，不能使国家财政收入随国民收入的增长而同步增长，在价格下降时，则会限制纳税人的生产经营积极性。

(六)纳税环节

纳税环节指征税对象在从生产到消费的流转过程中应当缴纳税款的环节。如流转税在生产和流通环节纳税，所得税在分配环节纳税等。纳税环节有广义和狭义之分。广义的纳税环节指全部征税对象在再生产中的分布。如资源税分布在生产环节、商品税分布在生产环节和流通环节、所得税分布在分配环节等。狭义的纳税环节指应税商品在流转过程中应纳税的环节。商品从生产到消费通常经过诸多环节。各环节都存在销售额，都可能成为纳税环节，但考虑到税收对经济的影响、财政收入的需要以及税收征管的能力等因素，国家常常对商品流转过程中所征税种规定不同的纳税环节。按照纳税环节的多少，可将税收课征制度划分为两类，即一次课征制度和多次课征制度。如我国现行资源税只在开采环节征税，而我国的增值税却对商品的生产、批发和零售环节均征税。

(七)纳税期限

纳税期限指纳税人按照税法规定缴纳税款的期限。税法关于纳税期限的规定有三个概念:一是纳税义务发生时间,即应税行为发生的时间。二是纳税期限,即每隔固定时间汇总一次纳税义务的时间。税法规定了每种税的纳税期限,如《增值税暂行条例》规定,增值税的纳税期限分别为 1 日、3 日、5 日、10 日、15 日、1 个月或 1 个季度。三是缴库期限。税法规定的纳税期满后,纳税人将应纳税款缴入国库的期限。如《增值税暂行条例》规定,纳税人以 1 个月或 1 个季度为 1 个纳税期限的,自期满之日起 15 日内申报纳税。

(八)纳税地点

主要指根据各个税种纳税对象的纳税环节和有利于对税款的源泉的控制而指定的纳税人(包括代征、代扣、代缴义务人)的具体纳税地点。

(九)减税免税

减税免税指对某些纳税人和征税对象采取减少征税或免予征税的特殊规定。

(十)罚则

罚则指对违反税法的行为采取的处罚措施。

(十一)附则

附则一般规定与该法紧密相关的内容,如该法的解释权、生效时间等。

【例 1—5】 下列各项中,表述正确的是(　　)。

A. 税目是区分不同税种的主要标志

B. 税率是衡量税负轻重的重要标志

C. 纳税人就是履行纳税义务的法人和自然人

D. 征税对象就是税收法律关系中征纳双方权利义务所指的物品

【参考解析】 答案:B。税目是指各个税种所规定的具体征税项目;税率是指对征税对象的征收比例或征收额度,它也是衡量税负轻重的重要标志;纳税人是指一切履行纳税义务的法人、自然人和其他组织;征税对象是指税收法律关系中征纳双方权利义务所指的物或行为,是区分不同税种的主要标志。

第三节　我国现行税法制度

一、我国税收立法

目前,中国有权制定税收法律法规和政策的国家机关主要有全国人民代表大会及其常务委员会、国务院、财政部、国家税务总局、海关总署、国务院关税税则委员会等。

(一)全国人民代表大会及其常务委员会制定的法律和有关规范性文件

《中华人民共和国宪法》规定,全国人民代表大会和全国人民代表大会常务委员会行使国家立法权。《中华人民共和国立法法》第八条规定,税收基本制度,只能由全国人民代表大会及其常务委员会制定法律。税收法律在中华人民共和国主权范围内普遍适用,具有仅次于宪法的法律效力。目前,由全国人民代表大会及其常务委员会制定的税收实体法律有:《个人所得税法》《企业所得税法》《中华人民共和国车船税法》(以下简称《车船税法》);税收程序法律有:《税收征收管理法》。全国人民代表大会及其常务委员会做出的规范性决议、决定以及全国人民代表大会常务委员会的法律解释，同其制定的法律具有同等法律效力。比如，1993 年 12 月全国人民代表大会常务委员会审议通过的《关于外商投资企业和外国企业适用增值税、消费税、营业税等税收暂行条例的决定》。

(二)国务院制定的行政法规和有关规范性文件

我国现行税法绝大部分都是国务院制定的行政法规和规范性文件。归纳起来，有以下几种类型：

1. 税收的基本制度。根据《中华人民共和国立法法》第九条规定，税收基本制度尚未制定法律的，全国人民代表大会及其常务委员会有权授权国务院制定行政法规。比如，现行增值税、消费税、营业税、车辆购置税、土地增值税、房产税、城镇土地使用税、耕地占用税、契税、资源税、船舶吨税、印花税、城市维护建设税、烟叶税、关税等诸多税种，都是国务院制定的税收条例。

2. 法律实施条例或实施细则。全国人民代表大会及其常务委员会制定的《个人所得税法》《企业所得税法》《车船税法》《税收征管法》等，由国务院制定相应的实施条例或实施细则。

3. 税收的非基本制度。国务院根据实际工作需要制定的规范性文件，包括国务院或者国务院办公厅发布的通知、决定等。比如，2006 年 5 月国务院办公厅转发建设部、财政部、国家税务总局等部门《关于调整住房供应结构稳定住房价格意见的通知》(国办发〔2006〕37 号)中有关房地产交易营业税政策的规定。

4. 对税收行政法规具体规定所做的解释。比如，2004 年 2 月国务院办公厅对《〈中华人民共和国城市维护建设税暂行条例〉第五条解释的复函》(国办函〔2004〕23 号)。

5. 国务院所属部门发布的，经国务院批准的规范性文件，视同国务院文件。比如，2006 年 3 月财政部、国家税务总局经国务院批准发布的《关于调整和完善消费税政策的通知》(财税〔2006〕33 号)。

(三)国务院财税主管部门制定的规章及规范性文件

国务院财税主管部门，主要是财政部、国家税务总局、海关总署和国务院关税税则委员会。国务院财税主管部门可以根据法律和行政法规的规定，在本部门权限范围内发布有关税收事项的规章和规范性文件，包括命令、通知、公告等文件形式。具体为，一是根据行政法规的授权，制定行政法规实施细则。二是在税收法律或者行政法规具体适用过程中，为进一步明确界限或者补充内容而做出的具体规定。三是在部门权限范围内发布有关税收政策和税收征管的规章及规范性文件。

(四)地方人民代表大会及其常务委员会制定的地方性法规和有关规范性文件，地方人民政府制定的地方政府规章和有关规范性文件

省、自治区、直辖市人民代表大会及其常务委员会和省、自治区人民政府所在地的市以及经国务院批准的较大的市的人民代表大会及其常务委员会，可以制定地方性法规。省、自治区、直辖市人民政府，以及省、自治区人民政府所在地的市及经国务院批准的较大的市的人民政府，可以根据法律和国务院行政法规制定规章。根据中国现行立法体制，税收立法权，无论中央税、中央地方共享税还是地方税，立法权都集中在中央，地方只能根据法律、行政法规的授权制定地方性税收法规、规章或者规范性文件，对某些税制要素进行调整。比如，《城镇土地使用税暂行条例》规定，税额标准由省、自治区、直辖市人民政府在规定幅度内确定。再如，《民族区域自治法》第三十五条规定，在民族自治地方，自治机关(省级人民代表大会和省级人民政府)在国家统一审批减免税项目之外，对属于地方财政收入的某些需要从税收上加以照顾和鼓励的，可以实行减税或者免税，自治州、自治县决定减税或者免税，须报省或者自治区人民政府批准。

（五）省以下税务机关制定的规范性文件

这是指省或者省以下税务机关在其权限范围内制定的适用于其管辖区域内的具体税收规定。通常是有关税收征管的规定，在特定区域内生效。这些规范性文件的制定依据，是税收法律、行政法规、规章及上级税务机关的规范性文件。

（六）中国政府与外国政府（地区）签订的税收协定

税收协定是两个或两个以上的主权国家，为了协调相互之间在处理跨国纳税人征税事务和其他涉税事项，依据国际关系准则，签订的协议或条约。税收协定属于国际法中"条约法"的范畴，是划分国际税收管辖权的重要法律依据，对当事国具有同国内法效力相当的法律约束力。《税收征管法》规定，中华人民共和国同外国缔结的有关税收的条约、协定同本法有不同规定的，依照条约、协定的规定办理。

【例 1－6】《中华人民共和国营业税暂行条例》的法律级次属于（　　）。

A. 财政部门制定的部门规章　　B. 全国人大授权国务院立法

C. 国务院制定的税收行政法规　　D. 全国人大制定的税收法律

【参考解析】 答案：B。授权立法是指全国人民代表大会及其常委会根据需要授权国务院制定某些具有法律效力的暂行规定或者条例。授权立法与制定行政法规不同。比如，现行增值税、消费税、营业税、土地增值税、资源税等诸多税种都是全国人大授权国务院制定的税收条例。

二、我国现行税法体系

（一）我国现行税收实体法体系构成

为了适应建立社会主义市场经济体制的需要，1994 年，我国实施了新中国成立以来规模最大、范围最广、成效最显著、影响最深远的一次税制改革，构建了现行税制基本框架。进入 21 世纪以来，我国对税制进行了一系列的调整和完善，对实现政府财力增强和经济快速发展发挥了重要作用。2000 年暂停征收固定资产投资方向调节税；2003 年停征筵席税；2006 年废止屠宰税，取消农业税、牧业税；2007 年统一内外资企业和个人城镇土地使用税制度，将车船使用牌照税改征车船税；2008 年统一内外资企业所得税制度；2009 年城市房地产税改征房产税，统一内外资企业和个人房产税制度，实施成品油税费改革，完善了消费税制度；同年，在全国范围内实施生产型增值税向消费型增值税的增值税转型改革，允许企业购进机器设备所含增值税税款在销项税额中抵扣；2010 年统一内外资企业和个人城市维护建设税制度。至此，中国改革开放以来实施的内外两套税制得到了统一。2012 年开始实施营业税改征增值税试点，目前，这项改革正在逐步推进。

目前，我国共有 18 个税种。按照税种性质大致可分为三个类别：一是货物和劳务税，包括增值税、消费税、营业税、车辆购置税和关税 5 个税种（见表 1－1）；二是所得税，包括企业所得税、个人所得税 2 个税种（见表 1－2）；三是财产税和行为税，包括土地增值税、房产税、城镇土地使用税、耕地占用税、契税、资源税、车船税、印花税、城市维护建设税、烟叶税和船舶吨税 11 个税种（见表 1－3）。

表 1—1 货物和劳务税

序号	种类	纳税人	征税对象(计税依据)	税率
1	增值税	在中国境内销售货物或者提供加工、修理修配劳务以及进口货物的单位和个人	销售、进口货物,提供加工、修理修配劳务	一般纳税人0%、13%、17%;小规模纳税人3%
		在中国境内提供交通运输业、邮政业和部分现代服务业服务的单位和个人	交通运输业、邮政业和部分现代服务业	一般纳税人0%、6%、11%、17%;小规模纳税人3%
2	消费税	在中国境内生产、委托加工和进口应税消费品的单位和个人	烟、酒、化妆品、成品油等14类消费品	从价定率,从量定额,或者复合计税
3	营业税	在中国境内提供应税劳务、转让无形资产或者销售不动产的单位和个人	提供应税劳务、转让无形资产或者销售不动产	娱乐业为5%~20%,其他行业为3%或5%
4	车辆购置税	在中国境内购置应税车辆的单位和个人	购置的汽车、摩托车、电车、挂车和农用运输车	10%
5	关税	进口货物的收货人、出口货物的发货人、进境物品的所有人	中国准许进出口的货物、进境物品	从价定率,从量定额,或者复合计税

表 1—2 所得税

序号	种类	纳税人	征税对象(计税依据)	税率
6	企业所得税	在中国境内的企业,包括居民企业和非居民企业	居民企业和非居民企业取得的按照税法规定计征的应纳税所得额	居民企业为25%,非居民企业为20%、25%
7	个人所得税	在中国境内有居所或者无居所的个人	从中国境内或者境外取得的所得,或者仅从中国境内取得的所得	工资薪金所得项目为3%~45%,个体工商户生产经营所得项目为5%~35%,其他所得项目为20%

表 1—3 财产和行为税

序号	种类	纳税人	征税对象(计税依据)	税率
8	土地增值税	在中国境内转让国有土地使用权、地上的建筑物及其附着物并取得收入的单位和个人	转让房地产的增值额	四级超率累进税率(30%、40%、50%、60%)
9	房产税	在中国境内城市、县城、建制镇和工矿区范围内房屋的产权所有人	县城、建制镇和工矿区范围内的房屋	自用的,按照房产原值减除10%~30%后余额征税,税率为1.2%,出租的,按照租金征税,税率为12%(个人住房出租的,按照租金征税,税率为4%,对企事业单位、社会团体以及其他组织按市场价格向个人出租用于住居的住房,减按4%征税)

续表

序号	种类	纳税人	征税对象(计税依据)	税率
10	城镇土地使用税	在中国境内城市、县城、建制镇和工矿区内使用土地的单位和个人	纳税人实际占用的土地面积	土地使用税每平方米税额：大城市1.5～30元；中等城市1.2～24元；小城市0.9～18元；县城、建制镇和工矿区0.6～12元
11	耕地占用税	在中国境内占用耕地建房或者从事非农业建设的单位和个人	纳税人实际占用的耕地面积	不同地区实行有差别的幅度税率
12	契税	在中国境内转移土地、房屋权属，承受的单位和个人	承受的土地使用权、房屋的所有权的市场价格，或者为交换的价格差额	3%～5%，个人购买90平方米及以下家庭唯一普通住房的，减按1%税率征收
13	资源税	在中国领域及管辖海域开采应税矿产品或者生产盐的单位和个人	原油、天然气、煤炭、其他非金属矿原矿、黑色金属矿原矿、有色金属矿原矿、盐	按不同的自然资源实行定额或定率税率，如原油、天然气为销售额的5%～10%
14	车船税	在中国境内的应税车辆、船舶的所有人或者管理人	车辆或船舶	不同幅度的定额税率
15	印花税	在中国境内书立、领受应税凭证的单位和个人	书立、领受应税凭证	比例税率或者定额税率
16	城市维护建设税	缴纳增值税、消费税、营业税的单位和个人	纳税人实际缴纳的增值税、消费税、营业税的税额	纳税人所在地在市区的，税率为7%，在县城、镇的，税率为5%，不在市区、县城、镇的，税率为1%
17	烟叶税	在中国境内收购烟叶的单位	在中国境内收购的烟叶	20%
18	船舶吨税	自中国境外港口进入境内港口的船舶	船舶	实行定额税率，包括优惠税率和普通税率

(二)我国税收程序法体系构成

我国税收程序法是以2001年4月九届全国人大常委会第21次会议通过修订的《税收征收管理法》为核心。还包括2002年10月国务院发布的《税收征收管理法实施细则》；经国务院批准，财政部发布的《发票管理办法》；国家税务总局发布的《关于贯彻实施税收征收管理法及其实施细则若干问题的规定》《发票管理办法实施细则》《税务行政复议规则》《税收稽查工作规程》《税收代理试行办法》，以及参照执行的《行政处罚法》《行政诉讼法》和《国家赔偿法》等。

导入案例分析

税收是国家为了实现其职能，凭借政治权力，按照法律规定，强制地、无偿地参与社会剩余产品的分配，以取得财政收入的一种形式。我国政府是通过征税从社会产品价值量中分割一部分集中到政府手中形成财政收入的，但政府的征税并不是随心所欲的，而是由法定的征税机关(税务机关、海关和财政机关)对法定的征税对象依据法定的征税标准和征税方法对纳税义务人进行税款征收的。

单元小结

本单元“税法概述”知识结构如图1—1所示：

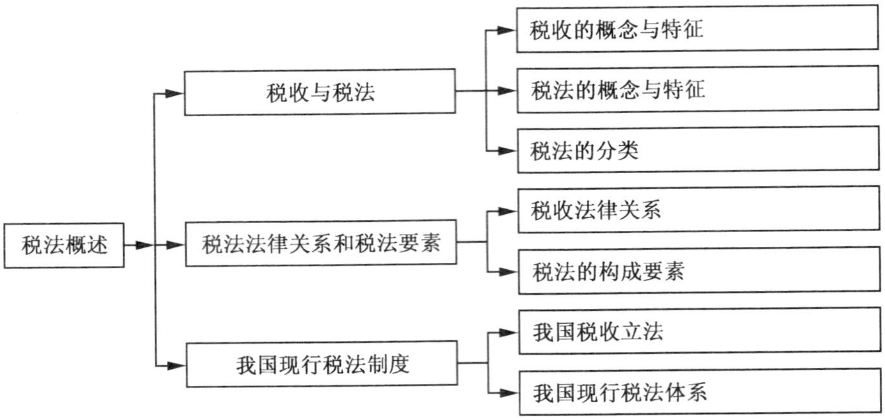

图1—1　“税法概述”知识结构

知识测试与能力训练

一、单项选择题

1. 国家征税凭借的是(　　)。

A. 经济权利　　B. 财产权利　　C. 政治权力　　D. 军事权力

2. 税收最基本的职能是(　　)

A. 组织财政收入　　B. 调节经济　　C. 社会管理　　D. 调节收入分配

3. 在税收分配活动中,税法调整的对象是(　　)。

A. 税收分配关系　　B. 经济利益关系

C. 税收权利义务关系　　D. 税收征纳关系

4. 区分不同税种的主要标志是(　　)。

A. 税目　　B. 征税对象　　C. 纳税地点　　D. 纳税义务人

5. 下列不属于流转税的税种是(　　)。

A. 增值税　　B. 消费税　　C. 营业税　　D. 企业所得税

6. 税收法律关系产生的标志是(　　)。

A. 纳税人办理或重新办理税务登记　　B. 征税主体与纳税主体的同时存在

C. 引起纳税义务成立的法律事实　　D. 征、纳双方权利与义务关系的形成

7. 采用超额累进税率征收的税种是(　　)。

A. 资源税　　B. 土地增值税　　C. 个人所得税　　D. 企业所得税

8. 下列关于税法特点的表述中,不正确的是(　　)。

A. 从立法过程看,税法属于制定法　　B. 从法律性质来看,税法属于义务性法规

C. 从内容上看,税法具有综合性　　D. 从法律性质来看,税法属于授权性法规

9. 税法是指有权的国家机关制定的用以调整征税主体与纳税人之间在税收征纳方面的权利与义务关系的法律规范的总称。从狭义税法角度看,有权的国家机关是指(　　)。

A. 全国人民代表大会及其常务委员会　　B. 国务院

C. 财政部　　D. 国家税务总局

10. 一律按照课税对象的应税数额采用同一税率计征税款，一般无需设置税目的税种是(　　)。

A. 消费税　　B. 营业税　　C. 个人所得税　　D. 企业所得税

二、多项选择题

1. 税收的特征集中表现在(　　)。

A. 强制性　　B. 无偿性　　C. 稳定性　　D. 固定性

2. 关于税收法律关系的特点，下列表述正确的有(　　)。

A. 具有财产所有权单向转移的性质

B. 主体的一方只能是国家

C. 权利义务关系具有不对等性

D. 税收法律关系的变更以主体双方意思表示一致为要件

3. 对税收实体法要素中有关课税对象的表述，下列说法正确的有(　　)。

A. 课税对象是国家据以征税的依据

B. 税目是一种税区别于另一种税的最主要标志

C. 从实物形态分析，课税对象与计税依据是一致的

D. 从个人所得税来看，其课税对象与税源是一致的

4. 我国现行的税率形式有(　　)。

A. 比例税率　　B. 定额税率　　C. 超额累进税率　　D. 超率累进税率

5. 按征税对象的性质的不同，可将税收分为(　　)。

A. 流转税　　B. 所得税　　C. 财产税　　D. 资源税

6. 我国现行税制中采用的累进税率有(　　)。

A. 全额累进税率　　B. 超额累进税率　　C. 超率累进税率　　D. 超倍累进税率

7. 我国2008年实施的企业所得税法属于我国税法体系中的(　　)。

A. 税收基本法　　B. 税收实体法　　C. 税收程序法　　D. 国内税法

8. 下列税种中，由全国人民代表大会立法确立的有(　　)。

A. 增值税　　B. 企业所得税　　C. 关税　　D. 个人所得税

9. 在现行的税法体系中，属于全国人大制定的税收实体法是(　　)。

A. 增值税法　　B. 企业所得税法

C. 税收征收管理法　　D. 个人所得税法

10.《税收征收管理法》属于我国税法体系中的(　　)。

A. 税收基本法　　B. 税收实体法　　C. 税收程序法　　D. 国内税法

三、判断题

1. 税收法律关系中权利主体双方的权利义务对等，因而税收法律关系的保护对权利主体双方也是对等的。(　　)

2. 税法的权利主体就是纳税主体。(　　)

3. 纳税人就是负税人，即最终负担国家税款的单位和个人。(　　)

4. 纳税人的具体纳税环节，有主管税务机关根据纳税人的实际情况确定。(　　)

5. 没有法律、法规的授权，地方政府无权自定税收规章。(　　)

6. 目前我国地方税的立法权，全部属于中央政府。(　　)

增值税法

学习目标

1. 掌握增值税的纳税人、征收范围、税率及应纳税额的计算。
2. 熟悉增值税的纳税义务发生时间、纳税地点和减免税规定。
3. 掌握增值税专用发票的使用和管理规定。
4. 熟悉营业税改征增值税的基本内容。

导入案例

案例一：

某日化厂是从事洗衣粉生产和销售的企业，该企业年销售额达到50万元，该企业认为自己已经符合增值税一般纳税人的条件，因此，属于一般纳税人。

想一想：这种理解是否正确？

案例二：

某日化厂是从事洗衣粉生产和销售的企业，该企业年销售额（含税）达到50万元，该企业认为自己没有申请认定为增值税一般纳税人，因此，属于小规模纳税人。

应纳增值税＝50/(1＋3%)×3%＝1.46（万元）

想一想：这种计算和缴纳是否正确？

第一节　增值税的概念及特点

一、增值税的概念

增值税是对在我国境内销售货物或者提供加工、修理修配劳务以及进口货物的单位和个人，就其增值额为计税依据而征收的一种流转税。

这里的"增值额"，可以从以下几个方面来理解：

1. 从理论上讲，增值额是指在商品价值 c+v+m 中的 v+m 部分，也就是劳动者在生产经营过程中新创造的那部分价值。

2. 从一个生产经营单位来看，增值额是指该单位销售货物或提供劳务的收入额扣除非增值项目（物化劳动，如各种外购材料、包装物、低值易耗品等）价值后的余额，大体相当于该单位活劳动创造的价值。

3. 从一项货物来看，最后的销售总值，应等于该商品从生产到流通的各个环节的增值额之和，即商品最后销售价格=各环节增值额之和。

4. 从国民收入分配角度看，增值额 V+M 在我国相当于净产值，包括工资、利润、利息、租金和其他属于增值性的收入。

现行增值税法的基本规范包括 1993 年 12 月 13 日国务院发布并经 2008 年 11 月 5 日国务院第 34 次常务会议修订通过的《中华人民共和国增值税暂行条例》（以下简称《增值税暂行条例》）和 2008 年 12 月 18 日财政部、国家税务总局下发的《中华人民共和国增值税暂行条例实施细则》并经 2011 年 10 月 25 日修改通过的《中华人民共和国增值税暂行条例实施细则》（以下简称《增值税暂行条例实施细则》）。

经国务院常委会决定，自 2012 年 1 月 1 日起，在上海市开展交通运输业和部分现代服务业营业税改征增值税试点，自 2012 年 8 月 1 日起至年底，将试点范围由上海市分批扩大至北京、天津、江苏、浙江、安徽、福建、湖北、广东、厦门和深圳 10 省市（直辖市、计划单列市），从 2013 年 8 月 1 日起，营业税改征增值税试点正式推向全国。增值税是我国现阶段税收收入规模最大的税种。

二、增值税的特点

1. 保持税收中性。根据增值税的计税原理，流转额中的非增值因素在计税时被扣除。因此，对同一商品而言，无论流转环节的多与少，只要增值额相同，税负就相等，不会影响商品的生产结构、组织结构和产品结构。

2. 普遍征收。从增值税的征税范围看，对从事商品生产经营和劳务提供的所有单位和个人，在商品增值的各个生产流通环节向纳税人普遍征收。

3. 税收负担由商品最终消费者承担。虽然增值税是向企业主征收，但企业主在销售商品时又通过价格将税收负担转嫁给下一生产流通环节，最后由最终消费者承担。

4. 实行税款抵扣制度。在计算企业主应纳税款时，要扣除商品在以前生产环节已负担的税款，以避免重复征税。从世界各国来看，一般都实行凭购货发票进行抵扣。

5. 实行比例税率。从实行增值税制度的国家看，普遍实行比例税制，以贯彻征收简便易行的原则。由于增值额对不同行业和不同企业、不同产品来说性质是一样的，原则对增值额应采用单一比例税率。但为了贯彻一些经济社会政策也会对某些行业或产品实行不同的政策，因而引入增值税的国家一般都规定基本税率和优惠税率（或称低税率）。

6.实行价外税制度。在计税时，作为计税依据的销售额中不包含增值税税额，这样有利于形成均衡的生产价格，并有利于税负转嫁的实现。这是增值税与传统的以全部流转额为计税依据的一个重要区别。

第二节 增值税的基本法律规定

一、增值税纳税人

(一)纳税人

根据《增值税暂行条例》及其实施细则的规定,在中华人民共和国境内销售货物或者提供加工、修理修配劳务以及进口货物的单位和个人,为增值税的纳税人。

所称单位,是指企业、行政单位、事业单位、军事单位、社会团体及其他单位。所称个人,是指个体工商户和其他个人。

单位租赁或者承包给其他单位或者个人经营的,以承租人或者承包人为纳税人。

(二)纳税人的分类

根据纳税人的经营规模以及会计核算健全程度的不同,增值税纳税人可划分为小规模纳税人和一般纳税人。

1. 小规模纳税人

根据《增值税暂行条例》及其实施细则的规定,小规模纳税人的认定标准是:

(1)从事货物生产或者提供应税劳务的纳税人,以及以从事货物生产或者提供应税劳务为主,并兼营货物批发或者零售的纳税人,年应征增值税销售额(以下简称年应税销售额)在50万元以下(含本数,下同)的。

从事货物生产或者提供应税劳务为主,是指纳税人的年货物生产或者提供应税劳务的销售额占年应税销售额的比重在50%以上。

(2)对上述规定以外的纳税人,年应税销售额在80万元以下的。

(3)年应税销售额超过小规模纳税人标准的其他个人按小规模纳税人纳税。

(4)非企业性单位、不经常发生增值税应税行为的企业可选择按小规模纳税人纳税。

小规模该纳税人已经达到增值税一般纳税人条件的,不能自动取得一般纳税人的资格,如果要成为增值税一般纳税人,必须向当地税务机关申请,经税务机关认定后,才能成为增值税一般纳税人。

小规模纳税人实习简易征税办法,并且一般不使用增值税专用发票,但基于小规模纳税人与一般纳税人之间客观存在的经济往来情况,小规模纳税人可以到税务机关代开增值税专用发票。

2. 一般纳税人

一般纳税人是指年应税销售额(包括一个公历年度内的全部应税销售额)超过《增值税暂行条例实施细则》规定的小规模纳税人标准的企业和企业性单位(以下简称企业)。

下列纳税人不属于一般纳税人:

(1)年应税销售额未超过小规模纳税人标准的企业。

(2)个人(除个体经营者以为的其他个人)。

(3)非企业性单位。

(4)不经常发生增值税应税行为的企业。

增值税一般纳税人须向税务机关办理认定手续,以取得法定资格。对于被认定为增值税一般纳税人的企业，可以使用增值税专用发票，并实行税款抵扣制度。

除国家税务总局另有规定外，纳税人一经认定为一般纳税人后，不得转为小规模纳税人。

(三)扣缴义务人

中华人民共和国境外的单位或者个人在境内提供应税劳务，在境内未设有经营机构的，以其境内代理人为扣缴义务人；在境内没有代理人的，以购买方为扣缴义务人。

【例2—1】 按现行增值税规定，下列纳税人中，可以作为增值税一般纳税人的是(　　)。

A. 选择按照小规模纳税人纳税的非企业性单位

B. 年销售额在80万元以上的商业企业

C. 年应税销售额未超过小规模纳税人标准的非企业性单位

D. 个体经营者以外的其他个人

【参考解析】 答案：B。根据增值税法律制度的规定，年应税销售额未超过小规模纳税人标准的非企业性单位和个体经营者以外的其他个人，不得认定为一般纳税人。

二、增值税征收范围

根据《增值税暂行条例》及其实施细则的规定，增值税的征收范围包括在中国境内销售货物，提供加工、修理修配劳务和进口货物。

(一)销售货物

销售货物，是指有偿转让货物的所有权。货物，是指有形动产，包括电力、热力、气体在内。有偿，是指从购买方取得货币、货物或者其他经济利益。

(二)提供加工、修理修配劳务

提供加工、修理修配劳务(以下简称应税劳务)，是指有偿提供加工、修理修配劳务。单位或者个体工商户聘用的员工为本单位或者雇主提供加工、修理修配劳务不包括在内。

加工，是指受托加工货物，即委托方提供原料及主要材料，受托方按照委托方的要求，制造货物并收取加工费的业务。修理修配，是指受托对损伤和丧失功能的货物进行修复，使其恢复原状和功能的业务。

(三)进口货物

进口货物，是指申报进入中国海关境内的货物。我国增值税规定，只要是报关进口的应税货物，均属于增值税的征收范围，除享受免税政策外，在进口环节缴纳增值税。

(四)视同销售货物的行为

单位或者个体工商户的下列行为，视同销售货物：

(1)将货物交付其他单位或者个人代销。

(2)销售代销货物。

(3)设有两个以上机构并实行统一核算的纳税人，将货物从一个机构移送至其他机构用于销售，但相关机构设在同一县(市)的除外。

(4)将自产或者委托加工的货物用于非增值税应税项目。

(5)将自产、委托加工的货物用于集体福利或者个人消费。

(6)将自产、委托加工或者购进的货物作为投资，提供给其他单位或者个体工商户。

(7)将自产、委托加工或者购进的货物分配给股东或者投资者。

(8)将自产、委托加工或者购进的货物无偿赠送其他单位或者个人。

(五)混合销售行为

混合销售行为是指同一项销售行为既涉及增值税应税货物又同时涉及非应税劳务(即应征营业税的劳务)。

根据税法规定,从事货物的生产、批发或零售的企业、企业性单位及个体工商户的混合销售行为,视同销售货物,应当征收增值税;其他单位和个人的混合销售行为,不征收增值税。国家税务总局另有规定的除外。

纳税人的下列混合销售行为,应当分别核算货物的销售额和非增值税应税劳务的营业额,并根据其销售货物的销售额计算缴纳增值税,非增值税应税劳务的营业额不缴纳增值税;未分别核算的,由主管税务机关核定其货物的销售额:

(1)销售自产货物并同时提供建筑业劳务的行为。

(2)财政部、国家税务总局规定的其他情形。

(六)兼营非应税劳务的行为

增值税纳税人在销售应税货物或提供应税劳务的同时,还提供建筑业等非增值税应税劳务的行为,且二者之间并无直接的从属关系,这种经营活动就称为兼营非应税劳务。

根据《增值税暂行条例实施细则》的规定,纳税人兼营非增值税应税项目的,应分别核算货物或者应税劳务的销售额和非增值税应税项目的营业额;未分别核算的,由主管税务机关核定货物或者应税劳务的销售额。

(七)征税范围的特殊规定

(1)货物期货(包括商品期货和贵金属期货),应当征收增值税,在期货的实物交割环节纳税。

(2)银行销售金银的业务,应当征收增值税。

(3)典当业的死当物品销售业务和寄售业代委托人销售寄售物品的业务,均应征收增值税。

(4)缝纫业务,应征收增值税。

(5)对经中国人民银行和商务部批准经营融资租赁业务的单位以外的其他单位所从事的融资租赁业务,租赁的货物的所有权转让给承租方,征收增值税。

(6)基本建设单位和从事建筑安装业务的企业附设的工厂、车间生产的水泥预制构件、其他构件或建筑材料,用于本单位或本企业建筑工程的,在移送使用时,征收增值税。

(7)电力公司向发电企业收取的过网费,应当征收增值税。

(8)纳税人在资产重组过程中,通过合并、分立、出售、置换等方式,将全部或者部分实物资产以及与其相关联的债权、负债和劳动力一并转让给其他单位和个人,不属于增值税的征税范围,其中涉及的货物转让,不征收增值税。

(9)旅店业和饮食业纳税人销售非现场消费的食品应当缴纳增值税,不缴纳营业税。

(10)纳税人提供的矿产资源开采、挖掘、切割、破碎、分拣、洗选等劳务,属于增值税应税劳务,应当缴纳增值税。

【例 2—2】 根据增值税法律制度的规定,下列各项中,属于增值税征税范围的是( )。

A. 销售电力 B. 销售热力 C. 销售天然气 D. 销售房地产

【参考解析】 答案:ABC。增值税的征税范围包括销售货物、提供加工、修理修配劳务;货物,是指除土地、房屋和其他建筑物等不动产之外的有形动产,包括电力、热力和气体。销售不动产不是增值税的征税范围。

【例 2—3】 根据增值税法律制度的规定,下列行为中,应视同销售货物,征收增值税的有( )。

A. 将自产货物用于非应税项目　　B. 将外购货物用于个人消费

C. 将自产货物无偿赠送他人　　D. 将外购货物分配给股东

【参考解析】 答案:ACD。将自产、委托加工的货物用于集体福利或者个人消费视同销售,不包括将外购的货物用于个人消费。

【例2—4】 根据税收相关法律制度的规定,下列销售行为中,属于兼营行为的有(　　)。

A. 建筑安装公司提供建筑安装劳务的同时销售自产铝合金门窗

B. 旅游公司在提供组团旅游服务的同时销售纪念品

C. 建材商店销售建材,并从事装修、装饰业务

D. 花店销售鲜花,并承接婚庆服务业务

【参考解析】 答案:CD。本题考核兼营行为。选项A属于增值税的混合销售;选项B属于营业税的混合销售;选项CD属于兼营行为。

三、增值税税率和征收率

我国增值税采用比例税率,分为基本税率、低税率和零税率三档,适用于一般纳税人,小规模纳税人采取征收率。

(一)税率

1. 基本税率

一般纳税人销售或进口货物,提供加工、修理修配劳务,除低税率适用范围和销售个别旧货适用征收率外,税率一律为17%。

2. 低税率

一般纳税人销售或进口下列货物,按低税率计征增值税,税率为13%:

(1)粮食、食用植物油、食用盐、农产品。

(2)自来水、暖气、冷气、热水、煤气、石油液化气、天然气、沼气、居民用煤炭制品。

(3)图书、报纸、杂志、音像制品、电子出版物。

(4)饲料、化肥、农药、农机、农膜、二甲醚。

3. 零税率

纳税人出口货物,税率为零;但是,国务院另有规定的除外。

(二)征收率

小规模纳税人采用简易办法征收增值税,征收率为3%。征收率的调整,由国务院决定。

【例2—5】 一般纳税人销售的下列货物中,适用13%税率的有(　　)。

A. 淀粉　　B. 杂粮　　C. 农机　　D. 食用盐

【参考解析】 答案:BCD。根据增值税法律制度的规定,杂粮、农机、食用盐均适用于13%的低税率,淀粉不属于农产品,应当按照17%税率征收增值税。

第三节　增值税应纳税额的计算

一、一般纳税人应纳税额的计算

一般纳税人销售货物或者提供应税劳务,采取扣税法计算应纳增值税额。其计算公式为:

当期应纳税额=当期销项税额-当期进项税额

当期销项税额小于当期进项税额不足抵扣时，其不足部分可以结转下期继续抵扣。

(一)销项税额的计算

销项税额是指纳税人销售货物或者应税劳务，按照销售额和适用税率计算并向购买方收取的增值税税款。其计算公式为：

销项税额=销售额×适用税率

销项税额的计算取决于销售额和适用税率两个要素，在适用税率既定的前提下，销项税额的大小主要取决于销售额大小，可见销售额的确定是关键。

1. 一般销售方式下的销售额

销售额是指纳税人销售货物或提供应税劳务向购买方收取的全部价款和价外费用，但不包括向购买方收取的销项税额。其中，价外费用是指在价格之外向购买方收取的手续费、补贴、基金、集资费、返还利润、奖励费、违约金、滞纳金、延期付款利息、赔偿金、代收款项、代垫款项、包装费、包装物租金、储备费、优质费、运输装卸费以及其他各种性质的价外收费。但下列项目不包括在内：

(1)受托加工应征消费税的消费品所代收代缴的消费税。

(2)同时符合以下条件的代垫运输费用：

①承运部门的运输费用发票开具给购买方的；

②纳税人将该项发票转交给购买方的。

(3)同时符合以下条件代为收取的政府性基金或者行政事业性收费：

①由国务院或者财政部批准设立的政府性基金，由国务院或者省级人民政府及其财政、价格主管部门批准设立的行政事业性收费；

②收取时开具省级以上财政部门印制的财政票据；

③所收款项全额上缴财政。

(4)销售货物的同时代办保险等而向购买方收取的保险费，以及向购买方收取的代购买方缴纳的车辆购置税、车辆牌照费。

凡随同销售货物或提供应税劳务向购买方收取的价外费用，无论其会计制度如何核算，均应并入销售额计算应纳税额。但是，应当注意，对增值税一般纳税人向购买方收取的价外费用或逾期包装物押金，应视为含税收入，在征税时应换算成不含税收入再并入销售额计算。

2. 特殊销售方式下的销售额

(1)采取折扣方式销售

折扣销售是指销货方在销售货物或应税劳务时，给予购货方的价格优惠。由于折扣是在实现销售时同时发生的，因此，税法规定，如果销售额和折扣额在同一张发票上分别注明的，可按折扣后的余额计算增值税；如果将折扣额另开发票，不论其在财务上如何处理，均不得从销售额中减除折扣额。

(2)采取以旧换新方式销售

以旧换新是指在销售自己的货物时，有偿收回旧货物的行为。根据税法规定，采取以旧换新方式销售货物的，应按新货物的同期销售价格确定销售额，不得扣减旧货物的收购价格。考虑金银首饰以旧换新业务的特殊情况，对金银首饰以旧换新业务，可以按销售方实际收到的不含增值税的全部价款征收增值税。

(3)采取还本销售方式销售

还本销售是指纳税人在销售货物后，按照约定期限将货款一次或分次退还给购货方全部或部分价款。这种方式实际上是一种筹资行为。税法规定，采取还本销售方式销售货物，其销售额就是货物的销售价格，不能从销售额中扣除还本支出。

（4）采取以物易物方式销售

以物易物是一种特殊的购销活动。是指购销双方不是以货币结算，而是以同等价款的货物相互结算，实现货物购销的一种方式。税法规定，以物易物双方都应作购销处理，以各自发出货物核算销售额并计算销项税额，以各自收到的货物按规定核算购货额并计算进项税额。

需要说明的是，如果双方收到的货物不能取得相应的增值税专用发票或者其他合法票据的，不能抵扣进项税额。

3. 视同销售行为的销售额

在应征增值税的八种视同销售货物行为中，由于一般不是以资金的形式反映出来，因而会出现无销售额的情况。因此，税法规定，对视同销售行为主管税务机关有权按下列顺序确定其销售额：

（1）按纳税人最近时期同类货物的平均销售价格确定。

（2）按其他纳税人最近时期同类货物的平均销售价格确定。

（3）按组成计税价格确定。组成计税价格的公式为：

$$组成计税价格=成本\times(1+成本利润率)$$

属于应征消费税的货物，其组成计税价格中应加计消费税税额。其组成计税价格公式为：

$$组成计税价格=成本\times(1+成本利润率)+消费税额$$

或：

$$组成计税价格=成本\times(1+成本利润率)\div(1-消费税税率)$$

公式中的成本是指：销售自产货物的为实际生产成本，销售外购货物的为实际采购成本。公式中的成本利润率一般为 10%。如果是应从价定率征收消费税的货物，其成本利润率为《消费税若干问题的规定》中规定的成本利润率。

当销售价格明显偏低并无正当理由的，也应按以上顺序确定其销售额。

4. 混合销售行为的销售额

税法规定应当征收增值税的混合销售行为，其销售额为货物的销售额与非增值税应税劳务营业额的合计。

5. 兼营非增值税应税劳务行为的销售额

根据《增值税暂行条例实施细则》的规定，纳税人兼营非增值税应税劳务的，应分别核算货物或者应税劳务的销售额和非增值税应税项目的营业额；未分别核算的，由主管税务机关核定货物或者应税劳务的销售额。

6. 包装物押金是否计入销售额

包装物是指纳税人包装本单位货物的各种物品。纳税人销售货物时收取包装物押金的目的是为了促使购货方及早退还包装物以便周转使用。根据税法规定，纳税人为销售货物出租、出借包装物而收取的押金，单独记账核算的，时间在 1 年以内，又未过期的，不并入销售额征税，对于逾期 1 年以上未收回包装物而不再退还的押金，应按所包装货物的税率计算销项税额。对于个别包装物周转使用期限较长的，报经税务机关确定后，可适当放宽逾期期限。

对销售除啤酒、黄酒以外的酒类产品而收取的包装物押金，无论是否返还以及会计如何处理，均应并入当期销售额征收增值税。

7. 含税销售额的换算

增值税作为价外税，纳税人在填写进销货及纳税凭证、进行账务处理时，应分项记录不含税销售额、销项税额和进项税额，以正确计算应纳增值税额。然而，在实际工作中，常常会出现一般纳税人将销售货物或应税劳务采用销售额和销项税额合并定价收取的方法，这样，就会形成含税销售额。因此，一般纳税人销售货物或者应税劳务取得的含税销售额在计算销项税额时必须将其换算为不含税的销售额。其计算公式为：

不含税销售额＝含税销售额÷(1＋增值税税率)

【例 2－6】 下列各项中，应计入增值税的应税销售额的有(　　)。

A. 向购买者收取的包装物租金

B. 向购买者收取的销项税额

C. 因销售货物向购买者收取的手续费

D. 受托加工应征消费税的消费品所代收代缴的消费税

【参考解析】 答案：AC。根据增值税法律制度的规定，销售额是指纳税人销售货物或者提供应税劳务向购买方收取的全部价款和价外费用，但是不包括收取的销项税额。价外费用包括包装物租金，受托加工应征消费税的消费品所代收代缴的消费税不包括在销售额内。

【例 2－7】 甲公司为增值税一般纳税人，本月采用以旧换新的方式销售冰箱 50 台，冰箱每台售价 2 000 元，同时收到旧冰箱 50 台，每台折价 200 元，实际收到销售款 9 万元，已知甲公司适用的增值税税率为 17％，则甲公司本月销售冰箱的增值税销项税额为(　　)元。

A. 13 077　　B. 14 530　　C. 15 300　　D. 17 000

【参考解析】 答案：B。根据增值税法律制度的规定，采取以旧换新方式销售货物的，应按新货物的同期销售价格确定销售额，不得扣减旧货物的收购价格。甲公司本月销售冰箱的增值税销项税额＝50×2 000÷(1＋17％)×17％＝14 530(元)。

(二)进项税额的计算

进项税额是指纳税人购进货物或者接受应税劳务所支付或者负担的增值税额为进项税额。

进项税额是与销项税额相对应的另一个概念。在开具增值税专用发票的情况下，它们之间的对应关系是：销售方收取的销项税额，就是购买方支付的进项税额。对于任何一个一般纳税人而言，由于其在经营活动中，既会发生销售货物或提供应税劳务，又会发生购进货物或接受应税劳务，因此，每个一般纳税人都会有收取的销项税额和支付的进项税额。增值税的核心就是用纳税人收取的销项税额抵扣其支付的进项税额，其余额为纳税人实际应缴纳的增值税税额。

并不是纳税人支付的所有进项税额都可以从销项税额中抵扣，税法对可以抵扣和不能抵扣的项目做了严格规定，如果违反规定随意抵扣进项税额就将以偷税论处。

1. 准予从销项税额中抵扣的进项税额

根据税法规定，准予从销项税额中抵扣的进项税额，限于下列增值税扣税凭证上注明的增值税税额和按规定的扣除率计算的进项税额：

(1)从销售方取得的增值税专用发票上注明的增值税税额。

(2)从海关取得的海关进口增值税专用缴款书上注明的增值税税额。

(3)购进农产品，除取得增值税专用发票或者海关进口增值税专用缴款书外，按照农产品收购发票或者销售发票上注明的农产品买价和13％的扣除率计算的进项税额。进项税额计算公式为：

进项税额＝买价×扣除率

其中，农产品是指直接从事植物的种植、收割和动物的饲养、捕捞的单位和个人销售的自产农业产品。购买农业产品的买价，是指纳税人购进农产品在农产品收购发票或者销售发票上注明的价款和按规定缴纳的烟叶税。

(4)接受试点纳税人提供的应税服务，取得的增值税专用发票上注明的增值税额为进项税额，准予从销项税额中抵扣。

(5)纳税人自用的应征消费税的摩托车、汽车、游艇，其进项税额准予从销项税额中抵扣。

(6)混合销售行为依照《增值税暂行条例》的规定，应当缴纳增值税的，该混合销售行为所涉及的非增值税应税劳务所用购进货物的进项税额，符合上述规定的，准予从销项税额中抵扣。

可见，增值税扣税凭证，是指增值税专用发票、海关进口增值税专用缴款书、农产品收购发票、农产品销售发票和税收缴款凭证。

2. 不得从销项税额中抵扣进项税额

按照《增值税暂行条例》的规定，下列项目的进项税额不得从销项税额中抵扣：

(1)用于非增值税应税项目、免征增值税项目、集体福利或者个人消费的购进货物或者应税劳务。

所谓非增值税应税项目，是指提供非增值税应税劳务、转让无形资产、销售不动产和不动产在建工程。

所谓购进货物，不包括既用于增值税应税项目(不含免征增值税项目)也用于非增值税应税项目、免征增值税(以下简称免税)项目、集体福利或者个人消费的固定资产。这里的固定资产，是指使用期限超过12个月的机器、机械、运输工具以及其他与生产经营有关的设备、工具、器具等。

(2)非正常损失的购进货物及相关的应税劳务。

(3)非正常损失的在产品、产成品所耗用的购进货物或者应税劳务。

所谓非正常损失，是指生产经营过程中正常损耗外的损失，包括因管理不善造成被盗、丢失、霉烂变质的损失。

(4)国务院财政、税务主管部门规定的纳税人自用消费品。

(5)纳税人购进货物或者应税劳务，取得的增值税扣税凭证不符合法律、行政法规或者国务院税务主管部门有关规定的。

(6)一般纳税人兼营免税项目或者非增值税应税劳务而无法划分不得抵扣的进项税额的，按下列公式计算不得抵扣的进项税额：

不得抵扣的进项税额＝当月无法划分的全部进项税额×当月免税项目销售额、非增值税应税劳务营业额合计÷当月全部销售额、营业额合计

(7)有下列情形之一者，应按销售额依照增值税税率计算应纳税额，不得抵扣进项税额，也不得使用增值税专用发票。

①一般纳税人会计核算不健全，或者不能够提供准确税务资料的；

②除《增值税暂行条例实施细则》第二十九条规定外，纳税人销售额超过小规模纳税人标准，未申请办理一般纳税人认定手续的。

【例2－8】 下列属于增值税扣税凭证的有(　　)。

A. 增值税专用发票　　B. 海关进口增值税专用缴款书

C. 农产品收购发票　　D. 运输费用结算单据

【参考解析】 答案:ABC。根据营改增的规定,增值税扣税凭证,包括增值税专用发票、海关进口增值税专用缴款书、农产品收购发票和农产品销售发票以及税收缴款凭证,不再包括运输费用结算单据。

【例 2—9】 下列各项中,不得从销项税额中抵扣进项税额的有(　　)。

A. 购进生产用燃料所支付的增值税款

B. 不合格产品耗用材料所支付的增值税款

C. 因管理不善被盗材料所支付的增值税款

D. 购进不动产耗用装修材料所支付的增值税款

【参考解析】 答案:CD。根据增值税法律制度的规定,因管理不善造成被盗、丢失、霉烂变质的损失的增值税款以及用于非增值税应税项目的增值税款不允许从销项税额中抵扣。

(三)应纳税额的计算

一般纳税人在计算出销项税额和进项税额后就可以得出实际应纳税额,即

应纳税额=当期销项税额一当期进项税额

为了正确计算增值税的应纳税额,在实际操作中还需要掌握以下重要规定。

1. 计算应纳税额的时间限定

(1)计算销项税额的时间限定

销项税额是增值税一般纳税人销售货物或者提供应税劳务按照实现的销售额计算的金额。纳税人在什么时间计算销项税额,《增值税暂行条例》及《增值税暂行条例实施细则》都做了严格的规定。如采取直接收款方式销售货物,不论货物是否发出,均为收到销售额或取得索取销售额凭据的当天等(详见第五节"纳税义务发生时间")。

(2)防伪税控专用发票进项税额抵扣的时间限定

①增值税一般纳税人取得 2010 年 1 月 1 日以后开具的增值税专用发票和机动车销售统一发票,应在开具之日起 180 日内到税务机关办理认证,并在认证通过的次月申报期内,向主管税务机关申报抵扣进项税额。

②实行海关进口增值税专用缴款书(以下简称海关缴款书)"先比对后抵扣"管理办法的增值税一般纳税人取得 2010 年 1 月 1 日以后开具的海关缴款书,应在开具之日起 180 日内向主管税务机关报送"海关完税凭证抵扣清单"(包括纸质资料和电子数据)申请稽核比对。

未实行海关缴款书"先比对后抵扣"管理办法的增值税一般纳税人取得 2010 年 1 月 1 日以后开具的海关缴款书,应在开具之日起 180 日后的第一个纳税申报期结束以前,向主管税务机关申报抵扣进项税额。

③增值税一般纳税人取得 2010 年 1 月 1 日以后开具的增值税专用发票、机动车销售统一发票以及海关缴款书,未在规定期限内到税务机关办理认证、申报抵扣或者申请稽核比对的,不得作为合法的增值税扣税凭证,不得计算进项税税额抵扣。

2. 计算应纳税额时进项税额不足抵扣的处理

由于增值税一般纳税人实行购进扣税法,有时企业当期购进的货物很多,在计算应纳税额时会出现当期销项税额小于当期进项税额不足抵扣的情况,根据税法规定,当期进项税额不足抵扣的部分可以结转下期继续抵扣。

3. 扣减发生期进项税额的规定

增值税一般纳税人当期购进的货物或应税劳务如果事先并未确定将用于非生产经营项目,其进项税额会在当期销项税款中予以抵扣。但已抵扣进项税额的购进货物或应税劳务如

果事后改变用途，转化为进项税额不得抵扣事项的，应将该项购进货物或应税劳务的进项税额，从改变用途当期发生的进项税额中扣减。无法准确确定该项进项税额的，按发生当期实际成本计算应扣减的进项税额，即扣减进项税额的计算依据不是按该货物或应税劳务的原进价，而是按发生上述情况的当期该货物或应税劳务的实际成本，包括进价、运费、保险费及其他有关费用，按征税时该货物或应税劳务适用的税率计算应扣减的进项税额。

4. 销货退回或折让的税务处理

纳税人在货物购销活动中，因货物质量、规格等原因常会发生销货退回或销售折让的情况，销货方和购货方应相应对当期的销项税额或进项税额进行调整。税法规定，一般纳税人因销货退回或折让而退还给购买方的增值税额，应从发生销货退回或折让当期的销项税额中扣减；因进货退出或折让而收回的增值税额，应从发生进货退出或折让当期的进项税额中扣减。

5. 一般纳税人应纳税额计算举例

【例 2—10】 某小五金制造企业为增值税一般纳税人，2014 年 7 月发生经济业务如下：

(1)购进一批原材料，取得防伪税控增值税专用发票注明的价款为 50 万元，增值税为 8.5 万元。取得运输普通发票注明的运费 2 万元，保管费 0.1 万元，装卸费 0.2 万元；

(2)接受其他企业投资转入材料一批，取得防伪税控增值税专用发票注明的价款为 100 万元，增值税 17 万元；

(3)购进低值易耗品，取得防伪税控增值税专用发票注明的价款 6 万元，增值税为 1.02 万元；

(4)销售产品一批，取得不含税销售额 200 万元，另外收取包装物租金 1.17 万元；

(5)采取以旧换新方式销售产品，新产品含税售价为 8.19 万元，旧产品作价 2 万元；

(6)因仓库管理不善，上月购进的一批工具被盗，该批工具的采购成本为 8 万元。

已知：该企业取得的专用发票均符合规定，并已认证；购进和销售产品适用的增值税税率为 17%。

要求：在考虑“营改增”的情况下，根据上述资料回答下列问题：

(1)按税法规定，准予抵扣的进项税额包括(　　)。

A. 购进原材料取得的增值税专用发票

B. 取得运输普通发票注明的运费金额×7%

C. 接受其他企业投资转入材料取得的增值税专用发票

D. 采取以旧换新方式销售货物收到的旧产品作价×17%

(2)该小五金制造企业本月准予抵扣的进项税额为(　　)万元。

A. 9.66　　B. 26.52　　C. 26.66　　D. 27

(3)根据《增值税暂行条例》的规定，下列说法中正确的为(　　)。

A. 销售产品取得的包装物租金应于取得时作为价外费用并入销售额计征增值税

B. 采取以旧换新方式销售产品，应按新产品的销售额计征增值税，不扣减旧产品的作价

C. 非正常损失购进货物的进项税额应作转出处理

D. 非正常损失包括自然灾害造成的损失和因管理不善造成的损失

(4)该小五金制造企业本月应纳增值税税额为(　　)万元。

A. 9.77　　B. 9.92　　C. 10.06　　D. 10.09

【参考解析】

(1)答案：AC。根据税收法律制度的规定，采取以旧换新方式销售货物的，应按新货物的

同期销售价格确定销售额，不得扣减旧货物的收购价格，D错。按照营改增的规定，抵扣凭证不再包括运输费用结算单据，B错。

(2)答案：B。该小五金制造企业本月准予抵扣的进项税额＝8.5＋17＋1.02
＝26.52(万元)

(3)答案：ABC。D项非正常损失是指因“管理不善”造成被盗、丢失、霉烂变质的损失，不包括自然灾害造成的损失。

(4)答案：B。增值税应纳税额的计算：

销项税额＝200×17%＋1.17÷(1＋17%)×17%＋8.19÷(1＋17%) ×17%
＝34＋0.17＋1.19
＝35.36(万元)

进项税转出＝8×17%＝1.36(万元)

应纳增值税税额＝35.36－26.52＋1.36＝9.92(万元)

二、小规模纳税人应纳税额的计算

小规模纳税人销售货物或者提供应税劳务，实行按照销售额和征收率计算应纳税额的简易办法，并不得抵扣进项税额。应纳税额计算公式为：

应纳税额＝销售额×征收率

公式中的销售额是销售货物或提供应税劳务向购买方收取的全部价款和价外费用，但是不包括按3%的征收率收取的增值税税额。

1. 含税销售额的换算

由于小规模纳税人自身不能开具增值税专用发票，对外报价为价税合计金额，故价税分离的计算成为小规模纳税人计算税额的必经步骤。其计算公式为：

不含税销售额＝含税销售额÷(1＋征收率)

2. 小规模纳税人应纳税额计算举例

【例2－11】 某小型工业企业为增值税小规模纳税人。2014年3月取得销售收入8.48万元；购进原材料一批，支付货款2.12万元。

要求：计算该企业2014年3月应缴纳的增值税税额。

【参考解析】 根据增值税法律制度的规定，小规模纳税人的进项税是不能抵扣的，所以，其应纳增值税税额是直接按照销售额和征收率计算出来的。

(1)3月取得的不含税销售额＝8.48÷(1＋3%)＝8.23(万元)

(2)3月应缴纳增值税税额＝8.23×3%＝0.25(万元)

三、进口货物应纳税额的计算

只要是报关进口的应税货物，不论其是国外产制还是我国已出口而转销国内的货物，是进口者自行采购还是国外捐赠的货物，是进口者自用还是作为贸易或其他用途等，均应按照规定缴纳进口环节的增值税，由海关代征。

纳税人进口货物，无论是一般纳税人还是小规模纳税人，均应按照组成计税价格和规定的税率计算应纳税额，不允许抵扣发生在境外的任何税金。其计算公式为：

应纳税额＝组成计税价格×税率

组成计税价格的构成分两种情况：

1. 一般货物组成计税价格(不纳消费税的货物)

组成计税价格＝关税完税价格＋关税

2. 应税消费品组成计税价格

组成计税价格＝关税完税价格＋关税＋消费税

或：　组成计税价格＝(关税完税价格＋关税)÷(1－消费税税率)

根据《海关法》和《进出口关税条例》的规定，关税完税价格是以海关审定的成交价格为基础的到岸价格作为完税价格。到岸价格是指一般贸易项下进口货物的货价加上货物运抵我国关境前的包装费、运费、保险费和其他劳务费等费用构成的一种价格。

3. 进口货物应纳税额计算举例

【例2—12】 某公司为增值税一般纳税人，2014年6月从国外进口一批高档化妆品，海关核定的关税完税价格为100万元。已知进口关税税率为26%，消费税税率为30%，增值税税率为17%。计算该公司进口环节应缴纳的增值税税额。

【参考解析】 根据增值税法律制度的规定，进口货物应纳增值税额，按照组成计税价格和规定的税率计算。

(1)进口环节应纳关税税额＝100×26%＝26(万元)

(2)进口环节应纳消费税税额＝(100＋26)÷(1－30%)×30%

＝180×30%＝54(万元)

(3)组成计税价格＝(100＋26＋54)＝180(万元)

(4)进口环节应纳增值税税额＝180×17%＝30.6(万元)

第四节　出口货物退(免)税

出口货物退(免)税是国际社会通行的惯例，其目的在于鼓励各国出口货物公平竞争。我国的出口货物退(免)税是指在国际贸易业务中，对我国报关出口的货物退还或免征其在国内各生产和流转环节按税法规定缴纳的增值税和消费税，具体来说，就是对货物在出口前实际承担的税负，按规定的退税率计算退还，对货物在出口环节所应负担的增值税、消费税予以免征。增值税出口货物实行零税率，对消费税出口货物免税。

增值税的零税率不等于免税。免税往往指某一环节的免税；而零税率是指整体税负为零，意味着出口环节免税且退还以前纳税环节的已纳税款，这就是所谓“出口退税”。

一、出口货物退(免)税基本政策

世界各国为了鼓励本国货物出口，在遵循WTO基本规则的前提下，一般都采取优惠的税收政策。我国根据自己的具体国情，采取了出口退税与免税相结合的政策。另外，由于我国生产的某些货物，如稀有金属等还不能满足国内的需要，因此，对某些非生产性企业和国家紧缺的货物则采取限制从事出口业务或限制该货物出口，不予出口退(免)税。目前，我国的出口货物税收政策分为以下三种形式：

1. 出口免税并退税

出口免税是指对货物在出口销售环节不征增值税、消费税；出口退税是指对货物在出口前实际承担的税收负担，按规定的退税率计算后予以退还。

2. 出口免税不退税

即对于某些出口项目,只给予其出口销售环节免税,不退还其出口之前购进环节所负担的增值税、消费税。

3. 出口不免税也不退税

对于国家限制或禁止出口的某些货物,其出口环节视同内销环节,照常征税,并且不退还出口前其所负担的税款。适用这个政策的主要是税法列举限制或禁止出口的货物,如天然牛黄、麝香、白银等。

二、出口货物退(免)税的基本条件

1. 必须是属于增值税、消费税征税范围的货物。
2. 必须是报关离境的货物。
3. 必须是在财务上作销售处理的货物。
4. 必须是出口收汇并已核销的货物。

对出口的凡属于已征或应征增值税、消费税的货物,除国家明确规定不予退(免)税的货物和出口企业从小规模纳税人购进并持普通发票的部分货物外,都是出口货物退(免)税货物的范围,均应予以退还已征增值税和消费税或免征应征的增值税和消费税。

三、出口货物的退税率

根据《增值税暂行条例》的规定,企业出口产品后,税务机关按照商品的进项税额为企业办理退税,由于税收减免及国家经济政策等原因,商品的进项税额往往不等于实际负担的税额,如果按照出口商品的进项税额退税,就会产生少征多退的问题,于是就有了退税率的规定。

出口货物的退税率,是出口货物的实际退税额与退税计税依据的比例,它是出口退税的中心环节。退税率的高低影响和刺激对外贸易,影响和刺激国民经济增长的速度,也关系到国家及出口企业的经济利益。现行出口货物的增值税退税率有17%、15%、14%、13%、11%、9%、8%、6%和5%等。

四、出口货物退税的计算

出口货物只有在适用既免税又退税的政策时,才会涉及如何计算退税的问题。我国《出口货物退(免)税管理办法》规定了两种退税计算办法:一是“免、抵、退”办法,主要适用于自营和委托出口自产货物的生产企业;二是“先征后退”办法,目前主要用于收购货物出口的外(工)贸企业。

(一)“免、抵、退”的计算方法

“免、抵、退”管理办法是国家为了防止企业虚报退税不得已而采取的一种计算出口退税的方法。

假设某企业3月份购买原材料100万元,其中40%用于生产内销产品,60%用于生产出口产品。所有产品全部销售,其中内销销售额60万元,外销销售额120万元(离岸价格)。假设企业适用15%的退税率,上期无进项税额余额,则按照退税理论:

本期该企业出口应退增值税=100×60%×15%=9(万元)

内销应纳增值税=60×17%-100×40%×17%=3.4(万元)

实际应退税额=9-3.4=5.6(万元)

也就是说，按照退税理论，该企业应得 5.6 万元的退税。但是企业的财会信息是否真实，是否真有 60%的原材料用于出口产品生产，税务机关无法准确核实。因此，为了避免企业弄虚作假，防止多退税，国家采取免、抵、退的办法来计算企业实际应退税额，即将企业当期所有进项税额首先用于抵顶内销的销项税额，如果抵顶完了就不再退税，如果抵项不完，有余额再退税。这就是所谓的“免、抵、退”。

实行免、抵、退税管理办法的“免”税是指生产企业出口的自产货物，在出口时免征企业生产销售环节增值税；“抵”税是指生产企业出口自产货物所耗用的原材料、零部件、燃料、动力等所含应予退还的进项税额，抵顶内销货物的应纳税额；“退”税是指生产企业出口的自产货物在当月内应抵顶的进项税额大于应纳税额时，对未抵顶完的部分予以退税。

1. 具体计算方法与计算公式

(1)当期应纳税额的计算：

当期应纳税额＝当期内销货物的销项税额－(当期进项税额－当期免抵退税不得免抵税额)－上期末留抵税额

其中：

当期免抵退税不得免征和抵扣的税额＝出口货物离岸价格×外汇人民币牌价×(出口货物征税率－出口货物退税率)－免抵退税不得免征和抵扣税额抵减额

免抵退税不得免征和抵扣税额的减项，即：

免抵退税不得免征和抵扣税额抵减额＝免税购进原材料价格×(出口货物征税率－出口货物退税率)

免税购进原材料包括从国内购进免税原材料和进料加工免税进口料件，其中进料加工免税进口料件的价格为组成计税价格：

进料加工免税进口料件的组成计税价格＝货物到岸价＋海关实征关税和消费税

(2)免抵退税额的计算：

免抵退税额＝出口货物离岸价×外汇人民币牌价×出口货的退税率－免抵退税额抵减额

其中：

免抵退税额抵减额＝免税购进原材料价格×出口货物退税率

这里计算的“免抵退税额”就是名义应退税额；“免抵退税额抵减额”的实质含义是，免税购进的原材料本身是不含进项税额的，所以在计算免抵退税额时就不应该退还这部分原本不存在的税额，因此要通过计算予以剔除。

(3)当期应退税额和免抵税额的计算：

①如当期期末留抵税额≤当期免抵退税额，则：

当期应退税额＝当期期末留抵税额

当期免抵税额＝当期免抵退税额－当期应退税额

②如当期期末留抵税额＞当期免抵退税额，则：

当期应退税额＝当期免抵退税额

当期免抵税额＝0

2. 免、抵、退税计算举例

【例 2－13】 某自营出口的生产企业为增值税一般纳税人，出口货物的征税税率为 17%，退税税率为 13%。2014 年 4 月的有关经营业务为：购进原材料一批，取得的增值税专用发票注明的价款 200 万元，外购货物准予抵扣的进项税额 34 万元通过认证。上月末留抵税款 3 万元，本月内销货物不含税销售额100万元，收款117万元存入银行，本月出口货物的销售额折合人民币200万元。试计算该企业当期的“免、抵、退”税额。

【参考解析】

(1)当期免抵退税不得免征和抵扣税额＝200×(17％－13％)＝8(万元)

(2)当期应纳税额＝100×17％－(34－8)－3＝17－26－3＝－12(万元)

(3)出口货物“免、抵、退”税额＝200×13％＝26(万元)

(4)按规定，如当期末留抵税额≤当期免抵退税额时：

当期应退税额＝当期期末留抵税额

即该企业当期应退税额＝12(万元)

(5)当期免抵税额＝当期免抵退税额－当期应退税额

当期免抵税额＝26－12＝14(万元)

【例2－14】 某自营出口生产企业是增值税一般纳税人，出口货物的征税税率为17％，退税税率为13％。2011年8月有关经营业务为：购原材料一批，取得的增值税专用发票注明的价款200万元，外购货物准予抵扣进项税额34万元通过认证。当月进料加工免税进口料件的组成计税价格100万元。上期末留抵税款6万元。本月内销货物不含税销售额100万元。收款117万元存入银行。本月出口货物销售额折合人民币200万元。试计算该企业当期的“免、抵、退”税额。

【参考解析】

(1)免抵退税不得免征和抵扣税额抵减额＝免税进口料件的组成计税价格×(出口货物征税税率－出口货物退税税率)＝100×(17％－13％)＝4(万元)

(2)免抵退税不得免征和抵扣税额＝当期出口货物离岸价×外汇人民币牌价×(出口货物征税税率－出口货物退税税率)－免抵退税不得免征和抵扣税额抵减额＝200×(17％－13％)－100×(17％－13％)＝8－4＝4(万元)

(3)当期应纳税额＝100×17％－(34－4)－6＝17－30－6＝－19(万元)

(4)免抵退税额抵减额＝免税购进原材料×出口货物退税率＝100×13％＝13(万元)

(5)出口货物“免、抵、退”税额＝200×13％－13＝13(万元)

(6)按规定，如当期期末留抵税额＞当期免抵退税额时：

当期应退税额＝当期免抵退税额

即该企业应退税＝13(万元)

(7)当期免抵税额＝当期免抵退税额－当期应退税额

当期该企业免抵税额＝13－13＝0(万元)

(8)8月期末留抵结转下期继续抵扣税额为6万元(19－13)。

(二)“先征后退”的计算方法

外贸企业以及实行外贸企业财务制度的工贸企业收购货物出口，其出口销售环节的增值税免征；其收购货物的成本部分，因外贸企业在支付收购货款的同时也支付了生产经营该类商品的企业已纳的增值税款，因此，在货物出口后按收购成本与退税率计算退还给外贸企业，征退之差计入企业成本。

1. 从一般纳税人购进货物，并取得专用发票的：

应退税额＝不含税购进金额×退税率

2. 从小规模纳税人处收购特准退税的出口货物出口的：

应退税额＝［普通发票的含税购进价÷（1＋征收率）］×退税率

3. 从小规模纳税人处购进货物取得代开专用发票的：

应退税额＝不含税购价×退税率

4. 委托生产企业加工出口货物，依所耗原、辅材料专用发票所载金额和原、辅材料适用退税率计算应退税额；支付的加工费，依受托货物的退税率计算退税。

【例2—15】 某外贸公司3月份购进及出口情况如下：

（1）第一次购进电风扇500台，单价150元/台；第二次购进电风扇200台，单价148元/台（均已取得增值税专用发票）。

（2）将二次外购的电风扇700台报关出口，离岸单价20美元/台，此笔出口已收汇并做销售处理（美元与人民币比价为1∶6.615，退税率为15%）。计算该笔出口业务应退增值税税额。

【参考解析】 外贸企业应退税额为购进货物所取得的增值税专用发票上注明的金额和该货物所适用的退税率的乘积，与出口时的离岸单价没有关系。

应退增值税＝（500×150＋200×148）×15%＝15 690（元）

第五节　增值税税收优惠

一、免税项目

1. 农业生产者销售的自产农业产品，是指直接从事种植业、养殖业、林业、牧业、水产业的单位和个人销售自产的属于税法规定范围的农业初级产品。

2. 避孕药品和用具。

3. 古旧图书。是指向社会收购的古书和旧书。

4. 直接用于科学研究、科学试验和教学的进口仪器、设备。

5. 外国政府、国际组织无偿援助的进口物资和设备。

6. 由残疾人组织直接进口供残疾人专用的物品。

7. 销售的自己使用过的物品。自己使用过的物品，是指其他个人自己使用过的物品。

除上述规定的免税项目外，增值税的免税、减税项目由国务院规定。任何地区、部门均不得规定免税、减税项目。

纳税人兼营免税、减税项目的应当分别核算免税、减税项目的销售额；未分别核算销售额的，不得免税、减税。

纳税人销售货物或者应税劳务适用免税规定的，可以放弃免税，依照《增值税暂行条例》的规定缴纳增值税。放弃免税后，36个月内不得再申请免税。

二、起征点

增值税起征点的适用范围限于个人。纳税人销售额未达到起征点的，免征增值税；达到或超过起征点的全额计算缴纳增值税。

增值税起征点的幅度规定如下：

1. 销售货物的，为月销售额5 000～20 000元；

2. 销售应税劳务的，为月销售额 5 000～20 000 元；

3. 按次纳税的，为每次(日)销售额 300～500 元。

所称销售额，是指不包括其应纳税额的小规模纳税人的销售额。

省、自治区、直辖市财政厅(局)和国家税务局应在规定的幅度内，根据实际情况确定本地区适用的起征点，并报财政部、国家税务总局备案。

【例 2－16】 以下免征增值税的项目是(　　)。

A. 农产品销售　　B. 避孕药品和用具

C. 直接用于科研、教学的进口仪器　　D. 单位和个人销售自己使用过的物品

【参考解析】 答案：BC。根据增值税税收法律制度的规定，农业生产者销售的自产农产品免税，不是农产品销售，故 A 错；其他个人自己使用过的物品免税，不包括单位，故 D 错误。

第六节　增值税征收管理

一、纳税义务发生时间

1. 基本规定

(1)销售货物或者应税劳务，其纳税义务发生时间为收讫销售款项或者取得索取销售款项凭据的当天；先开具发票的，为开具发票的当天。

(2)进口货物，为报关进口的当天。

(3)增值税扣缴义务发生时间为纳税人增值税纳税义务发生的当天。

增值税由税务机关征收，进口货物的增值税由海关代征。

2. 具体规定

(1)采取直接收款方式销售货物，不论货物是否发出，均为收到销售款或者取得索取销售款凭据的当天。

(2)采取托收承付和委托银行收款方式销售货物，为发出货物并办妥托收手续的当天。

(3)采取赊销和分期收款方式销售货物，为书面合同约定的收款日期的当天，无书面合同的或者书面合同没有约定收款日期的，为货物发出的当天。

(4)采取预收货款方式销售货物，为货物发出的当天，但生产销售生产工期超过 12 个月的大型机械设备、船舶、飞机等货物，为收到预收款或者书面合同约定的收款日期的当天。

(5)委托其他纳税人代销货物，为收到代销单位的代销清单或者收到全部或者部分货款的当天。未收到代销清单及货款的，为发出代销货物满 180 日的当天。

(6)销售应税劳务，为提供劳务同时收讫销售款或者取得索取销售款的凭据的当天。

(7)纳税人发生视同销售货物行为，为货物移送的当天。

二、纳税期限

增值税的纳税期限分别为 1 日、3 日、5 日、10 日、15 日、1 个月或者 1 个季度。纳税人的具体纳税期限，由主管税务机关根据纳税人应纳税额的大小分别核定；不能按照固定期限纳税的，可以按次纳税。

纳税人以 1 个月或者 1 个季度为 1 个纳税期的，自期满之日起 15 日内申报纳税；以 1 日、

3 日、5 日、10 日或者 15 日为 1 个纳税期的，自期满之日起 5 日内预缴税款，于次月 1 日起 15 日内申报纳税并结清上月应纳税款。

扣缴义务人解缴税款的期限，依照前两款规定执行。

以 1 个季度为纳税期限的规定仅适用于小规模纳税人。小规模纳税人的具体纳税期限，由主管税务机关根据其应纳税额的大小分别核定。

纳税人进口货物，应当自海关填发海关进口增值税专用缴款书之日起 15 日内缴纳税款。

三、纳税地点

1. 固定业户应当向其机构所在地的主管税务机关申报纳税。总机构和分支机构不在同一县(市)的，应当分别向各自所在地的主管税务机关申报纳税；经国务院财政、税务主管部门或者其授权的财政、税务机关批准，可以由总机构汇总向总机构所在地的主管税务机关申报纳税。

2. 固定业户到外县(市)销售货物或者应税劳务，应当向其机构所在地的主管税务机关申请开具外出经营活动税收管理证明，并向其机构所在地的主管税务机关申报纳税；未开具证明的，应当向销售地或者劳务发生地的主管税务机关申报纳税；未向销售地或者劳务发生地的主管税务机关申报纳税的，由其机构所在地的主管税务机关补征税款。

3. 非固定业户销售货物或者应税劳务，应当向销售地或者劳务发生地的主管税务机关申报纳税；未向销售地或者劳务发生地的主管税务机关申报纳税的，由其机构所在地或者居住地的主管税务机关补征税款。

4. 进口货物，应当向报关地海关申报纳税。

5. 扣缴义务人应当向其机构所在地或者居住地的主管税务机关申报缴纳其扣缴的税款。

【例 2—17】 下列各项中，符合增值税纳税义务发生时间的有(　　)。

A. 将货物交付他人代销，为收到代销清单当天

B. 采用预收货款结算方式的，为发出货物的当天

C. 采用分期付款结算方式的，为收到首期货款的当天

D. 销售应税劳务，为提供劳务同时收讫销售额或者取得索取销售款的凭据的当天

【参考解析】 答案：ABD。根据增值税法律制度的规定，采用赊销、分期付款结算方式的，为合同约定的收款日期的当天。

【例 2—18】 以下关于增值税纳税地点的表述错误的是(　　)。

A. 固定业户在其机构所在地申报纳税

B. 非固定业户在其居住所在地申报纳税

C. 进口货物向报关地海关申报纳税

D. 总机构和分支机构不在同一县(市)的，分别向各自所在地主管税务机关申报纳税

【参考解析】 答案：B。根据增值税法律制度的规定，非固定业户在其销售所在地，未在销售地纳税的，回机构所在地或居住地补纳。所以 B 错误。

第七节　增值税专用发票的使用管理

增值税专用发票，是指增值税一般纳税人销售货物或者提供应税劳务开具的发票，是购买方支付增值税并可按照规定据以抵扣增值税进项税额的凭证。

一、专用发票的联次及用途

专用发票由基本联次或者基本联次附加其他联次构成。基本联次为三联，分别为：

1. 发票联，作为购买方核算采购成本和增值税进项税额的记账凭证。

2. 抵扣联，作为购买方报送主管税务机关认证和留存备查的凭证。

3. 记账联，作为销售方核算销售收入和增值税销项税的记账凭证。

其他联次用途，由一般纳税人自行确定。

二、专用发票的领购

一般纳税人领购专用设备后，凭发票领购簿、防伪税控IC卡、经办人身份证明(居民身份证、护照)领购发票。

增值税专用发票的领购范围限定于增值税一般纳税人，小规模纳税人和非增值税纳税人不得领购。一般纳税人有下列情形之一的，也不得领购专用发票：

1. 会计核算不健全，不能向国家税务机关准确提供增值税销项税额、进项税额、应纳税额数据及其他有关增值税资料。

2. 有《税收征管法》规定的税收违法行为，拒不接受税务机关处理的。

3. 有下列行为之一，经税务机关责令限期改正而仍未改正的：

(1)虚开增值税专用发票。

(2)私自印制专用发票。

(3)向税务机关以外的单位和个人买取专用发票。

(4)借用他人专用发票。

(5)未按本规定第十一条开具专用发票。

(6)未按规定保管专用发票和专用设备。

(7)未按规定申请办理防伪税控系统变更发行。

(8)未按规定接受税务机关检查。有上列情形的，如已领购专用发票，主管税务机关应暂扣其结存的专用发票和IC卡。

三、专用发票的使用管理

1. 专用发票的开票限额

专用发票实行最高开票限额管理。最高开票限额是指单份专用发票开具的销售额合计数不能达到的上限额度。

最高开票限额一般由纳税人申请，税务机关依法审批。最高开票限额为10万元及以下的，由区县级税务机关审批。最高开票限额为100万元的，由地市级税务机关审批。最高开票限额为1 000万元及以上的，由省级税务机关审批。

防伪税控系统的具体发行工作由县级税务机关负责。

2. 专用发票的开具范围

一般纳税人销售货物或提供应税劳务，应向购买方开具专用发票。下列情况不得开具增值税专用发票。

(1)商业企业一般纳税人零售的烟、酒、食品、服装鞋帽(不包括劳保专用部分)、化妆品等消费的。

(2)销售免税货物不得开具专用发票(法律法规另有规定者除外)。

(3)向消费者个人销售货物或者提供应税劳务的。

(4)小规模纳税人销售货物或者提供应税劳务的(需要开具专用发票的,可找主管税务机关申请代开)。

3. 专用发票开具要求

(1)项目齐全,与实际交易相符。

(2)字迹清楚,不得压线、错格。

(3)发票联和抵扣联加盖财务专用章或发票专用章。

(4)按照增值税的纳税义务发生时间开具。

【例 2—19】 根据《增值税专用发票使用规定》,一般纳税人的下列销售行为中,应开具增值税专用发票的是(　　)。

A. 向消费者个人销售应税货物　　B. 向小规模纳税人转让专利权

C. 向一般纳税人销售房地产　　D. 向一般纳税人销售应税货物

【参考解析】 答案:D。根据增值税法律制度的规定,选项 A、B 两种情形不允许开具专用发票,选项 C 不属于增值税征税范围。

第八节　营业税改征增值税试点的基本内容

一、纳税人

(一)纳税人

在中华人民共和国境内(以下称境内)提供交通运输业、邮政业、电信业和部分现代服务业服务(以下称应税服务)的单位和个人,为增值税纳税人。纳税人提供应税服务,应当按照新规定缴纳增值税,不再缴纳营业税。

在境内提供应税服务,是指应税服务提供方或者接受方在境内。

下列情形不属于在境内提供应税服务:

(1)境外单位或者个人向境内单位或者个人提供完全在境外消费的应税服务。

(2)境外单位或者个人向境内单位或者个人出租完全在境外使用的有形动产。

(3)财政部和国家税务总局规定的其他情形。

单位,是指企业、行政单位、事业单位、军事单位、社会团体及其他单位。个人,是指个体工商户和其他个人。

单位以承包、承租、挂靠方式经营的,承包人、承租人、挂靠人(以下统称承包人)以发包人、出租人、被挂靠人(以下统称发包人)名义对外经营并由发包人承担相关法律责任的,以该发包人为纳税人;否则,以承包人为纳税人。

(二)纳税人分类及认定标准

试点纳税人按照应税服务年销售额的不同,划分为一般纳税人和小规模纳税人。

应税服务的年销售额,是指试点纳税人在连续不超过 12 个月的经营期内,提供应税服务的累计销售额,含免税、减税销售额和提供境外服务销售额。

一般纳税人和小规模纳税人的认定标准:应税服务的年销售额超过 500 万元的纳税人为

一般纳税人;应税服务的年销售额未超过500万元的纳税人为小规模纳税人。

例如,某现代服务业企业,2013年销售收入为550万元,销售额=550/(1+6%)=519万元>500万元,该现代服务业企业就应该申请增值税一般纳税人资格认定。

对于试点范围内原公路、内河货物运输业的自开票纳税人,无论其提供应税服务的年销售额是否达到500万元,均应当申请认定为一般纳税人。

提供应税服务的年销售额超过小规模纳税人年销售额标准的其他个人,仍按照小规模纳税人纳税;非企业性单位、不经常提供应税服务的企业和个体工商户可选择按照小规模纳税人纳税。

小规模纳税人能够按照国家统一的会计制度规定设置账簿,根据合法、有效凭证核算,能够提供准确税务资料的,可以向主管税务机关申请一般纳税人资格认定,成为一般纳税人。

除国家税务总局另有规定外,一经认定为一般纳税人后,不得转为小规模纳税人。

(三)扣缴义务人

中华人民共和国境外的单位或者个人在境内提供应税服务,在境内未设有经营机构的,以其代理人为增值税扣缴义务人;在境内没有代理人的,以接受方为增值税扣缴义务人。

二、征税范围

根据试点实施办法的规定,在中华人民共和国境内提供应税服务,应当缴纳增值税。

(一)提供应税服务

应税服务是指陆路运输服务、水路运输服务、航空运输服务、管道运输服务、邮政普遍服务、邮政特殊服务、其他邮政服务、基础电信服务、增值电信服务、研发和技术服务、信息技术服务、文化创意服务、物流辅助服务、有形动产租赁服务、鉴证咨询服务、广播影视服务。

提供应税服务是指有偿提供应税服务。但不包括非营业活动中提供的应税服务。

有偿,是指取得货币、货物或者其他经济利益。

非营业活动,是指:

(1)非企业性单位按照法律和行政法规的规定,为履行国家行政管理和公共服务职能收取政府性基金或者行政事业性收费的活动。

(2)单位或者个体工商户聘用的员工为本单位或者雇主提供应税服务。

(3)单位或者个体工商户为员工提供应税服务。

(4)财政部和国家税务总局规定的其他情形。

(二)视同提供应税服务

单位和个体工商户的下列情形,视同提供应税服务:

(1)向其他单位或者个人无偿提供交通运输业、邮政业和部分现代服务业服务,但以公益活动为目的或者以社会公众为对象的除外。

(2)财政部和国家税务总局规定的其他情形。

三、税目

(一)交通运输业

交通运输业,是指使用运输工具将货物或者旅客送达目的地,使其空间位置得到转移的业务活动。包括陆路运输服务、水路运输服务、航空运输服务和管道运输服务。

(1)陆路运输服务,是指通过陆路(地上或者地下)运送货物或者旅客的运输业务活动,包括铁路运输和其他陆路运输。

①铁路运输服务，是指通过铁路运送货物或者旅客的运输业务活动。

②其他陆路运输服务，是指铁路运输以外的陆路运输业务活动。包括公路运输、缆车运输、索道运输、地铁运输、城市轻轨运输等。

出租车公司向使用本公司自有出租车的出租车司机收取的管理费用，按陆路运输服务征收增值税。

(2)水路运输服务，是指通过江、河、湖、川等天然、人工水道或者海洋航道运送货物或者旅客的运输业务活动。

远洋运输的程租、期租业务，属于水路运输服务。

(3)航空运输服务，是指通过空中航线运送货物或者旅客的运输业务活动。航空运输的湿租业务，属于航空运输服务；航天运输服务，按照航空运输服务征收增值税。航天运输服务，是指利用火箭等载体将卫星、空间探测器等空间飞行器发射到空间轨道的业务活动。

(4)管道运输服务，是指通过管道设施输送气体、液体、固体物质的运输业务活动。

(二)邮政业

邮政业，是指中国邮政集团公司及其所属邮政企业提供邮件寄递、邮政汇兑、机要通信和邮政代理等邮政基本服务的业务活动。包括邮政普遍服务、邮政特殊服务和其他邮政服务。

(1)邮政普遍服务，是指函件、包裹等邮件寄递，以及邮票发行、报刊发行和邮政汇兑等业务活动。

(2)邮政特殊服务，是指义务兵平常信函、机要通信、盲人读物和革命烈士遗物的寄递等业务活动。

(3)其他邮政服务，是指邮册等邮品销售、邮政代理等业务活动。

(三)电信业

电信业，是指利用有线、无线的电磁系统或者光电系统等各种通信网络资源，提供语音通话服务，传送、发射、接收或者应用图像、短信等电子数据和信息的业务活动。包括基础电信服务和增值电信服务。

(1)基础电信服务，是指利用固网、移动网、卫星、互联网，提供语音通话服务的业务活动，以及出租或者出售带宽、波长等网络元素的业务活动。

(2)增值电信服务，是指利用固网、移动网、卫星、互联网、有线电视网络，提供短信和彩信服务、电子数据和信息的传输及应用服务、互联网接入服务等业务活动。卫星电视信号落地转接服务，按照增值电信服务计算缴纳增值税。

(四)部分现代服务业

部分现代服务业，是指围绕制造业、文化产业、现代物流产业等提供技术性、知识性服务的业务活动。包括研发和技术服务、信息技术服务、文化创意服务、物流辅助服务、有形动产租赁服务、鉴证咨询服务、广播影视服务。

(1)研发和技术服务，包括研发服务、技术转让服务、技术咨询服务、合同能源管理服务、工程勘察勘探服务。

(2)信息技术服务，包括软件服务、电路设计及测试服务、信息系统服务和业务流程管理服务。

(3)文化创意服务，包括设计服务、商标和著作权转让服务、知识产权服务、广告服务和会议展览服务。

(4)物流辅助服务，包括航空服务、港口码头服务、货运客运场站服务、打捞救助服务、货物运输代理服务、代理报关服务、仓储服务、装卸搬运服务和收派服务。

(5)有形动产租赁,包括有形动产融资租赁和有形动产经营性租赁。

(6)鉴证咨询服务,包括认证服务、鉴证服务和咨询服务。

(7)广播影视服务,包括广播影视节目(作品)的制作服务、发行服务和播映(含放映)服务。

四、税率和征收率

(一)税率

增值税税率,一般纳税人提供应税劳务采用比例税率。具体规定为:

(1)提供有形动产租赁服务,税率为17%。

(2)提供交通运输业服务、邮政业服务和基础电信服务,税率为11%。

(3)提供现代服务业服务(有形动产租赁服务除外)和增值电信服务,税率为6%。

(4)试点范围的单位和个人提供的国际运输服务、向境外单位提供研发服务和设计服务以及财政部和国家税务总局规定的应税服务,税率为零。

(二)征收率

小规模纳税人提供应税劳务,使用征收率,增值税征收率为3%。

【例2—20】 下列纳税人中,属于营改增试点范围的有(　　)。

A. 某商业银行　　　　B. 某中国移动分公司

C. 某航空运输公司　　　　D. 某广告公司

【参考解析】 答案:BCD。根据营改增试点实施办法的规定,目前银行业尚未纳入营改增试点征税范围,所以银行不是营改增试点范围的纳税人;电信业从2014年6月1日起开始营改增试点。

导入案例分析

【案例一解析】 这种说法是错误的。

仅从销售额来看,该企业已经达到了增值税一般纳税人的条件,但是,企业并不能自动取得增值税一般纳税人的资格,企业如果要成为增值税一般纳税人,就必须向当地税务机关申请,经税务机关认定后,才能成为增值税一般纳税人。

根据《增值税暂行条例实施细则》第34条的规定,有下列情形之一者,应按销售额依照增值税税率计算应纳税额,不得抵扣进项税额,也不得使用增值税专用发票:

1. 一般纳税人会计核算不健全,或者不能够提供准确税务资料的。

2. 除《增值税暂行条例实施细则》第29条规定外,纳税人销售额超过小规模纳税人标准,未申请办理一般纳税人认定手续的。

【案例二解析】 这种计算和缴纳是错误的。因为该企业的销售额已经超过了小规模纳税人的标准,应当申请成为一般纳税人,由于企业未申请,应当按照一般纳税人计算销项税额,但不能抵扣进项税额。即该企业应当缴纳增值税=50÷(1+17%)×17%=7.26(万元)。

需要注意的是,一些年应税销售额比较少的纳税人,由于自2009年起,小规模纳税人的标准降低了,将有一大批在旧制度下属于小规模纳税人的纳税人在新制度下就应当属于一般纳税人了,这类纳税人应当及时申请一般纳税人资格认定,如果未经认定,一方面应当按照17%的税率计算缴纳增值税,另一方面又不允许抵扣进项税额,这相当于按照17%征收率来征收增值税,这会大幅增加企业的增值税负担。

单元小结

本单元“增值税法”知识结构如图 2—1 所示。

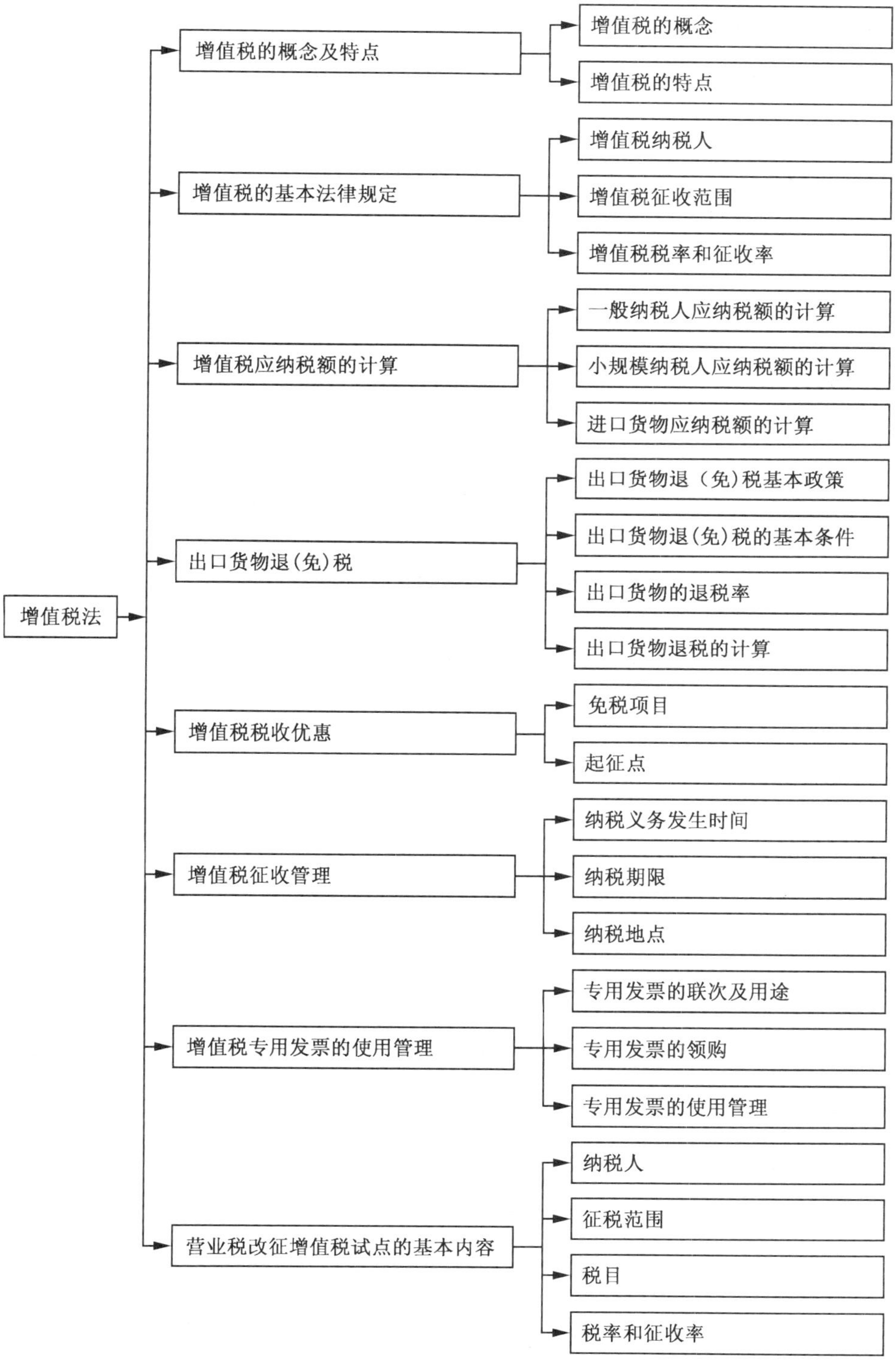

图 2—1　“增值税法”知识结构

知识测试与能力训练

一、单项选择题

1. 下列各项中，属于增值税征收范围的是（　　）。

A. 提供娱乐服务　B. 提供金融服务　C. 提供加工劳务　D. 提供旅游服务

2. 下列各项中，属于应计入销售额缴纳增值税的是（　　）。

A. 纳税人销售货物的同时代办保险而向购买方收取的保险费

B. 受托加工应征消费税的消费品所代收代缴的消费税

C. 纳税人代有关行政管理部门收取的各项费用

D. 纳税人销售货物的同时向购买方收取的手续费

3. 一般纳税人销售下列货物，适用13%税率的是（　　）。

A. 笔记本电脑　B. 化肥　C. 小汽车　D. 淀粉

4. 某食品加工企业为小规模纳税人，适用增值税征收率为3%。2月份取得销售收入16 960元；直接从农户购入农产品价值6 400元，支付运输费600元，当月支付人员工资3 460元。该企业当月应缴纳的增值税税额为（　　）元。

A. 240　B. 298　C. 435　D. 494

5. 增值税是对从事销售货物或者加工、修理修配劳务，以及进口货物的单位和个人取得的（　　）为计税依据征收的一种流转税。

A. 销售额　B. 营业额　C. 增值额　D. 收入额

6. 下列有关增值税专用发票的表述中，不正确的是（　　）。

A. 增值税专用发票是指专门用于结算销售货物和提供加工、修理修配劳务使用的一种发票

B. 只有经国家税务机关认定为增值税一般纳税人的才能领购增值税专用发票，小规模纳税人和法定情形的一般纳税人不得领购使用

C. 增值税专用发票由省、自治区、直辖市税务机关指定的企业统一印刷

D. 增值税专用发票应当使用防伪税控系统开具

7. 从事货物生产或者提供应税劳务为主，并兼营货物批发或者零售的纳税人，年应税销售额在（　　）万元以下的，认定为小规模纳税人。

A. 50　B. 60　C. 70　D. 80

8. 下列不属于视同销售货物的是（　　）。

A. 设有两个以上机构（机构在同一县或市），并实行统一核算的纳税人，将货物从一个机构移送其他机构用于销售

B. 将自产、委托加工的货物用于集体福利或个人消费

C. 将自产、委托加工或购进的货物分配给股东或投资者

D. 将自产、委托加工或购进的货物无偿赠送其他单位或个人

9. 根据增值税的规定，增值税均实行（　　）。

A. 比例税率　B. 定额税率　C. 累进税率　D. 超率累进税率

10. 以下关于增值税纳税地点的表述错误的是（　　）。

A. 固定业户在其机构所在地申报纳税

B. 非固定业户在其居住所在地申报纳税

C. 进口货物向报关地海关申报纳税

D. 总机构和分支机构不在同一县(市)的,分别向各自所在地主管税务机关申报纳税

二、多项选择题

1. 下列选项中,可以选择按小规模纳税人标准纳税的有(　　)。

A. 年应税销售额未达到一般纳税人认定标准,但会计核算健全的企业

B. 年应税销售额超过小规模纳税人标准的其他个人

C. 年应税销售额超过小规模纳税人标准的非企业性单位

D. 年应税销售额超过小规模纳税人标准的不经常发生应税行为的企业

2. 根据《增值税暂行条例》的规定,下列各项中视同销售计算增值税的有(　　)。

A. 某企业将外购的一批原材料用于基建工程

B. 某企业将外购的商品用于职工福利

C. 某商场为服装厂代销儿童服装

D. 某企业将外购的商品无偿赠与他人

3. 下列运输业务中,属于营改增征税范围的有(　　)。

A. 公路运输服务　　B. 水路运输服务　　C. 铁路运输服务　　D. 航空运输服务

4. 根据增值税法律制度的规定,一般纳税人购进货物发生的下列情形中,不得从销项税额中抵扣进项税额的有(　　)。

A. 将购进的货物分配给股东　　B. 将购进的货物用于修缮厂房

C. 将购进的货物无偿赠送给客户　　D. 将购进的货物用于集体福利

5. 下列业务中,一般纳税人不允许开具增值税专用发票的有(　　)。

A. 向个人提供修理、修配服务　　B. 向个人零售服装、化妆品

C. 向一般纳税人销售货物　　D. 向一般纳税人销售房屋

6. 下列货物适用于13%低税率的有(　　)。

A. 居民用煤炭制品　　B. 图书

C. 石油液化气　　D. 电脑

7. 按照现行规定,下列纳税人可以认定为一般纳税人的有(　　)。

A. 年不含税销售额120万元,从事货物生产的纳税人

B. 年不含税销售额60万元,从事货物零售的纳税人

C. 年不含税销售额90万元,从事货物批发的纳税人

D. 年不含税销售额45万元,从事货物生产的纳税人

8. 下列有关增值税的计算公式中,正确的有(　　)。

A. 销项税额=销售额×适用税率

B. 销售额=销项税额×适用税率

C. 不含税的销售额=含税销售额÷(1+税率)

D. 不含税的销售额=含税销售额÷税率

9. 下列关于增值税纳税义务发生时间的说法中,不正确的有(　　)。

A. 采取委托银行收款方式销售货物,为发出货物并办妥托收手续的当天

B. 采取预收货款方式销售货物,为收到预收款的当天

C. 销售应税劳务,为提供劳务同时收讫销售额或取得索取销售额的凭据的当天

D. 进口货物,为货物验收入库的当天

10. 下列增值税应税服务的具体内容，正确的是(　　)。

A. 交通运输业是指使用运输工具将货物或者旅客送达目的地，使其空间位置得到转移的业务活动

B. 部分现代服务业是指围绕制造业、文化产业、现代物流产业等提供技术性、知识性服务的业务活动

C. 部分现代服务业包括物流辅助服务、有形动产租赁服务等

D. 广播影视服务不属于部分现代服务业

三、计算分析题

1. 某商业企业是增值税一般纳税人，2014 年 4 月初留抵税额 2 000 元，4 月发生下列业务：

(1)购入商品一批，取得认证税控发票，价款 10 000 元，税款 1 700 元。

(2)因管理不善，将 3 个月前从农民手中收购的一批粮食毁损，账面成本 5 220 元。

(3)从农民手中收购大豆 1 吨，税务机关规定的收购凭证上注明收购款 1 500 元。

(4)从小规模纳税人处购买商品一批，取得税务机关代开的增值税专用发票，价款 30 000 元，款已付，货物未入库，发票已认证。

(5)购买建材一批用于修缮仓库，价款 20 000 元，税款 3 400 元。

(6)零售日用商品，取得含税收入 150 000 元。

(7)将 2 个月前购入的一批布料捐赠受灾地区，账面成本 20 000 元，同类不含税销售价格 30 000 元。

假定相关可抵扣进项税的发票均经过认证，要求计算：

(1)当期全部可从销项税中抵扣的增值税进项税合计数(考虑转出的进项税和上期留抵税额)。

(2)当期销售货物的增值税销项税。

(3)当期应纳增值税。

2. 某化工生产企业(增值税一般纳税人)兼营出口业务与内销业务。

其 9 月份业务如下：

(1)从国内购进原材料，取得的防伪税控系统增值税专用发票上注明价款 100 万元，当月验收入库。

(2)内销货物不含税收入 50 万元，出口货物离岸价格 180 万元，支付销货运费 2 万元，已取得运输企业开具的货运增值税专用发票。

(3)另有上期留抵税额 6 万元。

其 10 月份业务如下：

(1)从国内采购原材料，取得的防伪税控系统增值税专用发票上注明价款 100 万元，货已入库。

(2)进料加工免税进口料件的到岸价格为 40 万元，海关实征关税 10 万元。

(3)内销货物不含税收入 80 万元，出口货物离岸 120 万元。

要求：计算该企业 9、10 月份的出口退税额和免抵税额(出口货物原征税率为 17%，退税率为 13%，上述增值税专用发票均已经税务机关认证)。

第 3 单元

消费税法

学习目标

1. 掌握消费税的基本法律规定。
2. 会进行消费税的应纳税额的计算。
3. 熟悉消费税征收管理的规定。

导入案例

某天，李小姐在广州天河城看上了一款化妆品，但觉得价格不合适，便对店员说："这款化妆品我在香港买过，怎么你这里的价格贵了那么多啊?"店员解释说："从香港到这里要缴很多税呢，我们这个牌子是高档化妆品，光是消费税就高得吓人，当然要比在香港卖得贵些了。"李小姐听了接着说："按你这样说，国内销售的衣服很多都比香港的贵，也是因为在我国销售衣服要缴纳很高的消费税啦。"店员说："那当然啦，所以说生意难做嘛！"

想一想:天河城销售化妆品真的要缴纳消费税吗？销售衣服也要缴纳消费税吗？通过本章的学习给出正确答案。

第一节　消费税的概念与特点

一、消费税的概念

消费税是国际上普遍采用的对特定的消费品和消费行为征收的一种间接税，属于流转税范畴。我国的消费税是指对在中华人民共和国境内从事生产、委托加工和进口应税消费品的单位和个人，按照销售额或者销售数量为依据而征收的一种流转税。

我国现行消费税法的基本规范包括，2009 年为了配合增值税转型改革及修订《增值税暂行条例》的需要而修订的《中华人民共和国消费税暂行条例》(以下简称《消费税暂行条例》)和颁布的《中华人民共和国消费税暂行条例实施细则》(以下简称《消费税暂行条例实施细则》)。是在对货物普遍征收增值税的基础上,选择少数消费品再征收一道消费税,目的是为了加强经济的宏观调控,调节消费行为,引导消费需求,间接调节收入分配和引导投资流向。

二、消费税的特点

消费税的征税对象主要是与居民消费相关的最终消费品和消费行为。与其他税种比较,消费税有以下特点:

1. 征税项目具有选择性

消费税是对特定消费品或消费行为征收的税种,即国家可以根据宏观产业政策和消费政策的要求,有目的地、有重点地选择一些消费品征收消费税,以适当地限制某些特殊消费品的消费需求,主要征收范围包括:特殊消费品、奢侈品、高能耗消费品、不可再生的资源消费品和税基宽广、消费普遍、不影响人民群众生活水平,但具有一定财政意义的普通消费品。

2. 征税环节具有单一性

消费税是在生产(进口)、流通或消费的某一环节一次征收(卷烟除外),而不是在消费品生产、流通或消费的每个环节多次征收,即一次课征制。

3. 征收方法具有多样性

消费税的计税方法比较灵活,它可以根据每一课税对象的不同特点,选择不同的征收方法。既可以采取对消费品指定单位税额依消费品的数量实行从量定额的征收方法,也可以采取对消费品或消费行为制定比例税率依消费品或消费行为的价格从价定率的征收方法,还可以用复合计税办法,如白酒、卷烟。

4. 税收调节具有特殊性

消费税是国家运用税收杠杆对某些消费品或消费行为进行特殊调节,配合价格杠杆来调节经济,限制生产和消费。这一特殊性表现在两个方面:一是不同的征税项目税负差异较大;二是消费税往往同有关税种配合实行加重或双重调节。

5. 消费税具有转嫁性

流转税通常都具有转嫁性,消费税无论是在哪个环节征收,也无论是实行价内征收,还是价外征收,消费品中所含的消费税最终要转嫁到消费者身上。我国消费品中所含的消费税税款就是最终要转嫁到消费者身上的,由消费者负担。

第二节 消费税法的基本要素

一、消费税的纳税人

在中华人民共和国境内生产、委托加工和进口应税消费品的单位和个人,以及国务院确定的《销售消费税暂行条例》规定的应税消费品的其他单位和个人,为消费税的纳税义务人。

“在中华人民共和国境内”,是指生产、委托加工和进口属于应当征收消费税的消费品(简称应税消费品)的起运地或所在地在境内。

"单位",是指各种不同所有制企业和行政单位、事业单位、军事单位、社会团体及其他单位。

"个人",是指个体经营者及其他个人。具体包括:

1. 生产应税消费品的单位和个人(金银首饰、钻石、钻石饰品除外)。
2. 零售金银首饰、钻石、钻石饰品的单位和个人。
3. 委托加工应税消费品的单位和个人。
4. 从事卷烟批发业务的单位和个人。
5. 进口应税消费品的单位和个人。

二、消费税的征税范围

根据《消费税暂行条例》及其实施细则的规定,消费税的征收范围包括下列内容。

(一)生产应税消费品

纳税人生产的应税消费品,于纳税人销售时纳税。纳税人自产自用的应税消费品,用于连续生产应税消费品的,不纳税;用于其他方面的,于移送使用时纳税。

生产应税消费品的销售是消费税征收的主要环节,因为消费税具有单一环节征税的特点,在生产销售环节征税以后,货物在流通环节不管再转销多次都不用再缴纳消费税。生产应税消费品除了直接对外销售应征收消费税以外,纳税人将生产的应税消费品换取生产资料、消费资料、投资入股、偿还债务,以及用于继续生产应税消费品以外的其他方面都应该缴纳消费税。

另外,工业企业以外的单位和个人下列行为应该缴纳消费税:

(1)将外购的消费税非应税产品以消费税应税产品对外销售的。

(2)将外购的消费税低税率应税产品以高税率应税产品对外销售的。

(二)委托加工应税消费品

委托加工的应税消费品,是指由委托方提供原料和主要材料,受托方只收取加工费和代垫部分辅助材料加工的应税消费品。对于由受托方提供原材料生产的应税消费品,或者受托方先将原材料卖给委托方,然后再接受加工的应税消费品,以及由受托方以委托方名义购进原材料生产的应税消费品,不论在财务上是否作为销售处理,都不得作为委托加工应税消费品,而应当按照销售自制应税消费品缴纳消费税。

委托加工的应税消费品,除受托方为个人外,由受托方在向委托方交货时代收代缴消费税。委托个人加工的应税消费品,由委托方收回后缴纳消费税。

委托加工的应税消费品,委托方用于连续生产应税消费品的,所纳税款准予按规定抵扣。

委托方将收回的应税消费品,以不高于受托方的计税价格出售的,为直接出售,不再缴纳消费税。委托方以高于受托方的计税价格出售的,不属于直接出售,需按照规定申报纳税,在计税时准予扣除受托方已代收代缴的消费税。

(三)进口应税消费品

单位和个人进口应税消费品的,于报关进口时缴纳消费税。为了减少征税成本,进口环节缴纳的消费税由海关代征。

(四)商业零售金银首饰

金银首饰在零售环节缴纳消费税,生产环节不再缴纳消费税。

金银首饰仅限于金基、银基合金首饰以及金、银和金基、银基合金的镶嵌首饰。

下列业务视同零售业，在零售环节缴纳消费税：

(1)为经营单位以外的单位和个人加工金银首饰。加工包括带料加工、翻新改制、以旧换新等业务，不包括修理和清洗。

(2)经营单位将金银首饰用于馈赠、赞助、集资、广告样品、职工福利、奖励等方面。

(3)未经中国人民银行总行批准，经营金银首饰批发业务的单位将金银首饰销售给经营单位。

金银首饰消费税改变纳税环节后，用已税珠宝玉石生产的镶嵌首饰，在计税时一律不得扣除已纳的消费税税款。

(五)批发销售卷烟

自2009年5月1日起，在卷烟批发环节加征一道从价税。具体规定为：

(1)烟草批发企业将卷烟销售给零售单位的，要再征一道5%的从价税。

(2)烟草批发企业将卷烟销售给其他批发企业的，不缴纳消费税。

卷烟消费税改为生产和批发两个环节征收后，批发企业在计算应纳税额时不得扣除已含的生产环节的消费税税款。

三、消费税的税目

按照《消费税暂行条例》的规定，消费税的税目共有14个。具体内容如下：

(一)烟

凡是以烟叶为原料加工生产的产品，不论使用何种辅料，均属于本税目的征收范围。本税目下设卷烟、雪茄烟、烟丝3个子目。

1. 卷烟

卷烟是指将各种烟叶切成烟丝，按照配方要求均匀混合，加入糖、酒、香料等辅料，用白色盘纸、棕色盘纸、涂布纸或烟草薄片经机器或手工卷制的普通卷烟和雪茄型卷烟。包括甲类卷烟和乙类卷烟。

(1)甲类卷烟，是指每标准条(200支)调拨价格在70元(不含增值税)以上(含70元)的卷烟。

(2)乙类卷烟，是指每标准条(200支)调拨价格在70元(不含增值税)以下的卷烟。

2. 雪茄烟

雪茄烟是指以晾晒烟为原料或者以晾晒烟和烤烟为原料，用烟叶或卷烟纸、烟草薄片作为烟支内包皮，再用烟叶作为烟支外包皮，经机器或手工卷制而成的烟草制品。按内包皮所用材料的不同可分为全叶卷雪茄烟和半叶卷雪茄烟。

雪茄烟的征收范围包括各种规格、型号的雪茄烟。

3. 烟丝

烟丝是指将烟叶切成丝状、粒状、片状、末状或其他形状，再加入辅料，经过发酵、储存，不经卷制即可供销售吸用的烟草制品。

烟丝的征收范围包括以烟叶为原料加工生产的不经卷制的散装烟，如斗烟、莫合烟、烟末、水烟、黄红烟丝等。

(二)酒及酒精

酒是指酒精度在1度以上的各种酒类饮料，包括白酒、黄酒、啤酒、果啤和其他酒；酒精是指用蒸馏或者合成的方法生产的酒精度在 95 度以上的无色透明液体。具体范围包括：

1. 白酒，包括粮食白酒和薯类白酒。

(1)粮食白酒，是指以高粱、玉米、大米、糯米、大麦、小麦、小米、青稞等各种粮食为原料，经过糖化、发酵后，采用蒸馏方法酿制的白酒。

(2)薯类白酒，是指以白薯(红薯、地瓜)、木薯、马铃薯(土豆)、芋头、山药等各种干鲜薯类为原料，经过糖化、发酵后，采用蒸馏方法酿制的白酒。

2. 黄酒，是指以糯米、粳米、籼米、大米、黄米、玉米、小麦、薯类等为原料，经加温、糖化、发酵、压榨酿制的酒。由于工艺、配料和含糖量的不同，黄酒分为干黄酒、半干黄酒、半甜黄酒、甜黄酒四类。

黄酒的征收范围包括各种原料酿制的黄酒和酒度超过 12 度(含 12 度)的土甜酒。

3. 啤酒，是指以大麦或其他粮食为原料，加入啤酒花，经糖化、发酵、过滤酿制的含有二氧化碳的酒。

啤酒的征收范围包括各种包装和散装的啤酒。

对饮食业、商业、娱乐业举办的啤酒屋利用啤酒生产设备生产的啤酒，应当征收消费税。

4. 其他酒，是指除粮食白酒、薯类白酒、黄酒、啤酒以外，酒度在 1 度以上的各种酒。其征收范围包括糠麸白酒、其他原料白酒、土甜酒、复制酒、果木酒、汽酒、药酒等。

对以黄酒为酒基生产的配置酒、泡制酒，按其他酒征税。调味料酒不征收消费税。

5. 酒精，酒精又名乙醇，是指以含有淀粉或糖分的原料，经糖化和发酵后，用蒸馏方法生产的酒精度数在 95 度以上的无色透明液体；也可以石油裂解气中的乙烯为原料，用合成方法制成。

酒精的征收范围包括用蒸馏法和合成方法生产的各种工业酒精、医药酒精、食用酒精。

(三)化妆品

本税目征收范围包括各类美容、修饰类化妆品、高档护肤类化妆品和成套化妆品。

美容、修饰类化妆品是指香水、香水精、香粉、口红、指甲油、胭脂、眉笔、唇笔、蓝眼油、眼睫毛以及成套化妆品。

舞台、戏剧、影视演员化妆用的上妆油、卸装油、油彩，不属于本税目的征收范围。

高档护肤类化妆品征收范围另行制定。

(四)贵重首饰及珠宝玉石

本税目征税范围包括，凡以金、银、白金、宝石、珍珠、钻石、翡翠、珊瑚、玛瑙等高贵稀有物质以及其他金属、人造宝石等制作的各种纯金银首饰及镶嵌首饰和经采掘、打磨、加工的各种珠宝玉石。

(五)鞭炮、焰火

本税目征收范围包括各种鞭炮、焰火，即喷花类、旋转类、旋转升空类、火箭类、吐珠类、线香类、小礼花类、烟雾类、造型玩具类、炮竹类、摩擦炮类、组合烟花类、礼花弹类。

体育上用的发令纸、鞭炮药引线，不按本税目征收。

(六)成品油

本税目包括汽油、柴油、石脑油、溶剂油、航空煤油、润滑油、燃料油 7 个子目。

1. 汽油

汽油是指用原油或其他原料加工生产的辛烷值不小于 66 的可用作汽油发动机燃料的各种轻质油。含铅汽油是指铅含量每升超过 0.013 克的汽油。汽油分为车用汽油和航空汽油。

以汽油、汽油组分调和生产的甲醇汽油、乙醇汽油也属于本税目征收范围。

2. 柴油

柴油是指用原油或其他原料加工生产的倾点或凝点在－50℃～30℃的可用作柴油发动机燃料的各种轻质油和以柴油组分为主、经调和精制可用作柴油发动机燃料的非标油。

以柴油、柴油组分调和生产的生物柴油也属于本税目征收范围。

3. 石脑油

石脑油又称轻汽油、化工轻油，是以石油加工生产的或二次加工汽油经加氢精制而得的用于化工原料的轻质油。

石脑油的征收范围包括除汽油、柴油、煤油、溶剂油以外的各种轻质油。

4. 溶剂油

溶剂油是以石油加工生产的用于涂料和油漆生产、食用油加工、印刷油墨、皮革、农药、橡胶、化妆品生产的轻质油。

溶剂油的征收范围包括各种溶剂油。

5. 航空煤油

航空煤油也称喷气燃料，是以石油加工生产的用于喷气发动机和喷气推进系统中作为能源的石油燃料。

航空煤油的征收范围包括各种航空煤油。

6. 润滑油

润滑油是用于内燃机、机械加工过程的润滑产品。润滑油分为矿物性润滑油、植物性润滑油、动物性润滑油和化工原料合成润滑油。

润滑油的征收范围包括以石油为原料加工的矿物性润滑油、矿物性润滑油基础油。植物性润滑油、动物性润滑油和化工原料合成润滑油不属于润滑油的征收范围。

7. 燃料油

燃料油也称重油、渣油。

燃料油征收范围包括用于电厂发电、船舶锅炉燃料、加热炉燃料、冶金和其他工业炉燃料的各类燃料油。

(七)汽车轮胎

汽车轮胎是指用于各种汽车、挂车、专用车和其他机动车上的内外胎。

本税目征税范围包括轻型乘用汽车轮胎；载重及公共汽车、无轨电车轮胎；矿山、建筑等车辆用轮胎；特种车辆用轮胎(指行驶于无路面或雪地、沙漠等高越野轮胎)；摩托车轮胎；各种挂车用轮胎；工程车轮胎；其他机动车轮胎；汽车与农用拖拉机、收割机、手扶拖拉机通用轮胎。

农用拖拉机、收割机、手扶拖拉机的专用轮胎不征收消费税。

(八)摩托车

本税目征收范围包括气缸容量在250毫升(含)以下的摩托车和气缸容量在250毫升以上的摩托车两种。

对最大设计车速不超过50公里/小时，发动机气缸总工作容积不超过50毫升的三轮机动车不征收消费税。

(九)小汽车

汽车是指由动力驱动，具有4个或4个以上车轮的非轨道承载的车辆。

本税目征收范围包括含驾驶员座位在内最多不超过9个座位(含)的,在设计和技术特性上用于载运乘客和货物的各类乘用车和含驾驶员座位在内的座位数在10～23座(含23座)的在设计和技术特性上用于载运乘客和货物的各类中轻型商用客车。

用排气量小于1.5升(含)的乘用车底盘(车架)改装、改制的车辆属于乘用车征收范围。用排气量大于1.5升的乘用车底盘(车架)或用中轻型商用客车底盘(车架)改装、改制的车辆属于中轻型商用客车征收范围。

含驾驶员人数(额定载客)为区间值的(如8～10人,17～26人)小汽车,按其区间值下限人数确定征收范围。

电动汽车不属于本税目征收范围。

(十)高尔夫球及球具

高尔夫球及球具指从事高尔夫球运动所需的各种专用装备。

本税目征收范围包括高尔夫球,高尔夫球杆,高尔夫球包(袋),高尔夫球杆的杆头、杆身和握把。

(十一)高档手表

高档手表是指销售价格(不含增值税)每只在10 000元(含)以上的各类手表。本税目征收范围包括符合以上标准的各类手表。

(十二)游艇

游艇是指长度大于8米小于90米,船体由玻璃钢、钢、铝合金、塑料等多种材料制作,可以在水上移动的水上浮载体。按照动力划分,游艇分为无动力艇、帆艇和机动艇。

本税目征收范围包括艇身长度大于8米(含)小于90米(含),内置发动机,可以在水上移动,一般为私人或团体购置,主要用于水上运动和休闲娱乐等非谋利活动的各类机动艇。

(十三)木制一次性筷子

木制一次性筷子,又称卫生筷子,是指以木材为原料经过锯段、浸泡、旋切、刨切、烘干、筛选、打磨、倒角、包装等环节加工而成的各类一次性使用的筷子。

本税目征收范围包括各种规格的木制一次性筷子。未经打磨、倒角的木制一次性筷子属于本税目征税范围。

(十四)实木地板

实木地板是指以木材为原料,经锯割、干燥、刨光、截断、开榫、涂漆等工序加工而成的块状或条状的地面装饰材料。实木地板按生产工艺不同,可分为独板(块)实木地板、实木指接地板、实木复合地板三类;按表面处理状态不同,可分为未涂饰地板(白坯板、素板)和漆饰地板两类。

本税目征收范围包括各类规格的实木地板、实木指接地板、实木复合地板及用于装饰墙壁、天棚的侧端面为榫、槽的实木装饰板以及未经涂饰的素板。

四、消费税的税率

消费税税率采用比例税率和定额税率两种形式,以适应不同应税消费品的实际情况。

消费税根据不同的税目或子目确定相应的税率或税额。例如,化妆品税率为30%,汽车轮胎税率为3%;黄酒、啤酒、成品油等按单位重量或单位体积确定单位税额,如黄酒每吨税额为240元,成品油中的柴油每升为0.8元等。对卷烟和白酒,则采取了比例税率和定额税率双重征收的形式。消费税税率详见表3－1。

表 3－1 消费税税目税率表

税 目	税 率
一、烟	
1. 卷烟	
(1)甲类卷烟	56%加 0.003 元/支(生产环节)
(2)乙类卷烟	36%加 0.003 元/支(生产环节)
(3)批发环节	5%
2. 雪茄烟	36%
3. 烟丝	30%
二、酒及酒精	
1. 白酒	20%加 0.5 元/500 克(或者 500 毫升)
2. 黄酒	240 元/吨
3. 啤酒	
(1)甲类啤酒	250 元/吨
(2)乙类啤酒	220 元/吨
4. 其他酒	10%
5. 酒精	5%
三、化妆品	30%
四、贵重首饰及珠宝玉石	
1. 金银首饰、铂金首饰和钻石及钻石饰品	5%
2. 其他贵重首饰和珠宝玉石	10%
五、鞭炮、焰火	15%
六、成品油	
1. 汽油	
(1)含铅汽油	1.40 元/升
(2)无铅汽油	1.00 元/升
2. 柴油	0.80 元/升
3. 航空煤油	0.80 元/升
4. 石脑油	1.00 元/升
5. 溶剂油	1.00 元/升
6. 润滑油	1.00 元/升
7. 燃料油	0.80 元/升
七、汽车轮胎	3%
八、摩托车	
1. 气缸容量(排气量,下同)在 250 毫升(含 250 毫升)以下的	3%
2. 气缸容量在 250 毫升以上的	10%
九、小汽车	
1. 乘用车	
(1)气缸容量(排气量,下同)在 1.0 升(含 1.0 升)以下的	1%
(2)气缸容量在 1.0 升以上至 1.5 升(含 1.5 升)的	3%
(3)气缸容量在 1.5 升以上至 2.0 升(含 2.0 升)的	5%
(4)气缸容量在 2.0 升以上至 2.5 升(含 2.5 升)的	9%
(5)气缸容量在 2.5 升以上至 3.0 升(含 3.0 升)的	12%
(6)气缸容量在 3.0 升以上至 4.0 升(含 4.0 升)的	25%
(7)气缸容量在 4.0 升以上的	40%
2. 中轻型商用客车	5%
十、高尔夫球及球具	10%
十一、高档手表	20%
十二、游艇	10%
十三、木制一次性筷子	5%
十四、实木地板	5%

注:经国务院批准,消费税政策调整事项如下:

1. 自2014年12月1日起,①取消气缸容量250毫升(不含)以下的小排量摩托车消费税。气缸容量250毫升和250毫升(不含)以上的摩托车继续分别按3%和10%的税率征收消费税。②取消汽车轮胎税目。③取消车用含铅汽油消费税,汽油税目不再划分二级子目,统一按照无铅汽油税率征收消费税。④取消酒精消费税。取消酒精消费税后,“酒及酒精”品目相应改为“酒”,并继续按现行消费税政策执行。

2. 根据财政部、国家税务总局的通知,自2014年11月29日起,①将汽油、石脑油、溶剂油和润滑油的消费税单位税额在现行单位税额基础上提高0.12元/升。②将柴油、航空煤油和燃料油的消费税单位税额在现行单位税额基础上提高0.14元/升。'航空煤油继续暂缓征收。

自2014年12月13日,财政部、国家税务总局再次提高中国汽油消费税,①将汽油、石脑油、溶剂油和润滑油的消费税单位税额由1.12元/升提高到1.4元/升。②将柴油、航空煤油和燃料油的消费税单位税额由0.94元/升提高到1.1元/升。航空煤油继续暂缓征收。

自2015年1月13日起,财政部、国家税务总局又再次提高中国汽油消费税,①将汽油、石脑油、溶剂油和润滑油的消费税单位税额由1.4元/升提高到1.52元/升。②将柴油、航空煤油和燃料油的消费税单位税额由1.1元/升提高到1.2元/升。航空煤油继续暂缓征收。

3. 自2015年5月10日起,将卷烟批发环节从价税税率由5%提高至11%,并按0.005元/支加征从量税。

纳税人兼营卷烟批发和零售业务的,应当分别核算批发和零售环节的销售额、销售数量;未分别核算批发和零售环节销售额、销售数量的,按照全部销售额、销售数量计征批发环节消费税。

下列情况纳税人按照相关规定确定适应税率:

1. 纳税人兼营不同税率的应税消费品,应当分别核算不同税率应税消费品的销售额、销售数量。未分别核算销售额、销售数量,或者将不同税率的应税消费品组成成套消费品销售的,从高适用税率。

2. 纳税人自产自用的卷烟应当按照纳税人生产的同牌号规格的卷烟销售价格确定征税类别和适用税率。没有同牌号规格卷烟销售价格的,一律按照卷烟最高税率征税。

3. 委托加工的卷烟按照受托方同牌号规格卷烟的征税类别和适用税率征税。没有同牌号规格卷烟的,一律按卷烟最高税率征税。

4. 残次品卷烟按照同牌号规格正品卷烟的征税类别确定适用税率。

5. 下列卷烟不分征税类别一律按照56%卷烟税率征税,并按照每标准箱150元计征定额税:

(1)白包卷烟;

(2)手工卷烟;

(3)未经国务院批准纳入计划的企业和个人生产的卷烟。

【例3—1】 根据消费税现行规定,下列应缴纳消费税的有(　　)。

A. 金银首饰的进口　　B. 化妆品的购买消费

C. 卷烟的批发　　D. 金首饰的零售

【参考解析】 答案:CD。根据消费税法律制度的规定,金银首饰在零售时纳税,化妆品由生产者在生产销售时纳税,而不是购买方纳税。

【例3—2】 甲烟草公司提供烟叶委托乙公司加工一批烟丝。甲公司将已收回烟丝中的一部分用于生产卷烟,另一部分烟丝卖给丙公司。在这项委托加工烟丝业务中,消费税的纳税义务人是(　　)。

A. 甲公司　　B. 乙公司　　C. 丙公司　　D. 甲公司和丙公司

【参考解析】 答案:A。根据消费税法律制度的规定,委托加工应税消费品时,受托方为消费税的扣缴义务人,纳税人仍是委托方。

【例3—3】 根据消费税法律制度的规定,下列各项中,属于消费税征税范围的消费品有(　　)。

A. 高档手表　　B. 木制一次性筷子　　C. 实木地板　　D. 高档西服

【参考解析】 答案:ABC。根据消费税法律制度的规定,高档手表、木制一次性筷子、实木地板属于消费税征收范围,高档西服不征收消费税。

【例3—4】 下列消费品中,不征收消费税的有(　　)。

A. 实木复合地板　　B. 电动汽车

C. 高尔夫球杆　　D. 农用拖拉机专用轮胎

【参考解析】 答案:BD。根据消费税法律制度的规定,电动汽车和拖拉机专用轮胎不征收消费税,实木复合地板和高尔夫球杆属于消费税征收范围。

【例3—5】 我国消费税对不同应税消费品采用了不同的税率形式。下列应税消费品中,适用复合计税方法计征消费税的是(　　)。

A. 粮食白酒　　B. 酒精　　C. 成品油　　D. 摩托车

【参考解析】 答案:A。根据消费税法律制度的规定,我国的白酒(包括粮食白酒和薯类白酒)、卷烟实行复合计税办法。

第三节　消费税应纳税额的计算

一、销售额的确定

根据《消费税暂行条例》的规定,消费税应纳税额的计算分为从价计征、从量计征和从价从量复合计征三种办法。下面分三种情况介绍销售额的确定。

(一)从价计征销售额的确定

1. 销售额

销售额是指纳税人销售应税消费品向购买方收取的全部价款和价外费用,但不包括向购买方收取的增值税税款。其中,价外费用是指在价格之外向购买方收取的手续费、补贴、基金、集资费、返还利润、奖励费、违约金、滞纳金、延期付款利息、赔偿金、代收款项、代垫款项、包装费、包装物租金、储备费、优质费、运输装卸费以及其他各种性质的价外收费。但下列项目不包括在内:

(1)同时符合以下条件的代垫运输费用:

①承运部门的运输费用发票开具给购买方的;

②纳税人将该项发票转交给购买方的。

(2)同时符合以下条件代为收取的政府性基金或者行政事业性收费:

①由国务院或者财政部批准设立的政府性基金,由国务院或者省级人民政府及其财政、价格主管部门批准设立的行政事业性收费;

②收取时开具省级以上财政部门印制的财政票据;

③所收款项全额上缴财政。

2. 含增值税销售额的换算

按照《消费税暂行条例实施细则》的规定，应税消费品的销售额，不包括应向购货方收取的增值税税款。如果纳税人应税消费品的销售额中未扣除增值税款或者因不得开具增值税专用发票而发生价款和增值税税款合并收取的，在计算消费税时，应将含税销售额换算成不含增值税税款的销售额。换算公式为：

应税消费品的销售额＝含增值税的销售额÷(1＋增值税税率或征收率)

上述公式中的增值税税率为17%，增值税征收率为3%。

(二)从量计征销售数量的确定

1. 销售数量

销售数量是指纳税人生产、加工、进口应税消费品的数量。具体规定为：

(1)销售应税消费品的，为应税消费品的销售数量。

(2)自产自用应税消费品的，为应税消费品的移送使用数量。

(3)委托加工应税消费品的，为纳税人收回的应税消费品的数量。

(4)进口的应税消费品，为海关核定的应税消费品进口征税数量。

2. 从量定额的换算标准

按照《消费税暂行条例》规定，黄酒、啤酒以吨为税额单位，成品油以升为税额单位。但是考虑在实际销售中销售者可能会混用这两个计量单位，为了规范不同产品的计量单位，税法规定了吨与升两个计量单位的换算标准。具体标准如表3－2所示。

表3－2　消费税应税消费品重量与体积换算表

类　别	每吨体积
黄酒	1吨＝962升
啤酒	1吨＝988升
汽油	1吨＝1 388升
柴油	1吨＝1 176升
航空煤油	1吨＝1 246升
石脑油	1吨＝1 385升
溶剂油	1吨＝1 282升
润滑油	1吨＝1 126升
燃料油	1吨＝1 015升

(三)复合计征销售额和销售数量的确定

复合计算方法是从价定率与从量定额相结合的一种计税方法。在现行消费税的征税范围中，只有卷烟、白酒采用此种方法计税。

销售额为纳税人生产销售卷烟、白酒向购买方收取全部价款和价外费用。销售数量为纳税人生产销售、进口、委托加工、自产自用卷烟、白酒的销售数量、海关核定数量、委托方收回数量、移送使用数量。

(四)特殊情形下销售额和销售数量的确定

1. 纳税人应税消费品的计税价格明显偏低并无正当理由的，由主管税务机关核定其计税价格。

(1)卷烟、白酒和小汽车的计税价格由国家税务总局核定,送财政部备案。

(2)其他应税消费品的计税价格由省、自治区和直辖市国家税务局核定。

(3)进口的应税消费品的计税价格由海关核定。

2. 纳税人通过自设非独立核算门市部销售的自产应税消费品,应按门市部对外销售额或者销售数量征收消费税。

3. 纳税人用于换取生产资料、消费资料、投资入股、抵偿债务的应税消费品,按照同类应税消费品的最高销售额计算消费税。

4. 包装物及包装物押金的处理:

(1)应税消费品连同包装物销售的,无论包装物是否单独计价,也不论在会计上如何核算,均应并入应税额消费品的销售额中征收消费税。

(2)如果包装物不作价随同产品销售,而是收取押金,且单独核算又未过期的,该押金不应并入应税消费品的销售额中征税。但对因逾期未收回的包装物不再退还的和已收取1年以上的押金,应并入应税消费品的销售额计算征收消费税。

(3)对包装物既作价随同应税消费品销售,又另外收取押金并在规定期限内未予退还的押金,应并入应税消费品的销售额计征消费税。

(4)对酒类生产企业销售酒类产品而收取的包装物押金,无论押金是否返还及会计上如何核算,均应并入酒类产品销售额征收消费税。

5. 白酒生产企业向商业销售单位收取的"品牌使用费"应属于白酒销售价款的组成部分,应并入白酒的销售额中缴纳消费税。

6. 金银首饰的销售额确定。

(1)纳税人销售金银首饰,其计税依据为不含增值税的销售额。如果纳税人金银首饰的销售额中未扣除增值税税额,在计算消费税时,应按以下公式换算为不含增值税税额的销售额。

金银首饰的销售额=含增值税的销售额÷(1+增值税税率或征收率)

(2)对既销售金银首饰,又销售非金银首饰的生产、经营单位,应将两类商品划分清楚,分别核算销售额。凡划分不清楚或不能分别核算的,在生产环节销售的,一律从高适用税率征收消费税;在零售环节销售的,一律按金银首饰征收消费税。

(3)金银首饰与其他产品组成成套消费品销售的,应按销售额全额征收消费税。

(4)金银首饰连同包装物销售的,无论包装是否单独计价,也无论会计上如何核算,均应并入金银首饰的销售额,计征消费税。

(5)纳税人采用以旧换新(含翻新改制)方式销售的金银首饰,应按实际收取的不含增值税的全部价款确定计税依据征收消费税。

(6)带料加工的金银首饰,应按受托方销售同类金银首饰的销售价格确定计税依据征收消费税。没有同类金银首饰销售价格,按照组成计税价格计算纳税。

组成计税价格=(材料成本+加工费)/(1-金银首饰消费税税率)

7. 纳税人销售的应税消费品,以外汇结算销售额的,其销售额的人民币折合率可以选择结算的当天或者当月1日的国家外汇牌价(原则上为中间价)。纳税人应在事先确定采用何种折合率,确定后1年内不得变更。

【例3-6】 企业生产销售白酒取得的下列款项中,应并入销售额计征消费税的有(　　)。

A. 优质费　　B. 包装物租金　　C. 品牌使用费　　D. 包装物押金

【参考解析】 答案:ABCD。根据消费税法律制度的规定,优质费、包装物租金、品牌使用费、包装物押金均应并入白酒销售额征收消费税。

【例3—7】 按《消费税暂行条例》的规定,下列情形之一的应税消费品,以纳税人同类应税消费品的最高销售价格作为计税依据计算消费税的有(　　)。

A. 用于抵债的应税消费品　　B. 用于馈赠的应税消费品

C. 用于换取生产资料的应税消费品　　D. 对外投资入股的应税消费品

【参考解析】 答案:ACD。根据消费税法律制度的规定,纳税人自产的应税消费品用于换取生产资料和消费资料、投资入股、抵偿债务等方面,应当按纳税人同类应税消费品的最高销售价格作为计税依据。不包括用于馈赠的应税消费品。

【例3—8】 下列各项中,符合应税消费品销售数量规定的有(　　)。

A. 生产销售应税消费品的,为应税消费品的销售数量

B. 自产自用应税消费品的,为应税消费品的生产数量

C. 委托加工应税消费品的,为纳税人收回的应税消费品数量

D. 进口应税消费品的,为海关核定的应税消费品进口征税数量

【参考解析】 答案:ACD。根据消费税法律制度的规定,自产自用应税消费品的,为应税消费品的移送使用数量。故B错误。

二、应纳税额的计算

(一)生产销售应纳消费税的计算

1. 从价计征,其计算公式为:

应纳税额＝销售额×比例税率

2. 从量计征,其计算公式为:

应纳税额＝销售数量×定额税额

3. 复合计征,其计算公式为:

应纳税额＝销售额×比例税率＋销售数量×定额税率

【例3—9】 某日化厂既生产化妆品又生产护发品,当月直接销售化妆品取得收入8.5万元,直接销售护发品取得收入6.8万元。为了扩大销路,该厂将化妆品和护发品组成礼品盒销售,销售化妆品和护肤品的组合礼品盒取得收入12万元,已知上述收入均不含增值税,化妆品消费税税率为30%。计算该厂当月应纳的消费税税额。

【参考解析】 根据消费税税率制度的规定,护发品不征收消费税,但与化妆品组成套装礼品盒销售,应当征收消费税,且从高定率,即按照化妆品的税率征收消费税。计算过程如下:

(1)销售化妆品应纳消费税＝8.5×30%＝2.55(万元)

(2)销售化妆品应纳消费税额套装礼品盒＝12×30%＝3.6(万元)

(3)应纳消费税税额合计＝2.25＋3.6＝6.15(万元)

【例3—10】 某石化公司2014年4月,销售无铅汽油1 000吨,柴油500吨,另向本公司在建工程车辆提供无铅汽油5吨。已知汽油1吨＝1 388升,柴油1吨＝1 176升;无铅汽油的定额税率为1.0元/升,柴油的定额税率为0.8元/升。计算该公司当月应纳消费税税额。

【参考解析】 根据消费税税率制度的规定,应税消费品用于在建工程的应当缴纳消费税,所以本公司在建工程车辆使用汽油应当计算缴纳消费税。

(1)销售汽油应纳税额＝1 000×1 388×1.0÷10 000＝138.8(万元)

(2)销售柴油应纳税额＝500×1 176×0.8÷10 000＝47.04(万元)

(3)在建工程车辆使用汽油应纳税额＝5×1 388×1.0÷10 000＝0.69(万元)

(4)应纳消费税合计＝138.8＋47.04＋0.69＝186.53(万元)

【例 3－11】 某酒厂为增值税一般纳税人，2014 年 3 月，生产粮食白酒 100 吨全部用于销售，当月取得含增值税销售额 480 万元，同时收取品牌使用费 15 万元。已知白酒消费税比例税率为 20%，定额税率为 0.5 元/斤。计算该厂当月应纳消费税额。

【参考解析】 根据消费税税率制度的规定，白酒实行复合计税办法。收取品牌使用费应当计算缴纳消费税。计算过程如下：

(1)不含增值税的销售额＝(480＋15)÷(1＋17%)＝423.08(万元)

(2)从价定率应纳税额＝423.08×20%＝84.62(万元)

(3)从量定额应纳税额＝100×2 000×0.5÷10 000＝10(万元)

(4)应纳消费税合计＝84.62＋10＝94.62(万元)

(二)自产自用应纳消费税的计算

纳税人自产自用的应税消费品，用于连续生产应税消费的，不纳税；用于其他方面的，于移送使用时纳税。

纳税人自产自用的应税消费品，是指纳税人生产应税消费品后，不用于直接对外销售，而是用于自己连续生产应税消费品，或用于其他方面。

用于连续生产应税消费的，是指纳税人将自产自用的应税消费品作为生产最终应税消费品的直接材料，并构成最终产品实体的应税消费品。

用于其他方面，是指纳税人将自产自用的应税消费品用于生产非应税消费品和在建工程、管理部门、非生产机构、提供劳务，以及用于捐赠、赞助、集资、广告、样品、职工福利、奖励等方面。

纳税人自产自用的应税消费品，凡用于其他方面，应当纳税的，按照纳税人生产的同类消费品的销售价格计算纳税；没有同类消费品销售价格的，按照组成计税价格计算纳税。

1. 有同类消费品销售价格的计算公式为：

应纳税额＝同类消费品销售价格×自用数量×适用税率

2. 没有同类消费品销售价格的，按照组成计税价格计算纳税：

(1)实行从价定率办法计征消费税的，其计算公式为：

组成计税价格＝(成本＋利润)÷(1－比例税率)

或 ＝成本×(1＋成本利润率)÷(1－比例税率)

应纳税额＝组成计税价格×比例税率

(2)实行复合计税办法计征消费税的，其计算公式为：

组成计税价格＝(成本＋利润＋自产自用数量×定额税率)÷(1－比例税率)

或 ＝[成本×(1＋成本利润率)＋自产自用数量×定额税率]÷(1－比例税率)

应纳税额＝组成计税价格×比例税率＋自产自用数量×定额税率

公式中的“成本”，是指应税消费品的产品生产成本。

公式的“利润”，是指根据应税消费品的全国平均成本利润率计算的利润。应税消费品的全国平均成本利润率由国家税务总局确定。具体标准如表 3－3 所示。

表3—3　　　　应税消费品平均成本利润率

货物名称	成本利润率	货物名称	成本利润率
1. 甲类卷烟	10%	11. 化妆品	5%
2. 乙类卷烟	5%	12. 鞭炮、焰火	5%
3. 雪茄烟	5%	13. 贵重首饰及珠宝玉石	6%
4. 烟丝	5%	14. 高档手表	20%
5. 粮食白酒	10%	15. 汽车轮胎	5%
6. 薯类白酒	5%	16. 摩托车	6%
7. 其他酒	5%	17. 乘用车	8%
8. 酒精	5%	18. 中轻型商用客车	5%
9. 高尔夫球及球具	10%	19. 游艇	10%
10. 木制一次性筷子	5%	20. 实木地板	5%

同类消费品的销售价格，是指纳税人当月销售的同类消费品的销售价格。如果当月同类消费品各期销售价格高低不同，应按销售数量加权平均计算。但销售的应税消费品有下列情况之一的，不得列入加权平均计算：①销售价格明显偏低又无正当理由的；②无销售价格的。

如果当月无销售或者当月未完结，应按照同类消费品上月或最近月份的销售价格计算纳税。

【例3—12】 某酒厂将自产薯类白酒1吨发放给职工作福利，该薯类白酒无同类产品市场销售价格。已知该批薯类白酒生产成本4 000元，成本利润率为5%，白酒消费税比例税率为20%，定额税率为0.5元/500克。计算该批薯类白酒应纳消费税税额。

【参考解析】 根据消费税税率制度的规定，纳税人自产自用消费品，用于企业员工作福利的，应按照同类消费品的销售价格计算纳税；没有同类消费品销售价格的，按照组成计税价格计算纳税。计算过程如下：

(1)组成计税价格=[4 000×(1+5%)+(1×2 000×0.5)]÷(1−20%)=6 500(元)

(2)应纳消费税=1×2 000×0.5+6 500×20%=2 300(元)

(三)委托加工应纳消费税的计算

委托加工的应税消费品，按照受托方同类消费品的销售价格计算纳税，没有同类消费品销售价格的，按照组成计税价格计算纳税。

1. 受托方有同类消费品销售价格的，计算公式为：

应纳税额=同类消费品销售价格×委托加工数量×适用税率

2. 受托方没有同类消费品销售价格的，按照组成计税价格计算纳税：

(1)实行从价定率计征消费税的，其计算公式为：

组成计税价格=(材料成本+加工费)÷(1−消费税税率)

应纳税额=组成计税价格×适用税率

(2)实行复合计税办法计征消费税的，其计算公式为：

组成计税价格=(材料成本+加工费+委托加工数量×定额税率)÷(1−比例税率)

应纳税额=组成计税价格×比例税率+委托加工数量×定额税率

其中，式中的“材料成本”是指委托方所提供加工材料的实际成本，且必须在委托加工合同上如实注明(或以其他方式提供)材料成本,凡未提供材料成本的,受托方所在税务机关有权核定其材料成本。“加工费”是指受托方加工应税消费品向委托方所收取的全部费用(包括代垫辅助材料的实际成本),但不包括随加工费收取的销项税,这样组成的价格才是不含增值税但含消费税的价格。

【例3—13】 某烟丝加工厂2014年6月受托为某卷烟厂加工一批烟丝,收取不含增值税的加工费13万元,卷烟厂提供的烟叶成本50万元。已知该烟丝加工厂无同类产品销售价格,消费税税率30%。计算该烟丝加工厂应代收代缴的消费税。

【参考解析】 根据消费税税率制度的规定,委托加工的应税消费品,应按照受托方同类消费品的销售价格计算纳税;没有同类消费品销售价格的,按照组成计税价格计算纳税。计算过程如下:

(1)组成计税价格=(50+13)÷(1－30%)=90(万元)

(2)应代收代缴消费税=90×30%=27(万元)

(四)进口环节应纳税额的计算

纳税人进口应税消费品,按照组成计税价格和规定的税率计算应纳税额。由进口人或者其代理进口人在报关进口时向报关地海关申报纳税,由海关代征。

1. 实行从价定率办法计征消费税的,其计算公式为:

组成计税价格=(关税完税价格+关税)÷(1－消费税比例税率)

应纳税额=组成计税价格×消费税比例税率

公式中所称“关税完税价格”,是指海关核定的关税计税价格。

2. 实行复合计税办法计征消费税的,其计算公式为:

组成计税价格=(关税完税价格+关税+进口数量×定额税率)÷(1－消费税比例税率)

应纳税额=组成计税价格×消费税税率+进口数量×定额税率

【例3—14】 某公司进口一批摩托车,关税完税价格为50万元,已知关税税率为30%,消费税税率为10%。计算该公司进口摩托车应纳消费税税额。

【参考解析】 根据消费税税率制度的规定,纳税人进口从价定率征收的消费品摩托车,按照组成计税价格和规定的税率计算应纳税额。计算过程为:

(1)应纳关税税额=50×30%=15(万元)

(2)组成计税价格=(50+15)÷(1－10%)=72.22(万元)

(3)应纳消费税税额=72.22×10%=7.22(万元)

【例3—15】 2014年6月,某企业进口某外国品牌白酒300吨,海关核定每吨关税完税价格(到岸价格)为15 000元。已知白酒的关税税率为20%,消费税税率为20%。计算该企业进口环节应纳消费税。

【参考解析】 根据消费税税率制度的规定,纳税人进口白酒实行复合计税办法,按照组成计税价格和规定的税率计算应纳税额。计算过程为:

(1)应纳关税税额=300×15 000×20%=900 000(元)

(2)组成计税价格=(300×15 000+900 000+300×2 000×0.5)÷(1－20%)÷10 000
=712.5(万元)

(3)应纳消费税税额=712.5×20%+300×2 000×0.5÷10 000=172.5(万元)

三、已纳消费税的扣除

为了避免重复征税,现行消费税规定,将外购应税消费品和委托加工收回的应税消费品继续生产应税消费品销售的，可以将外购应税消费品和委托加工收回应税消费品已缴纳的消费税给予扣除。

(一)外购应税消费品已纳税款的扣除

由于某些应税消费品是用外购已经缴纳消费税的应税消费品连续生产出来的，在对这些连续生产出来的应税消费品征税时，税法规定用外购已税消费品连续生产应税消费品销售时，按当期生产领用数量计算准予扣除外购的应税消费品已纳的消费税税款。扣除范围包括：

1. 外购已税烟丝生产的卷烟。
2. 外购已税化妆品生产的化妆品。
3. 外购已税珠宝、玉石生产的贵重首饰及珠宝、玉石。
4. 外购已税鞭炮、焰火生产的鞭炮、焰火。
5. 外购已税汽车轮胎(内胎和外胎)原料生产的汽车轮胎。
6. 外购已税摩托车零件生产的摩托车(如用外购两轮摩托车改装三轮摩托车)。
7. 外购已税杆头、杆身和握把为原料生产的高尔夫球杆。
8. 外购已税木制一次性筷子为原料生产的木制一次性筷子。
9. 外购已税实木地板为原料生产的实木地板。
10. 外购已税石脑油为原料生产的应税消费品。
11. 外购已税润滑油为原料生产的润滑油。

上述当期准予扣除外购应税消费品已纳税款的计算公式为：

当期准予扣除的外购应税消费品已纳税款＝当期准予扣除的外购应税消费品(当期生产领用数量)买价×外购应税消费品适用税率

当期准予扣除的外购应税消费品买价＝期初库存的外购应税消费品买价＋当期购进的应税消费品买价－期末库存的外购应税消费品的买价

买价是指发票上的销售额，不包括增值税税额。

需要注意的是：

(1)允许扣除已纳消费税税款的只涉及同一税目中的购入应税消费品的连续加工，不能跨税目抵扣。

(2)纳税人用外购的已税珠宝、玉石原料生产的改在零售环节征收消费税的金银首饰，在计税时一律不得扣除外购的珠宝、玉石的已纳消费税税款。

(3)对自己不生产应税消费品，而只是购进后再销售应税消费品的工业企业其销售的化妆品、鞭炮、焰火和珠宝、玉石，凡不能构成最终消费品直接进入消费品市场，而需进一步生产加工的，应当征收消费税，同时允许扣除上述外购应税消费品的已纳税款。

(4)允许扣除已纳税款的应税消费品只限于从工业企业购进的应税消费品和进口环节已缴纳消费税的应税消费品，对从境内商业企业购进应税消费品的已纳税款一律不得扣除。

(二)委托加工收回的应税消费品已纳税款的扣除

委托加工的应税消费品因为已由受托方代收代缴了消费税，因此，委托加工的应税消费品在委托方收回后直接出售的，不再征收消费税；如果收回货物后用于连续生产应税消费品的，其已纳税款准予按照规定从连续生产的应税消费品应纳消费税税额中抵扣。按照消费税法的规定，下列连续生产的应税消费品准予从应纳消费税税额中按当期生产领用数量计算扣除委托加工收回的应税消费品已纳消费税税款：

1. 以委托加工收回的已税烟丝为原料生产的卷烟。

2. 以委托加工收回的已税化妆品为原料生产的化妆品。

3. 以委托加工收回的已税珠宝、玉石为原料生产的贵重首饰及珠宝、玉石。

4. 以委托加工收回的已税鞭炮、焰火为原料生产的鞭炮、焰火。

5. 以委托加工收回的已税汽车轮胎为原料生产的汽车轮胎。

6. 以委托加工收回的已税摩托车零件生产的摩托车。

7. 以委托加工收回的已税石脑油为原料生产的应税消费品。

8. 以委托加工收回的已税润滑油为原料生产的润滑油。

9. 以委托加工收回的已税杆头、杆身和握把为原料生产的高尔夫球杆。

10. 以委托加工收回的已税木制一次性筷子为原料生产的木制一次性筷子。

11. 以委托加工收回的已税实木地板为原料生产的实木地板。

上述当期准予扣除委托加工收回的应税消费税已纳消费税税款的计算公式为：

当期准予扣除的委托加工应税消费品已纳税款＝期初库存的委托加工应税消费品已纳税款＋当期收回的委托加工应税消费品已纳税款－期末库存的委托加工应税消费品已纳税

纳税人用委托加工收回的已税珠宝、玉石生产的改在零售环节征收消费税的金银首饰，在计税时一律不得扣除委托加工收回的珠宝、玉石的已纳消费税税款。

【例3－16】 某卷烟生产企业，某月初库存外购应税烟丝金额20万元，当月又外购应税烟丝金额50万元(不含增值税)，月末库存烟丝金额10万元，其余被当月生产卷烟领用。已知烟丝的消费税税率为30%。计算卷烟厂当月准许扣除的外购烟丝已缴纳的消费税税额。

【参考解析】 根据消费税税率制度的规定，外购已税烟丝生产的卷烟，其已纳消费税可以扣除。计算过程为：

(1)当期准许扣除的外购烟丝买价＝20＋50－10＝60(万元)

(2)当月准许扣除的外购烟丝已缴纳的消费税税额＝60×30%＝18(万元)

【例3－17】 下列各项中，外购应税消费已纳消费税款准予扣除的有(　　)。

A. 外购已税烟丝生产的卷烟

B. 外购已税汽车轮胎生产的小汽车

C. 外购已税珠宝原料生产的金银镶嵌首饰

D. 外购已税石脑油为原料生产的应税消费品

【参考解析】 答案：AD。根据消费税税率制度的规定，外购已税汽车轮胎生产汽车，不可以抵扣轮胎已纳消费税，故B错误；外购已税珠宝生产的金银镶嵌首饰不可以抵扣已税珠宝的消费税，故C错误。

四、消费税应纳税额的综合计算举例

【例3－18】 某小汽车生产企业是增值税一般纳税人，从事小汽车的生产、销售。2014年7月，该企业发生下列业务：

(1)购进机器修理配件一批，取得增值税专用发票上注明的价款为50万元，增值税额8.5万元；支付运费1.27万元，取得运输部门开具的货运专用发票，注明增值税0.14万元。

(2)购入钢材，取得增值税专用发票上注明的价款为5 000万元，增值税额850万元。

(3)本月销售自产小汽车取得含税销售额29 250万元。另外收取装卸费11.7万元，开具普通发票。

(4)将自产A型小汽车10辆作为投资入股提供给其他单位，每辆成本15万元，同类车型每辆平均售价22万元(不含增值税),最高售价25万元(不含增值税)。

已知:小汽车的消费税税率和成本利润率均为5%;相关发票已经主管税务机关认证。

要求:根据上述资料,回答下列问题:

(1)根据上述资料的描述,下列各项中表述正确的有( )。

A. 支付运费,可以按13%的扣除率计算进项税额抵扣

B. 收取的装卸费属于价外费用,需要计入销售额计算增值税

C. 投资入股的自产小汽车需视同销售缴纳增值税

D. 投资入股的自产小汽车需视同销售缴纳消费税

(2)该企业当期的销项税额为( )万元。

A. 4 279.88 B. 4 294.2 C. 4 289.1 D. 4277.2

(3)该企业当期的进项税额为( )万元。

A. 850 B. 858.5 C. 858.64 D. 859.34

(4)该企业当期应该缴纳的增值税额为( )万元。

A. 3 421.24 B. 3 430.6 C. 3 435.5 D. 3 430.46

⑤该企业当期应该缴纳的消费税额为( )万元。

A. 1 263 B. 1 258.79 C. 1 261.5 D. 1 258

【参考解析】

(1)答案:BCD。按照营改增的规定,运费不再计算抵扣,按照专用发票注明税额抵扣。

(2)答案:C。根据增值税法律制度的规定,收取装卸费属于价外费用,应当计算增值税;投资入股的小汽车按照平均价格计算纳税。即该企业当期的销项税=(29 250+11.7)÷(1+17%)×17%+22×10×17%=4 289.1 (万元)

(3)答案:C。根据增值税法律制度的规定,该企业当期的进项税额=8.5+0.14+850=858.64(万元)

(4)答案:D。根据增值税一般纳税人的计算公式,应缴纳增值税=4289.1−858.64=3 430.46(万元)

(5)答案:A。根据消费税法律制度的规定,投资入股的自产小汽车需视同销售缴纳消费税,且按照纳税人同类应税消费品的最高销售价格作为计税依据计算消费税。

应缴纳消费税=(29 250+11.7)÷(1+17%)×5%+25×10×5%=1 263(万元)

【例3—19】 某化妆品生产企业为增值税一般纳税人,10月上旬从国外进口一批散装化妆品,关税完税价格150万元。该企业按规定向海关缴纳了关税、消费税和进口环节增值税,并取得了相关完税凭证。本月内企业将进口的散装化妆品的80%生产加工为成套化妆品6 800件,对外批发销售6 000件,取得不含税销售额290万元;向消费者零售800件,取得含税销售额51.48万元。已知,化妆品的进口关税税率40%、消费税税率30%,增值税税率17%。要求:

(1)计算该企业在进口环节应缴纳的消费税、增值税。

(2)计算该企业国内生产销售环节应缴纳的增值税、消费税。

【参考解析】 根据增值税和消费税法律制度的规定,纳税人在进口环节一律按照组成计税价格计算缴纳增值税和消费税;海关开出的专用缴款书可以作为进项税额进行抵扣;进口化妆品在海关已缴纳的消费税,可以在本月应纳消费税额中扣除。计算过程为:

1. 计算该企业在进口环节应缴纳的消费税、增值税。

(1)进口散装化妆品消费税的组成计税价格:(150+150×40%)÷(1−30%)=300(万元)

(2)进口散装化妆品应缴纳消费税：$300\times30\%=90$（万元）

(3)进口散装化妆品应缴纳增值税：$300\times17\%=51$（万元）

2. 计算该企业国内生产销售环节应缴纳的增值税、消费税。

(1)生产销售化妆品应缴纳增值税额 $=[290+51.48\div(1+17\%)]\times17\%-51$

$=5.78$（万元）

(2)生产销售化妆品应缴纳消费税额 $=[290+51.48\div(1+17\%)]\times30\%-90\times80\%$

$=28.2$（万元）

第四节 出口应税消费品退(免)税

纳税人出口应税消费品与已纳增值税出口货物一样，国家都是给予退(免)税优惠的。出口应税消费品同时涉及退(免)增值税和消费税，且退(免)消费税与出口货物退(免)增值税在退(免)税范围的限定、退(免)税办理程序、退(免)税审核及管理上都有许多相一致的地方。所以本节仅就出口应税消费品退(免)消费税某些不同于出口货物退(免)增值税的特殊规定做介绍。

一、出口应税消费品退(免)税政策

(一)出口免税并退税

适用这个政策的是：有出口经营权的外贸企业购进应税消费品直接出口，以及外贸企业受其他外贸企业委托代理出口应税消费品。这里需要重申的是，外贸企业只有受其他外贸企业委托，代理出口应税消费品才可办理退税，外贸企业受其他企业(主要是非生产性的商贸企业)委托，代理出口应税消费品是不予退(免)税的。这个政策限定与前述出口货物退(免)增值税的政策规定是一致的。

例如，某外贸企业在国内购进化妆品，销售化妆品的生产商是交了消费税的，当然要转嫁给外贸企业，所以外贸企业的购进价是含消费税的，某外贸企业现在出口这批化妆品就要把这部分消费税退还给外贸企业。实际上国家在生产商那里征了税，又退给外贸企业，这是退。所谓免，就是出口这个销售环节就不征税了

(二)出口免税但不退税

适用这个政策的是：有出口经营权的生产性企业自营出口或生产企业委托外贸企业代理出口自产的应税消费品，依据其实际出口数量免征消费税，不予办理退还消费税。

这里，免征消费税是指对生产性企业按其实际出口数量免征生产环节的消费税。不予办理退还消费税，是指因已免征生产环节的消费税，该应税消费品出口时，已不含有消费税，所以也无须再办理退还消费税了。这项政策规定与前述生产性企业自营出口或委托代理出口自产货物退(免)增值税的规定是不一样的。其政策区别的原因是，消费税仅在生产企业的生产环节征收，生产环节免税了，出口的应税消费品就不含有消费税；而增值税却在货物销售的各个环节征收，生产企业出口货物时，已纳的增值税就需退还。

(三)出口不免税也不退税

适用这个政策的是：除生产企业、外贸企业外的其他企业，具体是指一般商贸企业。这类企业委托外贸企业代理出口应税消费品一律不予退(免)税。

二、出口退税率的规定

出口应税消费品计算应退的消费税额时，适用的退税率应按照《消费税暂行条例》所附《消费税税目税率（税额）表》规定的征税率（额），体现了征多少退多少的原则。如果企业出口的应税消费品适用多种税率，应分别核算、申报，分别按不同税率退税；凡未分别核算，税率划分不清的，一律从低适用税率退税。

三、出口应税消费品退税额的计算

外贸企业从生产企业购进货物直接出口或者受其他外贸企业委托代理出口应税消费品的应退消费税税款。分两种情况处理：

（一）属于从价定率的应税消费品

属于从价定率计征消费税的应税消费品，计算应退消费税税款的依据是外贸企业从工厂购进货物时征收消费税的价格，即出口货物的工厂销售额，不包括其他费用。计算公式为：

应退消费税税款＝出口货物的工厂销售额×税率

上述公式中“出口货物的工厂销售额”不包含增值税，对含增值税的购进金额应换算成不含增值税的金额作为计算退税的依据。计算公式为：

不含增值税的购进金额＝含增值税的购进金额÷（1＋增值税税率或征收率）

（二）属于从量定额的应税消费品

属于从量定额计征消费税的应税消费品，应以货物购进和报关出口数量计算应退消费税税款。计算公式为：

应退消费税税款＝出口数量×单位税额

四、出口应税消费品办理退（免）税后的管理

纳税人直接出口的应税消费品办理免税后发生退关或国外退货，进口时已予以免税的，经所在地主管税务机关批准，可暂不办理补税，待其转为国内销售时，再向其主管税务机关申报补缴消费税。

【例 3－20】 某外贸公司 2014 年 3 月从生产企业购进化妆品一批，取得增值税专用发票注明价款 25 万元，增值税 4.25 万元，支付收购化妆品的运输费用 3 万元，当月该批化妆品全部出口取得销售收入 35 万元。计算该外贸公司出口化妆品应退的消费税税额。

【参考解析】 根据消费税法律制度的规定，外贸企业从生产企业购进货物直接出口，属于从价定率计征消费税的应税消费品，计算应退消费税税款的依据是外贸企业从工厂购进货物时征收消费税的价格，即出口货物的工厂销售额，不包括其他费用。计算过程：

该外贸公司出口化妆品应退的消费税＝25×30％＝7.5（万元）

第五节　消费税征收管理

一、纳税环节

消费税实行单一环节一次征收，除金银首饰、钻石及钻石饰品改在零售环节征税外，其他

消费品只在生产、委托加工或进口环节征收，在以后的批发、零售等环节不再征收消费税(卷烟除外)。具体纳税环节规定为：

1. 纳税人生产应税消费品的，由生产者于销售时纳税。

2. 纳税人自产自用应税消费品的，用于其他方面的，于移送使用时纳税。

3. 委托加工应税消费品的，于委托方提货时由受托方代收代缴税款。

4. 纳税人进口应税消费品的，于进口报关时由海关代征。

5. 纳税人零售金银首饰、钻石及钻石饰品，于零售时纳税。

6. 从事卷烟批发业务的，于销售时纳税(销售给纳税人以外的单位和个人的卷烟)。

二、纳税义务发生时间

消费税纳税义务发生的时间，以货款结算方式或行为发生时间分别确定。

1. 纳税人销售的应税消费品，其纳税义务发生时间

(1)纳税人采取赊销和分期收款结算方式的，其纳税义务的发生时间为销售合同规定的收款日期的当天。没有书面销售合同或者书面合同没有约定的，为发出应税消费品的当天。

(2)纳税人采取预收货款结算方式的，其纳税义务发生时间为发出应税消费品的当天。

(3)纳税人采取托收承付和委托银行收款方式销售的应税消费品，其纳税义务的发生时间为发出应税消费品并办妥托收手续的当天。

(4)纳税人采取其他结算方式的，其纳税义务的发生时间为收讫销售款或者取得索取销售款凭据的当天。

2. 纳税人自产自用的应税消费品，其纳税义务的发生时间为移送使用的当天。

3. 纳税人委托加工的应税消费品，其纳税义务的发生时间为纳税人提货的当天。

4. 纳税人进口的应税消费品，其纳税义务的发生时间为报关进口的当天。

三、纳税期限

消费税的纳税期限分别为 1 日、3 日、5 日、10 日、15 日、1 个月或者 1 个季度。纳税人的具体纳税期限，由主管税务机关根据纳税人应纳税额的大小分别核定；不能按照固定期限纳税的，可以按次纳税。

纳税人以 1 个月或者 1 个季度为 1 个纳税期的，自期满之日起 15 日内申报纳税；以 1 日、3 日、5 日、10 日或者 15 日为 1 个纳税期的，自期满之日起 5 日内预缴税款，于次月 1 日起 15 日内申报纳税并结清上月应纳税款。

纳税人进口应税消费品，应当自海关填发海关进口消费税专用缴款书之日起 15 日内缴纳税款。

四、纳税地点

1. 纳税人销售的应税消费品，以及自产自用的应税消费品，除国务院财政、税务主管部门另有规定外，应当向纳税人机构所在地或者居住地的主管税务机关申报纳税。

2. 委托加工的应税消费品，除委托个人加工以外，由受托方向机构所在地或者居住地主管税务机关解缴消费税税款。委托个人加工的应税消费品，由委托方向其机构所在地或者居住地主管税务机关申报纳税。

3. 进口的应税消费品，由进口人或者其代理人向报关地海关申报纳税。

4. 纳税人到外县(市)销售或者委托外县(市)代销自产应税消费品的，于应税消费品销售后，向机构所在地或者居住地主管税务机关申报纳税。

5. 纳税人的总机构与分支机构不在同一县(市)的，应当分别向各自机构所在地的主管税务机关申报纳税；经财政部、国家税务总局或者其授权的财政、税务机关批准，可以由总机构汇总向总机构所在地的主管税务机关申报纳税。

注意：卷烟批发企业的纳税地点比较特殊，应在卷烟批发企业的机构所在地，总机构与分支机构不在同一地区的，由总机构申报纳税。

6. 纳税人销售的应税消费品，如因质量等原因由购买者退回时，经机构所在地或者居住地主管税务机关审核批准后，可退还已缴纳的消费税税款，但不能自行直接抵减应纳税额。

7. 出口应税消费品办理退税后，发生退关，或者国外退货，进口时已予以免税的，报关出口者必须及时向其机构所在地或者居住地主管税务机关申报补缴已退的消费税税款。

【例 3—21】 下列各项中，属于消费税征收环节的有(　　)。

A. 生产环节　　B. 零售环节　　C. 批发环节　　D. 进口环节

【参考解析】 答案：ABCD。根据消费税法律制度的规定，应税消费品的征税环节包括生产环节(含委托加工)、零售环节、批发环节和进口环节。

【例 3—22】 根据消费税法律制度的规定，纳税人销售应税消费品，采取赊销和分期收款结算方式的，其纳税义务发生时间为(　　)。

A. 发出应税消费品的当天　　B. 取得全部价款的当天

C. 销售合同规定的收款日期的当天　　D. 每一期纳税人销售应税货物的当天

【参考解析】 答案：C。根据消费税法律制度的规定，纳税人采取赊销和分期收款结算方式的，其纳税义务发生时间为书面合同约定的收款日期的当天。

【例 3—23】 下列各项中，符合消费税纳税地点规定的有(　　)。

A. 进口应税消费品的，由进口人或其代理人向报关地海关申报纳税

B. 纳税人总机构与分支机构不在同一县(市)的，分支机构应回总机构申报纳税

C. 委托加工应税消费品的，由委托方向受托方所在地主管税务机关申报纳税

D. 纳税人到外县(市)销售自产应税消费品的，应回纳税人核算地或所在地申报纳税

【参考解析】 答案：A。根据消费税法律制度的规定，纳税人的总机构与分支机构不在同一县(市)的，应当分别向各自机构所在地的主管税务机关申报纳税。委托个人加工应税消费品，由委托方向其机构所在地或者居住地主管税务机关申报纳税。纳税人到外县(市)销售或者委托外县(市)代销自产应税消费品的，于应税消费品销售后，向机构所在地或者居住地主管税务机关申报纳税。

导入案例分析

广州天河城店员的说法是错误的。如果仅从化妆品的价格来说，消费税的多少当然直接决定化妆品的价格高低。因为消费税是价内税，消费税包含在商品的价格之中。但天河城销售化妆品是不缴纳消费税的。根据消费税法律制度的规定，消费税采取单一征收环节，化妆品的消费税由生产厂家在出厂销售时缴纳，以后的批发、零售环节是不用缴纳消费税的。所以，广州天河城销售化妆品的价格比香港的价格贵，与是否缴纳消费税没有关系。

服装不是消费税的征收范围，不用缴纳消费税。服装的价格高低与是否缴纳消费税是没

有关系的。国内销售的衣服如果比香港的贵，也不是因为缴纳消费税的原因。所以，该店员的说法也是错误的。

单元小结

本单元“消费税法”的知识结构如图 3－1 所示。

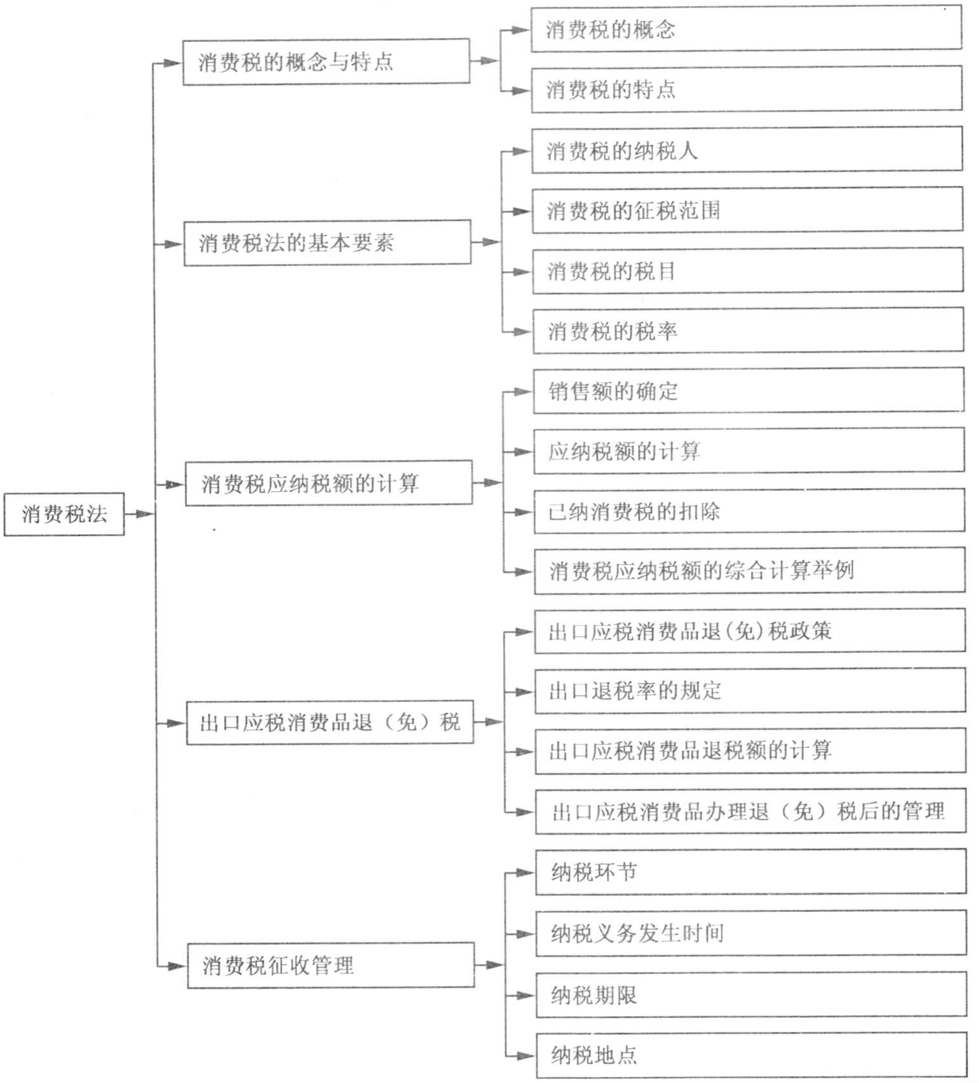

图 3－1 “消费税法”知识结构

知识测试与能力训练

一、单项选择题

1. 下列各项中，属于消费税征收范围的是(　　)。

A. 电动汽车　　B. 卡丁车　　C. 高尔夫车　　D. 小轿车

2. 某高尔夫球具厂为增值税一般纳税人，下设一非独立核算的门市部。2010年8月该厂将生产的一批成本价70万元的高尔夫球具移送门市部，门市部将其中80%零售，取得含税销售额77.22万元。高尔夫球具的消费税税率为10%，成本利润率10%，该项业务应缴纳的消费税额为(　　)。

A. 5.13万元　　B. 6万元　　C. 6.60万元　　D. 7.72万元

3. 下列各项中，符合消费税法中有关应按当期生产领用数量计算准予扣除外购的应税消费品已纳消费税税款规定的是(　　)。

A. 外购已税白酒生产的药酒

B. 以外购杆头、杆身和握把为原料生产的高尔夫球杆

C. 外购的汽车轮胎生产的小汽车

D. 外购已税珠宝玉石生产的金银镶嵌首饰

4. 根据《消费税暂行条例》的规定，下列各项中，纳税人不缴纳消费税的是(　　)。

A. 将自产的应税消费品用于职工福利

B. 随同应税消费品销售而取得的包装物作价收入

C. 将自产的应税消费品用于连续生产应税消费品

D. 销售应税消费品而收取的超过一年以上的包装物押金

5. 某百货商场为增值税一般纳税人，本月以一批金银首饰抵偿6个月以前购进某批洗衣机的欠款。所欠款项价税合计234 000元。该批金银首饰的成本为140 000元，若按同类商品的平均价格计算，该批金银首饰的不含税价格为190 000元；若按同类产品的最高销售价格计算，该批首饰的不含税价格为220 000元。已知：金银首饰的消费税税率为5%，则该企业应缴纳的消费税为(　　)元。

A. 0　　B. 9 500　　C. 10 000　　D. 11 000

6. 某啤酒厂2014年8月份销售乙类啤酒400吨，每吨出厂价格2 800元。8月该啤酒厂应纳消费税税额为(　　)元(乙类啤酒定额税率220元/吨)。

A. 88 000　　B. 190 400　　C. 100 000　　D. 616 000

7. 某卷烟生产企业为增值税一般纳税人，2014年2月销售乙类卷烟1 500标准条，取得含增值税销售额87 750元。已知乙类卷烟消费税比例税率为36%，定额税率为0.003元/支，1标准条有200支；增值税税率为17%。则该企业当月应纳消费税税额为(　　)元。

A. 27 000　　B. 900　　C. 32 490　　D. 27 900

8. A酒厂3月份委托B酒厂生产酒精30吨，一次性支付加工费9 500元。已知A酒厂提供原料的成本为57 000元，B酒厂无同类产品销售价格，酒精适用的消费税税率为5%。则该批酒精的消费税组成计税价格是(　　)元。

A. 50 000　　B. 60 000　　C. 70 000　　D. 63 333.331

9. 某外贸公司7月从某地板生产企业购进实木地板50箱用于出口，取得生产企业开具的专用发票，注明共计支付的价税合计金额118.72万元，支付购实木地板的运输费用1.2万元。该批实木地板出口销售时取得金额220.6万元。实木地板生产企业适用的增值税税率17%，消费税税率5%。外贸公司出口该批实木地板应退的消费税是(　　)。

A. 3.6万元　　B. 4.72万元　　C. 4.87万元　　D. 5.07万元

10. 委托加工的应税消费品所缴纳的消费税，应由受托方解缴的地点是(　　)。

A. 委托方机构所在地税务机关　　B. 受托方所在地税务机关

C. 销售地主管税务机关　　D. 委托方核算地税务机关

二、多项选择题

1. 依据消费税的有关规定，下列消费品中属于化妆品税目的有(　　)。

A. 香水、香水精　　B. 高档护肤类化妆品

C. 指甲油、蓝眼油　　D. 演员化妆用的上妆油、卸妆油

2. 下列各项中，应同时征收增值税和消费税的是(　　)。

A. 批发环节销售的卷烟　　B. 零售环节销售的金基合金首饰

C. 生产环节销售的普通护肤护发品　　D. 进口环节取得外国政府捐赠的小汽车

3. 下列属于消费税纳税人的有(　　)。

A. 生产销售小汽车的企业

B. 进口汽车轮胎的企业

C. 委托加工木制一次性筷子的个体工商户

D. 零售化妆品的商场

4. 下列各项中，属于消费税征收范围的是(　　)。

A. 汽车销售公司销售小轿车　　B. 木材公司销售自产的实木地板

C. 百货公司销售的化妆品　　D. 烟草公司销售自产的烟丝

5. 下列各项中，符合消费税纳税地点规定的有(　　)。

A. 委托加工的应税消费品，由委托方向所在地税务机关申报缴纳

B. 进口的应税消费品，由进口人或其代理人向报关地海关申报缴纳

C. 纳税人的总机构与分支机构不在同一县(市)的，分支机构应回总机构申报缴纳

D. 纳税人到外县(市)销售自产应税消费品的，应回纳税人核算地或所在地申报缴纳

6. 下列各项中，不属于消费税税目的有(　　)。

A. 图书　　B. 普通护肤品

C. 价值50元的电子手表　　D. 货轮

7. 下列消费税的计税依据表述正确的有(　　)。

A. 实行从价定率征税的应税消费品，其计税依据是含消费税而不含增值税的销售额

B. 实行从价定率征税的应税消费品，其计税依据是不含消费税而含增值税的销售额

C. 实行从量定额征税的应税消费品，其计税依据是销售应税消费品的实际销售数量

D. 实行从量定额征税的应税消费品，其计税依据是销售应税消费品的实际销售额

8. 纳税人用于(　　)的应税消费品，应以其同类应税消费品的最高销售额为依据计算消费税。

A. 投资入股　　B. 抵偿债务

C. 换取生产资料　　D. 换取消费资料

9. 根据《消费税暂行条例》的规定，纳税人自产的用于下列用途的应税消费品中，需要缴纳消费税的有(　　)。

A. 用于赞助的消费品　　B. 用于留作自用的消费品

C. 用于广告的消费品　　D. 用于连续生产应税消费品的消费品

10. 根据消费税法律制度的规定，纳税人外购和委托加工的应税消费品，用于连续生产应税消费品的，已缴纳的消费税税款准予从应纳消费税税额中抵扣。下列各项中，不得扣除已缴纳的消费税的有(　　)。

A. 委托加工收回的酒精用于生产白酒

B. 委托加工收回的已税玉石用于生产金银镶嵌首饰

C. 委托加工收回的已税汽车轮胎用于生产小汽车

D. 委托加工收回的香水生产护肤护发产品

三、计算分析题

1. 某卷烟厂委托某烟丝加工厂加工一批烟丝，卷烟厂提供的烟叶在委托加工合同上注明的成本金额为60 000元，烟丝加工完，卷烟厂提货时支付的加工费用为3 700元，并支付了烟丝加工厂按烟丝组成计税计算的消费税税款。卷烟厂将这批加工好的烟丝全部用于生产卷烟1 000箱并予以销售。向购货方开具的增值税专用发票上注明的价税合计为1 053 000元。请计算销售卷烟的应纳消费税税额(烟丝消费税税率为30%、卷烟消费税税率为56%，定额税率150元/箱)。

2. 某外贸企业从国外进口10 000套化妆品，关税完税价格为80万元，关税为80万元，当月售出3 000套，每套售价298元。又从国内一生产厂家(增值税一般纳税人)购进化妆品5 000套全部出口，每套工厂销售价60元(含增值税)，出口离岸价格为168元。请计算该外贸企业当月应缴、应退的消费税。

四、不定项选择题

某酒厂为增值税一般纳税人，主要从事粮食白酒的生产和销售业务。2014年8月该厂发生以下经济业务：

(1)5日向农户购进免税粮食，开具的农业品收购发票上注明的价款为50 000元，货款以现金支付。

(2)10日外购一批包装材料，取得的增值税专用发票上注明的价款为150 000元，增值税税额为25 500元，货款已付。

(3)26日销售粮食白酒5吨，不含增值税的销售价格为60元/斤，另外向购货方收取包装物租金23 400元，款项已收讫。

已知：粮食白酒适用的增值税税率为17%；粮食白酒适用的消费税比例税率为20%，定额税率为0.5元/斤；免税粮食增值税的扣除率为13%；7月末该酒厂增值税留抵税额为零；农产品收购发票和增值税专用发票已经向税务机关认定。

根据上述资料，回答下列问题：

(1)该酒厂当月应缴纳的消费税税额为(　　)元。

A. 124 000　　B. 125 000　　C. 129 000　　D. 129 680

(2)该酒厂当月可抵扣的增值税进项税额为(　　)元。

A. 6 500　　B. 25 500　　C. 30 500　　D. 32 000

(3)该酒厂当月增值税销项税额为(　　)元。

A. 3 400　　B. 102 000　　C. 105 400　　D. 105 978

(4)该酒厂当月应缴纳的增值税税额为(　　)元。

A. 73 400　　B. 74 900　　C. 79 900　　D. 73 978

第 4 单元

营业税法

学习目标

1. 理解营业税的含义、营业税纳税义务人的分类。
2. 掌握营业税的征税范围、计税原理和营业税的计算。
3. 了解纳税义务发生的时间、纳税期限和纳税地点。

导入案例

李林大学毕业后不久，应聘到某市商业银行作为一名办税人员。2014 年第一季度该银行发生以下经济业务：取得一般贷款业务利息收入 600 万元；支付单位和个人存款利息 100 万元；取得转让公司债券收入 1 100 万元，债券的买入价为 900 万元；取得金融服务手续费收入 15 万元；吸收居民存款 500 万元。

想一想：李林如何计算该银行第一季度应缴纳的营业税？

第一节　营业税概述

一、营业税概述

（一）营业税的概念

营业税是对在我国境内提供应税劳务、转让无形资产或销售不动产的单位和个人所取得的营业额征收的一种商品与劳务税。

现行营业税的基本规范是 1993 年 12 月 13 日中华人民共和国国务院令第 136 号颁布，并于 2008 年 11 月 5 日国务院第 34 次常务会议修订通过，2009 年 1 月 1 日起施行的《中华人民共和国营业税暂行条例》（以下简称《营业税暂行条例》）。

(二)营业税特点

1. 一般以营业额全额为计税依据。我国现行的增值税主要是以货物的流转额为征税对象,而营业税的征税对象主要是非货物营业额。营业税与增值税在征税范围上的这种分工与衔接,使我国形成了对货物的流转额和非货物营业额并行征税的格局,从而避免出现货物和劳务税征税领域上的空档。

2. 按行业设计税目税率。营业税按行业形成差别比例税率,同一行业同一税率,不同行业不同税率,体现出公平税负、鼓励平等竞争的政策精神。

3. 计算简便,便于征管。营业税一般以营业收入全额为计税依据,实行比例税率,税款随营业收入的实现而实现,便于税收征管。

(三)营业税与增值税的区别

1. 征税范围完全相反,互相排斥。

2. 与价格的关系不一样。增值税是价外税,营业税是价内税。营业税在所得税前可以扣除,增值税在所得税前不得扣除。

3. 计税方法不一样。增值税中,一般纳税人采用的是购进扣税法,而营业税只有个别税额扣除情况,营业税计税依据中有扣除的情形。

【例 4—1】 根据营业税法律制度的规定,下列各项中,不属于营业征收范围的是(　　)。

A. 体育业　　B. 财产保险业务　　C. 旅游业　　D. 修理修配业务

【参考解析】 答案:D。根据规定,销售货物和提供加工修理修配劳务的行为,属于增值税的征税范围,不是营业税的征税范围。

【例 4—2】 根据营业税法律制度的规定,下列业务中,属于营业税征税范围内的是(　　)。

A. 贷款业务　　B. 缝纫业务　　C. 加工业务　　D. 商品期货业务

【参考解析】 答案:A。营业税的征税范围包括在中华人民共和国境内提供应税劳务、转让无形资产或销售不动产。选项 BCD 属于增值税的征税范围。

二、营业税的征税范围

(一)一般规定

营业税征税范围包括在我国境内提供应税劳务、转让无形资产和销售不动产。

对于营业税的征税范围中“境内”一词,四点各有所指:

1.“提供或者接受”应税劳务的单位或者个人在境内。

2. 所转让的无形资产(如商标权、专利权、非专利技术等,不含土地使用权)的“接受”单位或者个人在境内。如果受让方在境外,如向境外转让商标使用权,其受让方不在境内,不需要缴纳营业税。

对转让无形资产(不含土地使用权)的行为,强调的是受让方是否在境内,即如果受让方属于境内单位或者个人的,则转让无形资产行为属于境内行为,反之为境外行为。

3. 所转让或者出租土地使用权的土地在境内。对土地使用权转让行为,关键在于所转让的土地是否在境内,如果土地在境内属于境内行为,反之属于境外行为。

4. 所销售或者出租的不动产在境内。

自 2013 年 8 月 1 日起,除铁路运输业外的其他运输业在全国范围内营改增。

铁路运输业不包括城市地铁运输,也不包括铁道部门所属的工业、建筑、商业、教育、科研、卫生等业务活动。

营改增试点范围进一步扩大。财政部和国家税务总局在联合印发《关于将铁路运输和邮政业纳入营业税改征增值税试点的通知》中,明确从 2014 年 1 月 1 日起,将铁路运输和邮政业纳入营改增试点范围。2014 年 6 月 1 日起,电信业也纳入营改增范围。

营改增应税服务中增加铁路运输服务、邮政业服务、收派服务的范围注释,明确航天运输服务按照航空运输服务征税,标志着交通运输业已全部纳入营改增范围;明确纳税人提供的铁路运输服务或邮政业服务适用 11%税率,提供的快递服务,就其交通运输部分适用 11%税率,就其收派服务适用 6%税率;规定铁路国际运输服务、航天运输服务适用零税率,为出口货物提供的邮政业服务和收派服务免征增值税;按照营改增试点过渡政策的处理原则,延续铁路运输服务、邮政业服务原营业税优惠政策。

【例 4—3】 下列各项中,属于营业税应税行为的有(　　)。

A. 我国公民王先生将其在日本的公寓出租

B. 美国人史密斯先生将其于 2007 年在北京购置的别墅转让

C. 美国甲公司派人来华为我国境内乙房地产公司设计施工图

D. 德国某汽车厂派人来华为该厂生产的汽车提供维修指导

E. 我国某汽车厂将其拥有的非专利技术转让给美国丙公司使用

【参考解析】 答案:BCD。营业税的征税范围强调应税劳务、转让无形资产或销售不动产是在中国境内发生的。

(二)营业税征税范围的特殊规定

1. 纳税人兼营不同税目的应税劳务、转让无形资产或者销售不动产,应当分别核算不同税目的营业额;未分别核算营业额的,从高适用税率

2. 纳税人兼营免税、减税项目的,应当单独核算免税、减税项目的营业额;未单独核算营业额的,不得免税、减税

3. 视同发生应税行为

(1)单位或者个人将不动产或者土地使用权"无偿赠送"其他单位或者个人。

(2)单位或者个人自己新建建筑物后销售,其所发生的"自建"行为。

4. 特殊业务的征税规定

(1)水利工程单位向用户收取的水利工程水费,属于其向用户提供天然水供应服务取得的收入,应按"服务业"税目征收营业税,不征收增值税。

(2)纳税人销售林木以及销售林木的同时提供林木管护劳务的行为,应征收增值税;纳税人单独提供林木管护劳务行为属于营业税的征收范围,其取得的收入中,属于提供农业机耕、排灌、病虫害防治、植保劳务取得的收入,免征营业税;属于其他收入的,应照章征收营业税。

(3)随汽车销售提供的汽车按揭服务和代办服务业务征收增值税;纳税人单独提供按揭、代办服务业务,不销售汽车的,应征收营业税。

(4)自 2004 年 7 月 1 日起,对商业企业向供货方收取的与商品销售量、销售额无必然联系,且商业企业向供货方提供一定劳务的收入,例如进场费、广告促销费、上架费、展示费、管理费等,不属于平销返利,不冲减当期增值税进项税额,应按营业税的适用税目、税率征收营业税。商业企业向供货方收取的各种收入,一律不得开具增值税专用发票。

5. 与增值税征税范围的划分

(1)混合销售行为的划分。

①对从事货物的生产、批发或者零售的企业、企业性单位和个体工商户的混合销售行为，视为销售货物，不缴纳营业税；其他单位和个人的混合销售行为，视为提供应税劳务，缴纳营业税。即主营业务缴纳增值税的纳税人(从事货物的生产、批发或零售)，其混合销售行为一并征收增值税；主营业务缴纳营业税的纳税人，其混合销售行为一并征收营业税。

混合销售是指在同一销售行为中，同时涉及“增值税”(货物销售)和“营业税”(非增值税应税劳务)，但纳税人并非同时缴纳增值税和营业税，而是根据纳税人的主营业务，或者一并征收增值税，或者一并征收营业税。

②纳税人提供建筑业劳务同时销售自产货物的行为，应分别核算其自产货物的销售额和建筑业劳务的营业额，并根据其自产货物的销售额计算缴纳增值税，根据其建筑业劳务的营业额计算缴纳营业税。未分别核算的，其建筑业应税劳务的营业额由主管地方税务机关核定。

【例 4－4】 根据营业税法律制度的规定，下列混合销售行为中，应当一并征收营业税的是(　　)。

A. 贸易公司销售货物同时负责安装

B. 百货商店销售商品同时负责运输

C. 建筑公司提供建筑业劳务的同时销售自产货物并实行分别核算

D. 餐饮公司提供餐饮服务的同时销售酒水

【参考解析】 答案：D。①选项 AB，属于增值税的混合销售行为，应当一并征收增值税；②选项 C，提供建筑业劳务的同时销售自产货物的行为，应当分别核算应税劳务的营业额和货物的销售额，其应税劳务的营业额缴纳营业税，货物销售额缴纳增值税；③选项 D，属于营业税的混合销售行为，应当一并征收营业税。

【例 4－5】 提供建筑业劳务的同时销售自产货物的混合销售行为，应当分别核算应税劳务的营业额和货物的销售额，其应税劳务的营业额缴纳营业税，货物销售额不缴纳营业税。未分别核算的，一并征收营业税。　(　　)

【参考解析】 答案：×。提供建筑业劳务同时销售自产货物的混合销售行为，应分别核算其自产货物的销售额和建筑业劳务的营业额，并根据其自产货物的销售额计算缴纳增值税，根据其建筑业劳务的营业额计算缴纳营业税。未分别核算的，其建筑业应税劳务的营业额由主管地方税务机关核定。

(2)兼营行为的划分。

纳税人兼营应税行为和货物或者非应税劳务的，应当分别核算应税行为的营业额和货物或者非应税劳务的销售额，其应税行为营业额缴纳营业税，货物或者非应税劳务销售额不缴纳营业税；未分别核算的，由主管税务机关核定其应税行为营业额。

【例 4－6】 营业税的纳税人兼营应税劳务和货物或者非应税劳务，未分别核算的，一并缴纳增值税。　(　　)

【参考解析】 答案：×。纳税人兼营应税行为和货物或者非应税劳务的未分别核算的，由主管税务机关核定其应税行为营业额。

三、营业税的纳税人

营业税的纳税人是指在我国境内提供应税劳务、转让无形资产或者销售不动产的单位和个人。

单位，是指企业、行政单位、事业单位、军事单位、社会团体及其他单位。个人，是指个体工商户和其他个人。

四、扣缴义务人

在现实生活中，有些具体情况难以确定纳税人，因此税法规定了扣缴义务人。营业税的扣缴义务人主要有以下几种：

1. 委托金融机构发放贷款的，其应纳税款以受托发放贷款的金融机构为扣缴义务人。

2. 纳税人提供建筑业应税劳务时应按照下列规定确定营业税扣缴义务人。

(1)建筑业工程实行总包后转包、分包方式的，以总承包人为扣缴义务人。

(2)纳税人提供建筑业应税劳务，符合以下情形之一的，无论工程是否实行分包，税务机关可以建设单位和个人作为营业税的扣缴义务人：

①纳税人从事跨地区(包括省、市、县，下同)工程提供建筑业应税劳务的；

②纳税人在劳务发生地没有办理税务登记或临时税务登记的。

3. 境外单位或个人在境内发生应税行为而在境内未设有机构的，其应纳税款以代理人为扣缴义务人；没有代理人，以受让者或购买者为扣缴义务人。

4. 单位或个人进行演出，由他人售票的，其应纳税款以售票者为扣缴义务人。

5. 分保险业务，其应纳税款以初保人为扣缴义务人。

6. 个人转让专利权、非专利技术、商标权、著作权、商誉的，其应纳税款以受让者为扣缴义务人。

7. 财政部规定的其他扣缴义务人。

第二节　税目和税率

一、税目

(一)建筑业

1. 建筑业包括建筑工程、安装工程、修缮工程、装饰工程和其他工程作业(如代办电信工程、水利工程、道路修建、钻井、拆除建筑物、平整土地、爆破等)。

2. 管道煤气集资费(初装费)业务应按“建筑业”税目征收营业税。仅指单独收取的行为。

3. 自建。

(1)自建自用建筑物，其自建行为不是建筑业的征税范围。自用环节也不缴纳营业税。

(2)出租的自建建筑物，其自建行为不是建筑业的征税范围。

(3)投资入股的自建建筑物，其自建行为不是建筑业的征税范围。自己建个楼，投资入股，投资环节不征收。

(4)单位将自建的房屋对外销售，其自建行为应按建筑业缴纳营业税3%，其销售行为按销售不动产缴纳营业税。

【例4－7】 根据营业税法律制度的规定，下列各项中，应按“建筑业”项目征收营业税的是(　　)。

A. 单位自建自用房屋的自建行为　　B. 单位自建房屋出租的自建行为

C. 单位自建房屋投资入股的自建行为　　D. 单位自建房屋销售的自建行为

【参考解析】 答案:D。选项 A 中单位自建自用建筑物,其自建行为不是建筑业的征税范围。自用环节也不缴纳营业税。选项 B 中单位出租的自建建筑物,其自建行为不是建筑业的征税范围。选项 C 中投资入股的自建建筑物,其自建行为不是建筑业的征税范围。即自己建个楼,投资入股,投资环节不征收。

(二)金融保险业

1. 金融业务包括贷款、融资租赁、金融商品转让(如股票转让、债券转让、外汇转让、其他金融商品转让)、金融经纪业(如委托业务、代理业务、咨询业务)和其他金融业务(如银行结算)。

2. 金融机构的金融商品转让,应征收营业税。

3. 存款或者购入金融商品行为,以及金银买卖业务,不征收营业税。

4. 人民银行对金融机构的贷款业务,不征收营业税;人民银行对企业贷款或委托金融机构贷款的业务,应当征收营业税。

5. 金融机构往来业务,暂不征收营业税。

6. 对金融机构的出纳长款收入,不征收营业税。

7. 保险企业取得的追偿款,不征收营业税。

8. 保险公司的摊回分保费用,不征收营业税。

【例 4—8】 保险公司取得的摊回分保费用应当征收营业税。　(　　)

【参考解析】 答案:×。保险公司的摊回分保费用,不征收营业税。

【例 4—9】 根据营业税法律制度的规定,下列金融业务中,应征收营业税的是(　　)。

A. 金融机构往来业务　　B. 人民银行对金融机构的贷款业务

C. 金融机构买卖金银业务　　D. 人民银行委托金融机构的贷款业务

【参考解析】 答案:D。①选项 A:金融机构往来业务,暂不征收营业税;②选项 B:人民银行对金融机构的贷款业务,不征收营业税;③选项 C:存款或购入金融商品行为,以及金银买卖业务,不征收营业税;④选项 D:人民银行对企业贷款或者委托金融机构贷款的业务,应当征收营业税。

(三)文化体育业

1. 文化业包括表演、播映、其他文化业。

2. 有线电视台收取的"初装费",属于"建筑业"税目的征税范围。

3. 广告的播映属于"服务业——广告业"税目的征税范围,它不属于一般的播映。

4. 广播电视有线数字付费频道业务按"文化体育业——播映"税目征收营业税。

5. 各种展览、培训活动,文学、艺术、科技讲座及演讲、报告会,图书、杂志、报纸的借阅业务,按"文化体育业"税目征收营业税。

6. 出租文化场所属于"服务业——租赁业"税目的征税范围。不属于文化体育业。

7. 公园、动物园、植物园及其他各种游览场所销售门票的业务,按"文化体育业"税目征收营业税。

8. 举办各种体育比赛和为体育比赛或体育活动提供场所的业务,按"文化体育业"税目征收营业税。

9. 以租赁方式为体育比赛提供场所的业务,属于"服务业——租赁业"税目的征税范围。

【例 4—10】 根据营业税法律制度的规定,下列各项业务中,按"服务业"税目征税的是(　　)。

A. 武术表演　　　B. 文学讲座　　　C. 体育比赛　　　D. 广告播映

【参考解析】 答案:D。选项 ABC 按“文化体育业”税目征税,选项 D 按“服务业”税目征税。

【例 4—11】 某旅游公司 2009 年 9 月 1 日领取工商营业执照,主要经营范围为提供境内外旅游服务,开发经营荔园景区及射击、游戏机等游艺项目。12 月,荔园景区正式接待游客,取得的营业收入包括门票、索道、观光电车、景区环保客用车等旅游收入和游艺收入,各项收入实行分别核算。该公司 2009 年 12 月各项收入申报缴纳营业税的下列表述中,正确的是(　　)。

A. 门票收入和索道收入按照“服务业——旅游业”申报缴纳

B. 观光电车收入按照“服务业——租赁业”申报缴纳

C. 景区环保客用车收入按照“交通运输业”申报缴纳

D. 游艺收入按照“娱乐业”申报缴纳

【参考解析】 答案:D。①选项 A:旅游景点的门票收入应当按照“文化体育业”征收营业税;②选项 BC:单位和个人在旅游景区经营索道、旅游游船、观光电梯、观光电车、景区环保客运车取得的收入按“服务业——旅游业”税目征收营业税。

(四)娱乐业

娱乐业包括经营歌厅、舞厅、卡拉 OK 歌舞厅、音乐茶座、台球、高尔夫球、保龄球场、网吧、游艺场等娱乐场所,以及娱乐场所为顾客进行娱乐活动提供服务的业务。

(五)服务业

1. 服务业包括代理业、旅店业、饮食业、旅游业、仓储业、租赁业、广告业和其他服务业(如理发、照相、复印、咨询等)。

2. 代理报关业务应按照“服务业——代理业”税目征收营业税。

3. 金融经纪业属于“金融保险业”税目的征税范围。

4. 单位和个人受托种植植物、饲养动物的行为,按“服务业”税目征收营业税。

5. 单位和个人将承租的场地、物品、设备等转租给他人的行为属于租赁行为,按“服务业——租赁业”税目征收营业税。

6. 对远洋运输企业从事光租业务和航空运输企业从事干租业务取得的收入,按“服务业——租赁业”税目征收营业税。

7. 交通部门有偿转让高速公路收费权行为,属于营业税征收范围,应按“服务业——租赁业”税目征收营业税。

8. 福利彩票机构发行销售福利彩票取得的收入,不征收营业税;对福利彩票机构以外的代销单位销售福利彩票取得的手续费收入,应征收营业税。

(六)转让无形资产

1. 转让无形资产包括转让土地使用权、转让商标权、转让专利权、转让非专利技术、出租电影拷贝、转让著作权和转让商誉。

2. 土地所有者出让土地使用权和土地使用者将土地使用权还给土地所有者的行为,不征收营业税。

3. 以无形资产投资入股,参与接受投资方的利润分配、共同承担投资风险的行为,不征收营业税;在投资后转让其股权的,也不征收营业税。

4. 土地租赁,不按“转让无形资产”税目征税,属于“服务业——租赁业”税目的征税范围。

(七)销售不动产

1. 以不动产投资入股,参与接受投资方利润分配、共同承担投资风险的行为,不征收营业税;在投资后转让其股权的,也不征收营业税。

2. 转让企业产权的行为,不征收营业税。

【例 4—12】 根据营业税法律制度的规定,下列各项中,应当缴纳营业税的有(　　)。

A. 销售房地产　　B. 转让土地使用权

C. 以房产投资入股　　D. 以土地使用权投资入股

【参考解析】 答案:AB。选项 CD:以不动产、无形资产投资入股,接受投资方的利润分配、共同承担投资风险的,不征收营业税。

二、税率

营业税实行行业差别比例税率,其中建筑业、文化体育业实行 3%的比例税率,金融保险业、服务业、转让无形资产和销售不动产实行 5%的比例税率,娱乐业实行 5%～20%的幅度比例税率。

第三节　营业税的计税依据及应纳税额的计算

一、营业税计算的一般规定

(一)全额计税

营业税一般以营业收入额全额为计税依据,实行比例税率。纳税人提供应税劳务、转让无形资产或者销售不动产,按照营业额和规定的税率计算应纳税额。应纳税额计算公式:

应纳税额=营业额×税率

营业税的计税依据即营业额。纳税人的营业额为纳税人提供应税劳务、转让无形资产或者销售不动产向对方收取的全部价款和价外费用。价外费用,包括收取的手续费、补贴、基金、集资费、返还利润、奖励费、违约金、滞纳金、延期付款利息、赔偿金、代收款项、代垫款项、罚息及其他各种性质的价外收费,但不包括同时符合以下条件代为收取的政府性基金或者行政事业性收费:

1. 由国务院或者财政部批准设立的政府性基金,由国务院或者省级人民政府及其财政、价格主管部门批准设立的行政事业性收费。

2. 收取时开具省级以上财政部门印制的财政票据。

3. 所收款项全额上缴财政。

这里需要注意的问题:

(1)纳税人的营业额计算缴纳营业税后因发生退款减除营业额的,应当退还已缴纳营业税税款或者从纳税人以后的应缴纳营业税税额中减除。

(2)纳税人发生应税行为,如果将价款与折扣额在同一张发票上注明的,以折扣后的价款为营业额;如果将折扣额另开发票的,不论其在财务上如何处理,均不得从营业额中扣除。

(3)除《营业税细则》第七条规定外,纳税人提供建筑业劳务(不含装饰劳务)的,其营业额应当包括工程所用原材料、设备及其他物资和动力价款在内,但不包括建设方提供的设备的价款。

(4)娱乐业的营业额为经营娱乐业收取的全部价款和价外费用,包括门票收费、台位费、点歌费、烟酒、饮料、茶水、鲜花、小吃等收费及经营娱乐业的其他各项收费。

【例4—13】 某房地产公司2014年9月销售5套商品房,取得售房款750万元、手续费1万元、违约金2万元、赔偿金5万元、延期付款利息3万元。该公司当月在计算缴纳营业税时应确认为价外费用的有(　　)。

A. 手续费1万元　　B. 违约金2万元

C. 赔偿金5万元　　D. 延期付款利息3万元

【参考解析】 答案:ABCD。营业税的价外费用,包括收取的手续费(选项A)、补贴、基金、集资费、返还利润、奖励费、违约金(选项B)、滞纳金、延期付款利息(选项D)、赔偿金(选项C)、代收款项、代垫款项、罚息以及其他各种性质的价外收费。

(二)差额计税

1. 纳税人将承揽的运输业务分给其他单位或者个人的,以其取得的全部价款和价外费用扣除其支付给其他单位或者个人的运输费用后的余额为营业额。

2. 纳税人从事旅游业务的,以其取得的全部价款和价外费用扣除替旅游者支付给其他单位或者个人的住宿费、餐费、交通费、旅游景点门票和支付给其他接团旅游企业的旅游费后的余额为营业额。

3. 纳税人将建筑工程分包给其他单位的,以其取得的全部价款和价外费用扣除其支付给其他单位的分包款后的余额为营业额。

4. 外汇、有价证券、期货等金融商品买卖业务,以卖出价减去买入价后的余额为营业额。

5. 国务院财政、税务主管部门规定的其他情形。

(三)核定计税

对纳税人提供应税劳务,转让无形资产或销售不动产的价格明显偏低且无正当理由,或者视同发生应税行为而无营业额的,主管税务机关有权依据以下原则确定营业额:

1. 按纳税人最近时期发生的同类应税劳务的平均价格核定。

2. 按其他纳税人最近时期发生同类应税行为的平均价格核定。

3. 按下列公式核定计税价格:

计税价格=营业成本或工程成本×(1+成本利润率)÷(1-营业税税率)

上述公式中的成本利润率,由省、自治区、直辖市地方税务局确定。

二、营业税计算的具体规定

由于营业税的纳税人从事不同的行业,各行业之间又存在着很大差别,为了便于计算征收,避免重复征税,营业税的营业额与计算又因行业的不同有所不同,下面分别进行介绍。

(一)建筑业

建筑业营业税的营业额为承包建筑、修缮、安装、装饰和其他工程作业取得的营业收入额,建筑安装企业向建设单位收取的工程价款(即工程造价)及工程价款之外收取的各种费用。

1. 纳税人从事建筑劳务(不含装饰劳务)的,其营业额应当包括工程所用原材料、设备及其他物资和动力的价款在内,但不包括建设方提供设备的价款。

2. 从事建筑安装工程作业的营业额不应包括设备的价款。

3. 纳税人提供建筑业劳务的同时销售自产货物,对销售自产货物和提供增值税应税劳务的收入,征增值税;提供建筑业劳务的收入,征营业税。未分别核算的,由主管税务机关核定。

4. 纳税人从事装饰劳务，营业额为装饰劳务收入取得的全部价款和价外费用（如人工费、管理费和辅助材料费等）。

5. 建筑安装企业向建设单位收取的临时设施费、劳动保护费和施工机构迁移费，不得从营业额中扣除。

6. 施工企业向建设单位收取的材料差价款、抢工费、全优工程奖和提前竣工奖，应并入计税营业额中征收营业税。

【例4—14】 某市甲建筑公司2014年承包一项建筑工程项目，工程总承包额2 500万元。该公司将土建工程转包给某工程队，支付转包费830万元，其他工程自己施工。该工程提前竣工，建设单位支付给建筑公司提前竣工奖10万元，该公司又将其中的4万元付给工程队。计算甲建筑公司应缴纳的营业税。

【参考解析】 (1)甲公司计税营业额＝2 500－830＋10－4＝1 676(万元)

(2)甲公司应纳营业税＝1 676×3%＝50.28(万元)

(3)工程队应纳营业税＝(830＋4)×3%＝25.02(万元)

【例4—15】 某建筑公司承包一项建筑工程，竣工当月取得工程结算款120万元、工程抢工费8万元、提前竣工奖5万元；当月购买水泥、钢材等工程材料支出46万元、支付员工工资28万元。已知建筑业适用的营业税税率为3%。该公司当月应缴纳的营业税税额为(　　)万元。

A. 120×3%＝3.6　　B. (120＋8)×3%＝3.84

C. (120＋8＋5)×3%＝3.99　　D. (120＋8＋5－46－28)×3%＝1.77

【参考解析】 答案：C。建筑业的营业额为建筑安装企业向建设单位收取的工程价款及价外费用(全额计税)。在本题中，工程抢工费、提前竣工奖应视为价外费用，并入营业额，购买水泥、钢材等工程材料支出、员工工资不得扣除，该公司当月应缴纳的营业税税额＝(120＋8＋5)×3%＝3.99(万元)。

(二)金融保险业

1. 对一般贷款、典当、金融经纪业等中介服务，以取得的利息收入全额或手续费收入全额确认为营业额。

2. 融资租赁是一种特殊形式的贷款业务，其营业额是以向承租者收取的全部价款和价外费用减去出租方承担的出租货物的实际成本后的余额，以直线法折算出本期的营业额。

3. 外汇、证券、期货等金融商品转让，按卖出价减去买入价后的差额确认为营业额。

金融商品转让业务，按股票、债券、外汇、其他四大类来划分。同一大类不同品种金融商品买卖出现的正负差，在同一个会计年度内可以相抵，相抵后仍出现负差的，可结转下一个纳税年度相抵，但年末时仍出现负差的，不得转入下一个会计年度。

4. 金融经纪业务和其他金融业务(中间业务)营业额为手续费(佣金)类的全部收入，包括价外收取的代垫、代收代付费用(如邮电费、工本费)加价等，从中不得作任何扣除。

5. 保险企业开展无赔偿奖励业务的，以向投保人实际收取的保费为营业额。

保险企业的摊回分保费用不征营业税。

【例4—16】 关于金融业营业税计税营业额的下列表述中，正确的有(　　)。

A. 贷款业务的营业额为贷款利息收入

B. 金融经纪业务的营业额为手续费全部收入

C. 融资租赁业务的营业额向承租方收取的全部价款和价外费用

D. 金融商品买卖业务的营业额为卖出价减去买入价后的余额

【参考解析】 答案:ABD。融资租赁业务以其向承租者收取的全部价款和价外费用(包括残值)减去出租方承担的出租货物的实际成本后的余额为营业额。

【例 4—17】 某商业银行 2011 年第二季度代收水费共计 1 000 万元,扣手续费后,余款 990 万元划入自来水公司账户。已知金融业适用营业税税率为 5%,该商业银行第二季度代收水费的手续费收入应纳营业税税额为 0.5 万元。 ( )

【参考解析】 答案:√。该商业银行第二季度代收水费的手续费收入应纳营业税=(1 000—990)×5%=0.5(万元)。

(三)文化体育业

文化体育业的营业额是指纳税人经营文化业、体育业取得的全部收入,其中包括演出收入、播映收入、其他文化收入、经营游览场所收入和体育收入。但单位或个人进行演出,以全部收入减去付给提供演出场所的单位、演出公司或经纪人的费用后的余额为营业额。

广播电视有线数字付费频道业务应由直接向用户收取数字付费频道收视费的单位按其向用户收取的收视费全额,向所在地主管税务机关缴纳营业税。对各合作单位分得的收视费收入,不再征收营业税。

【例 4—18】 某旅游开发公司 2013 年 10 月份发生有关业务及收入如下:

(1)旅游景点门票收入 650 万元。

(2)景区索道客运收入 380 万元。

(3)民俗文化村项目表演收入 120 万元。

要求:计算该旅游开发公司 2013 年 10 月份应纳营业税。

【参考解析】 (1)旅游景点门票收入应纳营业税=650×3%=19.5(万元)

(2)景区索道客运收入应纳营业税=380×5%=19(万元)

(3)民俗文化村项目表演收入应纳营业税=120×3%=3.6(万元)

该旅游公司 10 月份应纳营业税=19.5+19+3.6=42.1(万元)

(四)娱乐业

娱乐业的营业额为经营娱乐业向顾客收取的各项费用,包括门票收费、台位费、点歌费、烟酒和饮料收费及经营娱乐业的其他各项收费。

【例 4—19】 2014 年 5 月,某音乐茶座门票收入 1 万元,台位费、点歌费等收入 5 万元,茶水、烟酒、饮料收入 12 万元;发生工资性支出 1.8 万元,水电费以及购买烟酒等支出 3.6 万元。已知当地娱乐业适用的营业税税率为 15%。该音乐茶座 5 月份应缴纳的营业税税额为( )万元。

A. 0.15　　B. 0.9　　C. 1.89　　D. 2.7

【参考解析】 答案:D。应纳营业税=(1+5+12)×15% =2.7(元)。

(五)服务业

服务业的营业额是纳税人提供服务业劳务向对方收取的全部价款和价外费用。

2013 年,我国营改增范围扩大,把部分现代服务业也纳入营改增的范围。“部分现代服务业”是指围绕制造业、文化产业、现代物流产业等提供技术性、知识性服务的业务活动。包括研发和技术服务、信息技术服务、文化创意服务、物流辅助服务、有形动产租赁服务、鉴证咨询服务、广播影视服务。

1. 代理业

纳税人从事代理业务，应以其向委托人收取的全部价款和价外费用减除现行税收政策规定的可扣除部分后的余额为计税营业额。营业额减除项目发生在境内的，该减除项目支付款项凭证必须是发票或其他合法有效凭证；支付给境外的，该减除项目支付款项凭证必须是外汇付汇凭证、外方公司的签收单据或出具的公证证明。

2. 旅店业的营业额为提供住宿服务的各项收入

3. 饮食业的营业额为向顾客提供饮食消费服务而收取的餐饮收入

4. 旅游业

(1)旅游业以其取得的全部价款和价外费用扣除替旅游者支付给其他单位或者个人的住宿费、餐费、交通费、旅游景点门票和支付给其他接团旅游企业的旅游费用后的“余额”为营业额。

(2)旅游企业组织旅游团到境外旅游，在境外改由其他旅游企业接团，以全程旅游费减去付给该接团企业的旅游费后的“余额”为营业额。

5. 租赁业务的营业额为经营租赁业务所取得的租金收入全额，不得扣除任何费用

6. 仓储业的营业额为经营仓储业务向顾客收取的全部费用

7. 从事物业管理的单位，以与物业管理有关的全部收入减去代业主支付的水、电、燃气以及代承租者支付的水、电、燃气、房屋租金的价款后的“余额”为营业额

8. 消费者持服务单位销售或赠与的固定面值消费卡进行消费，应确认为该服务单位提供了营业税服务业应税劳务，发生了营业税纳税义务，对该服务单位应征收营业税，其营业额为消费者持卡消费时，服务单位所冲减的有价消费卡面值额

为了避免某些项目重复征税，《营业税暂行条例》及其实施细则等对旅游业和广告业的营业额做了特别规定：

(1)旅游业营业额的确定。纳税人从事旅游业务的，以其取得的全部价款和价外费用扣除替旅游者支付给其他单位或者个人的住宿费、餐费、交通费、旅游景点门票和支付给其他接团旅游企业的旅游费后的余额为营业额。

单位和个人在旅游景区兼有不同税目应税行为并采取“一票制”收费方式的，应当分别核算不同科目的营业额；未分别核算或核算不清的，从高适用税率。

(2)广告业营业额的确定。从事广告代理业务的，以其全部收入减去支付给其他广告公司或广告发布者(包括媒体、载体)的广告发布费后的余额为营业额。

【例 4－20】 某旅行社本月组织团体旅游，收取旅游费共计 35 万元；其中组团境内旅游收入 16 万元，替旅游者支付给其他单位餐费、住宿费、交通费、门票共计 9 万元；组团境外旅游收入 20 万元，付给境外接团企业费用 12 万元，请计算该旅行社本月应纳营业税税额。

【参考解析】 (1)计税营业额＝(16－9)＋(20－12)＝15(万元)

(2)应纳营业税＝(16－9)×5％＋(20－12)×5％＝0.75(万元)

(六)转让无形资产

纳税人转让无形资产的营业额为纳税人转让无形资产从受让方取得的全部价款和价外费用(含货币、货物或其他经济利益)。

单位和个人转让土地使用权，以全部收入减去土地使用权的购置或受让原价后的余额为计税营业额。

单位和个人转让抵债所得的土地使用权，以全部收入减去抵债时该项土地使用权作价后的余额为计税营业额。

【例 4－21】 联华公司 2013 年 8 月份购进一项专利技术，成本为 60 万元，有效使用期为

5 年,2014 年 8 月,经研究决定将其出售,取得收入 50 万元。计算转让该项无形资产应纳的营业税。

【参考解析】 应纳营业税=50×5%=2.5(万元)

(七)销售不动产

纳税人销售不动产的营业额为纳税人销售不动产时从购买方取得的全部价款和价外费用(含货币、货物或其他经济利益)。

单位和个人销售或转让其购置的不动产或受让的土地使用权,以全部收入减去不动产或土地使用权的购置或受让原价后的余额为营业额。

单位和个人销售或转让抵债所得的不动产、土地使用权的,以全部收入减去抵债时该项不动产或土地使用权作价后的余额为营业额。

【例 4—22】 某纳税人销售购置的不动产,其营业额的下列确定方法中,正确的是( )。

A. 以全部收入为营业额

B. 以销售时的评估价格为营业额

C. 以全部收入减去不动产折现价值后的余额为营业额

D. 以全部收入减去不动产购置原价后的余额为营业额

【参考解析】 答案:D。纳税人销售或转让其购置的不动产,以全部收入减去不动产的购置原价后的余额为营业额。

【例 4—23】 2009 年某企业销售已使用过的厂房,取得收入 1 400 万元,该厂房建造后最初入账原值 800 万元,已提折旧 400 万元。计算该企业应纳营业税。

【参考解析】 应纳营业税=1 400×5%=70(万元)

第四节 营业税起征点与税收减免

一、营业税的起征点

自 2013 年 8 月 1 日起,对营业税纳税人中月营业额不超过 2 万元的企业或非企业性单位,暂免征收营业税。

1. 营业额未达到起征点的,免征营业税;达到起征点的,全额计征营业税。

2. 营业税起征点的适用范围仅限于个人。

二、营业税的税收减免

1. 根据《营业税暂行条例》的规定,下列项目免征营业税:

(1)托儿所、幼儿园、养老院、残疾人福利机构提供的育养服务、婚姻介绍、殡葬服务。

(2)残疾人员个人提供的劳务。

(3)医院、诊所和其他医疗机构提供的医疗服务。

(4)学校和其他教育机构提供的教育劳务,学生勤工俭学提供的劳务。

(5)农业机耕、排灌、病虫害防治、植物保护、农牧保险以及相关技术培训业务,家禽、牲畜、水生动物的配种和疾病防治。

(6)纪念馆、博物馆、文化馆、文物保护单位管理机构、美术馆、展览馆、书画院、图书馆举办文化活动的门票收入,宗教场所举办文化、宗教活动的门票收入。

(7)境内保险机构为出口货物提供的保险产品,包括出口货物保险和出口信用保险。

【例 4－24】 某博物馆 5 月份举办展览活动取得门票收入 10 万元,将某一展厅出租取得租金 2 万元,出版一本画册取得稿费收入 8 万元,取得文物鉴定收入 6 万元。根据营业税法律制度的规定,该博物馆 5 月份取得的各项收入中,免征营业税的是(　　)。

A. 门票收入 10 万元　　B. 展厅出租租金收入 2 万元

C. 出版画册稿酬 8 万元　　D. 文物鉴定收入 6 万元

【参考解析】 答案:A。博物馆举办文化活动的门票收入免征营业税,其他收入应当依法纳税。

2. 根据国家的其他规定,下列项目减征或免征营业税:

(1)保险公司开展的 1 年期以上返还性人身保险业务的保费收入免征营业税;返还性人身保险业务是指保期 1 年以上(包括 1 年利的普通人寿保险、养老金保险、健康保险)。

(2)从事技术转让、技术开发业务和与之相关的技术咨询技术服务业务取得的收入,免征营业税。

(3)个人转让著作权,免征营业税。

(4)将土地使用权转让给农业生产者用于农业生产,免征营业税。

(5)工会疗养院(所)免征营业税。

(6)凡经中央及省级财政部门批准纳入预算管理或财政专户管理的行政事业性收费、基金,无论是行政单位收取的,还是由事业单位收取的,均不征收营业税。

(7)立法机关、司法机关、行政机关的收费,只要同时具备以下两点条件的,不征收营业税:①国务院、省级人民政府或其他所属财政、物价部门以正式文件允许收费的,而且收费标准符合文件规定的;②所收费用由立法机关、司法机关、行政机关自己直接收取的。

(8)社会团体按财政部门规定标准收取的会费,不征收营业税。

(9)自 2009 年 1 月 1 日至 2010 年 12 月 31 日,对按照国家规定的收费标准向学生收取的高校学生公寓住宿费收入,免征营业税。对高校学生食堂为高校师生提供餐饮服务取得的收入,免征营业税。

但利用其设施向社会人员提供而获得的租金和其他各种服务性收入,应按现行规定计征营业税。

(10)对住房公积金管理中心用作公积金在指定的委托银行发放个人住房贷款取得的收入,免征营业税。

(11)对按政府规定价格出租的公有住房和廉价租住房暂免征收营业税;对个人按市场价格出租的居民住房,暂按 3%税率收营业税。

(12)中国人民保险公司和中国进出口银行办理的出口信用保险业务,不作为境内提供保险,为非应税劳务,不征收营业税。

(13)保险公司的摊回分保费用不征营业税。

(14)人民银行对金融机构的贷款业务,不征收营业税。中国人民银行对企业贷款或委托金融机构贷款的业务应当征收营业税。

(15)金融机构往来业务暂不征收营业税。

(16)对金融机构的出纳长款收入,不征收营业税。

(17)转让企业产权的行为不属于营业税征收范围,不应征收营业税。

(18)对社保基金理事、社保基金投资管理人运用社保基金买卖证券投资基金、股票、债券的差价收入,暂免征收营业税。

(19)保险企业取得的追偿款不征收营业税。

(20)对军队空余房产租赁收入暂免征收营业税、房产税。

(21)住房专项维修基金征免营业税的规定。

(22)下岗再就业优惠。

(23)对 QFII 委托境内公司在我国从事证券买卖业务取得的差价收入,免征营业税。

(24)单位和个人提供的垃圾处置劳务不属于营业税劳务,对其处置垃圾取得的垃圾处置费,不征收营业税。

(25)对在京外国商会按财政部门或民政部门规定标准收取的会费,不征收营业税。对其会费以外各种名目的收入,凡属于营业税应税范围的,一律照章征收营业税。

(26)个人向他人无偿赠与不动产,包括继承、遗产处分及其他无偿赠与不动产三种情况可以免征营业税。

(27)公司从事金融资产处置业务时,出售、转让股权不征收营业税;出售、转让债权或将其持有的债权转为股权不征收营业税;销售、转让不动产或土地使用权,征收营业税。

(28)对中国邮政集团公司及其所属邮政企业为中国邮政储蓄银行及其所属分行、支行代办金融业务取得的代理金融业务收入,自 2008 年 1 月 1 日至 2010 年 12 月 31 日免征营业税。

(29)纳税人将土地使用权归还给土地所有者时,只要出具县级(含)以上地方人民政府收回土地使用权的正式文件,无论支付征地补偿费的资金来源是否为政府财政资金,该行为均属于土地使用者将土地使用权归还给土地所有者的行为,不征收营业税。

(30)境外单位或个人在境外向境内单位或个人提供的国际通信服务(包括国际间通话服务、移动电话国际漫游服务、移动电话国际互联网服务、国际间短信互通服务、国际间彩信互通服务),不属于营业税征税范围,不征收营业税。

(31)自 2009 年 6 月 25 日起,对台湾航空公司从事海峡两岸空中直航业务在大陆取得的运输收入,免征营业税。

(32)对经营公租房所取得的租金收入,免征营业税。公租房租金收入与其他住房经营收入应单独核算,未单独核算的,不得享受免征营业税优惠政策。

(33)融资性售后回租业务中承租方出售资产的行为,不属于营业税征收范围,不征收营业税。

【例 4－25】 保险公司取得的下列收入,应征营业税的是( )。

A. 出纳长款收入　　B. 保险追偿款收入

C. 财产保险费收入　　D. 出口信用保险收入

【参考解析】 答案:C。保险公司的出纳长款收入、追偿款收入、出口保险收入均不征收营业税。

另外,下面三项是 2011 年后的调整:

(1)同时满足以下条件的行政事业性收费和政府性基金暂免征收营业税:

①由国务院或者财政部批准设立的政府性基金,由国务院或者省级人民政府及其财政、价格主管部门批准设立的行政事业性收费和政府性基金;

②收取时开具省级以上(含省级)财政部门统一印制或监制的财政票据;

③所收款项全额上缴财政。

凡不同时符合上述三个条件，且属于营业税征税范围的行政事业性收费或政府性基金，应照章征收营业税。

(2)自 2010 年 1 月 1 日起，个人将购买不足 5 年的非普通住宅对外销售的，全额征收营业税；个人将购买超过 5 年(含 5 年)的非普通住房或者不足 5 年的普通住房对外销售的，按照其销售收入减去购买房屋的价款后的差额征收营业税；个人将购买超过 5 年(含 5 年)的普通住房对外销售的，免征营业税。

(3)个人无偿赠与不动产、土地使用权，属于下列情形之一的，暂免征收营业税：

①离婚财产分割；

②无偿赠与配偶、父母、子女、祖父母、外祖父母、孙子女、外孙子女、兄弟姐妹；

③无偿赠与对其承担直接抚养或赡养义务的抚养人或赡养人；

④房屋产权所有人死亡，依法取得房屋产权的法定继承人、遗嘱继承人或者受遗赠人。

【例 4－26】 根据营业税法律制度的规定，下列项目中，免征营业税的有(　　)。

A. 医院提供的医疗服务　　B. 幼儿园提供的育养服务

C. 学生勤工俭学提供的劳务　　D. 残疾人员提供的劳务

【参考解析】 答案：ABCD。ABCD 中的各项均属于免征营业税的行为。

第五节　营业税的征收管理

一、营业税的纳税义务发生时间

(一)一般规定

营业税的纳税义务发生时间，为纳税人提供应税劳务、转让无形资产或者销售不动产并收讫营业收入款项或者取得索取营业收入款项凭据的当天。取得索取营业收入款项凭据的当天，为书面合同确定的付款日期的当天；未签订书面合同或者书面合同未确定付款日期的，为应税行为完成的当天。

(二)特殊规定

1. 纳税人转让土地使用权或者销售不动产，采取预收款方式的，其纳税义务发生时间为收到预收款的当天。

2. 纳税人提供建筑业或者租赁业劳务，采取预收款方式的，其纳税义务发生时间为收到预收款的当天。

3. 纳税人将不动产或者土地使用权无偿赠送其他单位或者个人的，其纳税义务发生时间为不动产所有权、土地使用权转移的当天。

4. 纳税人自己新建(以下简称自建)建筑物后销售的，其纳税义务发生时间为销售自建建筑物的纳税义务发生时间。即单位将自建建筑物用于自用、出租或者投资时，其自建行为不征收营业税，只有将自建建筑物用于销售时，其自建行为才缴纳营业税。因此，自建行为是否缴纳营业税，取决于纳税人是否将该建筑物销售。如果销售该自建建筑物的纳税义务发生时间为 4 月 1 日，自建行为的纳税义务发生时间也为 4 月 1 日。

5. 营业税扣缴义务发生时间为纳税人营业税纳税义务发生的当天。

【例 4—27】 2014 年 3 月，甲房地产公司采用预收款方式将一栋自建写字楼出售给乙公司。合同规定销售价格为 3 000 万元，当月乙公司预付了 1 600 万元，余款在以后两个月内结清。已知销售不动产的营业税税率为 5%。甲公司 3 月应缴纳的销售不动产的营业税税额为(　　)万元。

A. 150　　B. 80　　C. 70　　D. 0

【参考解析】 答案：B。纳税人销售不动产，采取预收款方式的，营业税的纳税义务发生时间为收到预收款的当天，甲公司应纳营业税＝1 600×5%＝80(万元)。

房地产公司并不是自己建造写字楼，而是承包给有建筑资质的建筑公司去建造，因此甲房地产公司不用缴纳自建环节的营业税。

【例 4—28】 根据营业税法律制度的规定，下列关于营业税纳税义务发生时间的表述中，不正确的是(　　)。

A. 纳税人提供建筑业劳务，采取预收款方式的，其纳税义务发生时间为收到预收款的当天

B. 纳税人销售不动产，采取预收款方式的，其纳税义务发生时间为收到预收款的当天

C. 纳税人将不动产无偿赠送其他单位或者个人的，其纳税义务发生时间为不动产所有权转移的当天

D. 纳税人自己新建建筑物后销售的，其纳税义务发生时间为建筑物所有权转移的当天

【参考解析】 答案：D。纳税人自己新建建筑物后销售的，其纳税义务发生时间为销售自建建筑物并收讫营业额或者取得索取营业额凭据的当天；如果是采取预收款方式的，其纳税义务发生时间为收到预收款的当天。

二、营业税的纳税地点

1. 纳税人提供应税劳务应当向其机构所在地或者居住地的主管税务机关申报纳税。但是，纳税人提供的建筑业劳务以及国务院财政、税务主管部门规定的其他应税劳务，应当向应税劳务发生地的主管税务机关申报纳税。

2. 纳税人转让无形资产应当向其机构所在地或者居住地的主管税务机关申报纳税。但是，纳税人转让、出租土地使用权，应当向土地所在地的主管税务机关申报纳税。

3. 纳税人销售、出租不动产应当向不动产所在地的主管税务机关申报纳税。

4. 扣缴义务人应当向其机构所在地或者居住地的主管税务机关申报缴纳其扣缴的税款。

5. 纳税人应当向应税劳务发生地、土地或者不动产所在地的主管税务机关申报纳税，而自应当申报纳税之月起超过 6 个月没有申报纳税的，由其机构所在地或者居住地的主管税务机关补征税款。

营业税的纳税地点如表 4—1 所示。

表 4—1　　营业税的纳税地点

不动产(土地)所在地	(1)转让、出租土地使用权 (2)销售、出租不动产
机构所在地或者居住地	(1)提供应税劳务(建筑业除外) (2)转让无形资产(转让、出租土地使用权除外) (3)扣缴义务人
应税劳务发生地	建筑业
机构所在地	承包的工程跨省、自治区、直辖市

【例4—29】 下列关于营业税纳税地点的表述中，符合营业税法律制度规定的有(　　)。

A. 纳税人销售不动产，应当向不动产所在地主管税务机关申报纳税

B. 纳税人从事运输业务，应当向运输劳务发生地主管税务机关申报纳税

C. 纳税人转让土地使用权，应当向土地所在地主管税务机关申报纳税

D. 纳税人在本省(市)从事建筑劳务，应当向其机构所在地主管税务机关申报纳税

【参考解析】 答案：AC。①选项B：纳税人提供应税劳务应当向其机构所在地或者居住地的主管税务机关申报纳税，就建筑业劳务特殊；②选项D：纳税人在本省(市)从事建筑业劳务，应当向应税劳务发生地主管税务机关申报纳税。

【例4—30】 根据营业税法律制度的规定，下列关于营业税纳税地点的表述中，正确的有(　　)。

A. 纳税人提供建筑业劳务，应当向应税劳务发生地的主管税务机关申报纳税

B. 纳税人出租土地使用权，应当向土地所在地的主管税务机关申报纳税

C. 纳税人提供旅游服务，应当向应税劳务发生地的主管税务机关申报纳税

D. 纳税人提供金融服务，应当向其机构所在地或居住地的主管税务机关申报纳税

【参考解析】 答案：ABD。选项AC：纳税人提供应税劳务应当向其机构所在地或者居住地的主管税务机关申报纳税。但是，纳税人提供的建筑业劳务以及国务院财政、税务主管部门规定的其他应税劳务，应当向应税劳务发生地的主管税务机关申报纳税。

【例4—31】 纳税人出租土地使用权，应当向其机构所在地主管税务机关申报缴纳营业税。　(　　)

【参考解析】 答案：×。纳税人出租土地使用权，应当向土地所在地的主管税务机关申报纳税。

三、营业税的纳税期限

1. 营业税的纳税期限分为5日、10日、15日、1个月或者1个季度。纳税人的具体纳税期限，由主管税务机关根据纳税人应纳税额的大小分别核定；不能按照固定期限纳税的，可以按次纳税。

2. 纳税人以1个月或者1个季度为一个纳税期的，自期满之日起15日内申报纳税。

3. 银行、财务公司、信托投资公司、信用社、外国企业常驻代表机构的纳税期限为1个季度。

【例4—32】 根据营业税法律制度的规定，纳税人以1个月为一个纳税期的，应在一定期限内向税务机关申报纳税，该一定期限是(　　)。

A. 自期满之日起5日内　　B. 自期满之日起7日内

C. 自期满之日起10日内　　D. 自期满之日起15日内

【参考解析】 答案：D。纳税人以1个月或者1个季度为一个纳税期的，自期满之日起15日内申报纳税。

【例4—33】 根据营业税的有关规定，下列纳税人中，营业税纳税期限为1个季度的有(　　)。

A. 银行　　B. 信托投资公司　　C. 保险公司　　D. 财务公司

【参考解析】 答案：ABD。银行、财务公司、信托投资公司、信用社、外国企业常驻代表机构的营业税纳税期限为1个季度。

导入案例分析

李林计算该银行第3季度应缴纳的营业税的过程应该是这样的：

(1)一般贷款业务以利息收入全额为营业额：

应纳营业税＝600×5％＝30(万元)

(2)公司债券的买卖以卖出价减去买入价后的余额为营业额：

应纳营业税＝(1 100－900)×5％＝10(万元)

(3)银行提供金融服务，以金融服务手续费为营业额：

应纳营业税＝15×5％＝0.75(万元)

(4)银行吸收居民存款，不征收营业税；

(5)该银行第一季度应缴纳营业税税额＝30＋10＋0.75＝40.75(万元)

单元小结

本单元“营业税法”知识结构如图4－1所示。

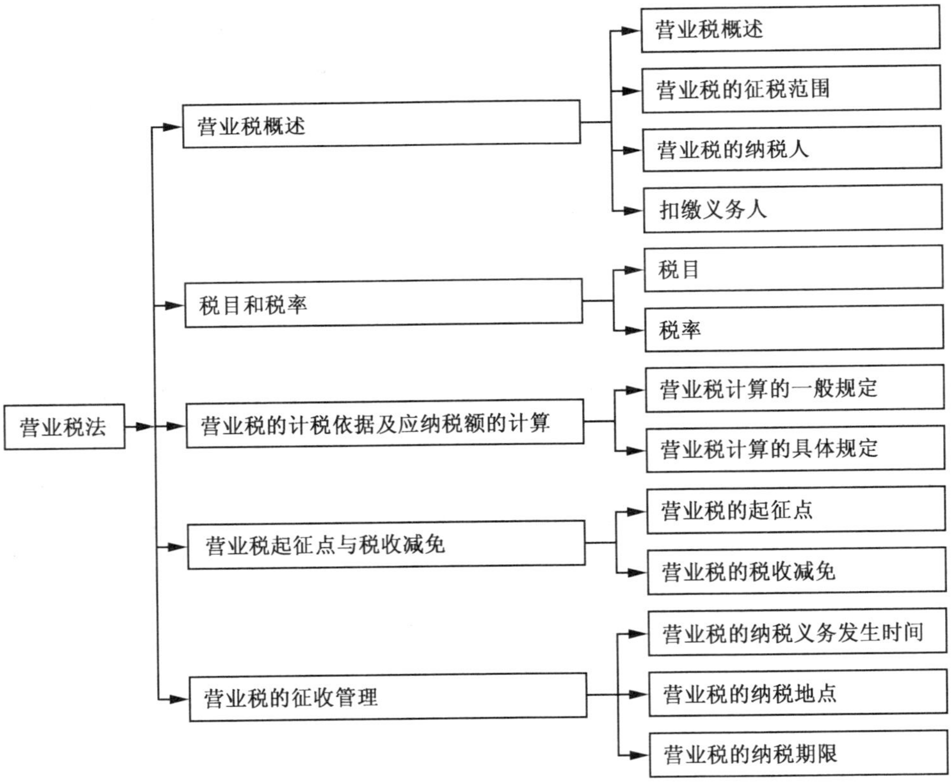

图4－1　“营业税法”知识结构

知识测试与能力训练

一、单项选择题

1. 根据营业税法律制度的规定，下列属于营业税纳税人的是(　　)。

A. 修理小汽车的车行　B. 销售集邮商品的个人

C. 从事运输业务的单位　D. 从事加工业务的个体工商户

2. 根据营业税法律制度的规定，下列选项中，属于混合销售行为，应当一并征收营业税的是（　　）。

A. 某建材商店在销售建材的同时又为其他客户提供装饰服务

B. 某汽车制造公司在销售汽车的同时又为该客户提供修理服务

C. 某塑钢门窗销售商店在销售门窗的同时又为该客户提供安装服务

D. 某电信局为客户提供电话安装服务的同时又销售所安装的电话机

3. 下列行为中，属于营业税兼营行为的事项是（　　）。

A. 百货商场销售货物并负责安装

B. 饭店提供客房、餐饮服务并设立柜台外销自制卤菜

C. 邮政部门发行报刊

D. 电脑公司销售自产电脑并提供运输劳务

4. 根据营业税法律制度的规定，下列各项中，应当征收营业税的是（　　）。

A. 金融机构吸收存款　B. 金融机构购入金融商品

C. 金融机构转让金融商品　D. 金融机构从事金银买卖业务

5. 下列关于金融业营业税计税营业额的确定方法中，符合营业税法律制度规定的是（　　）。

A. 债券买卖业务，以卖出价减去买入价后的余额为营业额

B. 融资租赁业务，以向承租者收取的全部价款和价外费用为营业额

C. 一般贷款业务，以贷款利息收入减去借款利息支出后的余额为营业额

D. 金融经纪业务，以金融服务手续费收入减去相关成本后的余额为营业额

6. 根据营业税法律制度的规定，下列各项中，属于应缴纳营业税的混合销售行为的是（　　）。

A. 电冰箱专卖店销售电冰箱并负责安装

B. 机场提供运输服务并附设商场销售货物

C. 建材商店销售建材，也从事装修、装饰业务

D. 歌舞厅提供娱乐服务并销售烟酒

7. 根据营业税法律制度的规定，下列混合销售行为中，应当一并征收营业税的是（　　）。

A. 贸易公司销售货物同时负责安装

B. 百货商店销售商品同时负责运输

C. 建筑公司提供建筑业劳务的同时销售自产货物并实行分别核算

D. 餐饮公司提供餐饮服务的同时销售酒水

8. 根据营业税法律制度的规定，下列各项中，不征收营业税的是（　　）。

A. 某足球俱乐部的门票收入

B. 某娱乐城随卡拉 OK 服务取得的销售啤酒收入

C. 某拍卖行向委托人收取的手续费

D. 某企业生产邮票首日封取得的收入

9. 根据营业税的有关规定，下列各项应按照“金融保险业”税目计算缴纳营业税的是（　　）。

A. 人民银行对金融机构的贷款业务

B. 人民银行对企业贷款或委托金融机构贷款的业务

C. 存款或购入金融商品的行为

D. 金融机构的出纳长款收入

10. 根据营业税法律制度的规定，下列各项中，应当按“文化体育业”税目征收营业税的是(　　)。

A. 广告的播映　　B. 出租文化场所

C. 以租赁方式为体育比赛提供场所　　D. 动物园销售门票的业务

二、多项选择题

1. 根据营业税法律制度的规定，下列各项中，应当征收营业税的有(　　)。

A. 体育业　　B. 财产保险业　　C. 旅游业　　D. 修理修配业

2. 根据营业税法律制度的规定，下列各项中，应按“建筑业”税目征收营业税的有(　　)。

A. 单独收取管道煤气集资费(初装费)业务　　B. 将自建建筑物出租的自建行为

C. 将自建建筑物投资入股的自建行为　　D. 有线电视台单独收取的初装费

3. 根据营业税法律制度的规定，下列各项中，免征营业税的有(　　)。

A. 科普单位的门票收入

B. 个人转让著作权的收入

C. 境内保险机构为出口货物提供的出口信用保险

D. 福利彩票机构以外的代销单位销售福利彩票取得的手续费收入

4. 根据营业税法律制度的规定，下列各项中，应当缴纳营业税的有(　　)

A. 某单位销售房地产　　B. 某企业转让土地使用权

C. 某公司以房产投资入股　　D. 某公司以房产抵债

5. 下列关于营业税纳税义务发生时间的表述，正确的有(　　)。

A. 单位将不动产无偿赠与他人，其纳税义务发生时间为不动产所有权转移的当天

B. 纳税人自己新建建筑物后销售的，其纳税义务发生时间为销售自建建筑物的纳税义务发生时间

C. 保险业务，纳税义务发生时间为取得保费收入或取得索取保费收入价款凭据的当天

D. 纳税人提供建筑业劳务，采取预收款方式的，其纳税义务发生时间为收到预收款的当天

6. 根据营业税法律制度的规定，下列各项中，应按“文化体育业”税目征收营业税的有(　　)。

A. 广告的播映　　B. 广播电视有线数字付费频道业务

C. 有线电视台收取的初装费　　D. 动物园销售门票的业务

7. 根据营业税法律制度的规定，下列各项中，应按“服务业——租赁业”税目征收营业税的有(　　)。

A. 将承租的设备转租给他人　　B. 交通部门有偿转让高速公路收费权

C. 出租电影拷贝　　D. 土地租赁

8. 下列是甲旅行社9月份发生的各项费用，根据营业税法律制度的规定，其中可以从该旅行社9月份的营业额中扣除的有(　　)。

A. 替旅游者支付的住宿费　　B. 向本企业导游支付的导游费

C. 向旅游地接团旅游企业支付的旅游费用 D. 向本企业营销人员支付的奖金

9. 根据营业税法律制度的规定，下列各项中，免征营业税的有(　　)。

A. 残疾人员开办的个人独资企业提供的劳务

B. 托儿所提供的育养服务

C. 博物馆举办展览活动取得的门票收入

D. 境内保险机构提供的出口货物保险

10. 下列各项中，应征收营业税的有(　　)。

A. 住房专项维修基金

B. 转让企业产权取得的收入

C. 电脑福利彩票投注点代销福利彩票取得手续费收入

D. 转让高速公路收费权取得的收入

三、不定项选择题

甲度假酒店设有客房部、餐饮部、娱乐部等经营部门，各经营部门业务取得的收入分别核算。2013年1月有关经营业务如下：

(1)提供住宿服务取得营业收入130万元，支出住宿成本90万元。

(2)提供餐饮服务取得营业收入140万元，支出餐饮成本120万元。

(3)经营游艺场取得游艺收入25万元、射击收入10万元、跑马比赛收入2万元、游戏机收入8万元。支付游艺场租金6.5万元。

(4)举办时装表演活动取得营业收入17万元，支付演员劳务费支出3万元。

已知：服务业营业税税率为5%，娱乐业营业税税率为20%，文化体育业的营业税税率为3%。

1. 甲度假酒店当月发生的下列业务中，应按服务业项目计算缴纳营业税的有(　　)。

A. 提供住宿服务　　B. 经营游艺场

C. 提供餐饮服务　　D. 举办时装表演

2. 甲度假酒店当月住宿、餐饮服务应缴纳营业税税额的下列计算公式中，正确的是(　　)。

A. (130－90)×5%＋(140－120)×3%＝2.6(万元)

B. (130－90)×3%＋(140－120)×5%＝2.2(万元)

C. (130＋140)×5%＝13.5(万元)

D. (130＋140－90－120)×20%＝12(万元)

3. 甲度假酒店当月游艺场应缴纳营业税税额的下列计算中，正确的有(　　)。

A. (25＋10)×5%＝1.75(万元)　　B. (25＋10＋2)×3%＝1.11(万元)

C. (25＋10＋2＋8)×20%＝9(万元)　　D. (25＋10＋2＋8－6.5)×20%＝7.7(万元)

4. 举办时装表演活动应缴纳的营业税为(　　)。

A. 17×3%＝0.51(万元)　　B. (17－3)×3%＝0.42(万元)

C. 17×5%＝0.85(万元)　　D. (17－3)×5%＝0.70(万元)

第 5 单元

关税法

学习目标

1. 掌握关税的基本法律规定。
2. 掌握关税的完税价格的确定方法。
3. 会根据业务资料计算关税的应纳税额。

导入案例

某进出口公司从A国进口货物一批，成交价(离岸价)折合人民币9 000万元(包括单独计价并经海关审查属实的货物进口后装配调试费用60万元，向境外自己的采购代理人支付的佣金50万元)。另支付运费180万元，保险费90万元。

假设该货物适用的关税税率为100%。

想一想：如何计算该公司应缴纳的关税。

第一节　关税概述

一、关税的概念

关税是海关依法对进出境货物、物品征收的一种流转税。其中，货物是指以贸易行为为目的而进出我国关境的商品；物品是指以入境旅客携带、个人邮寄、各种运输工具上的服务人员携带进口的自用物品、馈赠物品以及其他方式进入我国关境的属于个人自用的非商品。

所谓“境”指关境，又称“海关境域”或“关税领域”，是指一国海关法得以全面实施的区域，包括该国的领土、领海和领空在内的全面国家领土。一般情况下，一个国家的国境与关境是一致的，但两者也有不一致的情况，当某一个国家在国境内设立了自由港、自由贸易区时，这些区域就进出口关税而言处在关境之外，此时，该国家的关境小于国境。如我国的香港、澳门特别行政区为单独关境区。当几个国家结成关税同盟，组成统一的关境，实施统一的关税法令和统一的对外税则，这些国家彼此之间货物进出国境不征收关税，只对来自或运往其他国家的货物进出共同关境时征收关税，这些国家的关境大于国境，如欧洲联盟。

二、征税对象及纳税义务人

（一）关税的征税对象

根据《进出口关税条例》的规定，关税的征税对象是准允进出境的货物和物品。货物是指以贸易行为为目的而进出我国关境的商品；物品是指以入境旅客携带、个人邮寄、各种运输工具上的服务人员携带进口的自用物品、馈赠物品以及其他方式进入我国关境的属于个人自用的非商品。

（二）纳税义务人

根据《进出口关税条例》的规定，关税的纳税人，是指根据关税法的规定，负有缴纳关税义务的单位和个人。具体指为进口货物收货人，出口货物发货人，进出境物品的所有人，另外接受委托办理有关进出口货物手续的代理人负有代纳关税义务。

进口货物收发货人是依法取得对外贸易经营权，并进口或者出口货物的法人或者其他社会团体。进出境物品的所有人包括该物品的所有人和推定为所有人的人。一般情况下，对于携带进境的物品，推定其携带人为所有人；对分离运输的行李，推定相应的进出境旅客为所有人；对以邮递方式进境的物品，推定其收件人为所有人；以邮递或其他运输方式出境的物品，推定其寄件人或托运人为所有人。

【例 5—1】 根据关税的有关规定，下列不属于关税纳税人的是（　　）。

A. 经营进口货物的收货人　　B. 入境旅客随身携带的行李的持有人

C. 经营出口货物的收货人　　D. 馈赠物品的所有人

【参考解析】 答案：C。经营出口货物的发货人，为关税的纳税人。

第二节　关税税则与税率

一、关税税则

关税税则又称海关税则、关税税率表，是一国政府根据国家关税政策和经济政策，通过一定的立法程序制定公布实施的进出口货物和物品应税的关税税率表。

关税税则是一国关税政策的具体体现，它随着国家经济管理体制和经济政策的变化而相应调整，我国每年都要对税则税目进行调整。受全球经济的影响，为进一步发挥关税调控在促进发展、调整结构、深化改革、改善民生等方面的积极作用，国务院关税税则委员会对 2011 年海关进出口税则进行了大规模调整，主要涉及最惠国税率、年度暂行税率、协定税率、特惠税率等方面。目前我国进出口税则（2013 年版）税目总数为8 238个。

二、税率及运用

（一）进口关税税率

1. 种类

进口关税分为最惠国税率、协定税率、特惠税率、普通税率、关税配额税率共五种税率,一定时期内可实行暂定税率。

(1)最惠国税率:适用于原产于与我国共同适用最惠国待遇条款的WTO成员国或地区的进口货物,或原产于与我国签订有相互给予最惠国待遇条款的双边贸易协定的国家或地区进口的货物,以及原产于我国境内的进口货物。

(2)协定税率:适用于原产于我国参加的含有关税优惠条款的区域性贸易协定有关缔约方的进口货物,目前对原产于韩国、斯里兰卡、孟加拉国3个曼谷协定成员的739个税目进口商品实行协定税率(即曼谷协定税率)。

(3)特惠税率:适用于原产于与我国签订有特殊优惠关税协定的国家或地区的进口货物,目前对原产于孟加拉国的18个税目进口商品实行特惠税率(即曼谷协定特惠税率)。

(4)普通税率:适用于原产于上述国家或地区以外的其他国家或地区的进口货物,以及原产地不明的货物。

(5)关税配额税率:适用于按照国家规定实行关税配额管理的在关税配额内的进口货物。

适用最惠国税率的进口货物有暂定税率的,应当适用暂定税率;适用协定税率、特惠税率的进口货物有暂定税率的,应当从低适用税率;适用普通税率的进口货物,不适用暂定税率。

2. 税率计征办法

我国对进口商品基本上都实行从价税,即以进口货物的完税价格作为计税依据。从1997年7月1日起,我国对部分产品实行从量税、复合税、滑准税。

从量税是以进口商品的重量、长度、容量、面积等计量单位为计税依据。对原油、部分鸡产品、啤酒、胶卷适用从量税。

从量税的特点是:税额计算简便,通关手续快捷,并能起到抑制质次价廉商品或故意低瞒价格商品的进口。

复合税是对某种进口商品同时使用从价和从量计征的一种计征关税的方法。对录像机、放映机、摄像机、数字照相机和摄录一体机适用复合税。

复合税的特点是:既可以发挥从量税抑制低价商品进口的特点,又可以发挥从价税税负合理、稳定的特点。

滑准税是一种关税税率随进口商品价格由高到低而由低到高设置计征关税的方法,可以使进口商品价格越高,其进口关税税率越低,进口商品价格越低,其进口关税税率越高,目前仅对新闻纸适用。

滑准税的特点是:可保持滑准税商品的国内市场价格的相对稳定,尽可能减少国际市场价格波动的影响。

(二)出口关税税率

我国对出口商品基本上鼓励出口的,仅对少数资源性产品及易于竞相杀价、需要规范出口秩序的半成品征收出口关税。现行税则对36种商品计征出口关税,主要是鳗鱼苗、部分有色金属矿砂及其精矿、生锑、磷、氟钽酸钾、苯、山羊板皮、部分铁合金、钢铁废碎料、铜和铝原料及其制品、镍锭、锌锭、锑锭。出口商品税则税率一直未予调整。但对上述范围内的23种商品实行0～20%的暂定税率,其中16种商品为零关税,6种商品税率为10%及以下。与进口暂定税率一样,出口暂定税率优先适用于出口税则中规定的出口税率。因此,我国真正征收出口关税的商品只是20种,税率也较低。

(三)特别关税

特别关税主要是国家用于宏观调控的一种手段。对于贸易国采取不正当的方式进行竞争,或者对中国进行倾销的一种抑制措施。

特别关税包括报复性关税、反倾销税与反补贴税、保障性关税。征收特别关税的货物,适用国别、税率、期限和征收办法,由国务院关税税则委员会决定,海关总署负责实施。

1. 报复性关税,是指为报复他国对本国出口商品的不公正、不平等待遇,而对该国输入本国的商品征收的一种进口附加税。任何国家或者地区对其进口的原产于我国的货物征收歧视性关税或者给予其他歧视性待遇的,我国对原产于该国家或者地区的进口货物征收报复性关税。目前,报复性关税往往成了"贸易战"的手段之一。

2. 反倾销税,是指进口国海关对外国的倾销商品,在征收正常进口关税的同时,附加征收的一种关税。它是差别关税的又一重要形式。如果某国将产品以低于生产成本的价格向其他国家推销,就有可能构成倾销,进口国就可以对倾销产品征收数量不超过倾销差价的反倾销税。

抵销关税,又称"补贴关税""反补贴关税",是对在其本国接受的各种出口补贴的进口外国货物,所附加征收的一种关税,是差别关税的重要形式之一。其目的在于防止外国商品凭借出口补贴而得到的价格优势,与本国商品争夺本国市场。值得注意的是,目前各国所采用的出口退税,属于退还国内税,不属于接受补贴。

3. 保障性关税,是指当某类商品进口量剧增,对我国相关产业带来巨大威胁或损害时,按照 WTO 有关规则,可以启动一般保障措施,即在与实质利益的国家或地区进行磋商后,在一定时期内提高该项商品的进口关税或采取数量限制措施,以保护国内相关产业不受损害。

征收特别关税由国务院关税税则委员会决定,海关总署负责实施。

(四)税率的运用

1. 进出口货物,应当按照纳税义务人申报进口或者出口之日实施的税率征税。

2. 进口货物到达前,经海关核准先行申报的,应当按照装载此货物的运输工具申报进境之日实施的税率征税。

3. 进出口货物的补税和退税,除税法规定的特别情况外,适用该进出口货物原申报进口或者出口之日所实施的税率。

三、税收优惠

我国《海关法》规定,减免进出口关税的权限属于中央政府,在未经中央政府许可的情况下各地海关不得擅自决定减免,以保证国家关税政策的统一。关税减免主要分为法定减免、特定减免和临时减免。

(一)法定减免

法定减免是指由法律、法规直接规定可以享受减免税待遇的货物。我国《海关法》和《进出口关税条例》明确规定了 12 种情形的进口货物、物品予以减免关税。

1. 关税税额在人民币 50 元以下的一票货物,可免征关税。

2. 无商业价值的广告品和货样,免征关税。

3. 外国政府、国际组织无偿赠送的物资,可免征关税。

4. 进出境运输工具装载的途中必需的燃料、物料和饮食用品,可予免税。

5. 经海关核准暂时进境或者暂时出境,并在 6 个月内复运出境或者复运进境的货样、展览品、施工机械、工程车辆、工程船舶、供安装设备时使用的仪器和工具、电视或者电影摄制器械、盛装货物的容器以及剧团服装道具，在货物收发货人向海关缴纳相当于税款的保证金或者提供担保后，可予暂时免税。

6. 为境外厂商加工、装配成品和为制造外销产品而进口的原材料、辅料、零件、部件、配套件和包装物料，海关按照实际加工出口的成品数量免征进口关税；或者对进口料件先征进口关税，再按照实际加工出口的成品数量予以退税。

7. 因故退还的中国出口货物，经海关审查属实，可予免征进口关税，但已征收的出口关税不予退还。

8. 因故退还的境外进口货物，经海关审查属实，可予免征出口关税，但已征收的进口关税不予退还。

9. 进口货物如有以下情形，经海关查明属实，可酌情减免进口关税：

(1)在境外运输中或在起卸时，遭受损坏或者损失的。

(2)起卸后海关放行前，因不可抗力遭受损坏或者损失的。

(3)海关查验时已经破漏、损坏或者腐烂，经证明不是保管不慎造成的。

10. 无代价抵偿货物，可以免税。

11. 我国缔结或者参加的国际条约规定减征、免征关税的货物、物品，按照规定予以减免关税。

12. 法律规定减征、免征的其他货物。

(二)特定减免

特定减免也称政策性减免，是指在法定减免税之外，由国务院或国务院授权的机关颁发法规、规章特别制定的减免。特定减免主要受国家经济政策、宏观调控政策的支配，每项政策都由减免税原因、减免范围、减免尺度、减免手续和管理条款等要素构成。在减免范围上，主要有优惠对象和品种范围两方面内容。减免对象主要是减免政策所适用的特定地区、特定企业、特定用途；品种范围往往限于生产资料，如机器设备和生产所需的关键零部件、原材料等。在减免尺度上，特定减免以税率减半或全免为主。特定减免一般由财政部会同有关部门提出建议，上报国务院直接审批。

(三)临时减免

临时减免是指法定减免税和政策性减免税以外的其他减免税，即由国务院根据《海关法》对某个单位、某类商品、某个项目或某批进出口货物的特殊情况，给予特别照顾。一般是一案一批，专文下达，通过口岸海关办理的减免税。如非典期间进口“P3 实验室设备”、北京 2008 年奥运会进口税收政策、2010 年上海世博会进口税收政策等。

第三节　关税完税价格与应纳税额计算

一、原产地规定

原产地规则也称“货物原产地规则”。指一国根据国家法令或国际协定确定的原则制定并实施的，以确定生产或制造货物的国家或地区的具体规定。为了更好地贯彻《进出口关税条例》，实施关税的优惠或差别待遇、数量限制或与贸易有关的其他措施，海关必须根据原产地规则的标准来确定进口货物的原产国，给予相应的海关待遇。我国原产地规定基本上采用了“全部产地生产标准”“实质性加工标准”两种国际上通用的原产地标准。

(一)全部产地生产标准

全部产地生产标准是指进口货物“完全在一个国家内生产或制造”，生产或制造国即为该货物的原产国。

完全在一国生产或制造的进口货物包括：在该国领土或领海内开采的矿产品；在该国领土上收获或采集的植物产品；在该国领土上出生或由该国饲养的活动物及从其所得产品；在该国领土上狩猎或捕捞所得的产品；在该国的船只上卸下的海洋捕捞物，以及由该国船只在海上取得的其他产品；在该国加工船加工上述第5项所列物品所得的产品；在该国收集的只适用于作再加工制造的废碎料和废旧物品；在该国完全使用上述所列产品加工成的制成品。

(二)实质性加工标准

实质性加工标准是适用于确定有两个或两个以上国家参与生产的产品的原产国的标准，其基本含义是：经过几个国家加工、制造的进口货物，以最后一个对货物进行经济上可以视为实质性加工的国家作为有关货物的原产国。“实质性加工”是指产品加工后，在进出口税则中四位数税号一级的税则归类已经有了改变，或者加工增值部分所占新产品总值的比例已超过30%及以上的。

(三)其他

对机器、仪器、器材或车辆所用零件、部件、配件、备件及工具，如与主件同时进口且数量合理的，其原产地按主件的原产地确定，分别进口的则按各自的原产地确定。

关税完税价格是海关以进出口货物的实际成交价格为基础，经调整确定的计征关税的价格。

二、关税完税价格

(一)一般进口货物的完税价格

1. 以成交价格为基础的完税价格

完税价格是指货物的计税价格。正常情况下，进口货物采用以成交价格为基础的完税价格。根据《海关法》，进口货物的完税价格包括货物的货价、货物运抵我国境内输入地点起卸前的运输及其相关费用、保险费。

(1)进口货物的成交价格应当符合下列条件：

①对买方处置或者使用该货物不予限制，但法律、行政法规规定实施的限制、对货物转售地域的限制和对货物价格无实质性影响的限制除外；

②该货物的成交价格没有因搭售或者其他因素的影响而无法确定；

③卖方不得从买方直接或者间接获得因该货物进口后转售、处置或者使用而产生的任何收益，或者虽有收益但能够按照《进出口关税条例》第十九条、第二十条的规定进行调整；

④买卖双方没有特殊关系，或者虽有特殊关系但未对成交价格产生影响。

(2)计入完税价格的费用：

根据新《进出口关税条例》第十九条规定，进口货物的下列费用应当计入完税价格：

①由买方负担的购货佣金以外的佣金和经纪费；

②由买方负担的在审查确定完税价格时与该货物视为一体的容器的费用；

③由买方负担的包装材料费用和包装劳务费用；

④与该货物的生产和向中华人民共和国境内销售有关的，由买方以免费或者以低于成本的方式提供并可以按适当比例分摊的料件、工具、模具、消耗材料及类似货物的价款，以及在境外开发、设计等相关服务的费用；

⑤作为该货物向中华人民共和国境内销售的条件，买方必须支付的、与该货物有关的特许权使用费；

⑥卖方直接或者间接从买方获得的该货物进口后转售、处置或者使用的收益。

(3)不能计入完税价格的费用：

①进口货物运抵我国境内输入点起卸后的运输及相关费用、保险费；

②厂房、机械、设备等货物进口后进行建设、安装、装配、维修和技术服务的费用；

③进口关税及国内税收。

2. 进口货物海关估价方法

进口货物的价格不符合成交价格条件或者成交价格不能确定的，海关应当依次以相同货物成交价格方法、类似货物成交价格方法、倒扣价格方法、计算价格方法及其他合理方法确定的价格为基础，估定完税价格。如果进口货物的收货人提出要求，并提供相关资料，经海关同意，可以依次按以下估价方法估定该货物的关税完税价格。

(1)相同或类似货物成交价格方法

相同或类似货物成交价格方法，即以与被估的进口货物同时或大约同时(在海关接受申报进口之日的前后各45天以内)进口的相同或类似货物的成交价格为基础，估定完税价格。

(2)倒扣价格方法

倒扣价格方法即以被估的进口货物、相同或类似进口货物在境内销售的价格为基础估定完税价格。按该价格销售的货物应当同时符合五个条件：在被估货物进口时或大约同时销售；按照进口时的状态销售；在境内第一环节销售；合计的货物销售总量最大；向境内无特殊关系方的销售。

(3)计算价格方法

计算价格方法即按下列各项的总和计算出的价格估定完税价格。有关项为：

①生产该货物所使用的原材料价值和进行装配或其他加工的费用；

②与向境内出口销售同等级或同种类货物的利润、一般费用相符的利润和一般费用；

③货物运抵境内输入地点起卸前的运输及相关费用、保险费。

(二)特殊进口货物的完税价格

1. 加工贸易进口料件及其制成品

加工贸易进口料件及其制成品需征税或内销补税的，海关按照一般进口货物的完税价格规定，审定完税价格。其中：

(1)进口时需征税的进料加工料件：以该料件申报进口时的价格估定。

(2)内销进料加工进口料件或制成品：以料件原进口价格估定。

(3)内销来料加工料件或制成品：以料件申报内销的价格估定。

(4)出口加工区内加工企业内销制成品：以制成品申报内销的价格估定。

(5)保税区内加工企业内销进口料件或制成品：以内销价格估定。

(6)加工贸易加工过程中产生的边角料：以申报内销的价格估定。

2. 保税区、出口加工区货物

从保税区或出口加工区销往区外、从保税仓库出库内销的进口货物(加工贸易进口料件及其制成品除外)，以海关审定的价格估定完税价格。对经审核销售价格不能确定的，海关应当按照一般进口货物估价办法的规定，估定完税价格。如销售价格中未包括在保税区、出口加工区或保税仓库中发生的仓储、运输及其他相关费用的，应当按照客观量化的数据资料予以计入。

3. 运往境外修理的货物

运往境外修理的机械器具、运输工具或其他货物，出境时已向海关报明，并在海关规定期限内复运进境的，应当以海关审定的境外修理费和料件费为完税价格。

4. 运往境外加工的货物

运往境外加工的货物，出境时已向海关报明，并在海关规定期限内复运进境的，应当以海关审定的境外加工费和料件费，以及该货物复运进境的运输及其相关费用、保险费估定完税价格。

5. 准予暂时进境的货物

对于经海关批准的暂时进境的货物，应当按照一般进口货物估价办法的规定，估定完税价格。

6. 租赁方式进口货物

租赁方式进口的货物中，以租金方式对外支付的租赁物；在租赁期间以海关审定的租金作为完税价格；留购的租赁货物 ，以海关审定的留购价格作为完税价格；承租人一次缴纳税款的，经海关同意，按一般进口货物估价办法的规定估定完税价格。

7. 留购的进口货样等

对于境内留购的进口货样、展览品和广告陈列品，以海关审定的留购价格作为完税价格。

8. 予以补税的减免税货物

减税或免税进口的货物需予以补税时，应当以海关审定的该货物原进口时价格扣除折旧部分价格作为完税价格。计算公式如下：

完税价格＝海关审定的该货物原进口时的价格×[1－申请补税时实际已使用的时间(月)÷(监管年限×12)]

9. 以其他方式进口的货物

以易货贸易、寄售、捐赠、赠送等其他方式进口的货物，应当按照一般进口货物估价办法的规定，估定完税价格。

(三)出口货物的完税价格

1. 以成交价格为基础的完税价格

出口货物的成交价格，指该货物出口销售到我国境外时买方向卖方实付或应付的价格。不含出口关税和支付给境外的佣金。

完税价格＝(离岸价－单独列明的支付给境外的佣金)÷(1＋出口关税税率)

2. 出口货物海关估价方法

出口货物的成交价格不能确定时，完税价格由海关依次使用下列方法估定：

(1)同时或大约同时向同一国家或地区出口的相同货物的成交价格。

(2)同时或大约同时向同一国家或地区出口的类似货物的成交价格。

(3)根据境内生产相同或类似货物的成本、利润和一般费用、境内发生的运输及其相关费用、保险费计算所得的价格。

(4)按照合理方法估定的价格。

(四)进出口货物完税价格中的运输及相关费用、保险费的计算

1. 以一般陆运、空运、海运方式进口的货物陆运、空运和海运进口货物的运费和保险费，应当按照实际支付的费用计算。如果进口货物的运费无法确定或者未实际发生，海关应当按照该货物进口同期运输行业公布的运费率（额）计算运费；按照“货价加运费”两者总额的3‰计算保险费。

2. 以其他方式进口的货物

邮运的进口货物，应当以邮费作为运输及相关费用、保险费；以境外边境口岸条件的铁路或公路运输进口货物，海关应当按照货价的1%计算运输及相关费用、保险费；作为进口货物的自驾进口的运输工具，海关在审定完税价格时，可以不另行计入运费。

三、关税应纳税额的计算

（一）实行从价计征

应纳税额＝关税完税价格×关税税率

1. 进口货物应纳税额的计算

进口货物的成交价格，因为有不同的成交条件，因此有不同的价格形式。常见的价格形式有：到岸价格 CIF（Cost，Insurance and Freight），离岸价格 FOB（Free On Board），成本加运费价格 CFR（Cost and Freight）三种。

CIF 的含义，是“成本加运费、保险费”的价格术语简称。这一价格术语是指卖方负责将合同规定的货物装上买方指定运往目的港的船上，办理保险手续，并负责支付运费和保险费。

FOB 的含义，是“船上交货” 的价格术语简称。这一价格术语是指卖方负责将合同规定的货物装上买方指定运往目的港的船上，并负责货物装船完毕为止的一切费用和风险。

CFR 的含义，是“成本加运费” 的价格术语简称，又称“离岸加运费价格”。这一价格术语是指卖方负责将合同规定的货物装上买方指定运往目的港的船上，负责货物装船完毕为止的一切费用和风险并支付运费。三者的关系如下：

CIF＝FOB＋运费＋保险费＝CFR＋保险费

或：　　CIF＝（FOB＋运费）/（1－保险费率）＝CFR/（1－保险费率）

现根据三种常用的价格条款分别举例介绍进口税款的计算。

（1）CIF 价格

以我国口岸到岸价格成交的，则该成交价格就是关税完税价格。其应纳关税计算公式为：

完税价格＝CIF 价格

应纳税额＝完税价格×进口关税税率

【例5－2】 某进出口公司从韩国进口一批货物，进口申报的到岸价折合人民币90 000 000元，进口税率为15%。则该批货物的进口关税税额为：

【参考解析】：①完税价格＝ CIF 价格＝90 000 000（元）

②应纳进口关税税额为：90 000 000×15%＝13 500 000（元）

（2）FOB 价格

以国外口岸离岸价成交的，在计算税款时应先把进出口货物的申报价格折算成 CIF 价格，然后再按上述程序计算税款。计算公式为：

完税价格＝ FOB 价格＋运费＋保险费＝（FOB＋运费）/（1－保险费率）

应纳税额＝（FOB＋运费＋保险费）×进口关税税率

＝（FOB＋运费）/（1－保险费率）×进口关税税率

【例5－3】 某外贸公司从美国进口货物5 000吨，进口申报价为旧金山离岸价折合人民币 6 000 000 元,运费为每吨 350 元,保险费率为 3‰,进口税率为 6%。计算该批货物的进口关税税额。

【参考解析】:①完税价格=(FOB+运费)/(1-保险费率)

=(6 000 000+350×5 000)/(1-3‰)=7 773 319.96(元)

②应纳进口关税税额为:7 773 319.96×6%≈466 399.19(元)

(3)CFR 价格

进口货物以国外口岸离岸价格加运费成交的,在计算税款时应先把进口货物的申报价格折算成 CIF 价格,然后计算税款。计算公式为:

应纳税额=(CFR+保险费)×关税税率

=CFR/(1-保险费率)×关税税率

【例 5-4】 某公司从日本购进设备 1 台,运抵天津港 CFR 价格折合人民币2 080 800元,保险费率为 3‰,进口税率为 8%。计算该批货物的进口关税税额。

【参考解析】:①完税价格= CFR 价格+保险费=CFR/(1-保险费率)

完税价格=2 080 800/(1-3‰)=2 087 061.18(元)

②进口关税税额=2 087 061.18×8%=166 964.89(元)

2. 出口货物应纳税额的计算

(1)CIF 价格

以国外口岸到岸价格成交的,必须在上述价格基础上先扣除从我国口岸离开后所发生的运费和保险费,再扣除出口关税后,作为完税价格。其计算公式为:

完税价格=(CIF 价格-运费-保险费)/(1+出口关税税率)

应纳出口关税税额=完税价格×出口关税税率

【例 5-5】 某公司向境外出口一批产品,成交价格(CIF 价格)折合人民币 8 000 000 元,其中:支付承运方运费 300 000 元,支付保险公司保险费 100 000 元,该货物出口关税税率为 10%。计算该公司应纳出口关税税额。

【参考解析】 ①完税价格=(CIF 价格-运费-保险费)/(1+出口关税税率)

=(8 000 000-300 000-100 000)/(1+10%)

≈6 909 090.91(元)

②应纳出口关税税额=6 909 090.91×10%=690 909.09(元)

(2)FOB 价格

以我国口岸离岸价格成交的,必须将离岸价中所包含的出口关税税额扣除后的余额作为完税价格。其计算公式为:

完税价格= FOB 价格/(1+出口关税税率)

应纳出口关税税额=完税价格×出口关税税率

【例 5-6】 大连某外贸进出口公司出口商品一批,该批商品我国口岸离岸价格为1 000 000元,出口关税税率为 15%。计算该公司应纳出口关税税额。

【参考解析】①完税价格= FOB 价格/(1+出口关税税率)

=1 000 000/(1+15%)≈869 565.22(元)

②应纳出口关税税额=完税价格×出口关税税率

=869 565.22×15%=130 434.78(元)

(3)CFR 价格

以国外口岸成本加运费成交的，应先扣除从我国口岸离开后所发生的运费，再扣除出口关税税额后，作为完税价格。其计算公式为：

完税价格＝(CFR 价格－运费)/(1＋出口关税税率)

应纳出口关税税额＝完税价格×出口关税税率

【例 5－7】 某进出口公司向日本出口一批商品，双方协商以 CFR 价格成交，折合人民币 5 000 000元，其中：运费为 150 000 元，出口关税税率为 10%。计算该公司应纳出口关税税额。

【参考解析】 ①完税价格＝(CFR 价格－运费)/(1＋出口关税税率)

＝(5 000 000－150 000)/(1＋10%)≈4 409 090.91(元)

②应纳出口关税税额＝完税价格×出口关税税率

＝4 409 090.91×10%＝440 909.09(元)

(二)实行从量计征

应纳税额＝应税进口货物数量×关税单位税额

(三)实行复合税计征：

应纳税额＝应税进口货物数量×关税单位税额＋关税完税价格×关税税率

(四)实行滑准税计征

滑准税是指关税的税率随着进口商品价格的变动而反方向变动的一种税率形式，即价格越高，税率越低，税率为比例税率。因此，对实行滑准税率的进口商品应纳关税税额的计算方法与从价税的计算方法相同。

【例 5－8】 某公司从境外进口小轿车 30 辆，每辆小轿车货价 15 万元，运抵我国海关前发生的运输费用、保险费用无法确定，经海关查实其他运输公司相同业务的运输费用占货价的比例为 2%。关税税率 60%，消费税税率 9%。分别计算进口环节缴纳的各项税金。

【参考解析】 小轿车在进口环节应缴纳的关税、消费税、增值税：

(1)进口小轿车的货价＝15×30＝450(万元)

(2)进口小轿车的运输费＝450×2%＝9(万元)

(3)进口小轿车的保险费＝(450＋9)×3‰＝1.38(万元)

(4)进口小轿车应缴纳的关税：

关税的完税价格＝450＋9＋1.38＝460.38(万元)

应缴纳关税＝460.38×60%＝276.23(万元)

(5)进口环节小轿车应缴纳的消费税：

消费税组成计税价格＝(460.38＋276.23)÷(1－9%)＝809.46(万元)

应缴纳消费税＝809.46×9%＝72.85(万元)

(6)进口环节小轿车应缴纳增值税：

应缴纳增值税＝809.46×17%＝137.61(万元)

第四节 关税的征收管理

一、关税的缴纳方法

海关征收关税时，根据纳税人的申请及进出口货品的具体情况，可以在关境地征收，也可以在主管地征收。

1. 关境地征收

即口岸纳税。指缴纳进出口关税的纳税人向进出口口岸地海关纳税。这是一种常见的方法。

2. 主管地纳税

亦称集中纳税。纳税人缴纳关税时，经海关办理有关手续，进出口货品即可由纳税人住址所在地海关（主管地海关）监管其通关，关税也在纳税人住址所在地（主管地）缴纳。这种方式只适合于集装箱运载货物时使用。

纳税人缴纳关税时，需填"海关进口关税专用缴款书"并携带有关单证。

二、关税的缴纳期限

进出口货物的收发货人或者他们的代理人，应当在海关填发税款缴款书的次日起7日内（星期日和法定节假日除外），向指定银行缴纳税款。逾期缴纳的，除依法追缴外，由海关自到期的次日起至缴清税款日止，按日加收欠缴税款总额1‰的滞纳金。

三、关税的退税

有下列情况之一的，进出口货物的收发货人或者他们的代理人，可以自缴纳税款之日起一年内，书面声明理由，连同纳税收据向海关申请退税，逾期不予受理：

(1)因海关误征，多纳税款的。

(2)海关核准免验进口的货物，在完税后发现有短缺情况并经海关审查认可的。

(3)已征出口关税的货物，因故未装运出口，申报退关，经海关查验属实的。

按规定，上述退税事项，海关应当自受理退税申请之日起30日内做出书面答复并通知退税申请人。

四、关税的补缴

进出口货物完税后，如发现少征或者漏征税款，海关应当自缴纳税款或者货物放行之日起一年内，向收发货人或者他们的代理人补征。因收发货人或者他们的代理人违反规定而造成少征或者漏征的，海关在三年内可以追征，因特殊情况，追征期可延至十年。骗取退税款的，可无限期追征。

五、关税纳税争议

为保护纳税人合法权益，《海关法》和《进出口关税条例》都规定了纳税义务人对海关确定进出口货物的征税、减税、补税或者对退税等有异议时，有提出申述的权利。在纳税义务人同海关发生争议时，可以向海关申请复议，但纳税义务人同时应当在规定期限内按海关核定的税额缴纳关税，逾期则构成滞纳，海关有权按规定采取强制执行措施。

纳税争议的内容一般为进出境货物和物品的纳税义务人对海关在原产地认定、税则归类、税率或汇率适用、关税完税价格确定、关税减免、免征、追征、补证和退还等征税行为是否合法或适当，是否侵害了纳税义务人的合法权益，而对海关征收关税的行为表示异议。

纳税争议的申诉程序如下：

1. 纳税义务人自海关填发税款缴款书之日起30日内，向原征税海关的上一级海关书面申请复议。逾期申请复议的，海关不予受理。

2. 海关应当自收到复议申请之日起 60 日内做出复议决定，并以复议决定书的形式正式答复纳税义务人。

3. 纳税义务人对海关复议决定仍然不服的，可以自收到复议决定书之日起 15 日内，向人民法院提起诉讼。

导入案例分析

该进出口公司应缴纳的关税为：

(1)关税完税价格 ＝9 000－60－50＋180＋90＝9 160(万元)

(2)关税＝关税完税价格×关税税率＝9 160×100%＝9 160(万元)

单元小结

本单元“关税法”知识结构如图 5－1 所示：

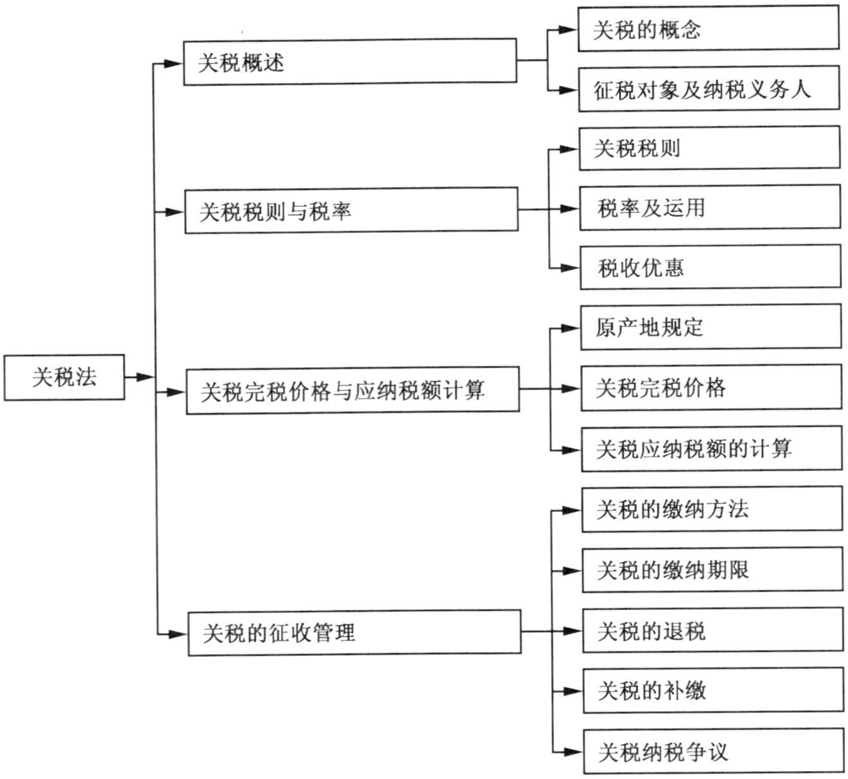

图 5－1　“关税法”知识结构

知识测试与能力训练

一、单项选择题

1. 下列各项中，(　　)不属于关税的纳税义务人。

A. 进口货物的收货人　　B. 出口货物的发货人

C. 进境物品的所有人　　D. 进口货物的发货人

2. 当一个国家存在自由港、自由区时，该国国境(　　)关境。

A. 大于　　B. 等于　　C. 小于　　D. 无法比较

3. 进口货物的完税价格是以(　　)为基础确定的。

A. 到岸价格　　B. 成交价格

C. 到岸价格加关税　　D. 成交价格加进口增值税

4. 下列费用中不得计入进口货物关税完税价格的有(　　)

A. 由买方负担的购货佣金

B. 由买方负担的境外包转材料费用

C. 由买方负担的境外包转劳务费用

D. 由买方负担的进口货物视为一体的容器费用

5. 任何国家或者地区对其进口的原产于我国的货物征收歧视性关税或者给予其他歧视性待遇的，我国对原产于该国家或者地区的进口货物征收(　　)

A. 保障性关税　　B. 报复性关税　　C. 反倾销税　　D. 反补贴税

6. (　　)是指对同一种进口货物，由于输出国或生产国不同，或输入情况不同而使用不同税率征收的关税。

A. 反倾销税　　B. 歧视关税　　C. 报复关税　　D. 优惠关税

7. (　　)是指对某种货物在税则中预先按照该商品的价格规定几档税率，价格高的该物品适用较低税率，价格低的该货物适用较高税率。目的是使该物品的价格在国内市场上保持稳定。

A. 反倾销税　　B. 复合关税　　C. 滑动关税　　D. 歧视关税

8. 目前我国对进口货物实行滑准税的商品是(　　)

A. 录像机　　B. 啤酒　　C. 农药原药　　D. 新闻纸

9. 按租赁方式进口的货物中，以租金方式对外支付的租赁货物，在租赁期间征收完税的完税价格是(　　)。

A. 海关审定的租金　　B. 海关审定的留购价格

C. 进口方向海关提供的价格　　D. 一般进口货物估定的完税价格

10. (　　)是指缔约国一方承诺现在或将来给予第三方的一切优惠、特权或豁免等待遇，缔约国另一方可以享受同样待遇。

A. 互惠关税　　B. 特惠关税

C. 最惠国待遇关税　　D. 普遍优惠制关税

二、多项选择题

1. 关于我国原产地的规定，采用的标准包括(　　)。

A. 全部产地生产标准　　B. 部分产地生产标准

C. 实质性加工标准　　D. 实质性生产标准

2. 下列费用(　　)应计入完税价格,计征关税。

A. 进口人为在境内使用该货物而向境外卖方支付的特许权使用费

B. 进口前发生而由买方支付的包装费

C. 进口关税

D. 进口设备进口后发生的安装费

3. 出口货物的完税价格中不应包括(　　)。

A. 出口关税　　B. 增值税　　C. 消费税　　D. 城市维护建设税

4. 关税的减免包括(　　)三种类型。

A. 特定减免　　B. 起征点　　C. 临时减免　　D. 法定减免

5. 进口货物的纳税人包括(　　)。

A. 外贸进出口公司　　B. 经批准经营进出口商品的企业

C. 进口个人邮件的收件人　　D. 入境旅客随身携带物品的持有人

三、计算题

某轿车生产企业为增值税一般纳税人。2009 年 12 月份的生产经营情况如下:

(1)进口原材料一批,支付给国外买价 120 万元,包装材料 8 万元,到达我国海关以前的运输装卸费 3 万元、保险费 13 万元,从海关运往企业所在地支付运输费 7 万元。

(2)进口两台机械设备,支付给国外的买价 60 万元,相关税金 3 万元,支付到达我国海关以前的装卸费、运输费 6 万元、、保险费 2 万元,从海关运往企业所在地支付运输费 4 万元。

该企业进口原材料和机械设备的关税税率为 10%。

要求:根据上述资料,按下列序号回答问题,每一问需计算出合计数。

(1)计算企业 12 月进口原材料应缴纳的关税。

(2)计算企业 12 月进口原材料应缴纳的增值税。

(3)计算企业 12 月进口机械设备应缴纳的关税。

(4)计算企业 12 月进口机械设备应缴纳的增值税。

第 6 单元

企业所得税法

学习目标

1. 掌握企业所得税的基本法律规定。
2. 掌握企业所得税的特别纳税调整。
3. 理解相关的抵免规定。
4. 会根据业务资料计算企业应纳所得税税额。

导入案例

武汉市长江公司 2013 年度生产经营情况如下：

销售收入 4 500 万元，销售成本 2 000 万元，增值税 700 万元，销售税金及附加 80 万元；其他业务收入 300 万元；销售费用 1 500 万元，其中含广告费 800 万元、业务宣传费 20 万元；管理费用 500 万元，其中含业务招待费 50 万元、研究新产品费用 40 万元；财务费用 80 万元，其中含向非金融机构借款 1 年的利息 50 万元，年息 10%（银行同期同类贷款利率 6%）；营业外支出 30 万元，其中含接受工商局罚款 1 万元，通过政府部门向灾区捐赠 20 万元。

想一想：计算该企业年度应纳所得税税额。

第一节　企业所得税概述

一、企业所得税的概念和特点

现行企业所得税是对我国境内的企业和其他取得收入的组织的生产经营所得和其他所得所征收的所得税。它是国家参与企业利润分配的重要手段。企业所得税在国外称为“公司税”“公司所得税”“法人税”“法人所得税”。

所得税的特点主要是:第一,通常以纯所得为征税对象,征税范围广。第二,通常以经过计算得出的应纳税所得额为计税依据。第三,纳税人和实际负担人通常是一致的,企业所得税属于企业的终端税种,因而可以直接调节纳税人的收入。

由此可以看出,所得税的计税依据是利润,即所得额,而非收入。因此在计算所得税时,计税依据即应纳税所得额的计算涉及纳税人的成本、费用、税金和损失等各个方面,使得所得税计税依据的计算较为复杂。而且企业所得税在征收过程中,为了发挥对经济的调控作用、对产业结构的调整作用等,会根据调控目的和需要,在税制中采用各种税收激励作用。

现行企业所得税的基本规范,是2007年3月16日第十届全国人民代表大会第五次会议通过的《中华人民共和国企业所得税法》(以下简称《企业所得税法》)和2007年11月28日国务院第197次常务会议通过的《中华人民共和国企业所得税法实施条例》(以下简称《企业所得税法实施条例》),以及国务院财政、税务部门发布的相关规定。

二、企业所得税的征税对象及纳税人

(一)征税对象

企业所得税的征税对象是指企业的生产经营所得、其他所得和清算所得。

1. 居民企业的征税对象

居民企业就其来源于中国境内、境外的所得作为征税对象。所得,包括销售货物所得、提供劳务所得、转让财产所得、股息红利等权益性投资所得、利息所得、租金所得、特许权使用费所得、接受捐赠所得和其他所得。

2. 非居民企业的征税对象

非居民企业在中国境内设立机构、场所的,应当就其所设机构、场所取得的来源于中国境内的所得,以及发生在中国境外但与其所设机构、场所有实际联系的所得,缴纳企业所得税。

非居民企业在中国境内未设立机构、场所的,或者虽设立机构、场所但取得的所得与其所设机构、场所没有实际联系的,应当就其来源于中国境内的所得缴纳企业所得税。

上述所称实际联系,是指非居民企业在中国境内设立的机构、场所拥有据以取得所得的股权、债权,以及拥有、管理、控制据以取得所得的财产等。

3. 所得来源的确定

来源于中国境内、境外的所得,按照以下原则确定:

(1)销售货物所得,按照交易活动发生地确定。

(2)提供劳务所得,按照劳务发生地确定。

(3)转让财产所得,不动产转让所得按照不动产所在地确定,动产转让所得按照转让动产的企业或者机构、场所所在地确定,权益性投资资产转让所得按照被投资企业所在地确定。

(4)股息、红利等权益性投资所得,按照分配所得的企业所在地确定。

(5)利息所得、租金所得、特许权使用费所得,按照负担、支付所得的企业或者机构、场所所在地确定,或者按照负担、支付所得的个人的住所地确定。

(6)其他所得,由国务院财政、税务主管部门确定

【例6—1】 根据企业所得税法律制度的规定,关于确定来源于中国境内、境外所得的下列表述中,不正确的是(　　)。

A. 提供劳务所得,按照劳务发生地确定

B. 销售货物所得,按照交易活动发生地确定

C. 股息、红利等权益性投资所得，按照分配所得的企业所在地确定

D. 转让不动产所得，按照转让不动产的企业或者机构、场所所在地确定

【参考解析】 答案：D。转让不动产所得按照不动产所在地确定。

(二)纳税人

企业所得税的纳税人是指在中华人民共和国境内的企业和其他取得收入的经济组织。个人独资企业、合伙企业不适用企业所得税法。我国根据国际上的通行做法，按照“地域管辖权”和“居民管辖权”的双重标准，将企业所得税的纳税人分为居民企业和非居民企业。

居民企业，是指依照中国法律、法规在中国境内成立，或者依照外国（地区）法律成立但实际管理机构、总机构在中国境内的企业。实际管理机构，是指对企业的生产经营、人员、账务、财产等实施实质性全面管理和控制的机构。例如，在我国注册成立的通用（中国）公司、沃尔玛（中国）公司，就是我国的居民企业。

非居民企业，是指依照外国（地区）法律成立且实际管理机构不在中国境内，但在中国境内设立机构、场所的，或者在中国境内未设立机构、场所，但有来源于中国境内所得的企业。例如，外国企业在我国设立的代表处及其他分支机构。

上述所称机构、场所，是指在中国境内从事生产经营活动的机构、场所，包括：

(1)管理机构、营业机构、办事机构。

(2)工厂、农场、开采自然资源的场所。

(3)提供劳务的场所。

(4)从事建筑、安装、装配、修理、勘探等工程作业的场所。

(5)其他从事生产经营活动的机构、场所。

非居民企业委托营业代理人在中国境内从事生产经营活动的，包括委托单位或者个人经常代其签订合同，或者储存、交付货物等，该营业代理人视为非居民企业在中国境内设立的机构、场所。

【例 6－2】 根据企业所得税法律制度的规定，下列各项中，不属于企业所得税纳税义务人的是(　　)。

A. 中外合资企业　　B. 依照中国法律成立的个人独资企业

C. 国家机关　　D. 社会团体

【参考解析】 答案：B。个人独资企业属于自然人性质企业，不具有法人资格，依照中国法律、行政法规成立的个人独资企业，不属于企业所得税纳税义务人。

第二节　企业所得税应纳税额的计算

一、企业所得税的计税依据

应纳税所得额是企业所得税的计税依据，企业应纳税所得额的计算以权责发生制为原则。按照《企业所得税法》的规定，应纳税所得额为企业每一个纳税年度的收入总额减除不征税收入、免税收入、各项扣除以及允许弥补的以前年度亏损后的余额。基本公式为：

应纳税所得额＝收入总额－不征税收入－免税收入－各项扣除－以前年度亏损

(一)收入总额

企业的收入总额包括以货币形式和非货币形式从各种来源取得的收入,具体有:销售货物收入,提供劳务收入,转让财产收入股息、红利等权益性投资收益,利息收入,租金收入,特许权使用费收入,接受捐赠收入,其他收入。

企业取得收入的货币形式包括现金、存款、应收账款、应收票据、准备持有至到期的债券投资以及债务的豁免等;纳税人以非货币形式取得的收入,包括固定资产、生物资产、无形资产、股权投资、存货、不准备持有至到期的债券投资、劳务以及有关权益等,这些非货币资产应当按照公允价值确定收入额,公允价值是指按照市场价格确定的价值。收入的具体构成包括以下几个部分。

1. 一般收入的确认

(1)销售货物收入。是指企业销售商品、产品、原材料、包装物、低值易耗品以及其他存货取得的收入。

(2)劳务收入。是指企业从事建筑安装、修理修配、交通运输、仓储租赁、金融保险、邮电通信、咨询经纪、文化体育、科学研究、技术服务、教育培训、餐饮住宿、中介代理、卫生保健、社区服务、旅游、娱乐、加工以及其他劳务服务活动取得的收入。

(3)转让财产收入。是指企业转让固定资产、生物资产、无形资产、股权、债权等财产取得的收入。

(4)股息、红利等权益性投资收益。是指企业因权益性投资从被投资方取得的收入。股息、红利等权益性投资收益,除国务院财政、税务主管部门另有规定外,按照被投资方做出利润分配决定的日期确认收入的实现。

(5)利息收入。是指企业将资金提供他人使用但不构成权益性投资,或者因他人占用本企业资金取得的收入包括存款利息、贷款利息、债券利息、欠款利息等收入。利息收入,按照合同约定的债务人应付利息的日期确认收入的实现。

(6)租金收入。是指企业提供固定资产、包装物或者其他有形资产的使用权取得的收入。租金收入,按照合同约定的承租人应付租金的日期确认收入的实现。

(7)特许权使用费收入。是指企业提供专利权、非专利技术、商标权、著作权以及其他特许权的使用权取得的收入。特许权使用费收入,按照合同约定的特许权使用人应付特许权使用费的日期确认收入的实现。

(8)接受捐赠收入。是指企业接受的来自其他企业、组织或者个人无偿给予的货币性资产、非货币性资产。接受捐赠收入按照实际收到捐赠资产的日期确认收入的实现。

(9)其他收入。是指企业取得的除以上收入外的其他收入,包括企业资产溢余收入、逾期未退包装物押金收入、确实无法偿付的应付款项、已作坏账损失处理后又收回的应收款项、债务重组收入、补贴收入、违约金收入、汇兑收益等。

2. 特殊收入的确认

(1)以分期收款方式销售货物的,按照合同约定的收款日期确认收入的实现。

(2)企业受托加工制造大型机械设备、船舶、飞机,以及从事建筑、安装、装配工程业务或者提供其他劳务等持续时间超过12个月的按照纳税年度内完工进度或者完成的工作量确认收入的实现。

(3)采取产品分成方式取得收入的按照企业分得产品的日期确认收入的实现,其收入额按照产品的公允价值确定。

(4)企业发生非货币性资产交换,以及将货物、财产、劳务用于捐赠、偿债、赞助、集资、广告、样品、职工福利或者利润分配等用途的，应当视同销售货物、转让财产或者提供劳务，但国务院财政、税务主管部门另有规定的除外。

3. 处置资产收入的确认

自2008年1月1日起，企业处置资产的所得税处理根据《企业所得税法实施条例》第二十五条的规定执行，对2008年1月1日以前发生的处置资产，2008年1月1日以后尚未进行税务处理的，也按此规定执行。

(1)企业发生下列情形的处置资产，除将资产转移至境外以外，由于资产所有权属在形式和实质上均不发生改变，可作为内部处置资产，不视同销售确认收入。相关资产的计税基础延续计算：

①将资产用于生产、制造、加工另一产品；

②改变资产形状、结构或性能；

③改变资产用途(如，自建商品房转为自用或经营)；

④将资产在总机构及其分支机构之间转移；

⑤上述两种或两种以上情形的混合；

⑥其他不改变资产所有权属的用途。

(2)企业将资产移送他人的下列情形，因资产所有权属已发生改变而不属于内部处置资产，应按规定视同销售确定收入：

①用于市场推广或销售；

②用于交际应酬；

③用于职工奖励或福利；

④用于股息分配；

⑤用于对外捐赠；

⑥其他改变资产所有权属的用途。

企业发生第(2)条规定情形时，属于企业自制的资产，应按企业同类资产同期对外销售价格确定销售收入；属于外购的资产，可按购入时的价格确定销售收入。

(二)不征税收入和免税收入

国家为了扶持和鼓励某些特殊的纳税人和特定的项目，或者避免因征税影响企业的正常经营，对企业取得的某些收入予以不征税或免税的特殊政策，或准予抵扣应纳税所得额，或者是对专项用途的资金作为非税收入处理，以减轻企业的负担，促进经济的协调发展。

1. 不征税收入

不征税收入，是指根据企业所得税原理，从性质上和根源上不属于企业营利性活动带来的经济利益，不负有纳税义务的收入，其不属于税收优惠的范畴。内容包括：

(1)财政拨款。是指各级人民政府对纳入预算管理的事业单位、社会团体等组织拨付的财政资金，但国务院和国务院财政、税务主管部门另有规定的除外。

(2)依法收取并纳入财政管理的行政事业性收费、政府性基金。行政事业性收费，是指依照法律法规等有关规定，按照规定程序批准，在实施社会公共管理，以及在向公民、法人或者其他组织提供特定公共服务过程中，向特定对象收取并纳入财政管理的费用。政府性基金，是指企业依照法律、行政法规等有关规定，代政府收取的具有专项用途的财政资金。

(3)国务院规定的其他不征税收入。是指企业取得的，由国务院财政、税务主管部门规定专项用途并经国务院批准的财政性资金。

财政性资金，是指企业取得的来源于政府及其有关部门的财政补助、补贴、贷款贴息，以及其他各类财政专项资金，包括直接减免的增值税和即征即退、先征后退、先征后返的各种税收，但不包括企业按规定取得的出口退税款；所称国家投资，是指国家以投资者身份投入企业、并按有关规定相应增加企业实收资本(股本)的直接投资。

2. 免税收入

免税收入，是指企业取得的相关收入负有纳税义务，而政府根据社会经济政策目标的需要，可以在一定时间对其免予征税，而在一定时期又有可能恢复征税的收入，它属于税收优惠的范畴。包括：国债利息收入，是指企业持有国务院财政部门发行的国债取得的利息收入；符合条件的居民企业之间的股息、红利等权益性投资收益，是指居民企业直接投资于其他居民企业取得的投资收益；在中国境内设立机构、场所的非居民企业从居民企业取得与该机构、场所有实际联系的股息、红利等权益性投资收益。

上述所称股息、红利等权益性投资收益，不包括连续持有居民企业公开发行并上市流通的股票不足 12 个月取得的投资收益。

【例 6—3】 根据企业所得税法律制度的规定，下列各项中，属于免税收入的是(　　)。

A. 企业接受社会捐赠收入

B. 转让企业债券取得的收入

C. 已作坏账损失处理后又收回的应收账款

D. 国债利息收入

【参考解析】 答案：D。选项 ABC 属于企业所得税的应税收入；选项 D 属于企业所得税免税收入。

(三)准予扣除项目

1. 扣除项目的范围

成本是指企业在生产经营活动中发生的销售成本、销货成本、业务支出以及其他耗费。即销售商品(产品、材料、下脚料、废料和废旧物资等)、提供劳务、转让固定资产、无形资产(包括技术转让)等过程中的成本。

费用是指企业在生产经营活动中发生的销售费用、管理费用和财务费用，已经计入成本的有关费用除外。

税金是指企业发生的除企业所得税和允许抵扣的增值税以外的各项税金及其附加。即纳税人按规定缴纳的消费税、营业税、资源税、关税、土地增值税、城市维护建设税和教育费附加等产品销售税金及附加。这些税金在计算应纳税所得额时，可以直接从收入总额中扣除。

损失是指企业在生产经营活动中发生的固定资产和存货的盘亏、毁损、报废损失，转让财产损失，呆账损失，坏账损失，自然灾害等不可抗力因素造成的损失以及其他损失，统称财产损失。企业发生的损失减除责任人赔偿和保险赔款后的余额依照国务院财政、税务主管部门的规定扣除。企业已经作为损失处理的资产，在以后纳税年度又全部收回或者部分收回时，应当计入当期收入。

其他支出是指除成本、费用、税金、损失外，企业在生产经营活动中发生的与生产经营活动有关的、合理的支出。

2. 扣除项目及其标准

(1)工资、薪金支出

企业发生的合理的工资薪金支出，准予扣除。工资薪金，是指企业每一纳税年度支付给在本企业任职或者受雇的员工的所有现金形式或者非现金形式的劳动报酬，包括基本工资、奖金、津贴、补贴、年终加薪、加班工资，以及与员工任职或者受雇有关的其他支出。

(2)职工福利费、工会经费和职工教育经费

企业的职工福利费、工会经费、教育经费，在会计上除职工福利费依照新财务通则规定不允许按比例计提，可据实列支外，其他两项费用仍按照国家规定比例提取。而税法允许在税前列支的“三费”，应该按比例计提扣除，其计提基数是依据工资薪金总额的一定标准扣除。

①企业发生的职工福利费支出，不超过工资薪金总额14%的部分，准予扣除；超过部分，不得扣除。实际发生额低于规定扣除范围的，按实际发生额扣除。企业职工福利费，包括以下内容：

尚未实行分离办社会职能的企业，其内设福利部门所发生的设备、设施和人员费用，包括职工食堂、职工浴室、理发室、医务所、托儿所、疗养院等集体福利部门的设备、设施及维修保养费用和福利部门工作人员的工资薪金、社会保险费、住房公积金、劳务费等。

为职工卫生保健、生活、住房、交通等所发放的各项补贴和非货币性福利，包括企业向职工发放的因公外地就医费用、未实行医疗统筹企业职工医疗费用、职工供养直系亲属医疗补贴、供暖费补贴、职工防暑降温费、职工困难补贴、救济费、职工食堂经费补贴、职工交通补贴等。

按照其他规定发生的其他职工福利费，包括丧葬补助费、抚恤费、安家费、探亲假路费等。

企业发生的职工福利费，应该单独设置账册，进行准确核算。没有单独设置账册准确核算的，税务机关应责令企业在规定的期限内进行改正。逾期仍未改正的，税务机关可对企业发生的职工福利费进行合理的核定。

②企业拨缴的工会经费，不超过工资薪金总额2%的部分，准予扣除；超过部分，不得扣除；实际发生额低于扣除范围的，按实际发生额扣除。

③企业发生的职工教育经费支出，不超过工资薪金总额2.5%的部分准予扣除；超过部分，准予在以后纳税年度结转扣除，国务院财政、税务主管部门另有规定的除外。

上述计算职工福利费、工会经费、职工教育经费的“工资薪金总额”，是指企业按照上述第(1)条规定实际发放的工资、薪金总和，不包括企业的职工福利费、职工教育经费、工会经费以及养老保险费、医疗保险费、失业保险费、工伤保险费、生育保险费等社会保险费和住房公积金。属于国有性质的企业，其工资薪金，不得超过政府有关部门给予的限定数额；超过部分，不得计入企业工资薪金总额，也不得在计算企业应纳税所得额时扣除。

【例6—4】 某企业2012年为本企业雇员支付工资300万元、奖金40万元、地区补贴40万元，家庭财产保险10万元，假定该企业工资薪金支出符合合理标准，当年职工福利费、工会经费和职工教育经费可在所得税前列支的限额是多少？

【参考解析】 该企业当年工资总额为：300＋40＋40＝380(万元)。

(1)当年在所得税前列支的职工福利费限额为：380×14%＝53.2(万元)

(2)当年在所得税前列支的职工工会经费限额为：380×2%＝7.6(万元)

(3)当年在所得税前列支的职工教育经费限额为：380×2.5%＝9.5(万元)

(3)社会保险费

①企业依照国务院有关主管部门或者省级人民政府规定的范围和标准为职工缴纳的“五险一金”，即基本养老保险费、基本医疗保险费、失业保险费、工伤保险费、生育保险、住房公积金，准予扣除。

②企业为投资者或者职工支付的补充养老保险费、补充医疗保险费，在国务院财政、税务主管部门规定的范围和标准内，准予扣除。

③按照国家有关规定为特殊工种职工支付的人身安全保险费和国务院财政、税务主管部门规定可以扣除的其他商业保险费，可以扣除。所谓特殊工种，是指空中作业、水下作业、井下

作业等工种。

(4)利息支出

①利息支出的范围。

是指纳税人为经营活动的需要承担的、与借入资金相关的利息支出。包括:长期借款、短期借款的利息;与债券有关的溢折价的摊销;安排借款时发生的辅助费用的摊销;与借入资金有关的作为利息费用调整的外币借款产生的差额等。

②企业在生产经营活动中发生的下列利息支出,其实际发生数准予税前扣除。

非金融企业在生产、经营期间向金融企业借款的利息支出,包括逾期归还银行贷款,银行按规定加收的罚息;金融企业的各项存款利息支出和同业拆借利息支出、企业经批准发行债券的利息支出。

非金融企业向金融机构以外的所有企业、事业单位以及社会团体等企业、组织或个人(非金融企业)借款的利息支出,不超过按照金融企业同期同类贷款利率计算的数额部分。

③向关联企业借款的利息支出。

税法规定,企业从其关联方接受的债权性投资与权益性投资的比例超过规定标准而发生的利息支出,不得在计算应纳税所得额时扣除。债权性投资,是指企业直接或者间接从关联方获得的,需要偿还本金和支付利息或者需要以其他具有支付利息性质的方式予以补偿的融资;权益性投资,是指企业接受的不需要偿还本金和支付利息,投资人对企业净资产拥有所有权的投资。对于企业从其关联方接受的债权性投资与权益性投资的比例标准,国务院财政、税务主管部门特规定如下:

企业实际支付给关联方的利息支出,不超过以下规定比例和税法及其实施条例有关规定计算的部分,准予扣除,超过的部分不得在发生当期和以后年度扣除。企业实际支付给关联方的利息支出,除符合有关规定外,其接受关联方债权性投资与其权益性投资比例为:金融企业为5∶1;其他企业为2∶1。

【例6—5】 经某注册税务师审核,某公司2009年度“财务费用”账户中列支有两笔利息费用:向银行借入生产用资金200万元,借用期限6个月,支付借款利息5万元;经过批准向本企业职工借入生产用资金60万元,借用期限10个月,支付借款利息3.5万元。分析计算该公司2009年度的应调整的利息。

【参考解析】 ①银行的利率=(5×2)÷200=5%

②可以税前扣除的职工借款利息=60×5%÷12×10=2.5(万元)

③超标准列支利息=3.5-2.5=1(万元)

(5)借款费用

①企业在生产经营活动中发生的合理的不需要资本化的借款费用,准予扣除。

②企业为购置、建造固定资产、无形资产和经过12个月以上的建造才能达到预定可销售状态的存货发生借款的,在有关资产购置、建造期间发生的合理的借款费用,应当作为资本性支出计入有关资产的成本,按规定扣除。

(6)汇兑损失

企业在货币交易中,以及纳税年度终了时将人民币以外的货币性资产、负债按照期末即期人民币汇率中间价折算为人民币时产生的汇兑损失,除已经计入有关资产成本以及与向所有者进行利润分配相关的部分外,准予扣除。

(7)业务招待费

企业发生的与生产经营活动有关的业务招待费支出，按照发生额的60%扣除，但最高不得超过当年销售(营业)收入的5‰。超标准部分，不能向以后纳税年度结转。

①销售收入净额，是指纳税人从事生产经营活动取得的年销售(营业)收入减除销售退回、销售折让和销项税额等各项支出后的收入。

②销售(营业)收入额，包括主营业务收入、其他业务收入和视同销售收入。不包括营业外收入、税收上应确定的其他收入。

【例6—6】 某国有企业2008年度主营业务收入5 000万元，其他业务收入2 000万元，营业外收入1 000万元；固定资产转让收入50万元；本年管理费用中的业务招待费80万元。计算该企业本年度可在企业所得税前扣除的业务招待费。

【参考解析】 ①业务招待费扣除限额=(5 000+2 000)×5‰=35(万元)

②业务招待费可扣除额=80×60%=48(万元)

由于业务招待费扣除限额小于业务招待费可扣除额，所以，本年度可在企业所得税前扣除的业务招待费为35万元。

(8)广告费和业务宣传费

企业发生的符合条件的广告费和业务宣传费支出，除国务院财政、税务主管部门另有规定外，不超过当年销售(营业)收入15%的部分，准予扣除；超过部分，准予在以后纳税年度结转扣除。企业在2008年以前按照原政策规定已发生但尚未扣除的广告费，2008年实行新税法后，其尚未扣除的余额，加上当年度新发生的广告费和业务宣传费后，按照新税法规定的比例计算扣除。

【例6—7】 某生产企业2010年全年销售额1 600万元，成本600万元，营业税金及附加290万元，按规定列支各种费用400万元。已知上述成本费用中包括新产品开发费80万元、广告费支出250万元。该企业当年应纳企业所得税为(　　)。

A. 70万元　　B. 52万元　　C. 67.5万元　　D. 80万元

【参考解析】 答案：A。

方法一，直接法：广告费扣除标准=1 600×15%=240(万元)，实际发生250万元，超标准，可扣除240万元，纳税调增10万元。

应纳税所得额=1 600－600－290－(400－250)－240－80×50%=280(万元)

当年应纳企业所得税=280×25%=70(万元)

方法二，间接法：会计利润=1 600－600－290－400=310(万元)

应纳税所得额=310+10－80×50%=280(万元)

(9)环境保护专项基金

企业依照法律、行政法规有关规定提取的用于环境保护、生态恢复等方面的专项资金，准予扣除。上述专项资金提取后改变用途的，不得扣除，已经扣除的，应计入企业的当期应纳税所得额，缴纳企业所得税。企业依照地方性法规、规章、其他规范性文件等提取的所谓环境保护、生态恢复等方面的专项资金，不得在税前扣除。

(10)保险费

企业参加财产保险，按照规定缴纳的保险费，准予扣除。

(11)租赁费

企业根据生产经营活动的需要租入固定资产支付的租赁费，按照以下方法扣除：

①以经营租赁方式租入固定资产发生的租赁费支出，按照租赁期限均匀扣除。

②以融资租赁方式租入固定资产发生的租赁费支出，按照规定构成融资租入固定资产价

值的部分应当提取折旧费用，分期扣除。企业的或有租金支出，不允许扣除。

(12)劳动保护费

企业发生的合理的劳动保护支出，准予扣除。

合理的劳动保护支出，是指确因特殊工作环境需要为雇员配备或提供工作服、手套、安全保护用品、防暑降温用品等所发生的支出。

(13)公益性捐赠支出

企业发生的公益性捐赠支出，是指企业在一个纳税年度内实际发生的公益性捐赠。企业在年度依照国家会计制度规定计算的年度会计利润总额12%以内部分(包括12%本身)的公益性捐赠支出，准予企业在计算应纳税所得额时扣除。

年度利润总额，是指企业依照国家统一会计制度的规定计算的大于零的数额。企业当期实际发生的公益性捐赠额小于扣除标准的，扣除额为实际捐赠额；如果企业当期发生的公益性捐赠额大于扣除标准的，扣除额为扣除标准额。企业直接向受赠人的各项捐赠，不允许在税前扣除。

公益性捐赠，是指企业通过公益性社会团体或者县级以上人民政府及其部门，用于《中华人民共和国公益事业捐赠法》规定的公益事业的捐赠。

公益性社会团体，是指同时符合下列条件的基金会、慈善组织等社会团体：

①依法登记，具有法人资格；

②以发展公益事业为宗旨，且不以营利为目的；

③全部资产及其增值为该法人所有；

④收益和营运结余主要用于符合该法人设立目的的事业；

⑤终止后的剩余财产不归属任何个人或者营利组织；

⑥不经营与其设立目的无关的业务；

⑦有健全的财务会计制度；

⑧捐赠者不以任何形式参与社会团体财产的分配；

⑨国务院财政、税务主管部门会同国务院民政部门等登记管理部门规定的其他条件。

企业发生的公益性捐赠支出，不超过年度利润总额12%的部分，准予扣除。

年度利润总额，是指企业依照国家统一会计制度的规定计算的年度会计利润。

公益性捐赠对象主要包括以下几个方面：

①救助灾害、救助贫困、扶助残疾人等困难的社会群体和个人的活动；

②教育、科学、文化、卫生、体育事业；

③环境保护、社会公共设施建设；

④促进社会发展和进步的其他社会公共和福利事业。

【例6—8】 某纳税人全年收入100万元，成本50万元，费用10万元，税金5万元；本年各项捐赠支出3万元。其中：公益性捐赠支出2万元；直接捐赠1万元。问企业所得税前可以扣除的公益性捐赠额为多少。

【参考解析】 (1)会计利润＝100－50－10－5＝35(万元)

(2)公益性捐赠扣除限额＝35×12%＝4.2(万元)，2万元＜4.2万元

(3)企业所得税前可以扣除的公益性捐赠额是2万元，直接捐赠1万元不得扣除。

【例6—9】 甲企业2012年利润总额为2 000万元，工资薪金支出为1 500万元，已知在计算企业所得税应纳税所得额时，公益性捐赠支出、职工福利费支出、职工教育经费支出的扣除比例分别不超过12%、14%和2.5%，下列支出中，允许在计算2012年企业所得税应纳税所

得额时全额扣除的有(　　)。

A. 公益性捐赠支出200万元

B. 职工福利费支出160万元

C. 职工教育经费支出40万元

D. 2012年7月至2013年6月期间的厂房租金支出50万元

【参考解析】 答案:AB。选项A,公益性捐赠支出税前扣除限额=2 000×12%=240(万元),实际发生捐赠支出200万元没有超过扣除限额,准予全额扣除;选项B,职工福利费税前扣除限额=1 500×14%=210(万元),实际发生160万元没有超过扣除限额,准予全额扣除;选项C,职工教育经费税前扣除限额=1 500×2.5%=37.5(万元),实际发生40万元,超过了扣除限额,不能全额扣除;选项D,2012年7月至2013年6月期间的厂房租金支出50万元,应按规定分别在2012年和2013年扣除,不能全部在2012年的企业所得税税前扣除。

(14)有关资产的费用

企业转让各类固定资产发生的费用,允许扣除。企业按规定计算的固定资产折旧费、无形资产和长期待摊费用的摊销,准予扣除。

(15)总机构分摊的费用

非居民企业在中国境内设立的机构、场所,就其中国境外总机构发生的与该机构、场所生产经营有关的费用,能够提供总机构出具的费用汇集范围、定额、分配依据和方法等证明文件,并合理分摊的,准予扣除。

(16)资产损失

企业当期发生的固定资产和流动资产盘亏、毁损净损失,由其提供清查盘存资料经主管税务机关审核后,准予扣除;企业因存货盘亏、毁损、报废等原因不得从销项税金中抵扣的进项税金,应视同企业财产损失,准予与存货损失一起在所得税前按规定扣除。

(17)其他准予扣除项目

依照有关法律、行政法规和国家有关税法规定准予扣除的其他项目。包括会员费、合理的会议费、差旅费、违约金、诉讼费用等。

另外,企业发生的与生产经营有关的手续费及佣金支出,不超过规定计算限额以内的部分,准予扣除,超过部分,不得扣除。

(四)不得扣除的项目

在计算应纳税所得额时,下列支出不得扣除:

1. 向投资者支付的股息、红利等权益性投资收益款项。

2. 企业所得税税款。

3. 税收滞纳金。

4. 罚金、罚款和被没收财物的损失。

5.《企业所得税法》第九条规定以外的捐赠支出。

6. 赞助支出。《企业所得税法》所称赞助支出是指企业发生的与生产经营活动无关的各种非广告性质支出。

7. 未经核定的准备金支出。企业所得税法所称未经核定的准备金支出是指不符合国务院财政、税务主管部门规定的各项资产减值准备、风险准备等准备金支出。

8. 企业之间支付的管理费、企业内营业机构之间支付的租金和特许权使用费,以及非银行企业内营业机构之间支付的利息,不得扣除。

9. 与取得收入无关的其他支出。

(五)亏损弥补

亏损，是指企业依照企业所得税法和实施条例的规定将每一纳税年度的收入总额减除不征税收入、免税收入和各项扣除后小于零的数额。按规定，纳税人发生年度亏损的，可以用下一纳税年度的所得弥补；下一纳税年度的所得不足弥补的，可以逐年延续弥补，但延续弥补期限最长不得超过 5 年。5 年内不论是盈利或亏损，都作为实际弥补期限计算。而且，企业在汇总计算缴纳企业所得税时，其境外机构的亏损不得抵减境内营业机构的盈利。

企业因技术开发费加计扣除部分已形成企业年度亏损，可以用以后年度所得弥补，但结转年限最长不得超过 5 年。

二、资产的税务处理

资产是由于资本投资而形成的财产，对于资本性支出以及无形资产受让、开办、开发费用，不允许作为成本、费用从纳税人的收入总额中做一次性扣除，只能采取分次计提折旧或分次摊销的方式予以扣除。即纳税人经营活动中使用的固定资产的折旧费用、无形资产和长期待摊费用的返销费用可以扣除。

企业的各项资产，包括固定资产、生物资产、无形资产、长期待摊费用、投资资产、存货等，以历史成本为计税基础。历史成本是指企业取得该项资产时实际发生的支出。企业持有各项资产期间增值或者减值，除国务院财政、税务主管部门规定可以确认损益外，不得调整该项资产的计税基础。

(一)固定资产的税务处理

1. 固定资产的概念

固定资产是指企业为生产产品、提供劳务、出租或者经营管理而持有的、适用时间超过 12 个月的非货币性资产，包括房屋、建筑物、机器、机械、运输工具以及其他与生产经营活动有关的设备、器具、工具等。

2. 固定资产的计税基础

(1)外购的固定资产，以购买价款和支付的相关税费以及直接归属于使该项资产达到预定用途发生的其他支出为计税基础。

(2)自行建造的固定资产，以竣工结算前发生的支出为计税基础。

(3)融资租入的固定资产，以租入合同约定的付款总额和承租人在签订租赁合同工程中发生的相关费用为计税基础，租赁合同未约定付款总额的，以该资产的公允价值和承租人在签订租赁合同过程中发生的相关费用为计税基础。

(4)盘盈的固定资产，以同类固定资产的重置完全价值为计税基础。

(5)通过捐赠、投资、非货币性资产交换、债务重组等方式取得的固定资产，以该资产的公允价值和支付的相关税费为计税基础。

(6)改建的固定资产，除已足额提取折旧的固定资产的改建支出和租入固定资产的改建支出外，以改建过程中发生的改建支出增加计税基础。

3. 固定资产折旧计提

在计算应纳税所得额时，企业按照规定计算的固定资产折旧，准予扣除。

(1)应当提取折旧的固定资产：

①房屋、建筑物；

②在用的机器设备、运输车辆、器具、工具；

③季节性停用和修理停用的机器设备；

④以经营租赁方式租出的固定资产；

⑤以融资租赁方式租入的固定资产；

⑥财政部规定的其他应提取折旧的固定资产。

(2)但下列固定资产不得计算折旧扣除：

①房屋、建筑物以外未投入使用的固定资产；

②以经营租赁方式租入的固定资产；

③以融资租赁方式租出的固定资产；

④已足额提取折旧，仍继续使用的固定资产；

⑤与经营活动无关的固定资产；

⑥单独估价作为固定资产入账的土地；

⑦其他不得计算提取折旧的固定资产。

【例6－10】 根据企业所得税法律制度的规定，下列固定资产中，在计算企业所得税应纳税所得额时准予扣除折旧费的是(　　)。

A. 未投入使用的房屋　　B. 以经营租赁方式租入的固定资产

C. 未投入使用的机器设备　　D. 以融资租赁方式租出的固定资产

【参考解析】 答案：A。选项A，“房屋、建筑物以外”未投入使用的固定资产，不得计算折旧扣除；未投入使用的房屋，计提的折旧可以在税前扣除。

4. 固定资产计提折旧起止时间

企业应当自固定资产投入使用月份的次月起计算折旧；停止使用的固定资产，应当自停止使用月份的次月起停止计算折旧。

5. 固定资产折旧的计提方法

(1)年限平均法。年限平均法又称直线法，是指将固定资产的应计提折旧额均衡地分摊到固定资产预计使用寿命内的一种方法，采用这种方法计算的每期折旧额均相等。计算公式如下：

年折旧率＝(1－预计残值率)÷预计使用寿命(年)×100%

月折旧率＝年折旧率÷12

月折旧额＝固定资产原价×月折旧率

(2)年数总和法。年数总和法又称年限合计法，是指将固定资产的原值减去预计净残值后的余额乘以一个以固定资产尚可使用寿命为分子、以预计使用寿命逐年数字之和为分母的逐年递减的分数计算每年的折旧额。计算公式如下：

年折旧率＝尚可使用年限÷预计使用寿命的年数总和×100%

月折旧率＝年折旧率÷12

月折旧额＝(固定资产原价－预计净残值)×月折旧率

(3)双倍余额递减法。双倍余额递减法，是指在不考虑固定资产预计净残值的情况下，根据每期期初固定资产原价减去累计折旧后的余额和双倍的直线法折旧率计算固定资产折旧的一种方法。计算公式如下：

年折旧率＝2÷预计使用寿命(年)×100%

月折旧率＝年折旧率÷12

月折旧额＝固定资产账面净值×月折旧率

企业应当根据固定资产的性质和使用情况，合理确定固定资产的预计净残值。固定资产的预计净残值一经确定，不得变更。

固定资产提足折旧后，不论能否继续使用，均不再计提折旧；提前报废的固定资产，也不再补提折旧。

按税法规定，企业准予扣除的固定资产折旧费，一般按照直线法计提折旧。但企业符合以下情形之一的固定资产，可以采取缩短折旧年限或者采取加速折旧方法，计提折旧：

①由于技术进步，产品更新换代较快的固定资产；

②常年处于强震动、高腐蚀状态的固定资产。

企业采取缩短折旧年限方法的，最低折旧年限不得低于上述规定折旧年限的60%。

6. 固定资产折旧的计提年限

除国务院财政、税务主管部门另有规定外，固定资产计算折旧的最低年限如下：

(1)房屋、建筑物，为20年。

(2)飞机、火车、轮船、机器、机械和其他生产设备，为10年。

(3)与生产经营活动有关的器具、工具、家具等，为5年。

(4)飞机、火车、轮船以外的运输工具，为4年。

(5)电子设备，为3年。

从事开采石油、天然气等矿产资源的企业，在开始商业性生产前发生的费用和有关固定资产的折耗、折旧方法，由国务院财政、税务主管部门另行规定。

(二)生物资产的税务处理

1. 生物资产的概念

生物资产，是指有生命的动物和植物。生物资产分为消耗性生物资产、生产性生物资产和公益性生物资产。

消耗性生物资产，是指为出售而持有的或在将来收获为农产品的生物资产，包括生长中的农田作物、蔬菜、用材林以及存栏待售的牲畜等。

公益性生物资产，是指以防护、环境保护为主要目的的生物资产，包括防风固沙林、水土保持林和水源涵养林等。

生产性生物资产，是指企业为生产农产品、提供劳务或者出租等而持有的生物资产，包括经济林、薪炭林、产畜和役畜等。

生产性生物资产收获的农产品，以产出或者采收过程中发生的材料费、人工费和分摊的间接费用等必要支出为成本。

2. 生产性生物资产的计税基础

生产性生物资产按照以下方法确定计税基础：

(1)外购的生产性生物资产，以购买价款和支付的相关税费为计税基础。

(2)通过捐赠、投资、非货币性资产交换、债务重组等方式取得的生产性生物资产，以该资产的公允价值和支付的相关税费为计税基础。

3. 生产性生物资产的折旧方法

(1)生产性生物资产按直线法计算的折旧，准予扣除。

(2)企业应当自生产性生物资产投入使用月份的次月起计算折旧；停止使用的生产性生物资产，应当自停止使用月份起停止计算折旧。

(3)企业应当根据生产性生物资产的性质和使用情况，合理确定生产性生物资产的预计残值，预计残值一经确定，不得变更。

4. 生产性生物资产的折旧年限

生产性生物资产计算折旧的最低年限，林木类生产性生物资产为10年；畜类生产性生物资产为3年。

(三)无形资产的税务处理

1. 无形资产的概念

无形资产，是指企业为生产产品、提供劳务、出租或者经营管理而持有的、没有实物形态的非货币性长期资产，包括专利权、商标权、著作权、土地使用权、非专利技术、商誉等。

2. 无形资产的计税基础

无形资产按照以下方法确定计税基础。

(1)外购的无形资产，以购买价款和支付的相关税费以及直接归属于使该资产达到预定用途发生的其他支出为计税基础。

(2)自行开发的无形资产，以开发过程中该资产符合资本化条件后至达到预定用途前发生的支出为计税基础。

(3)通过捐赠、投资、非货币性资产交换、债务重组等方式取得的无形资产，以该资产的公允价值和支付的相关税费为计税基础。

3. 无形资产的摊销范围

在计算应纳税所得额时，企业按照规定的无形资产摊销费用，准予扣除。

下列无形资产不得计算摊销费用扣除：

(1)自行开发的支出已在计算应纳税所得额时扣除的无形资产。

(2)自创商誉。

(3)与经营活动无关的无形资产。

(4)其他不得计算摊销费用扣除的无形资产。

4. 无形资产的摊销方法及年限

无形资产按照直线法计算的摊销费用，准予扣除。无形资产的摊销年限不得低于10年。作为投资或者受让的无形资产，有关法律规定或者合同约定了使用年限的，可以按照规定或者约定的使用年限分期摊销。外购商誉的支出，在企业整体转让或者清算时，准予扣除。

(四)长期待摊费用的税务处理

长期待摊费用是指企业发生的应在一个年度以上或几个年度进行摊销的费用。

1. 长期待摊费用的范围

在计算应纳税所得额时，企业发生的下列支出作为长期待摊费用，按照规定摊销的，准予扣除：已足额提取折旧的固定资产的改建支出、租入固定资产的改建支出、固定资产的大修理支出、其他应当作为长期待摊费用的支出。

上述所称固定资产的大修理支出，在同时符合下列条件的，应当增加该固定资产原值：

(1)修理支出达到取得固定资产时的计税基础50%以上。

(2)修理后固定资产的使用年限延长2年以上。

2. 长期待摊费用的摊销年限

前述规定的支出，分别按照固定资产预计尚可使用年限、合同约定的剩余租赁期限、固定资产尚可使用年限、自支出发生月份的次月起分期摊销；摊销年限不得低于3年。

对于企业的开办费，新税法中开(筹)办费未明确列作长期待摊费用，企业可以在开始经营之日的当年一次性扣除，也可以按照新税法有关长期待摊费用的处理规定处理，但一经选定，不得改变。企业在新税法实施以前年度的未摊销完的开办费，也可根据上述规定处理。

（五）投资资产的税务处理

投资资产，是指企业对外进行权益性投资和债权性投资形成的资产。

1. 投资资产的成本

投资资产按照以下方法确定成本：

(1)通过支付现金方式取得的投资资产，以购买价款为成本。

(2)通过支付现金以外的方式取得的投资资产，以该资产的公允价值和支付的相关税费为成本。

2. 投资资产成本的扣除方法

企业对外投资期间，投资资产的成本在计算应纳税所得额时不得扣除。企业在转让或者处置投资资产时，投资资产的成本，准予扣除。

（六）存货的税务处理

存货，是指企业持有以备出售的产品或者商品、处在生产过程中的在产品、在生产或者提供劳务过程中耗用的材料和物料等。

1. 存货的成本

存货按照以下方法确定成本：

(1)通过支付现金方式取得的存货，以购买价款和支付的相关税费为成本。

(2)通过支付现金以外的方式取得的存货，以该存货的公允价值和支付的相关税费为成本。

(3)生产性生物资产收获的农产品，以产出或者采收过程中发生的材料费、人工费和分摊的间接费用等必要支出为成本。

2. 存货的成本计算方法

企业使用或者销售的存货的成本计算方法，可以在先进先出法、加权平均法、个别计价法中选用一种。计价方法一经选用，不得随意变更。

企业转让以上资产，在计算企业应纳税所得额时，资产的净值允许扣除。其中，资产的净值是指有关资产、财产的计税基础减除已经按照规定扣除的折旧、折耗、摊销、准备金等后的余额。

除国务院财政、税务主管部门另有规定外，企业在重组过程中，应当在交易发生时确认有关资产的转让所得或者损失，相关资产应当按照交易价格重新确定计税基础。

三、企业所得税税率及应纳税额的计算

（一）税率

企业所得税实行比例税率。简便易行，透明度高，不会因征税而改变企业间收入分配比例，有利于促进效率的提高。

1. 基本税率为25%。适用于居民企业和非居民企业在中国境内设立机构、场所的，应当就其所设机构、场所取得的来源于中国境内的所得，以及发生在中国境外但与其所设机构、场所有实际联系的所得。

2. 预提所得税税率为20%。在中国境内未设立机构、场所的，或者虽设立机构、场所但取得的所得与其所设机构、场所没有实际联系的非居民企业，适用税率为20%，减按10%的税率征收企业所得税。

另外，企业所得税设了两档优惠税率为20%和15%。符合条件的小型微利企业，减按20%

的税率征收企业所得税；国家需要重点扶持的高新技术企业，减按 15%的税率征收企业所得税。

(二)应纳税额的计算

1. 居民企业应纳税额的计算

居民企业应纳税额等于应纳税所得额乘以适用税率，基本计算公式为：

应纳税额＝应纳税所得额×适用税率－减免税额－抵免税额

公式中的减免税额和抵免税额，是指依照企业所得税法和国务院的税收优惠规定减征、免征和抵免的应纳税额。

根据计算公式可以看出，居民企业应纳税额的多少，取决于应纳税所得额和适用税率两个因素。在实际过程中，应纳税所得额的计算一般有两种方法。

(1)直接计算法的应纳税所得额的计算公式

应纳税所得额＝收入总额－不征税收入－免税收入－各项扣除金额－弥补亏损

上述公式中的数据均为税法规定口径的数据。税法规定的收入总额不同于会计规定的收入总额，税法规定的准予扣除项目金额也不同于会计成本、费用、税金和损失。上述公式能从理论上展示应纳税所得额的计算因素。

(2)间接计算法的应纳税所得额计算公式

在间接计算法下，在会计利润总额的基础上加上或减去按照税法规定调整项目金额后，即为应纳税所得额。计算公式为：

应纳税所得额＝会计利润总额±纳税调整项目金额

税收调整项目金额包括两方面的内容：企业的财务会计处理和税收规定不一致的应予以调整的金额；企业按税法规定准予扣除的金额。

【例 6－11】 假定某企业为居民企业，2011 年经营业务如下：

(1)取得销售收入 2 500 万元。

(2)销售成本 1 100 万元。

(3)发生销售费用 670 万元(其中广告费 450 万元)；管理费用 480 万元(其中业务招待费 15 万元)；财务费用 60 万元。

(4)销售税金 160 万元(含增值税 120 万元)。

(5)营业外收入 70 万元，营业外支出 50 万元(含通过公益性社会团体向贫困山区捐款 30 万元，支付税收滞纳金 6 万元)。

(6)计入成本、费用中的实发工资总额 150 万元，拨缴职工工会经费 3 万元、支付职工福利费和职工教育经费 29 万元。

请计算该企业 2011 年度实际应纳的企业所得税。

【参考解析】 (1)会计利润总额＝2 500－1 100－670－480－60－40＋70－50 ＝170 (万元)

(2)广告费和业务宣传费扣除限额＝2 500×15% ＝375(万元)，调增所得额

＝450－375＝75(万元)

(3)业务招待费扣除限额＝2 500×5‰＝12.5(万元)

可扣除金额＝15×60%＝9(万元)

调增所得额＝15－9＝6(万元)

(4)捐赠支出扣除限额＝170×12%＝20.4(万元)，调增所得额＝30－20.4＝9.6(万元)

(5)支付税收滞纳金 6 万元，调增所得额 6 万元。

(6)“三项经费”扣除限额为 27.75 万元

职工福利费扣除限额＝150×14%＝21(万元)

工会经费扣除限额＝150×2%＝3(万元)

职工教育经费扣除限额＝150×2.5%＝3.75(万元)

调增所得额＝3＋29－27.75＝4.25(万元)

(7)应纳税所得额＝170＋75＋6＋9.6＋6＋4.25＝270.85(万元)

(8)企业应纳所得税额＝270.85×25%＝67.71(万元)

2. 境外所得抵扣税额的计算

境外已纳税额扣除，是避免国家间对同一所得重复征税的一项重要措施，我国税法对境外已纳税款实行限额扣除。

已在境外缴纳的所得税税额，是指企业来源于中国境外的所得依照中国境外税收法律以及相关规定应当缴纳并已经实际缴纳的企业所得税性质的税款。企业依照《企业所得税法》的规定抵免企业所得税税额时，应当提供中国境外税务机关出具的税款所属年度的有关纳税凭证。

(1)税额抵扣的范围

企业取得的下列所得已在境外缴纳的所得税税额，可以从其当期应纳税额中抵免，抵免限额为该项所得依照《企业所得税法》规定计算的应纳税额；超过抵免限额的部分，可以在以后5个年度内，用每年度抵免限额抵免当年应抵税额后的余额进行抵补：

①居民企业来源于中国境外的应税所得。

②非居民企业在中国境内设立机构、场所，取得发生在中国境外但与该机构、场所有实际联系的应税所得。

③居民企业从其直接或者间接控制的外国企业分得的来源于中国境外的股息、红利等权益性投资收益，外国企业在境外实际缴纳的所得税税额中属于该项所得负担的部分，可以作为该居民企业可抵免境外所得税税额，在税法规定的抵免限额内抵免。

上述所称直接控制，是指居民企业直接持有的外国企业20%以上的股份。

上述所称间接控制，是指居民企业以间接持股方式持有外国企业20%以上的股份。具体认定办法由国务院财政、税务主管部门另行制定。

(2)税额抵扣的方法

我国境外所得抵扣税额采取限额抵免法计算。

限额抵免法，是指对纳税人在境外取得的所得按照我国税法规定计算出其应纳所得税额，将该应纳税额作为汇总计算应纳税额时的扣除限额的一种方法。

(3)抵免限额的计算

抵免限额，是指企业来源于中国境外的所得，依照《企业所得税法》规定计算的应纳税额。

我国在计算该扣除限额时采用分国不分项的原则。计算公式：

抵免限额＝中国境内、境外所得依照税法计算的应纳税总额×来源于某国的应纳税所得额÷中国境内、境外应纳税所得总额

公式中的所得是税前所得(含税所得)。在计算时，注意区分境外分回所得是税前所得还是税后所得。如果分回的是税后所得，应将税后所得还原为税前所得。还原公式：

税前所得＝分回的税后所得(投资收益)÷(1－境外税率)

或： 税前所得＝分回的税后所得＋境外已纳税款

(4)抵免限额的具体运用

①如果纳税人来源于境外的所得在境外实际缴纳的税款＜扣除限额，按境外实际缴纳的

税款据实扣除。

②如果纳税人来源于境外的所得在境外实际缴纳的税款＞扣除限额，按扣除限额扣除。其超过部分不得从本年度应纳税额中扣除，也不得列为本年度费用支出，但可以用以后年度抵免限额抵免当年应抵税额后的余额进行抵补，补扣期限最长不能超过 5 年。

上述所称 5 个年度，是指从企业取得的来源于中国境外的所得，已经在中国境外缴纳的企业所得税性质的税额超过抵免限额的当年的次年起连续 5 个纳税年度。

【例 6－12】 中国长城公司 2013 年境内应纳税所得额为 350 万元（该公司所适用的企业所得税税率为 25%），从 A 国分回 150 万元的税后利润（税前所得为 250 万元，A 国的企业所得税税率为 30%），从 B 国分回 80 万元的税后利润（税前所得为 100 万元，B 国的企业所得税税率为 20%）。请计算长城公司汇总时在我国应缴纳的企业所得税税额。

【参考解析】 方法一：

(1)该企业按照我国税法计算的境内、境外所得的应纳税额：

应纳税额＝(350＋250＋100)×25%＝175(万元)

(2)A、B 两国的扣除限额：

A 国的扣除限额＝175×[250÷(350＋250＋100)]＝62.5(万元)

B 国的扣除限额＝175×[100÷(350＋250＋100)]＝25(万元)

在 A 国缴纳的企业所得税为 100 万元，高于扣除限额 62.5 万元，其超过扣除限额的部分 37.5 万元当年不能扣除，可结转到以后 5 个年度扣除。

在 B 国缴纳的企业所得税为 20 万元，低于扣除限额 25 万元，可全额扣除。

(3)汇总时在我国应缴纳的所得税＝175－62.5－20＝92.5(万元)

方法二：

该公司实际应缴纳企业所得税额＝350×25%＋[80÷(1－20%)×(25%－20%)]

＝92.5(万元)

3. 非居民企业应纳税额的计算

在中国境内设立机构、场所且所得与机构、场所有关联的非居民企业的应纳税额的计算同居民企业应纳税额的计算方法。

对于在中国境内未设立机构、场所的，或者在中国境内虽设立机构、场所，但取得的所得与其在华设立的机构、场所没有实际联系的非居民企业的所得，应当就其来源于中国境内的所得缴纳所得税。

其应纳税所得额按照下列方法计算：

(1)股息、红利等权益性投资收益和利息、租金、特许权使用费所得，以收入全额为应纳税所得额。

(2)转让财产所得，以收入全额减除财产净值后余额为应纳税所得额。

(三)清算所得的计算

企业清算时，以清算所得为应纳税所得额。

清算所得，是指企业清算时的全部资产或者财产，扣除各项清算费用、损失、负债、企业未分配利润、公益金和公积金后的余额，超过实缴资本的部分。

投资方企业从被清算企业分得的剩余资产，其中相当于从被清算企业累计未分配利润和累计盈余公积中应当分得的部分，应当确认为股息所得；剩余资产减除上述股息所得后的余额，超过或者低于投资成本的部分，应当确认为投资资产转让所得或者损失。

股息性所得，指股权性投资取得的股息、分红、联营分利、合作或合伙分利等应计股息性质的收入，其来自于被投资企业或被清算企业累计未分配利润和累计盈余公积中应当分得的部分，不包括资本公积分配部分。

第三节　特别纳税调整

一、关联业务的税务处理

特别纳税调整，是指企业与其关联方之间的业务往来，不符合独立交易原则而减少企业或者其关联方应纳税收入或者所得额的，税务机关有权按照合理方法调整。

企业与其关联方共同开发、受让无形资产，或者共同提供、接受劳务发生的成本，在计算应纳税所得额时应当按照独立交易原则进行分摊。

上述所称独立交易原则，是指没有关联关系的交易各方，按照公平成交价格和营业常规进行业务往来遵循的原则。

1. 关联方

关联方，是指与企业有关联关系之一的企业、其他组织或者个人：在资金、经营、购销等方面存在直接或者间接控制关系；直接或者间接地同为第三者控制；在利益上具有相关联的其他关系。

2. 关联企业之间关联业务的税务处理

（1）企业可以按照企业所得税的规定，按照独立交易的原则与其关联方分摊共同发生的成本，达成成本分摊协议。

（2）企业与其关联方分摊成本时，应当按照成本与预期收益相配比的原则进行分摊，并在税务机关规定的期限内，按照税务机关的要求报送有关资料。

企业与其关联方分摊成本时违反上述两项规定的，其自行分摊的成本不得在计算应纳税所得额时扣除。

（3）企业可以向税务机关提出与其相关联方之间业务往来的定价原则和计算方法，税务机关与企业协商、确认后，达成预约定价的安排。

预约定价安排，是指企业就其未来年度关联交易的定价原则和计算方法，向税务机关提出申请，与税务机关按照独立交易原则协商、确认后达成协议。

（4）企业从其关联方接受的债权性投资、权益性投资的比例超过规定标准而发生的利息支出，不得从应纳税所得额中扣除。

企业如果能够按照税法及其实施条例的有关规定提供相关资料，并证明相关交易活动符合独立交易原则的；或者企业的实际税负不高于境内关联方的，其实际支付给境内关联方的利息支出，在计算应纳税所得额时准予扣除。

企业同时从事金融业务和非金融业务，其实际支付给关联方的利息支出，应按照合理方法分开计算；没有按照合理方法分开计算的，一律按上述有关其他企业的比例计算准予税前扣除的利息支出。

（5）企业所得税法所称与关联业务调查有关的其他企业，是指以被调查企业在生产经营内容和方式上相类似的企业。

企业应当在税务机关相关规定的期限内提供与关联业务往来有关的价格、费用的制定标准、计算方法和说明等资料。关联方以及与关联业务调查有关的其他企业应当在税务机关与其约定的期限内提供相关资料。

(6)由居民企业，或者由居民企业和中国居民控制的设立在实际税负明显低于《企业所得税法》规定税率为 25%水平国家(地区)的企业，并非由于合理的经营需要而对利润不做分配或者减少分配的，上述利润中应当归属于该居民企业部分，应当计入该居民企业的当期收入。

上述所称控制，包括：居民企业或者中国居民直接或者间接单一持有外国企业 10%以上有表决股份，且由其共同持有该外国企业 50%以上股份；居民企业，或者居民企业和中国居民持股比例没有达到前述规定的标准，但在股份、资金、经营、购销等方面对该外国企业构成实质控制。

二、调整方法

为了防止纳税人通过关联企业或其他关联关系，利用转让定价方式转移利润，逃避纳税义务，税法做出了明确的规定：纳税人与其关联企业之间的业务往来，应按照独立企业之间的业务往来收取或支付价款、费用。否则，因此而减少应纳税所得额的，税务机关有权进行合理的调整。调整的顺序和方法如下：

1. 可比非控价格法

可比非控价格法是指按照没有关联关系的交易各方进行相同或者类似业务的往来的价格进行定价的方法。

2. 再销售价格法

再销售价格法是指按照从关联方购进商品再销售给没有关联关系的交易方的价格，减除相同或者类似业务的销售毛利进行定价方法。

3. 成本加成法

成本加成法是指按照成本加合理的费用和利润进行定价的方法。

4. 交易净利润法

交易净利润法是指按照没有关联关系的交易各方进行相同或者类似业务往来取得的净利润水平确定利润的方法。

5. 利润分割法

利润分割法是指将企业与其关联方的合并利润或者亏损在各方之间采用合理标准进行分配的方法。

6. 其他符合独立交易原则的方法

企业实施其他不具有合理商业目的的安排而减少其应纳税收入或者所得额的，税务机关有权按照合理方法调整。不具有合理商业目的，是指以减少、免除或者推迟缴纳税款为主要目的。

三、相关资料管理

企业向税务机关报送年度企业所得税纳税申报表时，应当就其与关联方之间的业务往来，附送年度关联业务往来报告表。

税务机关在进行关联业务调查时，企业及其关联方，以及与关联业务调查有关的其他企业，应当按照规定提供相关资料。所称相关资料，是指：

(1)与关联业务往来有关价格、费用的制定标准、计算方法和说明等同期资料。

(2)关联业务往来所涉及的财产、财产使用权、劳务等的再销售(转让)价格或者最终销售(转让)价格的相关资料。

(3)与关联业务调查有关的其他企业应当提供的与被调查企业可比的产品价格、定价方式以及利润水平等相关资料。

(4)其他与关联业务往来有关的资料。

企业应当在税务机关规定的期限内提供与关联业务有往来的价格、费用的制定标准、计算方法和说明等资料。关联方以及与关联业务调查有关的其他企业应当在税务机关与其约定的期限内提供相关的资料。

四、关联企业应纳税所得额的核定

企业不提供与其关联方之间业务往来资料，或者提供虚假、不完整资料，未能真实反映其关联业务往来情况的，税务机关有权依法核定其应纳税所得额。

税务机关依法依照企业所得税的规定核定企业的应纳税所得额时，可以采用下列办法：

(1)参照同类或者类似企业的利润率水平核定。

(2)按照企业成本加合理的费用和利润的方法核定。

(3)按照关联企业集团整体利润的合理比例核定。

(4)按照其他合理方法核定。

企业对税务机关按照前款规定的方法核定的应纳税所得额有异议的，应当提供相关证据，经税务机关认定后，调整核定的应纳税所得额。

五、加收利息

企业实施其他不具有合理商业目的的安排而减少其应纳税收入或者所得额的，税务机关有权按照合理方法调整。上述所称不具有合理商业目的，是指以减少、免除或者推迟缴纳税款为主要目的。

税务机关依照规定做出纳税调整，需要补征税款的，应当补征税款，并按照国务院规定加收利息。

税务机关根据税收法律、行政法规的规定，对企业做出特别纳税调整的。应当对补征的税款，自税款所属纳税年度的次年 6 月 1 日起至补缴税款之日止的期间，按日加收利息。加收的利息，不得在计算应纳税所得额时扣除。

所称利息，应当按照所属纳税年度中国人民银行公布的与补税期间同期的人民币贷款基准利率加 5 个百分点计算。

企业依照《企业所得税法》规定提供有关资料的，可以只按前款规定的人民币贷款利率计算利息。

企业与其关联方之间的业务往来，不符合独立交易原则，或者企业实施其他不具有合理商业目的安排的，税务机关有权在该业务发生的纳税年度起 10 年内，进行纳税调整。

第四节　税收优惠

税收优惠，是指国家运用政策在税收法律、行政法规中规定对某一部分特定企业和课税对象给予减轻或免除税收负担的一种措施。企业所得税的税收优惠方式包括免税、减税、加计扣除、加速折旧、减计收入、税额抵免等。

一、免征与减征优惠

(一)企业从事农、林、牧、畜业项目所得,可以免征、减征企业所得税

1. 企业从事下列项目的所得,免征企业所得税

(1)蔬菜、谷物、薯类、油料、豆类、棉花、麻类、糖料、水果、坚果的种植。

(2)农作物新品种的选育。

(3)中药材的种植。

(4)林木的培育和种植。

(5)牧畜、家禽的饲养。

(6)林产品的采集。

(7)灌溉、农产品初加工、兽医、农技推广、农机作业和维修等农、林、牧、渔服务业项目。

(8)远洋捕捞。

2. 从事下列项目的所得,减半征收企业所得税

(1)花卉、茶以及其他饮料作物和香料作物的种植。

(2)海水种植、内陆养殖:

(二)从事国家重点扶持的公共基础设施项目的所得

国家重点扶持的公共基础设施项目,是指《公共基础设施项目所得税优惠目录》规定的港口、码头、机场、铁路、公路、城市公共交通、电力、水利等项目。

企业从事国家重点扶持的公共基础设施项目的投资经营的所得,自项目取得第一笔生产经营收入所属纳税年度起,第一年至第三年免征企业所得税,第四年至第六年减半征收企业所得税。

企业承包经营、承包建设和内部自建自用本条规定的项目,不得享受本条规定的企业所得优惠。

企业从事国家限制和禁止发展的项目,不得享受本条规定的企业所得税优惠。

(三)从事符合条件的环境保护、节能节水项目的所得

符合条件的环境保护、节能节水项目,包括公共污水处理、公共垃圾处理、沼气综合利用开发、节能减排技术改造、海水淡化等。项目的具体条件和范围由国务院财政、税务主管部门商国务院有关部门制定,报国务院批准后公布实行。

企业从事符合条件的环境保护、节能节水项目的所得,自项目取得第一笔生产经营收入所属纳税年度起,第一年至第三年免征企业所得税,第四年至第六年减半征收企业所得税。

上述依照规定享受减免税优惠的项目,在减免税期限内转让的,受让方自受让之日起,可以在剩余的期限内享受规定的减免税优惠;减免税期限届满后转让的,受让方不得就该项目享受减免税优惠。

(四)符合条件的技术转让所得

符合条件的技术转让所得免征、减征企业所得税,是指一个纳税年度内,居民企业技术转让所得不超过 500 万元的部分,免征企业所得税;超过 500 万元的部分,减半征收企业所得税。

【例 6—13】 某居民企业 2012 年度实现会计利润 3 600 万元,其中符合条件的技术转让收入 800 万元,与技术转让相关的成本费用 100 万元。假设无其他纳税调整事项,企业所得税税率为 25%。该企业 2012 年应缴纳企业所得税(　　)万元。

A. 725　　B. 750　　C. 900　　D. 925

【参考解析】 答案:B。居民企业符合条件的技术转让所得不超过500万元的部分,免征企业所得税;超过500万元的部分,减半征收企业所得税。该企业技术转让所得=800－100=700(万元),该企业应缴纳企业所得税=[3 600－700+(700－500)×50%]×25%=750(万元)。

二、高新技术企业所得税税收优惠

国家需要重点扶持的高新技术企业,减按15%的税率征收企业所得税。

国家需要重点扶持的高新技术企业是指拥有核心自主知识产权,并同时符合下列条件的企业。

(1)在中国境内(不含港、澳、台地区)注册的企业,近三年内通过自主研发、受让、受赠、并购等方式,或通过5年以上的独占许可方式,对其主要产品(服务)的核心技术拥有自主知识产权。

(2)产品(服务)属于《国家重点支持的高新技术领域》规定的范围。

(3)具有大学专科以上学历的科技人员占企业当年职工总数的30%以上,其中研发人员占企业当年职工总数的10%以上。

(4)企业为获得科学技术(不包括人文、社会科学)新知识,创造性运用科学技术新知识,或实质性改进技术、产品(服务)而持续进行了研究开发活动,且近三个会计年度的研究开发费用总额占销售收入总额的比例符合如下要求:

①最近一年销售收入小于5 000万元的企业,比例不低于6%;

②最近一年销售收入在5 000万元至20 000万元的企业,比例不低于4%;

③最近一年销售收入在20 000万元以上的企业,比例不低于3%。

其中,企业在中国境内发生的研究开发费用总额占全部研究开发费用总额的比例不低于60%。企业注册成立时间不足三年的,按实际经营年限计算。

(5)高新技术产品(服务)收入占企业当年总收入的60%以上。

(6)企业研究开发组织管理水平、科技成果转化能力、自主知识产权数量、销售与总资产成长性等指标符合《高新技术企业认定管理工作指引》的要求。

三、小型微利企业税收优惠

符合条件的小型微利企业,减按20%的税率征收企业所得税。

小型微利企业,是指从事国家非限制和禁止行业并符合下列条件的企业。

(1)工业企业,年度应纳税所得额不超过30万元,从业人数不超过100人,资产总额不超过3 000万元。

(2)其他企业,年度应纳税所得额不超过30万元,从业人数不超过80人,资产总额不超过1 000万元。

四、加计扣除优惠

加计扣除优惠包括以下两项内容:

1. 研究开发费用的加计扣除

是指企业为开发新技术、新产品、新工艺发生的研究开发费用,未形成无形资产计入当期损益的,在按照规定据实扣除的基础上,按照研究开发费用的50%加计扣除;形成无形资产的，按照无形资产成本的 150%摊销。

2. 企业安置残疾人员所支付的工资的加计扣除

是指企业安置残疾人员的，在按照支付给残疾职工工资据实扣除的基础上，按照支付给残疾职工工资的 100%加计扣除。残疾人员的范围适用《中华人民共和国残疾人保障法》的有关规定。

企业安置国家鼓励安置的其他就业人员所支付的工资的加计扣除办法，由国务院另行规定。

【例 6－14】 根据企业所得税法律制度的规定，企业的下列支出中在计算应纳税所得额时，可以加计扣除的有(　　)。

A. 购置并实际使用环境保护专用设备的投资额

B. 安置残疾人员实际支付给残疾职工的工资

C. 投资于未上市的中小高新技术企业的投资额

D. 为开发新技术、新产品、新工艺发生的研究开发费用

【参考解析】 答案：BD。选项 AC 不适用加计扣除的规定。

五、创业投资企业优惠

创业投资企业从事国家需要扶持和鼓励的创业投资，可以按投资额的一定比例抵扣应纳税所得额。

创业投资优惠，是指创业投资企业采取股权投资方式投资于未上市的中小高新技术企业 2 年以上的，可以按照其投资额的 70%在股权持有满 2 年当年抵扣该创业投资企业的应纳税所得额；当年不足抵扣的，可以在以后纳税年度结转抵扣。

例如，甲企业 2012 年 1 月 1 日向乙企业(未上市的中小高新技术企业)投资 100 万元，股权持有到 2013 年 12 月 31 日。甲企业 2013 年度可抵扣的应纳税所得额为 70 万元。

六、加速折旧优惠

企业的固定资产由于技术进步等原因，确需加速折旧的，可以缩短折旧年限或者采取加速折旧的方法。

税法规定的可以采取缩短折旧年限或者采取加速折旧的方法的固定资产，包括：

(1)由于技术进步，产品更新换代较快的固定资产。

(2)常年处于强震动、高腐蚀状态的固定资产。

采取缩短折旧年限方法的，最低折旧年限不得低于上述规定折旧年限的 60%。

采取加速折旧方法的，可以采取双倍余额递减法或者年数总额法。

七、减计收入优惠

减计收入优惠，是企业综合利用资源，生产符合国家企业政策规定产品所取得的收入，可以在计算应纳税所得额时减计收入。

综合利用自然资源，是指企业以《资源综合利用企业所得税优惠目录》规定的资源作为主要原材料，生产国家非限制和禁止并符合国家和行业相关标准的产品所取得的收入，减按 90%计入收入总额。

上述所称原材料占生产产品材料的比例不得低于《资源综合利用企业所得税优惠目录》规

定的标准。

八、税额抵免优惠

税额抵免，是指企业购置并实际使用《环境保护专用设备企业所得税优惠目录》《节能节水专用设备企业所得税优惠目录》和《安全生产专用生产设备企业所得税优惠目录》规定的环境保护、节能节水、安全生产等专用设备的，该专用设备的投资额的10%可以从企业当年的应纳税额中抵免；当年不足抵免的，可以在以后的5个纳税年度结转抵免。

享受前款规定的企业所得税优惠的企业，应当实际购买并自身实际投入使用前款规定的专用设备企业购置上述装用设备在5年内转让、出租的，应当停止享受企业所得税优惠，并补缴已经抵免的企业所得税税款。

企业所得税优惠目录，由国务院财政、税务主管部门商国务院有关部门制订，报国务院批准后公布施行。

企业同时从事使用不同企业所得税待遇的项目的，其优惠项目应当单独计算所得，并合理分摊企业的期间费用；没有单独计算的，不得享受企业所得税优惠。

九、民族自治地方的优惠

民族自治地方的自治机关对本民族自治地方的企业应缴纳的企业所得税中属于地方分享的部分，可以决定减征或者免征。自治州、自治县决定减征或者免征的，须报省、自治区、直辖市人民政府批准。

企业所得税法所称民族自治地方，是指依照《中华人民共和国民族区域自治法》的规定，实行民族区域自治的自治区、自治州、自治县。

对民族自治地方内国家限制和禁止行业的企业，不得减征或者免征企业所得税。

十、非居民企业优惠

非居民企业减按10%的所得税税率征收企业所得税。这里的非居民企业，是指在中国境内未设立机构、场所，或者虽设立机构场所，但取得的所得与其所设机构、场所没有实际联系的企业。该类非居民企业取得的下列所得免征企业所得税。

(1)外国政府向中国政府提供贷款取得的利息所得。

(2)国际金融组织向中国政府和居民企业提供优惠贷款取得的利息所得。

(3)经国务院批准的其他所得。

十一、其他优惠

为了新旧企业所得税法规的顺利衔接，新企业所得税法规做了明确的过渡规定：企业所得税法公布前已经批准设立的企业，依照当时的税收法律、行政法规规定，享受低税率优惠的，按照国务院规定，可以在本法施行后5年内，逐步过渡到本法规定的税率；享受定期减免税优惠的，按照国务院规定，可以在本法施行后继续享受到期满为止，但因未获利而尚未享受优惠的，优惠期限从本法施行年度起计算。

法律设置的发展对外经济合作和技术交流的特定地区内，以及国务院已规定执行上述地区特殊政策的地区内新设立的国家需要重点扶持的高新技术企业，可以享受过渡性税收优惠，具体办法由国务院规定。

国家已确定的其他鼓励类企业，可以按照国务院规定享受减免税优惠。

具体规定如下。

（一）低税率优惠过渡政策

自 2008 年 1 月 1 日起，原享受低税率优惠政策的企业，在新税法施行后 5 年内逐步过渡到法定税率。其中：

（1）享受企业所得税 15%税率的企业，2008 年按 18%税率执行，2009 年按 20%税率执行，2010 年按 22%税率执行，2011 年按 24%税率执行，2012 年按 25%税率执行。

（2）原执行 24%税率的企业，2008 年起按 25%税率执行。

（二）定期减免税优惠过渡政策

自 2008 年 1 月 1 日起，原享受企业所得税"两免三减半""五免五减半"等定期减免税优惠的企业，新税法施行后继续按原税收法律、行政法规及相关文件规定的优惠办法及年限享受至期满为止。但因未获利而尚未享受税收优惠的企业，其优惠期限从 2008 年计算。

（三）西部大开发的所得税优惠

根据国务院实施西部大开发有关文件精神，财政部、税务总局和海关总署联合下发的《财政部、国家税务总局和海关总署关于西部大开发税收优惠政策问题的通知》（财税〔2001〕202 号）中规定的西部大开发企业所得税优惠政策继续执行。

1. 适用范围

本政策的适用范围包括重庆市、四川省、贵州市、云南省、西藏自治区、陕西省、甘肃省、宁夏回族自治区、青海省、新疆维吾尔自治区、新疆生产建设兵团、内蒙古自治区和广西壮族自治区（上述地区统称"西部地区"）。湖南省湘西土家族苗族自治州、湖北省恩师土家族苗族自治州、吉林省延边朝鲜族自治州，可以比照西部地区的税收优惠政策执行。

2. 具体内容

（1）对设在西部地区国家鼓励类产业的内资企业，在 2001～2010 年，减按 15%的税率征收企业所得税。

国家鼓励类产业的内资企业是指以《当前国家重点鼓励发展的企业、产品和技术目录（2000 年修订）》中规定的产业项目为主营业务，其主营业务收入占企业总收入的 70%以上的企业。

收入达到比例的，实行企业自行申请、税务机关审核的管理办法。经税务机关审核确认后，企业方可减按 15%的税率缴纳企业所得税。企业未按规定提出申请或未经税务机关审核确认的，不得享受上述税收优惠。

（2）经省级人民政府批准，民族自治地方的内资企业可以定期减征或免征企业所得税；凡减免税款涉及中央收入 100 万元（含 100 万元）以上的，需报国家税务总局批准。

（3）对在西部地区新办交通、电力、水利、邮政、广播电视企业，上述项目业务收入占总收入 70%以上的，可以享受企业所得税如下的优惠政策：内资企业自开始生产经营之日起，第一年至第二年免征企业所得税，第三年至第五年减半征收企业所得税。

新办交通企业是指投资新办从事公路、铁路、航空、港口、码头运营和管道运输的企业；新办水利企业是指投资新办从事江河湖泊综合治理、防洪防涝、灌溉、供水、水资源保护、水利发电、水土保持、河道疏浚、河海堤防建设等开发水利、防止水害的企业；新办广播电视企业是指投资新办从事广播电视运营的企业。

上述企业同时符合本规定条件，第三年至第五年减半征收企业所得税时，按 15%税率计算出应纳所得税的税额后减半执行。

上述所称企业，是指投资主体自建、运营上述项目的企业，单纯承揽上述项目建设的施工企业不得享受两年免征、三年半征企业所得税的政策。

3. 汇总纳税

对实行汇总(合并)纳税的企业，应当将两部分地区的成员企业与西部地区以外的成员企业分开，分别汇总(合并)申报纳税，分别适用税率。

(四)其他事项

1. 享受企业所得税过渡优惠政策的企业，应按照新税法和实施条例中有关收入和扣除的规定计算应纳税所得额。

2. 企业所得税过度优惠政策与新税法及实施条例规定的优惠政策存在交叉的，由企业选择最优惠政策执行，不得叠加享受，且一经选择，不得改变。

3. 经济特区和上海浦东新区内新设高新技术企业在按照规定享受过渡性税收优惠期间，由于复审或抽查不合格而不再具有高新技术企业资格的年度起，停止享受过渡性税收优惠；以后再次被认定为高新技术企业的，不得继续享受或者重新享受过渡性税收优惠。

4. 对经济特区和上海浦东新区内在2008年1月1日(含)之后完成登记注册的国家需要重点扶持的高新技术企业(以下简称新设高新技术企业)，在经济特区和上海浦东新区内取得的所有，自取得第一笔生产经营收入所属纳税年度起，第一年生产经营收入所属纳税年度起，第一年至第二年免征企业所得税，第三年至第五年按照25%的法定税率减半征收企业所得税。

5. 国家对重点扶持和鼓励发展的产业和项目，给予企业所得税优惠。

【例6—15】 我国企业所得税的税收优惠包括(　　)。

A. 免税收入　　B. 加计扣除　　C. 减计收入　　D. 税额抵免

【参考解析】 答案：ABCD。选项ABCD均属于我国企业所得税的税收优惠。我国企业所得税的税收优惠包括免税收入、可以减免税的所得、优惠税率、民族自治地方的减免税、加计扣除、抵扣应纳税所得额、加速折旧、减计收入、抵免应纳税额和其他专项优惠政策。

第五节　源泉扣缴与征收管理

一、源泉扣缴

(一)扣缴义务人

1. 对非居民企业在中国境内未设立机构、场所的，或者虽设立机构、场所但取得的所得与其所设机构、场所没有实际联系的，应缴纳的所得税，实行源泉扣缴，以支付人为扣缴义务人。税款由扣缴义务人在每次支付或者到期应支付时，从支付或者到期应支付的款项中扣缴。

上述所称支付人，是指依照有关法律规定或者合同约定对非居民企业直接负有支付相关款项义务的单位或者个人。

上述所称支付，包括现金支付、汇拨支付、转账支付和权益兑价支付等货币支付和非货币支付。

上述所称到期应支付的款项，是指支付人按照权责发生制原则应当计入相关成本、费用的应付款项。

2. 对非居民企业在中国境内取得的工程作业和劳动所得应缴纳的所得税，税务机关可以指定工程价格或者劳务费的支付人为扣缴义务人。

企业所得税税法规定的可以指定扣缴义务人的情形，包括：

(1)预计工程作业或者提供劳务服务不足一个纳税年度，且有证据表明不履行纳税义务的；

(2)没有办理税务登记或者临时税务登记，且未委托中国境内的代理人履行纳税义务的；

(3)未按照规定期限办理企业所得税申报或者预缴申报的。

前款规定的扣缴义务人，由县级以上税务机关指定，并同时告知扣缴义务人所扣税款的计算依据、计算方法、扣缴日期和扣缴方式。

(二)扣缴方法

1. 企业所得税法对非居民企业应当缴纳的企业所得税实行源泉扣缴的，应当依照企业所得税法的规定计算应纳税所得额。

2. 依照规定应当扣缴的所得税，扣缴义务人未依法扣缴或者无法履行扣缴义务的，由纳税人在所得发生地缴纳。纳税人未依法缴纳的，税务机关可以从该纳税人在中国境内其他收入项目的支付人应付的款项中，追缴该纳税人的应缴税款。

上述所称所得发生地，是指依照规定的原则确定的所得发生地。在中国境内存在多处所得发生地的，由纳税人选择其中之一申报缴纳企业所得税。

纳税人在中国境内的其他收入，是指该纳税人在中国境内取得的其他各种来源的收入。

3. 扣缴义务人每次代扣的税款，应当自代扣之日起7日内缴入国库，并向所在地的税务机关报送扣缴企业所得税的报告表。

4. 税务机关在追缴该纳税人应纳税款时，应当将追缴理由、追缴数额、缴纳期限和缴纳方法等告知该纳税人。

二、征收管理

(一)纳税地点

1. 除税收法律、行政法规另有规定外，居民企业以企业登记注册地为纳税地点；但登记注册的在境外的，以实际管理机构所在地为纳税地点。

2. 居民企业在中国境内设立不具有法人资格的营业机构的，应当汇总计算并缴纳企业所得税。企业汇总计算并缴纳企业所得税时，应当统一核算应纳税所得额，实行"统一计算、分级管理、就地预缴、汇总清算、财政调库"的征收管理办法。

总机构和具有主体生产经营职能的二级分支机构应按规定，分月或分季分别向所在地主管税务机关申报预缴企业所得税。

二级分支机构及其下属机构均由二级分支机构集中就地预缴企业所得税；三级及以下分支机构不就地预缴企业所得税，其经营收入、职工工资和资产总额统一计入二级分支机构。

总机构设立具有独立生产经营职能部门，且具有独立生产经营职能部门的经营收入、职工工资和资产总额与管理职能部门分开核算的，可将具有独立生产经营职能的部门视同一个分支机构，就地预缴企业所得税。具有独立生产经营职能部门与管理职能部门的经营收入、职工工资和资产总额不能分开核算的，具有独立生产经营职能的部门不得视同一个分支机构，不就地预缴企业所得税。

不具有主体生产经营职能，且在当地不缴纳增值税、营业税的产品售后服务、内部研发、仓储等企业内部辅助性的二级及以下分支机构，不就地预缴企业所得税。

上年度认定为小型微利企业的，其分支机构不就地预缴企业所得税。

新设立的分支机构，设立当年不就地预缴企业所得税。

3. 非居民企业在中国境内设立机构、场所的，应当就其所设机构、场所取得的来源于中国境内的所得，以及发生在中国境外但与其所设机构、场所有实际联系的所得，以机构、场所所在地为纳税地点。非居民企业在中国境内设立两个或者两个以上机构、场所的，经税务机关审核批准，可以选择由其主要机构、场所汇总缴纳企业所得税。非居民企业经批准汇总缴纳企业所得税后，需要增设、合并、迁移、关闭机构、场所或者停止机构、场所业务的，应当事先由负责汇总申报缴纳企业所得税的主要机构、场所向其所在地税务机关报告；需要变更汇总缴纳企业所得税的主要机构、场所的，依照前款规定办理。

4. 非居民企业在中国境内未设立机构、场所的，或者虽设立机构、场所但取得的所得与所设机构、场所没有实际联系的，以扣减义务人所在地为纳税地点。

5. 除国务院另有规定外，企业之间不得合并缴纳企业所得税。

（二）纳税期限

企业所得税按年计征，分月或者分季预缴，年终汇算清缴，多退少补。

企业所得税按纳税年度计算，纳税年度自公历 1 月 1 日起至 12 月 31 日止。企业在一个纳税年度中间开业，或者终止经营活动，使该纳税年度的实际经营期不足 12 个月的，应当以其实际经营期为一个纳税年度。企业依法清算时，应当以清算期间作为一个纳税年度。

（三）预缴和清算

企业应当自月份或者季度终了之日起 15 日内，向税务机关报送预缴企业所得税纳税申报表，预缴税款。

企业应当自年度终了之日起 5 个月内，向税务机关报送年度企业所得税纳税申请表，并汇算清缴，结清应缴应退税款。

企业在报送企业所得税纳税申报表时，应当按照规定附送财务会计报告和其他有关资料。

企业在年度中间终止经营活动的，应当自实际营业终止之日起 60 日内，向税务机关办理当期企业所得税汇算清缴。

企业应当在办理注销登记前，就其清算所得向税务机关申报并依法缴纳企业所得税。

依照《企业所得税法》缴纳的企业所得税，以人民币计算。所得以人民币以外的货币计算的，应当折合成人民币计算并缴纳税款。

企业分月或者分季预缴企业所得税时，应当按照月度或者季度的实际利润额预缴；按照月度或者季度的实际利润额预缴有困难的，可以按照上一纳税年度应纳税所得额的月度或者季度平均额预缴，或者按照经税务机关认可的其他方法预缴。预缴方法一经确定，该纳税年度内不得随意变更。

企业在纳税年度内无论盈利或者亏损，都应当依照《企业所得税法》规定的期限，向税务机关报送预缴企业所得税纳税申报表、年度企业所得税纳税申报表、财务会计报告和税务机关规定应当报送的其他有关资料。

（四）征管范围

自 2009 年 1 月 1 日起，国家对 2009 年以后新增企业的所得税征管范围进行调整。从

2009 年起，新增企业所得税纳税人中，应缴纳增值税的企业，其企业所得税由国税局管理；应缴纳营业税的企业，其企业所得税由地税局管理。以 2008 年为基年，2008 年底之前国税局、地税局各自管理的企业所得税纳税人不作调整。

从 2009 年起，下列新增企业的所得税征管范围实行以下规定：企业所得税全额为中央收入的企业和在国税局缴纳营业税的企业，其企业所得税由国税局管理。银行（信用社）、保险公司的企业所得税由国税局管理，除上述规定外的其他各类金融企业的企业所得税由地税局管理。外商投资企业和外国企业常驻代表机构的企业所得税仍由国税局管理。

2008 年底之前已成立跨区经营汇总纳税企业，从 2009 年起新设立的分支机构，其企业所得税的征管部门应与总机构企业所得税征管部门相一致；从 2009 年起新增跨区经营汇总纳税企业，总机构按基本规定确定的原则划分征管归属，其分支机构企业所得税的管理部门也应与总机构企业所得税管理部门相一致。按税法规定免缴流转税的企业，按其免缴的流转税税种确定企业所得税征管归属；既不缴纳增值税，也不缴纳营业税的企业，其企业所得税暂由地税局管理。既缴纳增值税又缴纳营业税的企业，原则上按照其税务登记时自行申报的主营业务应缴纳的流转税税种确定征管归属；企业税务登记时无法确定主营业务的，一般以工商登记注明的第一项业务为准；一经确定，原则上不再调整。

另外，中国境内单位和个人向非居民企业支付《中华人民共和国企业所得税法》第三条第三款规定的所得的，该项所得应扣缴的企业所得税征管，分别由支付该所得的境内单位和个人的所得税主管国家税务总局或地方税务局负责。

导入案例分析

(1)收入总额＝4 500＋300＝4 800(万元)

(2)会计利润＝4 800－2 000－80－1 500－500－80－30＝610(万元)

(3)应纳税所得额＝会计利润±调整项目

广告费、业务宣传费的扣除限额＝4 800×15%＝720(万元)

调增所得额＝820－720＝100(万元)

业务招待费

税前扣除标准＝4 800×5‰＝24(万元)

税前扣除标准＝50×60%＝30(万元)

调增所得额＝50－24＝26(万元)

新产品研发费调减所得额＝40×50%＝20(万元)

利息调增所得额＝50÷10%×(10%－6%)＝20(万元)

罚款调整所得额＝5(万元)

捐赠扣除限额＝610×12%＝73.2(万元)，捐赠未超过限额无需调整。

应纳税所得额＝610＋100＋26－20＋20＋5＝741(万元)

(4)应纳所得税＝741×25%＝185.25(万元)

单元小结

本单元“企业所得税法”知识结构如图 6－1 所示。

图 6—1 “企业所得税法”知识结构

知识测试与能力训练

一、单项选择题

1. 根据企业所得税法律制度的规定，下列各项中，不得提取折旧的固定资产是(　　)。

A. 房屋、建筑物　　B. 以经营租赁方式出租的固定资产

C. 已提足折旧继续使用的固定资产　　D. 季节性停用的机器设备

2. 2013 年某企业当年实现自产货物销售收入 500 万元，当年发生计入销售费用中的广告费 60 万元，企业上年还有 35 万元的广告费没有在税前扣除，企业当年可以税前扣除的广告费是（　　）万元。

A. 15　　B. 60　　C. 75　　D. 95

3. 企业缴纳的以下税金中，不可以在税前扣除的是（　　）。

A. 契税　　B. 车船税

C. 城镇土地使用税　　D. 销售商品的增值税

4. 某外商投资企业 2013 年度利润总额为 40 万元，未调整捐赠前的所得额为 50 万元。当年“营业外支出”账户中列支了通过当地教育部门向农村义务教育的捐赠 5 万元。该企业 2013 年应缴纳的企业所得税为（　　）万元。

A. 12.5　　B. 12.55　　C. 13.45　　D. 16.25

5. 某居民企业，2013 年计入成本、费用的实发工资总额为 300 万元，拨缴职工工会经费 5 万元，支出职工福利费 45 万元、职工教育经费 15 万元。该企业 2013 年计算应纳税所得额时准予在税前扣除的工资和三项经费合计为（　　）万元。

A. 310　　B. 349.84　　C. 394.84　　D. 354.5

6. 企业应当自月份或季度终了之日起（　　）日内，向税务机关报送预缴企业所得税申报表，预缴税款。

A. 10　　B. 15　　C. 7　　D. 5

7. 按照企业所得税法和实施条例规定，下列表述中不正确的是（　　）。

A. 发生的与生产经营活动有关的业务招待费，不超过销售（营业）收入 5‰的部分准予扣除

B. 发生的职工福利费支出，不超过工资薪金总额 14%的部分准予税前扣除

C. 为投资者或者职工支付的补充养老保险费、补充医疗保险费在规定标准内准予扣除

D. 为投资者或者职工支付的商业保险费，不得扣除

8. 按照企业所得税法和实施条例规定，下列有关企业所得税税率说法不正确的是（　　）。

A. 居民企业适用税率为 25%

B. 非居民企业取得来源于中国境内的所得适用税率均为 10%

C. 符合条件的小型微利企业适用税率为 20%

D. 未在中国境内设立机构、场所的非居民企业，取得中国境内的所得适用税率为 10%

9. 企业开发新技术、新产品、新工艺发生的研究开发费用，可以在计算应纳税所得额时（　　）扣除。

A. 全额　　B. 减半　　C. 加倍　　D. 加计

10. 按照企业所得税法和实施条例规定，飞机、火车、轮船以外的运输工具计算折旧的最低年限是（　　）。

A. 3 年　　B. 4 年　　C. 5 年　　D. 10 年

二、多项选择题

1. 根据企业所得税法律制度的规定，下列各项关于收入确认的表述中，正确的有（　　）。

A. 租金收入按照合同约定的承租人应付租金的日期确认收入的实现

B. 以分期收款方式销售货物的，应按照合同约定的收款日期确认收入的实现

C. 为特定客户开发软件的收费，应根据开发的完工进度确认收入

D. 接受捐赠收入，按照实际收到捐赠资产的日期确定收入

2. 根据企业所得税法律制度的规定，企业的下列收入中，属于不征税收入范围的有(　　)。

A. 财政拨款

B. 依法收取并纳入财政管理的行政事业性收费

C. 产品销售收入

D. 国债利息收入

3. 根据《企业所得税法》的规定。以下适用25%税率的有(　　)。

A. 依照外国法律成立但实际管理机构在中国境内的企业

B. 在中国境内设有机构、场所且所得与机构、场所有关联的非居民企业

C. 在中国境内未设立机构、场所但有来源于中国境内所得的非居民企业

D. 在中国境内虽设立机构、场所但取得所得与境内机构、场所没有实际联系的非居民企业

4. 根据《企业所得税法》的规定，下列收入属于征税收入的有(　　)。

A. 企业销售商品收入　　B. 企业提供中介代理收入

C. 企业转让固定资产收入　　D. 企业提供非专利技术收入

5. 根据企业所得税法律制度的规定，在计算企业所得税应纳税所得额时，准予从收入总额中扣除的项目有(　　)。

A. 纳税人向职工支付的工资薪金　　B. 纳税人为股东向保险公司购买财产保险

C. 纳税人支付的银行罚息　　D. 纳税人支付的交通罚款

6. 按照《企业所得税法》和实施条例规定，下列各项中属于居民企业的有(　　)。

A. 在江苏省工商局登记注册的企业

B. 在日本注册但实际管理机构在南京的日资独资企业

C. 在美国注册的企业设在苏州的办事处

D. 在江苏省注册但在中东开展工程承包的企业

7. 按照《企业所得税法》和实施条例规定，工业企业要享受企业所得税法中小型微利企业的优惠税率，必须同时符合的有(　　)。

A. 从事国家非限制和禁止行业　　B. 年度应纳税所得额不超过30万元

C. 从业人数不超过100人　　D. 资产总额不超过3 000万元

8. 按照《企业所得税法》和实施条例规定，在计算应纳税所得额时，下列支出不得税前扣除的有(　　)。

A. 土地增值税税款　　B. 企业所得税税款

C. 税收滞纳金　　D. 向环保部门缴纳的罚款

9. 按照《企业所得税法》和实施条例规定，固定资产的大修理支出，是指同时符合下列(　　)条件的支出。

A. 修理支出达到取得固定资产时的计税基础50%以上

B. 修理支出达到取得固定资产时的计税基础20%以上

C. 修理后固定资产的使用年限延长2年以上

D. 固定资产必须是房屋、建筑物

10. 企业实际发生的与取得收入有关的、合理的支出，包括(　　)和其他支出，准予在计算应纳税所得额时扣除。

A. 成本　　B. 费用　　C. 损失　　D. 税金

三、不定项选择题

某居民企业于2010年5月注册成立进行生产经营。2012年度生产经营情况如下：

(1)销售产品取得不含税收入9 000万元。

(2)产品销售成本3 500万元、营业税金及附加200万元、销售费用1 000万元；财务费用200万元；管理费用1 200万元(其中包括业务招待费40万元)。

(3)与销售产品有关的营业外支出800万元(其中直接捐赠支出60万元)。

(4)全年计入成本、费用的工资是1 000万元，发生职工工会经费、职工教育经费、职工福利费分别为50万元、80万元、100万元，取得相应合法的票据。经过税务机关的核定，该企业当年合理的工资支出标准是800万元。

要求：根据上述资料，回答下列小题：

1. 下列选项中，说法正确的有(　　)。

A. 直接捐赠不能在税前扣除　　B. 税前允许扣除的业务招待费24万元

C. 税前允许扣除的职工福利费112万元　　D. 工资支出不需要调整

2. 2012年该企业在税前准予扣除的营业外支出为(　　)元。

A. 800　　B. 780　　C. 740　　D. 700

3. 2012年工资及三项经费应调整应纳税所得额为(　　)元。

A. 94　　B. 167　　C. 294　　D. 356

4. 2012年该企业应缴纳的企业所得税为(　　)元。

A. 455.32　　B. 485.75　　C. 532.5　　D. 617.5

第 7 单元

个人所得税法

学习目标

1. 掌握个人所得税的基本法律规定。
2. 能够计算个人所得税的应纳税额。
3. 熟悉个人所得税的税收优惠政策。

导入案例

王先生系某高校教师，2013 年每月的基本工资收入为 3 800 元，此外，学校按照每位教师教学工作量发放课时报酬，王先生 2～6 月份每个月课时报酬收入为 2 100 元，9～12 月份每个月课时报酬收入为 2 400 元；2013 年 12 月获得全年一次性奖金收入 24 000 元；王先生于 2013 年出版教材一部，获得稿酬收入 12 000 元；为某大型企业集团讲学一次，获得收入 3 000 元；担任某集团公司独立董事，一次性取得董事费 40 000 元；购买福利彩票中奖获得奖金15 000元。

想一想：根据以上信息，计算王先生 2013 年应纳的个人所得税。

第一节　个人所得税概述

一、个人所得税的概念

个人所得税是以个人（自然人）取得的各项应税所得为征税对象所征收的一种税。作为征税对象的个人所得，是指个人在一定时期内，通过各种来源或方式所取得的一切利益，而不论这种利益是偶然的，是临时的，是货币的，是有价证券的，还是实物的。

二、个人所得税的特点

我国个人所得税制主要有以下四个特点。

(一)实行分类征收

世界各国的个人所得税制大体分为三种类型:分类所得税制、综合所得税制和混合所得税制。我国的个人所得税采用的是分类所得税制,即将个人取得的各种所得划分为 11 类,分别适用不同的费用减除标准、不同的税率和不同的计税方法。

(二)累进税率与比例税率并用

我国现行个人所得税根据各类个人所得的不同性质和特点,将累进税率和比例税率这两种形式的税率综合运用于个人所得税制。其中,对工资、薪金所得,个体工商户的生产经营所得,企事业单位的承包、承租经营所得采用超额累进税率;对稿酬所得,劳务报酬,特许权使用费所得,利息、股息、红利所得,财产租赁所得,财产转让所得,偶然所得和其他所得等均采用比例税率。

(三)定额扣除和定率扣除相结合

我国现行所得税计税时,对不同应税所得项目的费用扣除,分别采用定额和定率扣除两种方法。对工资薪金所得,每月定额减除费用 3 500 元;对劳务报酬所得,每次收入不超过 4 000 元的定额减除 800 元,每次收入 4 000 元以上的,定率减除 20%的费用,体现了多得多征、少得少征和公平税负的政策精神。

(四)计算简便

我国个人所得税的费用扣除采取总额扣除法,免去了对个人实际生活费用支出逐项计算的麻烦;各种所得项目实行分类计算,并且具有明确的费用扣除规定,费用扣除项目及方法易于掌握,计算比较简单,符合税制简便原则。

(五)采取课源制和申报制两种征纳方法

我国《个人所得税法》规定,对纳税人的应纳税额分别采取由支付单位源泉扣缴和纳税人自行申报两种方法。对凡是可以在应税所得的支付环节扣缴个人所得税的,均由扣缴义务人履行代扣代缴义务;对于没有扣缴义务人的,以及个人在两处以上取得工资、薪金所得的,由纳税人自行申报纳税。此外,对其他不便于扣缴税款的,亦规定由纳税人自行申报纳税。

【例 7—1】 下列各项中,适用超额累进税率计征个人所得税的有(　　)。

A. 个体工商户的生产经营所得　　B. 工资、薪金所得

C. 对企事业单位的承包经营所得　　D. 偶然所得

【参考解析】 答案:ABC。本题考核个人所得税中适用超额累进税率形式的所得。选项 AC 适用于 5%～35%五级超额累进税率,选项 B 适用于 3%～45%的七级超额累进税率,故选项 ABC 均适用超额累进税率。

第二节　个人所得税法的基本要素

个人所得税法,是指国家制定的用以调整个人所得税征收与缴纳之间权利义务关系的法律规范的总称。现行个人所得税法的基本规范是 1980 年 9 月 10 日第五届全国人民代表大会第三次会议制定,并于 2011 年 6 月 30 日第十一届全国人民代表大会常务委员会第二十一次会议第六次修订而成,自 2011 年 9 月 1 日起施行的《中华人民共和国个人所得税法》(以下简称《个人所得税法》)。

一、个人所得税的纳税人

一般来讲，个人所得税以所得人为纳税义务人，以支付所得的单位或个人为扣缴义务人。具体讲，个人所得税的纳税人是指在中国境内有住所，或者虽无住所但在中国境内居住满一年，以及无住所又不居住或居住不满一年但从中国境内取得所得的个人，包括中国公民、个体工商户以及在中国境内有所得的外籍人员和香港、澳门、台湾同胞等。自 2000 年 1 月 1 日起，个人独资企业和合伙性质企业不缴纳企业所得税，其投资者也成为个人所得税的纳税义务人。根据住所和居住时间两个标准，可将纳税人区分为居民纳税人和非居民纳税人，分别承担不同的纳税义务。

（一）居民纳税人和非居民纳税人

居民纳税人是指在中国境内有住所或者无住所而在境内居住满一年的个人。在中国境内无住所又不居住，或者无居所而在境内居住不满一年的个人，属于我国的非居民纳税人。为了有效地行使税收管辖权，我国根据国际惯例，采用了各国常用的住所和居住时间两个判定标准，把个人所得税的纳税义务人划分为居民纳税人和非居民纳税人，并以此来区分纳税的无限责任(即来源于境内外的全部所得都应纳税)和有限责任(即只限于来源于境内的所得纳税)，居民纳税义务人承担无限纳税义务，非居民纳税义务人承担有限纳税义务。

1. 住所标准

这里所说的“住所”是税法的特定概念，它不是说居住的场所和居住的地方，而是指“因户籍、家庭、经济利益关系而在中国境内习惯性居住。”习惯性居住不是指实际居住或在某一个特定时期内的居住地。通常理解为个人在一地完成工作任务、一项事物或滞留一段时间后，必然要返回该居住场所。如因学习、工作、探亲、旅游等而在中国境外居住的，在其原因消除之后，必须回到中国境内居住的个人，则中国即为该纳税人习惯性居住地。

2. 居住时间标准

居住时间是指个人在一国境内实际居住的时间天数。在实际生活中，有时个人在一国境内并无住所，又无经常性居住地，但是却在该国境内停留的时间较长，从该国取得收入，该国应对其行使税收管辖权，甚至视为该国的居民征税。我国《个人所得税法》规定：在一个纳税年度内(即公历 1 月 1 日起至 12 月 31 日止)在中国境内居住满 365 日，即以居住满一年为时间标准，达到这个标准的个人即为居民纳税人。在居住期间内临时离境的，即在一个纳税年度中一次离境不超过 30 日或者多次离境累计不超过 90 日的，不扣减日数，连续计算。

我国税法规定的住所标准和居住时间标准是我们在实际判定个人的税收居民身份的两个要件，只要符合或达到其中任何一个条件，就可以被认定为居民纳税人。因此根据以上两个标准可以将居民和非居民纳税人定义为：在中国境内有住所，或者无住所而在境内居住满 1 年的个人，属于我国的居民纳税人；在中国境内无住所又不居住，或者无住所而在境内居住不满 1 年的个人，属于我国的非居民纳税人。

（二）居民纳税人和非居民纳税人的纳税义务

1. 居民纳税人的纳税义务

居民纳税人，应就其来源于中国境内和境外的所得，向我国政府履行全面纳税义务，依法缴纳个人所得税。

(1)对于在中国境内无住所，但居住 1 年以上而未超过 5 年的个人，其来源于中国境内的所得应全部依法缴纳个人所得税。对于其来源于中国境外的各种所得，经主管税务机关批准，可以只就由中国境内公司、企业以及其他经济组织或个人支付的部分缴纳个人所得税。如果上述个人在居住期间临时离境，在临时离境工作期间的工资、薪金所得，仅就由中国境内企业或个人雇主支付的部分纳税。

(2)对于居住满 5 年的个人，从第 6 年起，以后的各年度中，凡在境内居住满 1 年的，就其来源于中国境内、境外的全部所得缴纳个人所得税。所谓个人在中国境内居住满 5 年，是指个人在中国境内连续居住满 5 年，即在连续 5 年中的每一个纳税年度内均居住满 1 年。个人从第 6 年起以后的各年度中，凡在境内居住满 1 年的，应当就其来源于境内、境外的所得申报纳税；凡在境内居住不满 1 年的，仅就其该年内来源于境内的所得申报纳税，如某一个纳税年度内在境内居住不足 90 日，其来源于中国境内的所得，由境外雇主支付并且不由该雇主在中国境内的机构、场所负担的部分，免予缴纳个人所得税，并从再次居住满 1 年的年度起计算 5 年期限。

在中国境内有住所的居民纳税人不适用上述规定。

2. 非居民纳税人的纳税义务

非居民纳税人，只就其来源于中国境内的所得向我国政府履行有限纳税义务，依法缴纳个人所得税。具体规定如下：

(1)对于在中国境内无住所而一个纳税年度内在中国境内连续或累计工作不超过 90 日，或者在税收协定规定的期间内，在中国境内连续或累计居住不超过 183 日的个人，其来源于中国境内的所得，由中国境外雇主支付并且不是由该雇主设在中国境内机构负担的工资、薪金所得，免予缴纳个人所得税，仅就其实际在中国境内工作期间由中国境内企业或个人雇主支付或者由中国境内机构负担的工资、薪金所得纳税。不过，如果该中国境内企业、机构属于采取核定利润方法计征企业所得税的，在该企业、机构任职、受雇的个人实际在中国境内工作期间取得的工资、薪金，不论是否在该企业、机构会计账簿中记载，均应视为该中国境内企业、机构支付或负担的工资、薪金，应予以征税。

(2)对于在中国境内无住所，但在一个纳税年度中在中国境内连续或累计工作超过 90 日，或在税收协定规定的期间内，在中国境内连续或累计居住超过 183 日但不满 1 年的个人，其来源于中国境内的所得，无论是由中国境内企业或个人雇主支付还是由境外企业或个人雇主支付，均应缴纳个人所得税。至于个人在中国境外取得的工资、薪金所得，除担任中国境内企业董事或高层管理人员，并在境外履行职务而由境内企业支付董事费或工资、薪金所得之外，不缴纳个人所得税。担任中国境内企业董事或高层管理人员取得的由中国境内企业支付的董事费或工资、薪金，不论个人是否在中国境外履行职务，均应申报缴纳个人所得税。

对于上述涉及的境外雇主支付并且不是由中国境内机构负担工资、薪金所得的个人，如事先可预定在一个纳税年度中连续或累计居住超过 90 日或 183 日的，其每月应纳税额按期申报缴纳。事先不能预定的，可以待达到 90 日或 183 日后的次月 7 日内，就以前月份应纳的税款一并申报缴纳。

【例 7—2】 根据个人所得税法律的规定，在中国境内无住所但取得所得的下列外籍个人中，属于居民纳税人的是(　　)。

A. M 国甲，在华工作 6 个月

B. N 国乙，2009 年 1 月 10 日入境，2009 年 10 月 10 日离境

C. X 国丙，2008 年 10 月 1 日入境，2009 年 12 月 31 日离境，其间临时离境 28 天

D. Y 国丁，2009 年 3 月 1 日入境，2010 年 3 月 1 日离境，其间临时离境 100 天

【参考解析】 答案:C。对于在中国境内无住所的,必须要在中国住居满一个纳税年度(指1月1日到12月31日),临时离境一次不超过90日,才能被认定为居民纳税人。因此A、B、D不符合要求。

(三)扣缴义务人

我国实行个人所得税代扣代缴和个人纳税申报相结合的征收管理制度。个人所得税采用代扣代缴的办法,有利于控制税源,保证税收收入,简化征纳手续,加强个人所得税的管理。税法规定,凡支付应纳税所得的单位和个人,都是个人所得的扣缴义务人。扣缴义务人在向纳税人支付各项应纳税所得(个体工商户的生产、经营所得除外)时,必须履行代扣代缴税款的义务。

二、个人所得税的征税对象

(一)征税对象

个人所得税的征税对象是个人取得的应税所得。《个人所得税法》规定的个人所得共有11项。个人所得的形式,包括现金、实物、有价证券和其他形式的经济利益。居民纳税义务人应就来源于中国境内和境外的全部所得征税;非居民纳税义务人则只就来源于中国境内所得部分征税,境外所得部分不属于我国征税范围。

(二)所得来源的确定

所得来源地与所得支付地是两个不同的概念,有时两者是一致的,有时两者是不同的。我国个人所得税依据所得来源地征收个人所得税。具体规定如下:

1. 工资、薪金所得,以纳税义务人任职、受雇的公司、企业、事业单位、机关、团体、部队、学校等单位的所在地作为所得来源地。

2. 生产、经营所得,以生产、经营活动实现地作为所得来源地。

3. 劳动报酬所得,以纳税义务人实际提供劳务的地点作为所得来源地。

4. 不动产转让所得,以不动产坐落地为所得来源地;动产转让所得,以实现转让的地点为所得来源地。

5. 财产租赁所得,以被租赁财产的使用地作为所得来源地。

6. 利息、股息、红利所得,以支付利息、股息、红利的企业、机构、组织的所在地作为所得来源地。

7. 特许权使用费所得,以特许权的使用地作为所得来源地。

三、个人所得税的税目

我国现行个人所得税的应税项目共11个,具体如下。

(一)工资、薪金所得

工资、薪金所得,是指个人因任职或者受雇而取得的工资、薪金、奖金、年终加薪、劳动分红、津贴、补贴以及与任职或者受雇有关的其他所得。

一般来说,工资、薪金所得属于非独立个人劳动所得。所谓非独立个人劳动,是指个人所从事的是由他人指定、安排并接受管理的劳动工作,或服务于公司、工厂、行政、事业单位(私营企业主除外)。他们从上述单位取得的劳动报酬,是以工资、薪金的形式体现的。在这类报酬中,工资和薪金收入的主体略有差异。通常情况下,把直接从事生产、经营或服务的劳动者(即所谓的“蓝领阶层”)的收入称作工资;而将从事社会公职或管理活动的劳动者(即所谓的“白领阶层”)的收入称作薪金。在实际立法过程中,由于其所得收入性质相同,一般都将工资、薪金列为同一税目计征个人所得税。

除工资、薪金以外,奖金、年终加薪、劳动分红、津贴、补贴也被确定为工资、薪金范畴。其中,年终加薪、劳动分红不分种类和取得情况,一律按工资、薪金所得课税。对津贴、补贴等则有例外。下列项目不予征税。

(1)独生子女补贴。

(2)执行公务员工资制度未纳入基本工资总额的补贴、津贴差额和家属成员的副食补贴。

(3)托儿补助费。

(4)差旅费津贴、误餐补助。其中,误餐补助是指按照财政部规定,个人因公在城区、郊区工作,不能在工作单位或返回就餐的,根据实际误餐顿数,按规定的标准领取的误餐费。单位以误餐补助名义发给职工的补助、津贴不能包括在内。

此外,关于企业减员增效和行政、事业单位、社会团体在机构改革过程中实行内部退养的人员在其办理内部退养手续后从原单位取得的一次性收入,应按办理内部退养手续后至法定离退休年龄之间的所属月份进行平均,并与领取当月的“工资、薪金”所得合并后减除当月费用扣除标准,以余额为基数确定适用税率,再将当月工资、薪金加上取得的一次性收入,减去费用扣除标准,按适用税率计征个人所得税。

个人在办理内部退养手续后至法定离退休年龄之间重新就业取得的“工资、薪金”所得,应与其从原任职单位取得的同一月份的“工资、薪金”所得合并,并依法自行向主管税务机关申报缴纳个人所得税。

退休人员再任职取得的收入,在减除按税法规定的费用扣除标准后,按“工资、薪金所得”应税项目缴纳个人所得税。

另外,公司职工取得的用于购买企业国有股权的劳动分红,按“工资、薪金所得”项目计征个人所得税。个人因任职、受雇从上市公司取得的股票增值权所得和限制性股票所得,由上市公司或其境内机构按照“工资、薪金所得”项目和股票期权所得个人所得税计税方法,依法扣缴其个人所得税。

出租汽车经营单位对出租车驾驶员采取单车承包或承租方式运营,出租车驾驶员从事客货营运取得的收入,按“工资、薪金所得”项目征税。

企业和单位对营销业绩突出的雇员以培训班、研讨会、工作考察等名义组织旅游活动,通过免收差旅费、旅游费对个人实行的营销业绩奖励(包括实物、有价证券等),全额并入营销人员当期的工资、薪金,按“工资、薪金所得”项目计征个人所得税,并由提供上述费用的企业和单位代扣代缴。

【例7—3】 根据个人所得税法律制度的规定,下列各项中,属于“工资、薪金所得”项目的是(　　)。

A. 年终加薪　　B. 托儿补助费　　C. 独生子女补贴　　D. 差旅费津贴

【参考解析】 答案:A。本题考查“工资、薪金所得”项目知识点。《个人所得税法实施条例》第八条规定,工资、薪金所得是指个人因任职或者受雇而取得的工资、薪金、奖金、年终加薪、劳动分红、津贴、补贴以及与任职或者受雇有关的其他所得。但不包括托儿补助费、独生子女补贴、差旅费津贴等。

(二)个体工商户的生产、经营所得

个体工商户的生产、经营所得包括:

1. 个体工商户从事工业、手工业、建筑业、交通运输业、商业、饮食业、服务业、修理业以及其他行业生产、经营取得的所得。

2. 个人经政府有关部门批准，取得执照，从事办学、医疗、咨询以及其他有偿服务活动取得的所得。

3. 上述个体工商户和个人取得的与生产经营有关的各项应税所得。

4. 个人因从事彩票代销业务而取得所得，应按照“个体工商户的生产、经营所得”项目计征个人所得税。

5. 从事个体出租车运营的出租车驾驶员取得的收入，按个体工商户的生产经营所得缴纳个人所得税。

出租车属于个人所有但向挂靠单位缴纳管理费的或出租车经营单位将出租车所有权转移给驾驶员的，出租车驾驶员从事客货运营取得的收入，比照个体工商户的生产、经营所得项目征税。

6. 个人独资企业、合伙企业的个人投资者以企业资金为本人、家庭成员及其相关人员支付与企业生产经营无关的消费性支出及购买汽车、住房等财产性支出，视为企业对个人投资者利润分配，并入投资者个人的生产经营所得，依照“个体工商户的生产、经营所得”项目计征个人所得税。

7. 其他个人从事个体工商业生产、经营取得的所得。

个体工商户和个人从事种植业、养殖业、饲养业、捕捞业等项目属于农业税、牧业税的征税范围，由于我国已取消农业税，因此上述项目暂不征收个人所得税。

个体工商户和从事生产经营的个人，取得与生产经营活动无关的其他各项应税所得应分别按照有关规定，计算征收个人所得税。如取得银行存款的利息所得、对外投资取得的股息所得，应按“利息、股息、红利所得”项目的规定单独计征个人所得税。

(三)对企事业单位的承包、承租经营所得

企事业单位的承包经营、承租经营所得，是指个人承包经营、承租经营以及转包、转租取得的所得，还包括个人按月或者按次取得的工资、薪金性质的所得。目前，承包经营、承租经营的形式较多，分配方式各有不同，主要分为两类：

1. 个人对企事业单位承包、承租经营后，工商登记改变为个体工商户的，应按个体工商户的生产、经营所得项目征收个人所得税，不再征收企业所得税。

2. 个人对企事业单位承包、承租经营后，工商登记仍为企业的，不论分配方式如何，均应先按照企业所得税的有关规定缴纳企业所得税。然后根据承包、承租经营者按合同(协议)规定取得的所得，依照《个人所得税法》的有关规定缴纳个人所得税。具体包括以下两种情况：

(1)承包人、承租人对企业经营成果不拥有所有权，仅按合同(协议)规定取得一定所得的，应按工资、薪金所得项目征收个人所得税。

(2)承包、承租按合同(协议)规定只向发包方、出租方缴纳一定的费用，缴纳承包、承租费后的企业经营成果归承包人、承租人所有的，其取得的所得，按对企事业单位承包、承租经营所的项目征收个人所得税。

外商投资企业采取发包、出租经营且经营人为个人的，对经营人从外商投资企业分享的收益或取得的所得，亦按照个人对企事业单位承包、承租经营所得征收个人所得税。

(四)劳务报酬所得

劳务报酬所得，是指个人独立从事各种非雇佣的各种劳务所取得的所得。它包括个人从事设计、装潢、安装、制图、化验、测试、医疗、法律、会计、咨询、讲学、新闻、广播、翻译、审稿、书画、雕刻、影视、录音、录像、演出、表演、广告、展览、技术服务、介绍服务(佣金)、经纪服务、代办服务以及其他劳务取得的所得。

这里需要注意的问题有:

(1)个人担任公司董事、监事,且不在公司任职、受雇的,其担任董事、监事职务所取得的董事费收入属于劳务报酬性质,按劳务报酬所得项目征税;个人在公司(包括关联公司)任职、受雇,同时兼任董事、监事的,应将董事费、监事费与个人工资收入合并,统一按工资、薪金所得项目缴纳个人所得税。

(2)区分劳务报酬所得和工资、薪金所得的重要标准:看是否存在雇佣与被雇佣关系。工资、薪金所得是个人从事非独立劳动,从所在单位(雇主)领取的报酬,存在雇佣与被雇佣的关系;而劳务报酬所得则是个人独立从事某种技艺,独立提供某种劳务而取得的报酬,一般不存在雇佣关系。比如演员从剧团领取的工资应属于工资、薪金所得,演员"走穴"演出取得的报酬则属于劳务报酬范围。

(3)在校学生参与勤工俭学活动而取得的所得,按本税目纳税。

(4)自2004年1月20日起,对商品营销活动中,企业和单位对营销业绩突出的非雇员以培训班研讨会、工作考察等名义组织旅游活动、通过免收差旅费旅游费对个人实行的营销业绩奖励(包括实物、有价证券等),应根据所发生费用的全额作为营销人员当期的劳务收入所得,按"劳务报酬所得"征收个人所得税,并由提供上述费用的企业和单位代扣代缴。

(5)自2006年6月1日起,对保险营销员佣金中的展业成本免征个人所得税;对佣金中的劳务报酬部分扣除实际缴纳的营业税金及附加后,依照税法有关规定计算征收个人所得税。保险营销员的佣金由展业成本和劳务报酬构成。所谓"展业成本"即营销费。根据目前保险营销员展业的实际情况,佣金中展业成本的比例暂定为40%。

(6)个人兼职取得的收入,应按照"劳务报酬所得"项目缴纳个人所得税。

(五)稿酬所得

稿酬所得,是指个人因其作品以图书、报刊形式出版、发表而取得的所得。这里所说的作品,包括文学作品、书画作品、摄影作品以及其他作品。作者去世后,财产继承人取得的遗作稿酬,亦应征收个人所得税。

对报纸、杂志、出版等单位的职员在本单位的刊物上发表作品、出版图书取得所得征税问题,有关税收制度规定如下:

(1)任职、受雇于报刊等单位的记者、编辑等专业人员,在本单位的报刊、杂志上发表作品取得的所得,因属于任职、受雇而取得的所得,应与其当月工资收入合并按"工资、薪金所得"项目征收个人所得税;其他人员在本单位的报刊、杂志上发表作品取得的所得,应按"稿酬所得"项目征收个人所得税。

(2)出版社的专业作者的作品,由本社以图书形式出版取得的稿费收入应按"稿酬所得"项目征收个人所得税。

(六)特许权使用费所得

特许权使用费所得,是指个人提供专利权、商标权、著作权、非专利技术及其他特许权的使用权取得的所得。特许权主要包括以下四种权利:专利权、商标权、著作权、非专利技术。这些权利由个人提供或转让给他人使用时,会取得相应的收入,这类收入不同于一般收入,所以单独列为一类征税项目。

提供著作权的使用权取得的所得，不包括稿酬所得，对于作者将自己的文字作品手稿原件或复印件公开拍卖（竞价）取得的所得，属于提供著作权的使用所得，故应按“特许权使用费所得”项目征收个人所得税。

个人取得特许权的经济赔偿收入，应按“特许权使用费所得”应税项目缴纳个人所得税，税款由支付赔款的单位或个人代扣代缴。

从 2005 年 5 月 1 日起，编剧从电视剧制作单位取得的剧本使用费，不区分剧本的使用方是否为其任职单位，统一按特许权使用费所得项目征收个人所得税。

【例 7－4】 根据个人所得税法律制度的规定，下列个人所得中，应按“劳务报酬所得”项目征收个人所得税的有（　　）。

A. 某大学教授从甲企业取得咨询费

B. 某公司高管从乙大学取得的讲课费

C. 某设计院设计师从丙家装公司取得的设计费

D. 某编剧从丁电视剧制作单位取得的剧本使用费

【参考解析】 答案：ABC。劳务报酬所得，是指个人独立从事各种非雇佣的劳务所取得的所得。选项 A、B、C 都属于此类。从 2005 年 5 月 1 日起，编剧从电视剧的制作单位取得的剧本使用费，按特许权使用费所得项目征收个人所得税。所以 D 项不能按“劳务报酬所得”项目征收个人所得税。

（七）利息、股息、红利所得

利息、股息、红利所得，是指个人拥有债权、股权而取得的利息、股息、红利所得。其中，利息一般是指存款、贷款和债券的利息。股息、红利是指个人拥有股权取得的公司、企业的分红，按照一定的比率派发的每股息金，称为股息；根据公司、企业应分配的超过股息部分的利润，按股派发的红股，称为红利。

个人在个人银行结算账户的存款孳生的利息，应按“利息、股息、红利所得”项目征收个人所得税，税款由储蓄机构在结付利息时代扣代缴。个人从银行及其他储蓄机构开设的用于支付电话、水、电、煤气等有关费用，或者用于购买股票等方面的投资、生产经营业务往来结算以及其他用途，取得的利息收入，属于储蓄存款利息所得性质，应依法缴纳个人所得税，税款由结付利息的储蓄机构代扣代缴。经国务院批准，自 2008 年 10 月 9 日起，对储蓄存款利息所得暂免征收个人所得税。

根据国家的有关规定，我国集体所有制企业在改制为股份合作制企业时，可以将有关资产量化给职工个人。对于企业在改制过程中个人取得量化资产的征税问题，税法做出如下规定：职工个人以股份形式取得的仅作为分红依据，不拥有所有权的企业量化资产，不征收个人所得税；对职工个人以股份形式取得的企业量化资产参与企业分配而获得的股息、红利，应按“利息、股息、红利”项目征收个人所得税。

（八）财产租赁所得

财产租赁所得，是指个人出租建筑物、土地使用权、机器设备、车船以及其他财产取得的所得。

这里需要注意的问题有：

（1）个人取得的财产转租收入，属于“财产租赁所得”的征税范围，由财产转租人缴纳个人所得税。取得转租收入的个人向房屋出租方支付的租金，凭房屋租赁合同和合法支付凭证，允许在计算个人所得税时从该项转租收入中扣除。

(2)在确定纳税义务时，应以产权凭证为依据，对无产权凭证的，由主管税务机关根据实际情况确定；产权所有人死亡，在未办理产权继承手续期间，该财产出租产生租金收入的，以领取租金的个人为纳税义务人。

(3)房地产开发企业与商店购买者个人签订协议，以优惠价格出售其开发的商店给购买者个人，购买者个人在一定期限内必须将购买的商店无偿提供给房地产企业对外出租使用。该行为实质上是购买者个人以所购商店交由房地产开发企业出租而取得的房屋租赁收入支付了部分购房价款。对购买者个人少支付的购房价款，应视同个人财产租赁所得，按"财产租赁所得"项目征收个人所得税。每次财产租赁所得的收入额，按照少支出的购房价款和协议规定的租赁月份数平均计算确定。

(九)财产转让所得

财产转让所得，指个人转让有价证券、股票、建筑物、土地使用权、机器设备、车船以及其他财产取得的所得。财产转让主要是个人财产所有权的转让，当事人双方通过签订、履行财产转让合同，形成财产买卖的法律关系，使出让财产的个人从对方取得价款或其他经济利益。除股票转让所得外，个人取得的其他财产转让所得，一律征收个人所得税。

这里需要注意的问题有：

(1)鉴于我国目前证券市场尚不健全，因此对股票转让所得暂不征收个人所得税。

(2)集体所有制企业在改制为股份合作制企业时，对职工个人以股份形式取得的拥有所有权的企业量化资产，暂缓征收个人所得税；待个人将股份转让时，就其转让收入额，减除个人取得该股份时实际支付的费用支出和合理转让费用后的余额，按"财产转让所得"项目计征个人所得税。

(3)个人拍卖除文字作品原稿及复印件外的其他财产，应以转让收入额减除财产原值和合理税费后的余额，按"财产转让所得"项目计征个人所得税。

(4)个人出售自有住房的，有以下几种情况：

①个人出售自有住房取得的所得应按照"财产转让所得"项目征收个人所得税。

②对个人转让自用5年以上并且是家庭唯一生活用房取得的所得，暂免征收个人所得税。

③个人出售自有住房的应纳税所得额分三种情况计算征收：一是个人出售除已购公有住房以外的其他自有住房，其应纳税所得额按照个人所得税法的有关规定确定。二是个人出售已购公有住房，其应纳税所得额为个人出售已购公有住房的销售价，减除住房面积标准的经济适用住房价款、原支付超过住房面积标准的房价款、向财政或原产权单位缴纳的所得收益以及税法规定的合理费用后的余额。已购公有住房是指城镇职工根据国家和县级(含县级)以上人民政府有关城镇住房制度改革政策规定，按照成本价(或标准价)购买的公有住房。经济适用住房价格按县级(含县级)以上地方人民政府规定的标准确定。三是职工以成本价(或标准价)出资的集资合作建房、安居工程住房、经济适用住房以及拆迁安置住房，比照已购公有住房确定应纳税所得额。

④为鼓励个人换购住房，对出售自有住房并拟在现住房出售后1年内按市场价重新购房的纳税人，其出售现住房所应缴纳的个人所得税，视其重新购房的价值可全部或部分予以免税。具体办法是：

a. 个人出售现住房所应缴纳的个人所得税税款，应在办理产权过户手续前，以纳税保证金形式向当地主管税务机关缴纳。税务机关在收取纳税保证金时，应向纳税人正式开具"中华人民共和国纳税保证金收据"，并纳入专户存储。

纳税保证金=(收入总额—财产原值—合理税费)×20%

b. 个人出售现住房后1年内重新购房的，按照购房金额大小相应退还纳税保证金。购房金额大于或等于原住房销售额(原住房为已购公有住房的，原住房销售额应扣除已按规定向财政或原产权单位缴纳的所得收益，下同)的，退还全部纳税保证金；购房金额小于原住房销售额的，按照购房金额占原住房销售额的比例退还纳税保证金，余额作为个人所得税缴入国库。

应退还的纳税保证金=原缴纳的纳税保证金×购房金额÷原住房销售额

c. 个人出售现住房后1年内未重新购房的，所缴纳的纳税保证金全部作为个人所得税缴入国库。

d. 个人在申请退还纳税保证金时，应向主管税务机关提供合法、有效的售房、购房合同和主管税务机关要求提供的其他有关证明材料，经主管税务机关审核确认后方可办理纳税保证金退还手续。

e. 个人现住房房产证登记的产权人为1人，在出售后1年内又以产权人配偶名义或产权人夫妻双方名义按市场价重新购房的，产权人出售住房所得应缴纳的个人所得税，可以全部或部分免税；以其他人名义按市场价重新购房的，产权人出售住房所得应缴纳的个人所得税不予免税。

f. 跨行政区域售、购住房又符合退还纳税保证金条件的个人，应向纳税保证金缴纳地主管税务机关申请退还纳税保证金。

【例7—5】 上市公司股权分置改革完成后股票复牌日之前股东所持原非流通股股份，以及股票复牌日至解禁日期间由上述股份孳生的送、转股，是否缴纳个人所得税?

【参考解析】 根据《财政部、国家税务总局、证监会关于个人转让上市公司限售股所得征收个人所得税有关问题的通知》(财税〔2009〕167号)规定，自2010年1月1日起，对个人转让限售股取得的所得，按照“财产转让所得”，适用20%的比例税率征收个人所得税。所称限售股，包括：(1)上市公司股权分置改革完成后股票复牌日之前股东所持原非流通股股份，以及股票复牌日至解禁日期间由上述股份孳生的送、转股。(2)2006年股权分置改革新老划断后，首次公开发行股票并上市的公司形成的限售股，以及上市首日至解禁日期间由上述股份孳生的送、转股。(3)财政部、国家税务总局、法制办和证监会共同确定的其他限售股。因此对于符合上述规定的限售股及由上述股份孳生的送、转股应该缴纳个人所得税。

(十)偶然所得

偶然所得，是指个人得奖、中奖、中彩以及其他偶然性质的所得。个人因参加企业的有奖销售活动而取得的赠品所得，应按“偶然所得”计征个人所得税。税款一律由发奖单位或机构代扣代缴。

(十一)经国务院财政部门确定征税的其他所得

除上述列举的各项个人应税所得外，其他确有必要征税的个人所得，由国务院财政部门确定。个人取得所得，难以界定应纳税所得项目的，由主管税务机关确定。

【例7—6】 企业年终给客户赠送礼品，是否需要扣缴个人所得税?

【参考解析】《国家税务总局关于个人所得税有关问题的批复》(国税函〔2000〕57号)规定，部分单位和部门在年终总结、各种庆典、业务往来及其他活动中，为其他单位和部门的有关人员发放现金、实物或有价证券。对个人取得该项所得，应按照《个人所得税法》中规定的“其他所得”项目计算缴纳个人所得税，税款由支付所得的单位代扣代缴。因此，上述企业年终给客户赠送礼品需要扣缴个人所得税。

四、个人所得税的税率

(一)工资、薪金所得适用税率

工资、薪金所得适用 3%～45%的七级超额累进税率(见表 7—1)。

表 7—1　　工资、薪金所得适用税率和速算扣除数表

级数	全月应纳税所得额（含税级距）	全月应纳税所得额（不含税级距）	税率（%）	速算扣除数
1	不超过 1 500 元	不超过 1 455 元的	3	0
2	超过 1 500 元至 4 500 元的部分	超过 1 455 元至 4 155 元的部分	10	105
3	超过 4 500 元至 9 000 元的部分	超过 4 155 元至 7 755 元的部分	20	555
4	超过 9 000 元至 35 000 元的部分	超过 7 755 元至 27 255 元的部分	25	1 005
5	超过 35 000 元至 55 000 元的部分	超过 27 255 元至 41 255 元的部分	30	2 755
6	超过 55 000 元至 80 000 元的部分	超过 41 255 元至 57 505 元的部分	35	5 505
7	超过 80 000 元的部分	超过 57 505 元的部分	45	13 505

注:①本表所列含税级距与不含税级距,均为按照税法规定减除有关费用后的所得额;从 2001 年 9 月 1 日起执行。

②含税级距适用于由纳税人负担税款的工资、薪金所得;不含税级距适用于由他人(单位)代付税款的工资、薪金所得。

(二)个体工商户的生产、经营所得和企事业单位承包经营、承租经营所得适用税率

个体工商户的生产、经营所得和企事业单位承包经营、承租经营所得适用 5%～35%的五级超额累进税率(见表 7—2)。

表 7—2　　个体工商户的生产、经营所得和企事业单位承包经营、承租经营所得适用税率和速算扣除数表

级数	全年应纳税所得额		税率（%）	速算扣除数
	含税级距	不含税级距		
1	不超过 15 000 元的	不超过 14 250 元的	5	0
2	超过 15 000 元至 30 000 元的部分	超过 14 250 元至 27 750 元的部分	10	750
3	超过 30 000 元至 60 000 元的部分	超过 27 750 元至 51 750 元的部分	20	3 750
4	超过 60 000 元至 100 000 元的部分	超过 51 750 元至 79 750 元的部分	30	9 750
5	超过 100 000 元的部分	超过 79 750 元的部分	35	14 750

注:①本表所列含税级距与不含税级距,均为按照税法规定以每一纳税年度的收入总额减除成本、费用以及损失后的所得额。

②含税级距适用于个体工商户的生产、经营所得和由纳税人负担税款的对企事业单位的承包经营、承租经营所得;不含税级距适用于由他人(单位)代付税款的对企事业单位的承包经营、承租经营所得。

个人独资企业和合伙企业的生产经营所得,也适用 5%～35%的五级超额累进税率。

(三)劳务报酬所得适用税率

劳务报酬所得适用比例税率,税率为 20%。对劳务报酬所得一次收入畸高的(是指个人

一次取得劳务报酬,其应纳税所得额超过2万元),可以实行加成征收,即对应纳税所得额超过2万元至5万元的部分,依照税法规定计算应纳税额后再按照应纳税额加征五成;超过5万元的部分,加征十成。因此,劳务报酬所得实际适用的20%、30%、40%的是三级超额累进税率(见表7—3)。

表7—3 劳务报酬所得适用税率和速算扣除数表

级数	全年应纳税所得额	税率(%)	速算扣除数(元)
1	不超过20 000元的	20	0
2	超过20 000元至50 000元的部分	30	2 000
3	超过50 000的部分	40	7 000

注:每次应纳税所得额,是指每次收入额减除费用800元(每次收入额不超过4 000元时)或减除20%的费用的余额(每次收入额超过4 000元时)。

(四)稿酬所得适用的税率

稿酬所得适用比例税率,税率为20%,并按应纳税额减征30%,即只征收70%的税额,其实际税率为14%。

(五)特许权使用费所得,利息、股息、红利所得,财产租赁所得,财产转让所得,偶然所得和其他所得适用税率

特许权使用费所得,利息、股息、红利所得,财产租赁所得,财产转让所得,偶然所得和其他所得适用比例税率,税率为20%。

从2008年10月9日(含)起,暂免征收储蓄存款利息所得的个人所得税。

从2008年3月1日(含)起,对个人出租住房取得的所得暂减按10%的税率征收个人所得税。

五、个人所得税的计税依据

(一)计税依据

个人所得税的计税依据是纳税人取得的应纳税所得额。应纳税所得额是个人取得的各项收入减去税法规定的扣除项目或者扣除金额后的余额。由于个人所得税的应税项目不同,扣除费用标准也各不相同,需要按不同应税项目分项计算。

1. 收入形式

个人取得的应纳税所得一般包括现金、实物和有价证券。如果个人取得的收入为实物的,应当按所取得实物的凭证上注明的价格计算应纳税所得额;如果无凭证或者凭证上所注明的价格明显偏低的,由主管税务机关参照当地的市场价格核定应纳税所得额。如果个人所得为有价证券,则由主管税务机关根据票面价值和市场价格确定其应纳税所得额。

2. 费用扣除的方法

按照税法规定,在计算应纳税所得额时,除特殊项目外,都允许从个人的应税收入中减去税法规定的扣除项目或者扣除金额,包括为取得收入所支出的必要的成本或费用。具体地,针对不同的应纳税所得项目采用三种不同的扣除方法,即定额、定率和会计核算方法。

(1)对于工资、薪金所得采用定额扣除方法。

(2)对个体工商户的生产经营所得和对企事业单位的承包、承租经营所得及财产转让所得,涉及生产、经营有关成本和费用的支出,采用会计核算的方法扣除有关的成本、费用或规定

的必要费用。

(3)对于劳务报酬所得、稿酬所得、特许权使用费所得、财产租赁所得，因涉及既要按一定比例合理扣除费用，又要避免扩大征税范围等两个需同时兼顾的因素，故采取定额和定率两种扣除方法。

(4)利息、股息、红利所得和偶然所得，因为不涉及必要费用的支付，所以规定不得扣除任何费用。

【例7—7】 根据个人所得税法律制度的规定，下列各项在计算应纳税所得税额时，按照定额与比例相结合的方法扣除费用的有(　　)。

A. 劳务报酬所得　　B. 特许权使用费所得

C. 企事业单位的承包、承租经营所得　　D. 财产转让所得

【参考解析】 答案：AB。本题考核个人所得税的费用扣除。根据规定，劳务报酬所得、稿酬所得、特许权使用费所得和财产租赁所得按照定额与比例相结合的方法扣除费用。

(二)个人所得项目的具体扣除标准

1. 工资、薪金所得，自2011年9月1日起，以每月收入额减除费用3 500元后的余额，为应纳税所得额。

在中国境内的外商投资企业和外国企业中工作取得工资、薪金所得的外籍人员，应聘在中国境内企事业单位、社会团体、国家机关工作取得工资、薪金所得的外籍人员，在中国境内有住所，而在境外任职或受雇取得工资、薪金所得的人员，远洋运输人员，费用扣除总额为4 800元。

2. 个体工商户的生产、经营所得，以每一纳税年度的收入总额，减除成本、费用以及损失后的余额，为应纳税所得额。成本、费用是指纳税义务人从事生产、经营所发生的各项直接支出和分配计入成本的间接费用以及销售费用、管理费用、财务费用；损失，是指纳税义务人在生产、经营过程中所发生的各项营业外支出。

上述所称生产、经营所得，包括企业分配给投资者个人的所得和企业当年的留存的所得(利润)。

(1)自2011年9月1日起，个体工商户业主的费用扣除标准统一确定为42 000元/年，即3 500元/月。

(2)个体工商户向其从业人员实际支付的合理的工资、薪金支出，允许在税前据实扣除。

(3)个体工商户拨缴的工会经费、发生的职工福利费、职工教育经费支出分别在工资薪金总额2%、14%、2.5%的标准内据实扣除。

(4)个体工商户每一纳税年度发生的广告费和业务宣传费用不超过当年销售(营业)收入15%的部分，可据实扣除；超过部分，准予在以后纳税年度结转扣除。

(5)个体工商户每一纳税年度发生的与其生产经营业务直接相关的业务招待费支出，按照发生额的60%扣除，但最高不得超过当年销售(营业)收入的5‰。

(6)个体工商户在生产、经营期间借款利息支出，未超过中国人民银行规定的同类、同期贷款利率计算的数额部分，准予扣除。

个人独资企业与合伙企业投资者的个人所得税包括查账征收和核定征收两种形式。查账征收以其应纳税所得额为计税依据，计算缴纳个人所得税。应纳税所得额，等于每一纳税年度的收入总额减除成本、费用以及损失后的余额。

收入总额，是指企业从事生产经营以及与生产经营有关的活动所取得的各项收入，包括商

品(产品)销售收入、营运收入、劳务服务收入、工程价款收入、财产出租或转让收入、利息收入、其他业务收入和营业外收入。

个人独资企业的投资者以全部生产经营所得为应纳税所得额;合伙企业的投资者按照合伙企业的全部生产、经营所得和合伙协议约定的分配比例确定应纳税所得额,合伙协议没有约定分配比例的,以全部生产经营所得和合伙人数量平均计算每个投资者的应纳税所得额。生产经营所得,包括企业分配给投资者个人的所得和企业当年留存的所得(利润)。

扣除项目比照《个体工商户个人所得税计税办法(试行)》的规定确定。但下列项目的扣除依照本办法的规定执行:

(1)投资者的费用扣除标准,由各省、自治区、直辖市地方税务局参照个人所得税法"工资、薪金所得"项目的费用扣除标准确定。投资者的工资不得在税前直接扣除。但可按规定的标准扣除,投资者费用扣除标准每月为 3 500 元。

投资者兴办两个或两个以上企业的,其费用扣除标准由投资者选择在其中一个企业的生产经营所得中扣除。

根据税法规定,投资者的工资、薪金收入不再按照工资、薪金的规定单独征税,而是将其并入生产、经营所得一并计算,但可按照工资、薪金征税的规定计算扣除相应的费用。

(2)投资者及其家庭发生的生活费用不允许在税前扣除。投资者及其家庭发生的生活费用与企业生产经营费用混合在一起,并难以划分的,全部视为投资者个人及其家庭发生的生活费用,不允许在税前扣除。

(3)企业生产经营和投资者及其家庭生活共用的固定资产难以划分的,由主管税务机关根据企业的生产经营类型、规模等具体情况,核定准予在税前扣除的折旧费用的数额或比例。

(4)个人独资企业与合伙企业向其从业人员实际支付的合理的工资、薪金支出,允许在税前据实扣除。

(5)个人独资企业与合伙企业拨缴的工会经费、发生的职工福利费、职工教育经费支出分别在工资薪金总额 2%、14%、2.5%的标准内据实扣除。

(6)个人独资企业与合伙企业每一纳税年度发生的广告费和业务宣传费用不超过当年销售(营业)收入 15%的部分,可据实扣除;超过部分,准予在以后纳税年度结转扣除。

(7)个人独资企业与合伙企业每一纳税年度发生的与其生产经营业务直接相关的业务招待费支出,按照发生额的 60%扣除,但最高不得超过当年销售(营业)收入的 5‰。

(8)计提的各种准备金不得扣除。

(9)企业与其关联企业之间的业务往来,应当按照独立企业之间的业务往来收取或者支付价款、费用。不按照独立企业之间的业务往来收取或者支付价款、费用,而减少其应纳税所得额的,主管税务机关有权进行合理调整。

有下列情形之一的,主管税务机关应采取核定征收方式征收个人所得税:

(1)企业依照国家有关规定应当设置但未设置账簿的。

(2)企业虽设置账簿,但账目混乱或者成本资料、收入凭证、费用凭证残缺不全,难以查账的。

(3)纳税人发生纳税义务,未按照规定的期限办理纳税申报,经税务机关责令限期申报,逾期仍不申报的。

核定征收方式包括定额征收、核定应税所得率征收以及其他合理的征收方式。

3. 对企事业单位的承包、租赁经营所得,以每一纳税年度的收入总额,减除成本、费用及损失后的余额为应纳税所得额。这里所说的以每一纳税年度的收入总额是指纳税义务人按照承包经营、承租经营合同规定分得的经营利润和工资、薪金性质的所得；所说的减除必要费用，是指按月减除3 500元。

4. 劳务报酬所得、稿酬所得、特许权使用费所得、财产租赁所得每次收入不超过4 000元的，减除费用800元；4 000元以上的，减除20%的费用，其余额为应纳税所得额。

5. 财产转让所得，以转让财产的收入额减除财产原值和合理费用后的余额为应纳税所得额。财产原值是指：有价证券，为买入价以及买入时按照规定缴纳的有关费用；机器设备、车船，为购进价格、运输费、安装费以及其他有关费用；建筑物，为建造费或者购进价格以及其他有关费用；土地使用权，为取得土地使用权所支付的金额、开发土地的费用以及其他有关费用；其他财产，参照以上方法确定。

6. 利息、股息、红利所得，偶然所得和其他所得，以每次收入为应纳税所得额。

这里需要注意的问题是：

(1)每次取得的收入额为应纳税所得额，不得从收入额中扣除任何费用。

(2)以股票形式向股东个人支付应得的股息、红利(即派发红股)，应以派发红股的股票的票面金额为收入额，计征个人所得税。

(3)自2005年6月13日起，对个人投资者从上市公司取得的股息、红利所得，减按50%计入个人应纳税所得额，计征个人所得税。

(4)证券投资基金从上市公司分配取得的股息、红利所得，减按50%计算应纳税所得额。

(5)从2008年10月9日起，暂免征收储蓄存款利息个人所得税。

【例7—8】 根据个人所得税法律制度的规定，下列项目计征个人所得税时，允许从总收入中减除费用800元的是(　　)。

A. 承租、承包所得50 000元　　B. 个体工商户生产经营所得80 000元

C. 提供咨询服务一次取得收入2 000元　　D. 出租房屋收入5 000元

【参考解析】 答案：CD。出租房屋租金收入、咨询服务等财产租赁所得、劳务报酬所得每次收入不超过4 000元的，减除费用800元；4 000元以上，费用应按20%比例扣除。

【例7—9】 某个人独资企业2013年度销售收入为272 000元，发生广告费和业务宣传费50 000元，根据个人所得税法律的规定，该企业当年可以在税前扣除的广告费和业务宣传费最高为(　　)元。

A. 30 000　　B. 38 080　　C. 40 800　　D. 50 000

【参考解析】 答案：C。本题考核个人所得税前扣除项目的规定。根据税法的规定，个人独资企业与合伙企业每一纳税年度发生的广告费和业务宣传费用不超过当年销售(营业)收入15%的部分，可据实扣除；超过部分，准予在以后纳税年度结转扣除。因此，该企业当年可以在税前扣除的广告费和业务宣传费最高＝272 000×15%＝40 800(元)

(三)其他费用的扣除规定

1. 对个人将其所得通过中国境内非营利的社会团体和国家机关向教育、公益事业和遭受严重自然灾害地区、贫困地区的捐赠，捐赠额未超过纳税义务人申报的应纳税所得额30%的部分，可以从其应纳税所得额中扣除，超过部分不得扣除。

2. 个人通过非营利性的社会团体和国家机关向红十字事业的捐赠、向农村义务教育的捐赠、对公益性青少年活动场所(包括新建)的捐赠，在计算缴纳个人所得税时，准予在税前的应纳税所得额中全额扣除。

农村义务教育的范围，是指政府和社会力量举办的农村乡镇(不含县和县级市政府所在地的镇)、村的小学和初中以及属于这一阶段的特殊教育学校。纳税人对农村义务教育与高中在一起的学校的捐赠，也享受所得税前扣除政策。

公益性青少年活动场所，是指专门为青少年学生提供科技、文化、德育、爱国主义教育、体育活动的青少年宫、青少年活动中心等校外活动的公益性场所。

3. 个人的所得(不含偶然所得，经国务院财政部门确定征税的其他所得)用于对非关联的科研机构和高等学校研究开发新产品、新技术、新工艺所发生的开发经费的资助，可以全额在下月(工资、薪金所得)或下次(按次计征的所得)或当年(按年计征的所得)计征个人所得税时，从应纳税所得额中扣除，不足抵扣的，不得结转抵扣。

【例 7—10】 根据个人所得税法律制度的规定，个人发生的下列公益、救济性捐赠支出，准予税前全额扣除的有(　　)。

A. 通过国家机关向红十字事业的捐赠

B. 通过国家机关向农村义务教育的捐赠

C. 通过非营利社会团体向公益性青少年活动场所的捐赠

D. 通过非营利社会团体向贫困地区的捐赠

【参考解析】 答案：ABC。本题考核个人所得税税前扣除项目。选项 D 是在个人应纳税所得额的 30%以内限额扣除的，不属于全额扣除的项目。

(四)每次收入的确定

《个人所得税法》对纳税义务人取得的劳务报酬所得，稿酬所得，特许权使用费所得，利息、股息、红利所得，财产租赁所得，偶然所得和其他所得这七项所得都是按每次取得的收入结算征税。对于“每次”的含义，《个人所得税法实施条例》做了明确的规定：

1. 劳务报酬所得，只有一次性收入的，以取得该项收入为一次；属于同一项目连续取得收入的，以一个月内取得的收入为一次。

2. 稿酬所得，以每次出版、发表取得的收入为一次。具体可分为：

(1)同一作品再版取得的所得，应视为另一次稿酬所得计征个人所得税；

(2)同一作品先在报刊上连载，然后再出版，或者先出版，再在报刊上连载的，应视为两次稿酬所得征税，即连载作为一次，出版作为另一次；

(3)同一作品在报刊上连载取得收入的，以连载完成后取得的所有收入合并为一次，计征个人所得税；

(4)同一作品在出版和发表时，以预付稿酬或分次支付稿酬等形式取得的稿酬收入，应合并计算为一次；

(5)同一作品出版、发表后，因添加印数而追加稿酬的，应与以前出版、发表时取得的稿酬合并计算为一次，计征个人所得税。

3. 特许权使用费所得，以一项特许权的一次许可使用所取得的收入为一次。一个纳税义务人，可能不仅拥有一项特许权利，每一项特许权的使用权也可能不止一次地向他人提供。因此，对特许权使用费所得的“次”的界定，明确为每一项使用权的每次转让所取得的收入为一次。如果该次转让取得的收入是分笔支付的，则应将各笔收入相加为一次的收入，计征个人所得税。

4. 财产租赁所得，以一个月内取得的收入为一次。

5. 利息、股息、红利所得，以支付利息、股息、红利时取得的收入为一次。

6. 偶然所得，以每次收入为一次。

7. 其他所得，以每次收入为一次。

【例7—11】 下列稿酬所得中，应合并为一次所得征税的有(　　)。

A. 同一作品在报刊上连载，分次取得稿酬

B. 同一作品再版取得的稿酬

C. 同一作品出版社分三次支付的稿酬

D. 同一作品出版后加印而追加的稿酬

【参考解析】 答案：ACD。本题考核稿酬所得次数的规定。选项B，同一作品再版取得的稿酬应视为另一次稿酬所得计征个人所得税。

第三节　个人所得税应纳税额的计算

一、工资、薪金所得应纳税额的计算

(一)工资、薪金所得的一般计税方法

应纳税额＝应纳税所得额×适用税率－速算扣除数

＝(每月收入额－减除费用标准3 500元或4 800元)×适用税率－速算扣除数

【例7—12】 王某为某国企高级技术人员，2013年1～6月每月取得工资收入10 000元，那么王某1～6月工资应当缴纳的个人所得税是多少？

【参考解析】 王某每月应纳税所得税额＝10 000－3 500＝6 500(元)

王某1～6月应纳税额＝(6 500×20%－555)×6＝4 470(元)

【例7—13】 Maria为某外商投资企业中工作的英国专家(为非居民纳税人)，2013年1～6月每月取得工资收入10 000元人民币，请计算Maria 6个月的应纳税额。

【参考解析】 根据税法的规定，Maria的应纳税所得额属于在基本扣除费用的基础上，再减除1 300元附加费用后的余额为应纳税所得额。因此：

Maria每月应纳税所得税额＝10 000－4 800＝5 200(元)

Maria1～6月应纳税额＝(5 200×20%－555)×6＝2 910(元)

(二)纳税人取得含税全年一次性奖金计算征收个人所得税的方法

1. 全年一次性奖金，是指行政机关、企事业单位等扣缴义务人根据其全年经济效益和对雇员全年工作业绩的综合考核情况，向雇员发放的一次性奖金。也包括年终加薪、实行年薪制和绩效工资办法的单位根据考核情况兑现的年薪和绩效工资。

2. 纳税人取得全年一次性奖金，单独作为一个月工资、薪金所得计算纳税，由扣缴义务人发放时代扣代缴。具体计税办法如下：

先将雇员当月内取得的全年一次性奖金，除以12个月，按其商数确定适用税率和速算扣除数。

如果雇员当月工资薪金所得高于(或等于)税法规定的费用扣除额(3 500元)的，其适用公式为：

应纳税额＝雇员当月取得全年一次性奖金×适用税率－速算扣除数

如果在发放年终一次性奖金的当月，雇员当月工资薪金所得低于税法规定的费用扣除额，

应将全年一次性奖金减除“雇员当月工资薪金所得与费用扣除额的差额”后的余额，按上述办法确定全年一次性奖金的适用税率和速算扣除数。

应纳税额=(雇员当月取得全年一次性奖金-雇员当月工资薪金所得与费用扣除额的差额)×适用税率-速算扣除数

3. 该计税办法的限制性要求。

(1)在一个纳税年度内，对每一个纳税人只允许按上述方法计算一次全年一次性奖金。

(2)纳税人取得的除全年一次性奖金以外的其他名目的奖金，如半年奖、季度奖、加班奖、现金奖、考勤奖等，一律与当月工资、薪金收入合并，按税法规定缴纳个人所得税。

(3)在中国境内无住所的个人一次性取得数月奖金或年终加薪、劳动分红可单独作为一个月的工资、薪金所得计算纳税。由于对每月的工资、薪金所得计税时已按月扣除了费用，因此，对上述奖金不再减除费用，全额作为应纳税所得额直接按适用税率计算应纳税款，并且不再按居住天数进行划分计算。上述个人应在取得奖金月份的次月 7 日内申报纳税。

【例 7-14】 张女士是一家公司雇员，2013 年 12 月取得当月工资 8 500 元，年终奖48 000 元。其 12 月份应缴纳多少个人所得税？

【参考解析】 按照《个人所得税法》规定，张女士当月工资薪金应缴纳个税=(8 500-3 500)×20%-555=445(元)

年终奖 48 000÷12=4 000，对应税率为 10%，速算扣除数为 105。

年终奖应纳税额=48 000×10%-105=4 695(元)

张女士 12 月份共计应缴纳个人所得税=445+4 695=5 140(元)。

【例 7-15】 我国公民王先生在某银行工作，2012 年 12 月 11 日取得工资收入 3 000 元，月底又一次取得年终奖金 50 000 元。计算其 12 月份缴纳多少个人所得税？

【参考解析】 王先生月工资收入低于 3 500 元，可用其取得的奖金收入 50 000 元减除雇员当月工资薪金所得 3 000 元与费用扣除额 3 500 元的差额即 500 元，剩余 49 500 元除以 12 个月，得出月均奖金 4 125 元，其对应的税率和速算扣除数分别为 10%和 105 元。

全年一次性奖金的应纳税额=49 500×10%-105=4 845(元)

工资薪金的应纳税额=0(元)

12 月份应纳个人所得税额=4 845+0=4 845(元)

(三)纳税人取得不含税全年一次性奖金所得应纳税额的计算

1. 按照不含税的全年一次性奖金收入除以 12 的商数，查找相应适用税率 A 和速算扣除数 A。

含税的全年一次性奖金收入=(不含税的全年一次性奖金收入-速算扣除数 A)÷(1-适用税率 A)

2. 按含税的全年一次性奖金收入除以 12 的商数，重新查找适用税率 B 和速算扣除数 B。

应纳税额=含税的全年一次性奖金收入×适用税率 B-速算扣除数 B

如果纳税人取得不含税全年一次性奖金收入的当月工资薪金所得，低于税法规定的费用扣除额，应先将不含税全年一次性奖金减去当月工资薪金所得低于税法规定费用扣除额的差额部分后，再按照上述规定处理。

根据企业所得税和个人所得税的现行规定，企业所得税的纳税人、个人独资和合伙企业、个体工商户为个人支付的个人所得税款，不得在所得税前扣除。

【例 7-16】 张某为中国公民，2013 年 1 月取得 2012 年不含税全年一次性奖金收入

64 800元。请计算张某取得的全年一次性奖金应缴纳多少个人所得税(注:1 月份工资超过扣除标准)。

【参考解析】

(1)由于 1 月的工资超过费用扣除标准,可直接用不含税奖金除以 12 的商数来确定适用税率和速算扣除数。

每月的不含税奖金=64 800÷12=5 400(元),查找表 7—1 中的不含税税率级次,适用税率和速算扣除数分别为 20%和 555 元。

(2)含税的全年一次性奖金收入=(64 800—555)÷(1—20%)=80 306.25(元)

(3)每月的含税奖金=80 306.25÷12=6 692.19(元),适用税率和速算扣除数分别为 20%和 555 元

(4)应纳个人所得税=80 306.25×20%—555=15 506.25(元)

二、个体工商户的生产、经营所得应纳税额的计算

个体工商户的生产、经营所得应纳税额的计算公式是:

应纳税额=应纳税所得额×适用税率—速算扣除数

=(全年收入总额—成本、费用、损失以及准予扣除的税金)×适用税率—速算扣除数

收入总额,是指个体工商户从事生产经营以及与生产经营有关的活动所取得的各项收入。包括主营业务收入、其他业务收入和营业外收入。

成本、费用和损失,是指个体工商户从事生产、经营所发生的各项直接费用、间接费用、期间费用和营业外支出。

税金,是指个体工商户按规定缴纳的消费税、营业税、城建税、资源税、土地使用税、土地增值税、房产税、车船税、印花税、耕地占用税以及教育费附加等。

实际使用上述公式时应当注意法律规定的扣除标准。

【例 7—17】 某个体户 2013 年取得的生产经营所得为 98 000 元,经税务机关核定扣除的成本、费用、税金及损失为 65 000 元。请问该个体工商户 2013 年应缴纳的个人所得税是多少?

【参考解析】 该个体工商户应纳税所得额=98 000—65 000=33 000(元)

应纳税额=33 000×20%—3 750=2 850(元)

三、对企事业单位的承包经营、承租经营所得应纳税额的计算

对企事业单位承包经营、承租经营所得应纳税所得额的计算公式为:

应纳税额=应纳税所得额×适用税率—速算扣除数

=(纳税年度收入总额—必要费用)×适用税率—速算扣除数

值得注意的是,由于目前实行承包承租经营的形式较多,分配方式各不相同,因此,承包、承租人按照承包、承租经营合同规定取得所得的适用税率也不相同。如果承包承租人对企业经营成果不拥有所有权,仅按合同规定取得一定所得的,其所得按工资、薪金所得项目征税,适用 3%~45%的七级超额累进税率;如果承包承租人按合同规定只向发包、出租方缴纳一定费用后,企业经营成果归其所有的,承包、承租人取得的所得,按对企事业单位的承包经营、承租经营所得项目征税,适用 5%~35%的五级超额累进税率。

实际使用上述公式时应当注意法律规定的扣除标准。

四、劳务报酬所得应纳税额的计算

劳务报酬所得应纳税额的计算公式为：

1. 每次收入不足 4 000 元的：

应纳税额＝应纳税所得额×适用税率＝(每次收入－800)×20%

2. 每次收入在 4 000 元以上的：

应纳税额＝应纳税所得额×适用税率＝每次收入×(1－20%)×20%

3. 每次劳务报酬所得额超过 20 000 元的：

应纳税额＝应纳税所得额×适用税率－速算扣除数
＝每次收入×(1－20%)×适用税率－速算扣除数

【例 7－18】 张某个人一次取得劳务报酬所得 70 000 元。计算其应缴纳个人所得税额。

【参考解析】 根据税法规定，劳务报酬所得每次超过 20 000 元的，适用税率为 40%，速算扣除数为 7 000，故张某的应纳个人所得税额为：70 000×(1－20%)×40%－7 000＝15 400(元)

五、稿酬所得应纳税额的计算

稿酬所得应纳税额的计算公式为：

1. 每次收入不足 4 000 元的：

应纳税额＝应纳税所得额×适用税率×(1－30%)
＝(每次收入额－800)×20%×(1－30%)

2. 每次收入在 4 000 元以上的：

应纳税额＝应纳税所得额×适用税率×(1－30%)
＝每次收入额×(1－20%)×20%×(1－30%)

【例 7－19】 某作家 2013 年 12 月取得稿酬收入 3 000 元；2014 年 5 月取得稿酬收入 7 000元。请计算该作家就其两次稿酬收入所应当缴纳的个人所得税税额。

【参考解析】

第一笔 3 000 元的稿酬收入的应纳税额：

应纳税所得额＝3 000－800＝2 200(元)

应纳税额＝2 200×20%×(1－30%)＝308(元)

第二笔 7 000 元的稿酬收入的应纳税额：

应纳税所得额＝7 000×(1－20%)＝5 600(元)

应纳税额＝5 600×20%×(1－30%)＝784(元)

六、特许权使用费所得应纳税额的计算

特许权使用费所得应纳税额的计算公式为：

1. 每次收入不足 4 000 元的：

应纳税额＝应纳税所得额×适用税率＝(每次收入额－800)×20%

2. 每次收入在 4 000 元以上的：

应纳税额＝应纳税所得额×适用税率＝每次收入额×(1－20%)×20%

【例 7－20】 某企业购入张某一项非专利使用权，合同约定使用费为 50 000 元，分两次支

付，每次支付25 000元。该企业应代扣代缴张某的个人所得税是多少？

【参考解析】 根据税法规定，同一笔业务费分两次支付的，应合并为一次的收入计征个人所得税，该次收入在4 000元以上，所以：

张某应纳税额＝50 000×(1－20%)×20%＝8 000(元)

七、财产租赁所得应纳税额的计算

财产租赁所得应纳税额的计算公式为：

1. 每次(月)收入不足4 000元的：

应纳税额＝[每次(月)收入额－准予扣除项目－修缮费用(800元为限)－800元]×20%(个人出租住房的减按10%的税率)

2. 每次(月)收入超过4 000元的：

应纳税额＝[每次(月)收入额－准予扣除项目－修缮费用(800元为限)]×(1－20%)×20%(个人出租住房的减按10%的税率)

八、财产转让所得应纳税额的计算

1. 一般情况下财产转让所得应纳税额的计算

应纳税额＝应纳税所得额×适用税率＝(收入总额－财产原值－合理费用)×20%

2. 个人销售无偿受赠不动产应纳税额的计算

受赠人取得赠与人无偿赠与的不动产后，再次转让该项不动产的，在缴纳个人所得税时，以财产转让收入减除受赠、转让住房过程中缴纳的税金及有关合理费用后的余额为应纳税所得额，按20%的适用税率计算缴纳个人所得税。

个人在受赠和转让住房过程中缴纳的税金按相关规定处理。

【例7—21】 张某2010年购置了一间临街的商铺，支付买价50万元，2013年10月份，其将商铺转让，取得转让收入90万元。不考虑其他税费，张某10月份应缴纳的个人所得税是多少？

【参考解析】 本题考核财产转让所得应纳税额的计算。

张某财产转让所得应纳税额＝应纳税所得额×适用税率＝(收入总额－财产原值－合理费用)×20%＝(90－50)×20%＝8(万元)

九、利息、股息、红利所得应纳税额的计算

利息、股息、红利所得应纳税额的计算公式为：

应纳税额＝应纳税所得额×适用税率＝每次收入额×20%

【例7—22】 张某持有某上市公司股票10 000股，该上市公司2014年度的利润分配方案是每10股送3股，并于2014年6月份实施，该股票的面值为每股1元。要求：计算上市公司应扣缴张某的个人所得税。

【参考解析】 根据税法的规定，张某的应纳税额＝10 000÷10×3×1＝3 000(元)

上市公司应扣缴张某的个人所得税＝应纳税额×适用税率×50%

＝3 000×20%×50%＝300(元)

十、偶然所得和其他所得应纳税额的计算

偶然所得和其他所得应纳税额的计算公式为：

应纳税额＝应纳税所得额×适用税率＝每次收入额×20%

十一、几种特殊情况下个人所得税应纳税额的计算

1. 个人发生公益、救济性捐赠个人所得税的计算

个人将其所得通过中国境内的社会团体、国家机关向教育和其他社会公益事业单位及遭受严重自然灾害的地区、贫困地区捐赠，捐赠额未超过纳税人申报的应纳税所得额30%的部分，可以从其应纳税所得额中扣除。

个人通过非营利性的社会团体和国家机关向红十字、农村义务教育以及公益性青少年活动场所的公益性捐赠，在计算缴纳个人所得税时，准予在税前的所得额中全额扣除。

2. 特定行业职工工资、薪金所得的计税问题

根据税法的规定，对采掘业、远洋运输业、远洋捕捞业这三个特定行业的职工取得的工资、薪金所得，可按月预缴，年度终了后30日内，合计其全年工资、薪金所得，再按12个月平均并计算实际应纳的税额，多退少补。全年应纳税额的计算公式为：

全年应纳所得税额＝[（全年工资、薪金收入÷12－费用扣除标准）×税率－速算扣除数]×12

3. 关于企业改组改制过程中个人取得的量化资产征税问题

（1）对职工个人以股份形式取得的仅作为分红依据，不拥有所有权的企业量化资产，不征收个人所得税。

（2）对职工个人以股份形式取得的拥有所有权的企业量化资产，暂缓征收个人所得税；待个人将股份转让时，就其转让收入额，减除个人取得该股份时实际支付的费用支出和合理转让费用后的余额，按“财产转让所得”项目计征个人所得税。

（3）对职工个人以股份形式取得的企业量化资产参与企业分配而获得的股息、红利，应按“利息、股息、红利”项目征收个人所得税。

4. 关于个人因解除劳动合同取得的一次性经济补偿金的征税问题

（1）个人因与用人单位解除劳动关系而取得的一次性补偿收入（包括用人单位发放的经济补偿金、生活补助费和其他补助费用），其收入在当地上年职工平均工资3倍数额以内的部分，免征个人所得税；超过部分的一次性补偿收入，可视为一次取得数月的工资、薪金收入，允许在一定期限内平均计算。方法为：以超过3倍数额部分的一次性补偿收入除以个人在本企业的工作年限数（超过12年的按12年计算），以其商数作为个人的月工资、薪金收入，按照税法规定计算缴纳征收个人所得税。个人在解除劳动合同后又再次任职、受雇的，已纳税的一次性补偿收入不再与再次任职、受雇的工资、薪金所得合并计算补缴个人所得税。

（2）个人领取一次性补偿收入时按照国家和地方政府规定的比例实际缴纳的住房公积金、医疗保险费、基本养老保险费、失业保险费，可以在计征其一次性补偿收入的个人所得税时予以扣除。

（3）企业依照国家有关法律规定宣告破产，企业职工从该破产企业取得的一次性安置费收入，免征个人所得税。

5. 关于个人取得公务交通、通信补贴收入的征税问题

个人因公务用车和通信制度改革而取得的公务用车、通信补贴收入，扣除一定标准的公务费用后，按照“工资、薪金所得”项目计征个人所得税；按月发放的，并入当月“工资、薪金所得”计征个人所得税；不按月发放的，分解到所属月份并与该月份“工资、薪金所得”合并后计征个人所得税。

公务费用的扣除标准，由省级地方税务局根据纳税人公务交通、通信费用的实际发生情况调查测算，报经省级人民政府批准后确定，并报国家税务总局备案。

6. 关于失业保险费(金)的征税问题

(1)城镇企业事业单位及其职工个人按照《失业保险条例》规定的比例，实际缴付的失业保险费，均不计入职工个人当期的工资、薪金收入，免予征收个人所得税。这里所称城镇企业，是指国有企业、城镇集体企业、外商投资企业、城镇私营企业以及其他城镇企业。这里的职工个人，不包括城镇企业事业单位招用的农民合同制工人。

(2)城镇企业事业单位和职工个人超过上述规定的比例缴付失业保险费的，应将其超过规定比例缴付的部分计入职工个人当期的工资、薪金收入，依法计征个人所得税。

(3)具备《失业保险条例》规定条件的失业人员，领取的失业保险金，免予征收个人所得税。

7. 关于支付各种免税之外的保险金的征税问题

企业为员工支付各项免税之外的保险金，应在企业向保险公司缴付时(即该保险落到被保险人的保险账户)并入员工当期的工资收入，按“工资、薪金所得”项目计征个人所得税，税款由企业负责代扣代缴。

8. 关于个人取得退职费收入的征税问题

(1)个人符合《国务院关于工人退休、退职的暂行办法》规定的退职条件并按该办法规定的退职费标准所领取的退职费，免征个人所得税。

(2)个人取得的不符合上述办法规定的退职条件和退职费标准的退职费收入，应属于与其任职、受雇活动有关的工资、薪金性质的所得，应在取得的当月按工资、薪金所得计算缴纳个人所得税。但考虑到作为雇主给予退职人员经济补偿的退职费，通常为一次性发给，且数额较大，以及退职人员有可能在一段时间内没有固定收入等实际情况，依照税法有关工资、薪金所得计算征税的规定，对退职人员一次取得较高退职费收入的，可视为其一次取得数月的工资、薪金收入，并以原每月工资、薪金收入总额为标准，划分为若干月份的工资、薪金收入后，计算个人所得税的应纳税所得额及税额。但按上述方法划分超过了 6 个月工资、薪金收入的，应按 6 个月平均划分计算。个人取得全部退职费收入的应纳税款，应由其原雇主在支付退职费时负责代扣并于次月 7 日内缴入国库。个人退职后 6 个月内又再次任职、受雇的，对个人已缴纳个人所得税的退职费收入，不再与再次任职、受雇取得的工资、薪金所得合并计算补缴个人所得税。

【例 7—23】　中国居民李某 2012 年 2 月从某公司退职，一次性取得较高退职费 90 000 元，原月工资薪金为 4 500 元。计算李某取得的退职费应缴纳的个人所得税。

【参考解析】

(1)若干月份＝90 000÷4 500＝20(月)，按规定超过 6 个月的按 6 个月计。

(2)平均月工资薪金＝90 000÷6＝15 000(元)

(3)月应纳个人所得税额＝(15 000－3 500)×25％－1 055＝1 820(元)

(4)退职费总应纳税额＝1 820×6＝10 920(元)

9. 个人兼职和退休人员再任职取得收入个人所得税的征税问题

个人兼职取得的收入应按照“劳务报酬所得”应税项目缴纳个人所得税；退休人员再任职取得的收入，在减除按个人所得税法规定的费用扣除标准后，按“工资、薪金所得”应税项目缴纳个人所得税。

10. 个人因购置和处置债权取得所得征收个人所得税的问题

根据《个人所得税法》及有关规定，个人通过招标、竞拍或其他方式购置债权以后，通过相关司法或行政程序主张债权而取得的所得，应按照“财产转让所得”项目缴纳个人所得税。

11. 纳税人收回转让的股权征收个人所得税的问题

(1)股权转让合同履行完毕、股权已做变更登记，且所得已经实现的，转让人取得的股权转让收入应当依法缴纳个人所得税。转让行为结束后，当事人双方签订并执行解除原股权转让合同、退回股权的协议，是另一次股权转让行为，对前次转让行为征收的个人所得税款不予退回。

(2)股权转让合同未履行完毕，因执行仲裁委员会做出的解除股权转让合同及补充协议的裁决、停止执行原股权转让合同，并原价收回已转让股权的，由于其股权转让行为尚未完成、收入未完全实现，随着股权转让关系的解除，股权收益不复存在，纳税人不应缴纳个人所得税。

12. 个人取得有奖发票奖金个人所得税的征税问题

个人取得单张有奖发票奖金所得不超过 800 元(含 800 元)的，暂免征收个人所得税；个人取得单张有奖发票奖金所得超过 800 元的，应全额按照个人所得税法规定的“偶然所得”项目征收个人所得税。

税务机关或其指定的有奖发票兑奖机构，是有奖发票奖金所得个人所得税的扣缴义务人。

13. 关于在中国境内无居所的个人一次取得数月奖金或年终加薪、劳动分红所得(以下简称奖金，不包括按月支付的奖金)的征税问题

对上述个人取得的奖金，可单独作为一个月的工资、薪金所得计算纳税。由于对每月的工资、薪金所得计税时已按月扣除了费用，因此，对上述奖金不再减除费用，全额作为应纳税所得额直接按适用税率计算应纳税款，并且不再按居住天数进行划分计算。上述个人应在取得奖金月份的次月 7 日内申报纳税。但有一种特殊情况，即在中国境内无居所的个人在担任境外企业职务时，兼任该外国企业在华机构的职务，但并不实际或不经常到华履行该在华机构职务，对其一次取得的数月奖金中属于全月未在华的月份奖金，依照劳务发生地的原则，可不作为来源于中国境内的奖金收入计算纳税。

第四节 个人所得税的税收优惠及征收管理

一、个人所得税优惠政策

《个人所得税法》及其实施条例以及财政部、国家税务总局的若干规定等都对个人所得项目给予减税免税的优惠。

(一)免税项目

根据《个人所得税法》和相关法规、政策规定，对下列各项个人所得，免征个人所得税：

1. 省级人民政府、国务院部委和中国人民解放军军以上单位，以及外国组织、国际组织颁发的科学、教育、技术、文化、卫生、体育、环境保护等方面的奖金。

2. 国债和国家发行的金融债券利息。

3. 按照国家统一规定发给的补贴、津贴。

4. 福利费、抚恤金、救济金。

5. 保险赔款。

6. 军人的转业费、复员费。

7. 按照国家统一规定发给干部、职工的安家费、退职费、退休工资、离休工资、离休生活补助费。其中,退职费是指符合《国务院关于工人退休、退职的暂行办法》规定的退职条件,并按该办法规定的退职费标准所领取的退职费。

离退休人员按规定领取离退休工资和养老金外,另从原任单位取得的各类补贴、奖金、实物,不属于免税的退休工资、离休工资、离休生活补助费,应按"工资、薪金所得"应税项目的规定缴纳个人所得税。

8. 依照我国有关法律规定应予免税的各国驻华使馆、领事馆的外交代表、领事官员和其他人员的所得。

9. 中国政府参加的国际公约、签订的协议中规定免税的所得。

10. 在中国境内无住所,但是在一个纳税年度中在中国境内连续或者累计居住不超过90日的个人,其来源于中国境内的所得,由境外雇主支付并且不由该雇主在中国境内的机构、场所负担的部分,免予缴纳个人所得税。

11. 对外籍个人取得的探亲费免征个人所得税。可以享受免征个人所得税优惠待遇的探亲费,仅限于外籍个人在我国的受雇地与其家庭所在地(包括配偶或父母居住地)之间搭乘交通工具且每年不超过2次的费用。

12. 按照国家规定,单位为个人缴付和个人缴付的住房公积金、基本医疗保险费、基本养老保险费、失业保险费,从纳税义务人的应纳税所得额中扣除。

13. 按照国家有关城镇房屋拆迁管理办法规定的标准,被拆迁人取得的拆迁补偿款,免征个人所得税。

14. 经国务院财政部门批准免税的其他所得。

(二)减税项目

有下列情形之一的,经批准可以减征个人所得税:

1. 残疾、孤老人员和烈属的所得。

2. 因严重自然灾害造成重大损失的。

3. 其他经国务院财政部门批准减税的。

上述减税项目的减征幅度和期限由省、自治区、直辖市人民政府规定。

对残疾人个人取得的劳动所得适用减税规定,具体所得项目为:工资薪金所得、个体工商户的生产经营所得、对企事业单位的承包经营和承租经营所得、劳务报酬所得、稿酬所得和特许权使用费所得。

(三)暂免征税项目

1. 外籍个人所得税的免征

(1)外籍个人以非现金形式或实报实销形式取得的住房补贴、伙食补贴、搬迁费、洗衣费。

(2)外籍个人按合理标准取得的境内、境外出差补贴。

(3)外籍个人取得的探亲费、语言训练费、子女教育费等,经当地税务机关审核批准为合理的部分。

(4)外籍个人从外商投资企业取得的股息、红利所得。

(5)凡符合下列条件之一的外籍专家取得的工资、薪金所得,可免征个人所得税:

①根据世界银行专项贷款协议,由世界银行直接派往我国工作的外国专家;

②联合国组织直接派往我国工作的专家;

③为联合国援助项目来华工作的专家;

④援助国派往我国专为该国无偿援助项目工作的专家;

⑤根据两国政府签订的文化交流项目来华工作两年以内的文教专家,其工资、薪金所得由该国负担的;

⑥根据我国大专院校国际交流项目来华工作两年以内的文教专家,其工资、薪金所得由该国负担的;

⑦通过民间科研协定来华工作的专家,其工资、薪金所得由该国政府机构负担的。

2. 个人转让房产所得和房屋产权无偿赠与的免征

(1)个人转让自用达5年以上,并且是唯一的家庭生活用房取得的所得,暂免征收个人所得税。

(2)对个人出售住房后1年内重新购房的,重新购房的价格大于或等于原住房的销售额,销售原住房取得的所得免征个人所得税;重新购房的价格小于原住房的销售额,部分免征个人所得税。

(3)自2009年5月25日起,对以下情形的房屋产权无偿赠与,对当事双方不征收个人所得税:

①房屋产权所有人将房屋产权无偿赠与配偶、父母、子女、祖父母、外祖父母、孙子女、兄弟姐妹;

②房屋产权所有人将房屋产权无偿赠与对其承担直接抚养或者赡养义务的抚养人或赡养人;

③房屋产权所有人死亡,依法取得房屋产权的法定继承人、遗嘱继承人或受遗赠人。

3. 个人转让股票所得的减免

根据《关于个人转让股票所得继续暂免征收个人所得税的通知》(财税〔1998〕61号):从1997年1月1日起,对个人转让上市公司股票取得的所得继续暂免征收个人所得税。自2010年1月1日起,个人转让股票所得暂免征收个人所得税是有一定的适用范围的,即不包括个人转让限售股取得的所得;限售股的转让仍然是要征收个人所得税的,而在二级市场上直接通过现金买卖取得的股票在转让时才免征收个人所得税。

4. 偶然所得的免征

(1)个人取得单张有奖发票奖金所得不超过800元(含800元)的,暂免征收个人所得税;个人取得单张有奖发票奖金所得超过800元的,应全额按照个人所得税法规定的“偶然所得”项目征收个人所得税。

(2)对个人购买福利彩票、赈灾彩票、体育彩票,一次中奖收入在1万元以下的(含1万元)暂免征收个人所得税,超过1万元的,全额按20%征收个人所得税。

5. 其他所得的免征

(1)个人举报、协查各种违法、犯罪行为而获得的奖金。

(2)个人办理代扣代缴手续,按规定取得的扣缴手续费。

(3)乡镇企业的职工和农民取得的青苗补偿费收入暂不征收个人所得税。

(4)达到离休、退休年龄，但确因工作需要，适当延长离休、退休年龄的高级专家(指享受国家发放的政府特殊津贴的专家、学者)，其在延长离休、退休期间的工资、薪金所得，视同离休、退休工资免征个人所得税。

(5)对国有企业职工，因企业依照《中华人民共和国企业破产法(试行)》宣告破产，从破产企业取得的一次性安置费收入，免予征收个人所得税。

(6)职工与用人单位解除劳动关系取得的一次性补偿收入(包括用人单位发放的经济补偿金、生活补助费和其他补助费用)，在当地上年职工年平均工资 3 倍数额内的部分，可免征个人所得税。超过标准的一次性补偿收入，应按照国家有关规定征收个人所得税。

(7)城镇企业、事业单位及其职工个人按照《失业保险条例》规定的比例，实际缴付的失业保险费，均不计入职工个人当期的工资、薪金收入，免予征收个人所得税。

(8)企业和个人按照国家或地方政府规定的比例，提取并向指定金融机构实际缴付的住房公积金、医疗保险金、基本养老保险金，免予征收个人所得税。

(9)个人领取原提存的住房公积金、医疗保险金、基本养老保险金，以及具备《失业保险条例》中规定条件的失业人员领取的失业保险金，免予征收个人所得税。

(10)个人取得的教育储蓄存款利息所得和按照国家或省级人民政府规定的比例缴付的住房公积金、医疗保险金、基本养老保险金、失业保险金存入银行个人账户所取得的利息所得，免予征收个人所得税。

(11)自 2008 年 10 月 9 日(含)起，对储蓄存款利息所得暂免征收个人所得税。

(12)对科研机构、高等学校转化职务科技成果以股份或出资比例等股权形式给予科技人员(在编正式职工)个人奖励，经主管税务机关审核后，暂不征收个人所得税。但对获奖人按股份、出资比例获得分红时，对其所得应按“股息、利息、红利所得”税目征税。

【例 7－24】 下列属于个人所得税免税项目的有(　　)。

A. 个人取得的保险赔款　　B. 军人的转业费、复员费

C. 被拆迁人取得的拆迁补偿款　　D. 获得市级体育比赛一等奖奖金 1 万元

【参考解析】 答案：ABC。本题考核个人所得税税收优惠。A 项、B 项、C 项都属于税法规定的免费项目；省级人民政府、国务院部委和中国人民解放军军以上单位，以及外国组织、国际组织颁发的科学、教育、技术、文化、卫生、体育、环境保护等方面的奖金，免征个人所得税。所以 D 项不是。

二、个人所得税征收管理

(一)纳税申报

个人所得税的征收方式主要有两种：一是代扣代缴；二是自行纳税申报。此外，一些地方为了提高征管效率，方便纳税人，对个别应税所得项目，采取了委托代征的方式。

1. 代扣代缴方式

代扣代缴是指按照税法规定负有扣缴义务的单位或者个人，在向个人支付应纳税所得时，应计算应纳税额，从其所得中扣除并缴入国库，同时向税务机关报送扣缴个人所得税报告表。税务机关应根据扣缴义务人所扣缴的税款，付给 2%的手续费，由扣缴义务人用于代扣代缴费用开支和奖励代扣代缴工作做得好的办税人员。对未按规定履行代扣代缴义务的，其应纳税款仍然由纳税人缴纳，扣缴义务人应承担应扣未扣税款 50%以上至 3 倍的罚款。

2. 自行纳税申报

纳税义务人有下列情形之一的，应当按照规定到主管税务机关办理纳税申报：

(1)年所得在12万元以上的。

(2)从中国境内两处或两处以上取得工资、薪金所得的。

(3)从中国境外取得所得的。

(4)取得应纳税所得，没有扣缴义务人的。

(5)国务院规定的其他情形。

(二)纳税期限

1. 代扣代缴期限

扣缴义务人每月扣缴的税款，应当在次月15日内缴入国库，并向主管税务机关报送扣缴个人所得税报告表、代扣代收税款凭证和包括每一纳税人姓名、单位、职务、收入、税款等内容的支付个人收入明细表，以及税务机关要求报送的其他有关资料。

2. 自行申报纳税期限

一般情况下，纳税人应在取得应纳税所得的次月15日内向主管税务机关申报所得并缴纳税款。具体规定如下：

(1)工资、薪金所得的纳税期限。工资、薪金所得的纳税期限，实行按月计征，在次月15日内缴入国库，并向税务机关报送个人所得税纳税申报表。对特定行业(采掘业、远洋运输业、远洋捕捞业)的纳税人，可以实行按年计算，分月预缴，自年度终了之日起30日内，合计其全年工资、薪金所得，再按12个月平均计算实际应纳的税款，多退少补。

(2)个体工商户生产、经营所得的纳税期限。对于账册健全的个体工商户，其纳税期限实行按年计算、分月预缴，由纳税人在次月15日内申报预缴，年度终了后3个月汇算清缴，多退少补。对账册不健全的个体工商户，其纳税期限由税务机关依据《税收征管法》自行确定征收方式。

(3)承包经营、租赁经营所得的纳税期限。对年终一次性取得承包经营、租赁经营所得的，自取得收入之日起30日内申报纳税；对在一年内分次取得承包经营、租赁经营所得的，应在每次取得所得后的15日内预缴税款，年度终了后3个月汇算清缴，多退少补。

(4)劳务报酬、稿酬、特许权使用费、利息、股息、红利、财产租赁及转让、偶然所得等的纳税期限，实行按次计征，并在次月15日内预缴税款并报送个人所得税纳税申报表。

(5)从境外取得所得的纳税期限。纳税人来源于中国境外的应税所得，在境外以纳税年度计算缴纳个人所得税的，应在所得来源国的纳税年度终了、结清税款后的30日内，向中国税务机关申报缴纳个人所得税；若在取得境外所得时结清税款的，或者在境外按来源国税法规定免予缴纳个人所得税的，应在次年1月1日起30日内向中国税务机关申报缴纳个人所得税。

(6)年所得额12万元以上的纳税义务人，在年度终了后3个月内到主管税务机关办理纳税申报。纳税期限的最后一日是法定休假日的，以休假日的次日为期限的最后一日。对纳税人确有困难，不能按期办理纳税申报的，经主管税务机关核准，可以延期申报。

3. 个人独资企业和合伙企业投资者个人所得税的纳税期限

(1)投资者应纳的个人所得税税款，按年计算，分月或者分季预缴，由投资者在每月或者每季度终了后15日内预缴，年度终了后3个月内汇算清缴，多退少补。

(2)企业在年度中间合并、分立、终止时，投资者应当在停止生产经营之日起60日内，向主管税务机关办理当期个人所得税汇算清缴。

(3)企业在纳税年度的中间开业，或者由于合并、关闭等原因，使该纳税年度的实际经营期不足 12 个月的，应当以其实际经营期为一个纳税年度。

(4)投资者在预缴个人所得税时，应向主管税务机关报送个人独资企业和合伙企业投资者个人所得税申报表，并附送会计报表。

年度终了后 30 日内，投资者应向主管税务机关报送个人独资企业和合伙企业投资者个人所得税申报表，并附送年度会计决算报表和预缴个人所得税纳税凭证。

(三)纳税地点

1. 个人所得税自行申报的，其申报地点一般应为收入来源地的主管税务机关。

2. 纳税人从两处或两处以上取得工资、薪金的，可选择并固定在其中一地税务机关申报纳税。

3. 从境外取得所得的，应向其境内户籍所在地或经营居住地税务机关申报纳税。

4. 扣缴义务人应向其主管税务机关进行纳税申报。

5. 纳税人要求变更申报纳税地点的，须经原主管税务机关批准。

6. 个人独资企业和合伙企业投资者应向企业实际经营管理所在地主管税务机关申报缴纳个人所得税。投资者兴办两个或两个以上企业的，应分别向企业实际经营管理所在地主管税务机关预缴税款。

投资者的个人所得税征收管理工作由地方税务局负责。

导入案例分析

王先生 2013 年各项收入应纳的个人所得税额计算如下：

(1)工资、薪金所得：

①平时工资、课酬报酬所得应纳税额的计算

1、7、8 月每月应纳税额＝(3 800－3 500)×3％＝9(元)

2～6 月每月应纳税额＝(3 800＋2 100－3 500)×10％－105＝135(元)

9～12 月每月应纳税额＝(3 800＋2 400－3 500)×10％－105＝165(元)

②年终一次性全年奖金应纳税额＝24 000×10％－105＝2 295(元)

全年工资、薪金所得应纳税额＝9×3＋135×5＋165×4＋2 295＝3 657(元)

(2)稿酬所得应纳税额：

出版本教材所得应纳税额＝12 000×(1－20％)×20％×(1－30％)＝1 344(元)

(3)劳务报酬所得应纳税额：

讲学所得应纳税额＝(3 000－800)×20％＝440(元)

担任独立董事收入应纳税额＝40 000×(1－20％)×30％－2 000＝7 600(元)

(4)偶然所得应纳税额：

福利彩票中奖所得应纳税额＝15 000×20％＝3 000(元)

王先生 2013 年全年所得应纳个人所得税额＝3 657＋1 344＋440＋7 600＋3 000＝16 041(元)

单元小结

本单元“个人所得税法”知识结构如图 7－1 所示。

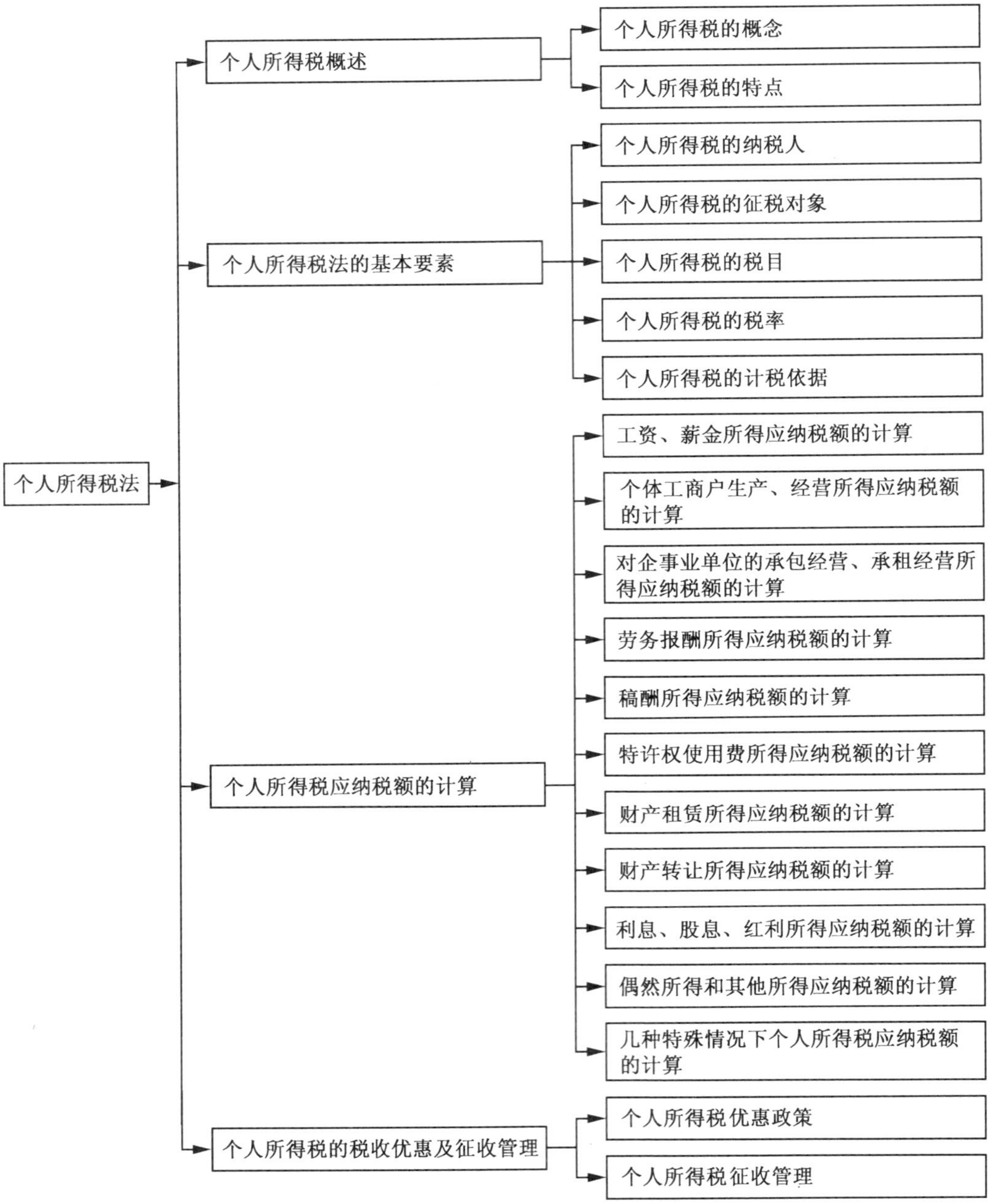

图 7—1　“个人所得税法”知识结构

知识测试与能力训练

一、单项选择题

1. 根据个人所得税法律制度的规定，下列所得中，应缴纳个人所得税的是(　　)。

A. 加班工资　　　　B. 独生子女补贴

C. 差旅费津贴　　　　D. 国债利息收入

2. 公司职工取得的用于购买企业国有股权的劳动分红，适用的税目为(　　)。

A. 工资、薪金所得　　B. 特许权使用费所得
C. 个体工商户的生产经营所得　　D. 利息股息红利所得

3. 计算个体工商户生产经营所得的应纳税所得额时不允许扣除的项目是(　　)。
A. 以经营租赁方式租入固定资产费用　　B. 按规定缴纳的个体劳动者协会会费
C. 发生的与生产经营有关的财产保险费　　D. 个体工商户业主每月领取的工资

4. 下列应税项目中,以一个月为一次确定应纳税所得额的是(　　)。
A. 劳务报酬所得　　B. 特许权使用费所得
C. 财产租赁所得　　D. 偶然所得

5. 陈教授撰写了一本管理学专著,出版社同意专著出版后支付稿费7 500元。在专著的撰写过程中,同是管理学学者的夫人和女儿为其承担了收集资料和校正文稿的工作,并且承担了其中两章的撰写任务。由于在专著上署名多少的不同,陈教授一家的稿酬应缴个人所得税存在不同的情况。下列关于个人所得税的表述,正确的是(　　)。

①假设陈教授在专著上只署自己的名字,则其负担的个人所得税为840元。

②假设陈教授在专著上同时署上自己和夫人或女儿的名字,且两人平分稿费,则其一家负担的个人所得税为826元。

③假设陈教授在专著上同时署上自己、夫人和女儿的名字,且三人平分稿费,则其一家负担的个人所得税为714元。

④比较以上三种方案,陈教授在专著上同时署上自己、夫人和女儿的名字,则其一家负担的个人所得税最少。

A. ②③　　B. ①③　　C. ②④　　D. ①②③④

6. 个人在中国境内两处或两处以上取得应税所得的,个人所得税自行申报的纳税地点是(　　)。
A. 收入来源地　　B. 税务局指定地点
C. 纳税人户籍所在地　　D. 纳税人选择并固定一地

7. 李某在一次福利彩票抽奖中,花1 000元抽中一辆价值300 000元的"别克"牌轿车,外加50 000元的现金。李某应缴纳个人所得税为(　　)元。
A. 56 000　　B. 70 000　　C. 39 200　　D. 10 000

8. 某外籍专家在我国境内一大型国有企业工作,月工资为30 000元人民币,则其每月应缴纳个人所得税的应纳税所得额为(　　)元。
A. 0　　B. 25 200　　C. 28 000　　D. 30 000

9. 根据个人所得税法律制度的规定,下列说法不正确的是(　　)。
A. 对职工个人以股份形式取得的仅作为分红依据,不拥有所有权的企业量化资产,不征收个人所得税
B. 出租车属个人所有,但挂靠出租汽车经营单位或企事业单位,驾驶员向挂靠单位缴纳管理费的,出租车驾驶员从事客货运营取得的收入,比照个体工商户的生产、经营所得项目征税
C. 劳务报酬所得一次收入畸高,是指个人一次取得的劳务报酬收入额超过20 000元
D. 对个人出租住房取得的所得暂减按10%的税率征收个人所得税

10. 根据个人所得税法规定,下列个人所得中免征个人所得税的是(　　)。
A. 劳动分红　　B. 出版科普读物的稿酬所得

C. 年终奖金

D. 转让自用6年唯一家庭生活用房所得

二、多项选择题

1. 将个人所得税的纳税义务人区分为居民纳税义务人和非居民纳税义务人，依据的标准有(　　)。

A. 境内有无住所

B. 境内工作时间

C. 取得收入的工作地

D. 境内住居时间

2. 下列各项中，适用超额累进税率计征个人所得税的有(　　)。

A. 个体工商户的生产经营所得

B. 工资、薪金所得

C. 对企事业单位的承包经营所得

D. 偶然所得

3. 根据个人所得税法律制度的规定，下列各项在计算应纳税所得额时，按照定额与比例相结合的方法扣除费用的有(　　)。

A. 劳务报酬所得

B. 特许权使用费所得

C. 对企事业单位的承包、承租经营所得

D. 财产转让所得

4. 根据个人所得税法律制度的规定，下列说法正确的有(　　)。

A. 任职、受雇于报纸、杂志等单位的记者、编辑等专业人员，因在本单位的报纸、杂志上发表作品取得的所得，按照“稿酬所得”项目缴纳个人所得税

B. 任职、受雇于报纸、杂志等单位的记者、编辑等专业人员，因在本单位的报纸、杂志上发表作品取得的所得，属于因任职、受雇而取得的所得，应与其当月工资收入合并，按“工资、薪金所得”项目征收个人所得税

C. 出版社的专业作者撰写、编写或翻译的作品，由本社以图书形式出版而取得的稿费收入，应按“稿酬所得”项目征收个人所得税

D. 出版社的专业作者撰写、编写或翻译的作品，由本社以图书形式出版而取得的稿费收入，应按“工资、薪金所得”项目征收个人所得税

5. 根据个人所得税法律制度的规定，下列应按照“特许权使用费所得”项目计算缴纳个人所得税的有(　　)。

A. 个人取得特许权的经济赔偿收入

B. 个人提供商标权的使用权取得的所得

C. 编剧从电视剧的制作单位取得的剧本使用费

D. 作者将自己的文字作品手稿复印件公开竞价拍卖取得的所得

6. 下列关于个人所得税的说法中，符合个人所得税相关规定的有(　　)。

A. 核定征收仅适用于应设置账簿但未设置账簿的个人独资企业

B. 实行核定征收的个人独资企业，不能享受个人所得税的优惠政策

C. 个人独资企业对外投资取得的股息收入，应按“利息、股息、红利所得”缴纳个人所得税

D. 无论账册是否健全，个体工商户的生产经营所得应在取得收入次月3日内申报预缴个人所得税

7. 下列各项中，应计算缴纳个人所得税的有(　　)。

A. 职工个人以股份形式取得的不拥有所有权的企业量化资产

B. 职工个人以股份形式取得的拥有所有权的企业量化资产

C. 职工个人以股份形式取得的拥有所有权的企业量化资产，转让时所获得的收入

D. 职工个人以股份形式取得的以量化资产参与企业分配而获得的股息

8. 根据个人所得税法律制度的有关规定，下列项目中，免征或暂免征收个人所得税的有(　　)。

A. 抚恤金

B. 军人的转业费

C. 外籍个人按合理标准取得的境内、境外出差补贴

D. 外籍个人从外商投资企业取得的股息、红利所得

9. 根据个人所得税法律制度的规定，个人发生的下列公益、救济性捐赠支出，准予税前全额扣除的有(　　)。

A. 通过国家机关向红十字的捐赠

B. 通过国家机关向农村义务教育的捐赠

C. 通过非营利社会团体向公益性青少年活动场所的捐赠

D. 通过非营利社会团体向贫困地区的捐赠

10. 根据个人所得税法律制度的有关规定，下列说法中，正确的有(　　)。

A. 扣缴义务人每月扣缴的税款，应当在次月20日内缴入国库

B. 个人所得税的征收方式主要有代扣代缴和自行纳税申报两种

C. 年所得12万元以上的纳税人，应当按照规定到主管税务机关自行办理纳税申报

D. 税务机关应根据扣缴义务人所扣缴的税款，付给5%的手续费，由扣缴义务人用于代扣代缴费用开支和奖励代扣代缴工作做得较好的办税人员

三、不定项选择题

某研究所高级工程师张先生2013年10月份的收入情况如下：

(1)每月工资收入为5 300元。

(2)向某家公司转让专有技术一项，获得特许权使用费6 000元。

(3)为某企业进行产品设计，取得报酬50 000元。

(4)因汽车失窃，获得保险公司赔偿80 000元。

要求：根据上述资料，分析回答下列小题：

1. 张先生工资收入当月需缴纳的个人所得税为(　　)元。

A. 40　　B. 75　　C. 59　　D. 36

2. 特许权使用费应纳个人所得税(　　)元。

A. 1 200　　B. 1 040　　C. 960　　D. 672

3. 张某当月需缴纳的个人所得税(　　)元。

A. 11 035　　B. 14 480　　C. 31 400　　D. 31 330

4. 下列关于个人所得税的表述中，正确的是(　　)。

A. 保险赔款应按照20%的税率计算个人所得税

B. 提供设计服务，应按“劳务报酬”计算个人所得税

C. 对特许权使用费所得一次收入畸高的，可以实行加成征收

D. 工资、薪金所得，以每月收入额减除费用3 500元后的余额为应纳税所得额

第 8 单元

资源类税法

学习目标

1. 掌握资源税、土地使用税、土地增值税的基本法律规定。
2. 掌握资源税、土地使用税、土地增值税的应纳税额的计算。
3. 熟悉资源税类的纳税人、税收优惠。

导入案例

某公司为矿山企业，主要生产销售铁矿石原矿和精矿(铁精粉)。该公司的铁矿石的铁平均品位为30%，生产1吨品位为66%的铁精粉最多需要2.5吨铁矿石原矿，且生产领用情况记录完整。2013年，某地税局向当地该公司下发《关于×××矿山铁精粉与铁矿石原矿折算比的规定的通知》(以下简称《通知》)，规定当地铁矿企业生产销售铁精粉与耗用铁矿石原矿折算比1∶10，即每生产1吨铁精粉，征收10吨铁矿石原矿的资源税。该公司接《通知》后，认为地税局按该规定向其征税错误，违反相关法律规定，而且与当地及该公司的生产实际完全不符，于是提出抗辩。

想一想：某地税局的做法对吗？该矿山企业凭什么认为税务机关的做法是错误的？通过本章的学习给出正确答案。

第一节　资源税法

一、资源税的概念和特点

(一)资源税的概念

资源税是以各种应税自然资源为课税对象，为了调节资源级差收入并体现国有资源有偿使用而征收的一种税。资源税在理论上可区分为对绝对矿租课征的一般资源税和对级差矿租课征的级差资源税，体现在税收政策上就叫作“普遍征收，级差调节”，即所有开采者开采的所有应税资源都应缴纳资源税。

我国资源税是指对在我国境内从事应税矿产品开采或生产盐的单位和个人征收的一种税。

（二）资源税的特点

1. 征税范围较窄

自然资源是生产资料或生活资料的天然来源，它包括的范围很广，如矿产资源、土地资源、水资源、动植物资源等。目前我国的资源税征税范围较窄，仅选择了部分级差收入差异较大，资源较为普遍，易于征收管理的矿产品和盐列为征税范围。随着我国经济的快速发展，对自然资源的合理利用和有效保护将越来越重要，因此，资源税的征税范围应逐步扩大。中国资源税目前的征税范围包括矿产品和盐两大类。

2. 一般实行差别税额从量征收

我国现行资源税对大部分资源实行从量定额征收，一方面税收收入不受产品价格、成本和利润变化的影响，能够稳定财政收入；另一方面有利于促进资源开采企业降低成本，提高经济效率。同时，资源税按照“资源条件好、收入多的多征；资源条件差、收入少的少征”的原则，根据矿产资源等级分别确定不同的税额，以有效地调节资源级差收入。

3. 实行源泉课征。

无论采掘或生产单位是否属于独立核算，资源税均规定在采掘或生产地源泉控制征收，这样既照顾了采掘地的利益，又避免了税款的流失。这与其他税种由独立核算的单位统一缴纳不同。

4. 资源税具有受益税的特点

在我国，国家既是自然资源的所有者，又是政治权力的行使者。资源税实质上是国家凭借其政治权力和对自然资源的所有权双重权力对开采者征收的一种税，是国家采用税收手段收取的自然资源所有权经济报酬。资源税一方面体现了有偿开发利用国有资源，一方面也体现了税收的强制性、固定性等特征。

现行资源税的法律规范包括：国务院于 1993 年 12 月 25 日颁布了《中华人民共和国资源税暂行条例》（以下简称《资源税暂行条例》），财政部同年还发布了资源税实施细则，自 1994 年 1 月 1 日起执行。2011 年 10 月 10 日，国务院又对《资源税暂行条例》进行了修订，2011 年 10 月 28 日，财政部公布了修改后的《中华人民共和国资源税暂行条例实施细则》，两个文件都于 2011 年 11 月 1 日起施行。

二、资源税法的基本内容

（一）资源税的纳税人

资源税的纳税人，是指在中华人民共和国领域及管辖海域开采《资源税暂行条例》规定的矿产品或者生产盐（以下称开采或者生产应税产品）的单位和个人。

所称单位，是指企业、行政单位、事业单位、军事单位、社会团体及其他单位。

所称个人，是指个体经营者和其他个人。

收购未税矿产品的单位为资源税的扣缴义务人。收购未税矿产品的单位，是指独立矿山、联合企业及其他收购未税矿产品的单位。

(二)资源税的征收范围

我国目前资源税的征税范围仅限于矿产品和盐两大类,具体包括:

(1)原油,是指开采的天然原油,不包括人造石油。

(2)天然气,是指专门开采或与原油同时开采的天然气,暂不包括煤矿生产的天然气。

(3)煤炭,是指原煤,不包括洗煤、选煤及其他煤炭制品。

(4)其他非金属矿原矿,是指原油、天然气、煤炭和井矿盐以外的非金属矿原矿,包括宝石、金刚石、玉石、石墨 、大理石、花岗岩、石灰石、石棉等。

(5)黑色金属矿原矿,是指纳税人开采后自用或销售的,用于直接入炉冶炼或作为主产品先入选精矿、制造人工矿,再最终入炉冶炼的黑色金属矿石原矿,包括铁矿石、锰矿石、铬矿石。

(6)有色金属矿原矿。包括稀土矿、铜矿石、铅锌矿石、铝土矿石、钨矿石、锡矿石、锑矿石、镍矿石、黄金矿山、钒矿石等。

(7)盐,包括固体盐和液体盐。固体盐是指海盐原盐、湖盐原盐和井矿盐;液体盐俗称卤水,即氯化钠含量达到一定浓度的溶液。

(三)资源税的税目

现行资源税税目包括原油、天然气、煤炭、其他非金属矿原矿、黑色金属矿原矿、有色金属矿原矿及盐共七大类和若干子目。具体见表 8—1 资源税税目税率表。

表 8—1 资源税税目税率

税 目		税 率
一、原油		销售额的 5%～10%
二、天然气		销售额的 5%～10%
三、煤炭	焦煤	每吨 8～20 元
	其他煤炭	每吨 0.3～5 元
四、其他非金属矿原矿	普通非金属矿原矿	每吨或者每立方米 0.2～5 元
	贵重非金属矿原矿	每千克或者每克拉 0.2～5 元
五、黑色金属矿原矿		每吨 2～30 元
六、有色金属矿原矿	稀土矿	每吨 0.4～60 元
	其他有色金属矿原矿	每吨 0.4～30 元
七、盐	固体盐	每吨 10～60 元
	液体盐	每吨 2～10 元

(四)资源税的税率

资源税采用比例税率和定额税率两种形式,对原油、天然气采用比例税率从价计征,煤炭、其他非金属矿原矿、黑色金属矿原矿、有色金属矿原矿、盐采用定额税率从量计征。为了发挥资源税调节资源级差收入的功能,在确定资源税税额时,根据资源贮存状况、开采条件、资源优劣、地理位置等客观存在的差别而产生的资源级差收入,实施差别税额进行调节。资源条件好的,税额高一些;资源条件差的,税额低一些。

纳税人具体适用的税率,在资源税税目税率表规定的税率幅度内,根据纳税人所开采或者生产应税产品的资源品位、开采条件等情况,由财政部商国务院有关部门确定;财政部未列举名称且未确定具体适用税率的其他非金属矿原矿和有色金属矿原矿，由省、自治区、直辖市人民政府根据实际情况确定，报财政部和国家税务总局备案。

纳税人开采或者生产不同税目应税产品的，应当分别核算不同税目应税产品的销售额或者销售数量；未分别核算或者不能准确提供不同税目应税产品的销售额或者销售数量的，从高适用税率。

纳税人在开采主矿产品的过程中伴采的其他应税矿产品，凡未单独规定适用税额的，一律按主矿产品或视同主矿产品税目征收资源税。

独立矿山、联合企业收购未税矿产品的单位，按照本单位应税产品税额标准，依据收购的数量代扣代缴资源税。其他收购单位收购的未税矿产品，按税务机关核定的应税产品税额标准，依据收购的数量代扣代缴资源税。

【例 8—1】 根据资源税法律制度的规定，下列单位和个人的生产经营行为中，应缴纳资源税的有(　　)。

A. 冶炼企业进口铁矿石　　B. 个体经营者开采煤矿

C. 军事单位开采石油　　D. 中外合作开采天然气

【参考解析】 答案:BCD。根据资源税法律制度的规定，在境内“开采”应税矿产品的单位和个人征收资源税，“进口”资源产品不征收资源税。故 A 错误。

【例 8—2】 下列各项中，征收资源税的是(　　)。

A. 人造石油　　B. 洗煤

C. 与原油同时开采的天然气　　D. 地面抽采煤层气

【参考解析】 答案:C。根据资源税法律制度的规定，选项 A，人造石油不征收资源税；选项 B，洗煤、选煤和其他煤炭制品不征资源税；选项 D，从 2007 年 1 月 1 日起，对地面抽采煤层气暂不征收资源税。

【例 8—3】 2014 年 2 月，某采选矿联合企业自身拥有镍矿石矿，到异地收购同矿种未税镍矿石。在计算代扣代缴资源税时，该矿石适用的税率是(　　)。

A. 税务机关核定的单位税额　　B. 镍矿石收购地适用的单位税额

C. 镍矿石原产地适用的单位税额　　D. 该联合企业适用的镍矿石单位税额

【参考解析】 答案:D。根据资源税法律制度的规定，独立矿山、联合企业收购未税矿产品的单位，按照本单位应税产品税额标准，依据收购的数量代扣代缴资源税。

三、资源税应纳税额的计算

(一)资源税的计税依据

资源税以纳税人开采或者生产应税矿产品的销售额或者销售数量为计税依据。

1. 销售额的确定

(1)销售额是指纳税人销售应税产品向购买方收取的全部价款和价外费用，但不包括收取的增值税销项税额。价外费用，包括价外向购买方收取的手续费、补贴、基金、集资费、返还利润、奖励费、违约金、滞纳金、延期付款利息、赔偿金、代收款项、代垫款项、包装费、包装物租金、储备费、优质费、运输装卸费以及其他各种性质的价外收费。但下列项目不包括在内：

①同时符合以下条件的代垫运输费用：承运部门的运输费用发票开具给购买方的；纳税人将该项发票转交给购买方的。

②同时符合以下条件代为收取的政府性基金或者行政事业性收费：由国务院或者财政部

批准设立的政府性基金，由国务院或者省级人民政府及其财政、价格主管部门批准设立的行政事业性收费；收取时开具省级以上财政部门印制的财政票据；所收款项全额上缴财政。

(2)纳税人申报的应税产品销售额明显偏低并且无正当理由的、有视同销售应税产品行为而无销售额的，除财政部、国家税务总局另有规定外，按下列顺序确定销售额：

①按纳税人最近时期同类产品的平均销售价格确定；

②按其他纳税人最近时期同类产品的平均销售价格确定；

③按组成计税价格确定。

组成计税价格为：

$$组成计税价格=成本\times(1+成本利润率)\div(1-税率)$$

公式中的成本是指：应税产品的实际生产成本。公式中的成本利润率由省、自治区、直辖市税务机关确定。

(3)纳税人以人民币以外的货币结算销售额的，应当折合成人民币计算。其销售额的人民币折合率可以选择销售额发生的当天或者当月1日的人民币汇率中间价。纳税人应在事先确定采用何种折合率计算方法，确定后1年内不得变更。

2. 销售数量的确定

(1)纳税人开采或者生产应税产品销售的，以实际销售数量为销售数量。

(2)纳税人开采或者生产应税产品自用的，以移送时的自用数量为销售数量；自产自用包括生产自用和非生产自用。

(3)纳税人不能准确提供应税产品销售数量或移送使用数量的，以应税产品的产量或者主管税务机关确定的折算比换算成的数量为计征资源税的销售数量。其中：

①原煤。纳税人以自产原煤连续加工洗煤、选煤或用于炼焦、发电及生产生活等用煤，均以动用时的原煤量为销售数量；对于连续加工前无法正确计算原煤移送使用量的，可按加工产品的综合回收率，将加工产品实际销量和自用量折算成原煤数量作为销售数量。

$$综合回收率=加工产品产出量\div耗用原煤数量$$

$$原煤课税数量=加工产品实际销量和自用量\div综合回收率(\%)$$

②金属和非金属矿产品原矿，因无法准确掌握纳税人移送使用原矿数量的，可将其精矿按选矿比折算成原矿数量，以此作为销售数量。

$$选矿比=精矿数量\div耗用原矿数量$$

$$原矿课税数量=精矿数量\div选矿比(\%)$$

(4)纳税人以自产的液体盐加工固体盐，按固体盐税额征税，以加工的固体盐数量为课税数量。纳税人以外购的液体盐加工成固体盐，其加工固体盐所耗用液体盐的已纳税额准予抵扣。

(5)纳税人的减税、免税项目，应当单独核算销售额或者销售数量；未单独核算或者不能准确提供销售额或者销售数量的，不予减税或者免税。

(二)资源税应纳税额的计算

资源税的应纳税额，按照从价定率或者从量定额的办法，分别以应税产品的销售额乘以纳税人具体适用的比例税率或者以应税产品的销售数量乘以纳税人具体适用的定额税率计算。具体计算公式如下。

1. 实行从价定率计征办法的应税产品，应纳税额按照销售额和比例税率计算：

$$应纳税额=销售额\times比例税率$$

2. 实行从量定额计征办法的应税产品，应纳税额按照销售数量和定额税率计算：

应纳税额＝销售数量×定额税率

3. 扣缴义务人代扣代缴资源税应纳税额的计算：

代扣代缴应纳税额＝收购未税矿产品的数量×定额税率

纳税人开采或者生产应税产品，自用于连续生产应税产品的，不缴纳资源税；自用于其他方面的，视同销售，缴纳资源税。

【例 8—4】 下列各项中，属于资源税计税依据的是(　　)。

A. 纳税人开采销售原油时的原油数量

B. 纳税人销售矿产品时向对方收取的价外费用

C. 纳税人加工固体盐时使用的自产液体盐的数量

D. 纳税人销售天然气时向购买方收取的销售额及其储备费

【参考解析】 答案：D。根据资源税法律制度的规定，原油、天然气实行从价定率征收，以销售额为计税依据；故 A 错误；矿产品实行从量定额，以销售数量为计税依据，故 B 错误；纳税人以自产的液体盐加工固体盐，按固体盐税额征税，以加工的固体盐数量为课税数量。故 C 错误。

【例 8—5】 下列自产应税产品中，应当视同销售征收资源税的有(　　)。

A. 用于非生产项目　　B. 用于生产应税产品

C. 用于生产非应税产品　　D. 用于出口销售

【参考解析】 答案：AC。根据资源税法律制度的规定，应当征收资源税的视同销售的自产自用产品，包括用于非生产项目和生产非应税产品两部分。选项 D 属于正常的销售而不是视同销售；自用于连续生产应税产品的，不缴纳资源税。

【例 8—6】 甲省某独立核算的煤炭企业，在乙省有一煤矿。2013 年 5 月该企业开采原煤 210 万吨(其中包括乙省煤矿开采原煤 40 万吨)；销售甲省煤矿开采的原煤 35 万吨，销售乙省煤矿开采的原煤 20 万吨；将在甲省开采的部分原煤加工选煤 70 万吨，对外销售 50 万吨，本企业后勤服务部门领用选煤 4 000 吨。已知资源税税额：甲省煤矿原煤 3 元/吨，乙省煤矿原煤 5 元/吨；加工产品的综合回收率为 70%，该企业本月应纳资源税税额(　　)万元。

A. 227.2　　B. 421　　C. 506.71　　D. 871.71

【参考解析】 答案：B。根据资源税法律制度的规定，纳税人开采或生产应税产品销售的，以销售数量为课税数量；开采或生产应税产品自用的，以视同销售的自用数量为课税数量。对于连续加工前算法正确计算原煤移送使用量的煤炭，可按加工产品的综合回收率，将加工产品实际销量和使用量折算成原煤数量，以此作为课税数量。

该企业本月应纳资源税＝20×5＋[35＋(50＋0.4)÷70%]×3＝421(万元)

【例 8—7】 某油气田开采企业，2013 年 2 月份开采原油的同时开采天然气 4 500 千立方米，开采成本为 500 万元，当月全部用于职工宿舍供暖。已知，当地无天然气同类售价，当地规定的天然气成本利润率为 8%，天然气适用资源税税率为 5%。计算该油气田企业当月天然气应纳资源税和增值税额。

【参考解析】 根据资源税和增值税法律制度的规定，天然气从价计征资源税，纳税人申报的应税产品销售额明显偏低并且无正当理由的、有视同销售应税产品行为而无销售额的，按组成计税价格计税；天然气属于增值税低税率货物，按 13%缴纳增值税。计算过程为：

(1)组成计税价格＝500×(1＋8%)÷(1－5%)＝568.42(万元)

(2)应纳资源税=568.42×5%=28.42(万元)

(3)应纳增值税=568.42×13%=73.89(万元)

应纳资源税和增值税合计=28.42+73.89=102.31(万元)

四、资源税税收优惠

1. 开采原油过程中,用于加热、修井的原油,免征资源税。

2. 纳税人在开采或者生产应税产品过程中,因意外事故或者自然灾害等原因遭受重大损失,需要减税或者免税的,由省、自治区、直辖市人民政府酌情决定

3. 对地面抽采煤层气暂不征收资源税。

4. 对已经缴纳资源税的岩金矿原矿经选矿形成的尾矿进行再利用的,只要纳税人能够在统计、核算上清楚地反映,并在堆放等具体操作上能够同应税原矿明确区隔开,不再计征资源税。尾矿与原矿如不能划分清楚的,应按原矿计征资源税。

5. 自2012年2月1日起,对冶金矿山铁矿石资源税,减按规定税率的80%征收。

6. 油田范围内运输稠油过程中用于加热的原油、天然气免征资源税;稠油、高凝油和高含硫天然气资源税减征40%;三次采油资源税减征30%;低丰度油气田资源税暂减征20%;深水油气田资源税减征30%。

7. 国务院规定的其他减税免税项目。

五、资源税的征收管理

(一)纳税义务发生时间

根据现行资源税法的规定,按照纳税人的生产经营、货款结算方式和资源税征收的不同情况,其纳税义务的发生时间可分以下几种情况:

1. 纳税人销售应税产品,其纳税义务发生时间分为三种情况:

(1)纳税人采取分期收款结算方式的,其纳税义务发生时间,为销售合同规定的收款日期的当天。

(2)纳税人采取预收货款结算方式的,其纳税义务发生时间,为发出应税产品的当天。

(3)纳税人采取其他结算方式的,其纳税义务发生时间,为收讫销售款或者取得销售款凭据的当天。

2. 纳税人自采自用应税产品的纳税义务发生时间,为移送使用应税产品的当天。

3. 扣缴义务人代扣代缴税款的纳税义务发生时间,为支付首笔货款或者开具应支付货款凭据的当天。

(二)纳税期限

资源税纳税人的纳税期限为1日、3日、5日、10日、15日或者1个月,由主管税务机关根据实际情况具体核定。不能按固定期限计算纳税的,可以按次计算纳税。

纳税人以1个月为一期纳税的,自期满之日起10日内申报纳税;以1日、3日、5日、10日或者15日为一期纳税的,自期满之日起5日内预缴税款,于次月1日起10日内申报纳税并结清上月税款。

扣缴义务人的解缴税款期限,比照上面的规定执行。

(三)纳税地点

1. 纳税人应纳的资源税,应当向应税产品的开采或者生产所在地地方税务机关缴纳。

2. 纳税人在本省、自治区、直辖市范围内开采或者生产应税产品，其纳税地点需要调整的，由省、自治区、直辖市税务机关决定。

3. 纳税人跨省开采资源税应税产品，其下属生产单位与核算单位不在同一省、自治区、直辖市的，对其开采的矿产品一律在开采地纳税，其应纳税款由独立核算、自负盈亏的单位，按照开采地的实际销售量(或自用量)及适用的单位税额计算划拨。

4. 扣缴义务人代扣代缴的资源税，应当向收购地主管税务机关缴纳。

【例 8—8】 下列关于资源税纳税义务发生时间的表述，正确的有(　　)。

A. 纳税人采取分期收款结算方式的，为销售合同规定的收款日期的当天

B. 纳税人采取预收货款结算方式的，为收取货款的当天

C. 纳税人采取直接收款结算方式的，为收讫销售款或者取得索取销售款凭据的当天

D. 扣缴义务人代扣代缴税款的，为发出应税产品的当天

【参考解析】 答案：AC。根据资源税法律制度的规定，纳税人采取预收货款结算方式的，为发出应税产品的当天，故 B 错误；扣缴义务人代扣代缴税款的，为支付货款的当天，故 D 错误。

【例 8—9】 下列关于资源税纳税地点的表述中，正确的有(　　)。

A. 收购未税矿产品的个体户，其纳税地点为收购地

B. 资源税扣缴义务人的纳税地点为应税产品的开采地或生产地

C. 资源税纳税义务人的纳税地点为应税产品的开采地或生产地

D. 跨省开采应税矿产品且生产单位与核算单位不在同一省的企业，其开采销售应税矿产品的纳税地点为开采地

【参考解析】 答案：ACD。根据资源税法律制度的规定，扣缴义务人的纳税地点为收购地，故 B 错误。

第二节　城镇土地使用税法

一、城镇土地使用税的概念和特点

(一)城镇土地使用税的概念

城镇土地使用税，是指国家在城市、县城、建制镇、工矿区范围内，对使用土地的单位和个人，以其实际占用的土地面积为计税依据，按照规定的税额计算征收的一种税。由于土地使用税只在县城以上城市征收，因此也称城镇土地使用税(以下简称土地使用税)。

(二)城镇土地使用税的特点

1. 对占用土地的行为征税。土地使用税以土地为课税对象，向拥有土地使用权的单位或个人课征，兼有以有偿占用为特点的行为税特征。只要占用征收范围内的土地，就应当缴纳土地使用税。

2. 征税对象是土地。土地使用税的课征以占用土地行为为前提，以征收范围内的土地为对象，以实际占用的土地面积为依据。

3. 征税范围有所限定。土地使用税只在县以上城市开征，非开征地区城镇使用土地则不征税。其征税范围为城市、县城、建制镇、工矿区等。

4. 实行差别幅度税额。土地使用税采用有幅度的差别税额，根据大、中、小城市和县城每平方米土地年税额多少的不同，实行差别征收。为了防止长期征地而不使用和限制多占土地，可在规定税额的2～5倍范围内加成征税。

1988年9月27日国务院发布了《中华人民共和国城镇土地使用税暂行条例》（以下简称《城镇土地使用税暂行条例》），并于当年11月1日起施行。2006年12月31日，国务院颁布了修订后的《中华人民共和国城镇土地使用税暂行条例》，从2007年1月1日起施行。之后财政部、国税总局又陆续发布了有关城镇土地使用税的规定、办法。这些构成了我国土地使用税的法律规范。

二、城镇土地使用税法的基本内容

（一）城镇土地使用税的纳税人

城镇土地使用税的纳税人，是指在城市、县城、建制镇、工矿区范围内使用土地的单位和个人。单位，包括国有企业、集体企业、私营企业、股份制企业、外商投资企业、外国企业以及其他企业和事业单位、社会团体、国家机关、军队以及其他单位；所称个人，包括个体工商户以及其他个人。

根据用地者的不同情况，纳税人通常包括以下几类：

1. 拥有土地使用权的单位和个人为纳税人。

2. 拥有土地使用权的单位和个人不在土地所在地的，其土地的实际使用人和代管人为纳税人。

3. 土地使用权未确定或权属纠纷未解决的，其实际使用人为纳税人。

4. 土地使用权共有的，共有各方都是纳税人，由各方按其实际使用的土地面积占总面积的比例，分别计算土地使用税。

（二）城镇土地使用税的征税范围

凡在城市、县城、建制镇和工矿区范围内的土地，不论是国有土地，还是集体土地，都属于土地使用税的征税范围。

城市，是指经国务院批准设立的市。城市的征税范围为市区和郊区。县城，是指县人民政府所在地。县城的征税范围为县人民政府所在地的城镇。建制镇，是指经省、自治区、直辖市人民政府批准设立的建制镇。建制镇的征税范围为镇人民政府所在地的地区，但不包括镇政府所在地所辖行政村。工矿区，是指工商业比较发达、人口比较集中，符合国务院规定的建制镇标准，但尚未设立建制镇的大中型工矿企业所在地。开征城镇土地使用税的工矿区须经省、自治区、直辖市人民政府批准。城市、县城、建制镇、工矿区的具体征税范围，由各省、自治区、直辖市人民政府规定。

建立在城市、县城、建制镇和工矿区以外的工矿企业则不用缴纳土地使用税。

自2009年1月1日起，公园、名胜古迹内的索道公司经营用地，应按规定缴纳土地使用税。

（三）城镇土地使用税的税率

城镇土地使用税采用定额税率，即采用有幅度的差别税额，按大、中、小城市和县城、建制镇、工矿区分别规定每平方米土地使用税年应纳税额。具体标准如下：

1. 大城市1.5～30元。

2. 中等城市1.2～24元。

3. 小城市 0.9～18 元。

4. 县城、建制镇、工矿区 0.6～12 元。

大、中、小城市以公安部门登记在册的非农业正式户口人数为依据，按照国务院颁布的《城市规划条例》中规定的标准划分。人口在 50 万以上者为大城市；人口在 20 万～50 万者为中等城市；人口在 20 万以下者为小城市。土地使用税税率如表 8—2 所示。

表 8—2　　**城镇土地使用税税率**

级　别	人口(人)	每平方米税额(元)
大城市	50 万以上	1.5～30
中等城市	20 万～50 万	1.2～24
小城市	20 万以下	0.9～18
县城、建制镇、工矿区		0.6～12

城镇土地使用税规定幅度税额，每个幅度税额相差 20 倍。各省、自治区、直辖市人民政府可根据市政建设情况和经济繁荣程度在规定税额幅度内，确定所辖地区的适用税额幅度。经济落后地区，土地使用税的适用税额标准可适当降低，但降低额不得超过上述规定最低税额的 30%。经济发达地区的适用税额标准可以适当提高，但须报财政部批准。

【例 8—10】 根据城镇土地使用税法律制度的规定，在城市、县城、建制镇和工矿区范围内，下列单位中，属于城镇土地使用税纳税人的有(　　)。

A. 拥有土地使用权的国有企业

B. 拥有土地使用权的私营企业

C. 使用土地的外商投资企业

D. 使用土地的外国企业在中国境内设立的机构

【参考解析】 答案：ABCD。根据土地使用税法律制度的规定，土地使用税的纳税人，是指在城市、县城、建制镇、工矿区范围内使用土地的单位和个人。单位，包括国有企业、集体企业、私营企业、股份制企业、外商投资企业、外国企业以及其他企业和事业单位等。

【例 8—11】 根据城镇土地使用税法律制度的规定，下列土地中，不属于城镇土地使用税征税范围的是(　　)。

A. 城市土地　　B. 县城土地　　C. 农村土地　　D. 建制镇土地

【参考解析】 答案：C。根据土地使用税法律制度的规定，凡在城市、县城、建制镇和工矿区范围内的土地，不论是属于国家所有的土地，还是集体所有的土地，都属于城镇土地使用税的征税范围，不包括农村的土地。

三、城镇土地使用税应纳税额的计算

(一)计税依据

城镇土地使用税的计税依据是纳税人实际占用的土地面积。土地面积以平方米为计量标准。具体按以下办法确定：

1. 凡由省、自治区、直辖市人民政府确定的单位组织测定土地面积的，以测定的土地面积为准。

2. 尚未组织测量，但纳税人持有政府部门核发的土地使用证书的，以证书确认的土地面积为准。

3. 尚未核发土地使用证书的，应由纳税人据实申报土地面积，并据以纳税，待核发土地使用证书后再作调整。

(二)城镇土地使用税应纳税额的计算

土地使用税以纳税人实际占用的土地面积为计税依据，依照规定税额计算征收。其应纳税额计算公式为：

应纳税额＝实际占用应税土地面积(平方米)×适用单位税额

【例8－12】 根据城镇土地使用税法律制度的规定，下列各项中，属于城镇土地使用税计税依据的是(　　)。

A. 建筑面积　　B. 使用面积

C. 居住面积　　D. 实际占用的土地面积

【参考解析】 答案:D。根据城镇土地使用税法律制度的规定，土地使用税以纳税人实际占用的土地面积为计税依据。

【例8－13】 某企业实际占地面积为25 000平方米，经税务机关核定，该企业所在地段适用城镇土地使用税税率，每平方米税额为2元。计算该企业全年应缴纳的城镇土地使用税额。

【参考解析】 该企业全年应缴纳的城镇土地使用税额＝实际占用应税土地面积(平方米)×适用单位税额，即

应纳税额＝25 000×2＝50 000(元)

四、城镇土地使用税的税收优惠

1. 法定项目免税

下列土地，免征土地使用税：

(1)国家机关、人民团体、军队自用的土地。

(2)由国家财政部拨付事业经费的单位自用的土地。

(3)宗教寺庙、公园、名胜古迹自用的土地。

(4)市政街道、广场绿化地带等公共用地。

(5)直接用于农、林、牧、渔业的生产用地。

(6)经批准开山填海整治的土地和改造的废弃用地，从使用的月份起，免征土地使用税5～10年。

(7)由财政部另行规定免税的能源、交通、水利设施用地和其他用地。

2. 困难减免

纳税人缴纳土地使用税确有困难需要定期减免的，由省级地税局审核，报国家税务总局批准。

3. 耕地征用免税

新征用的耕地，自批准征用之日起1年内，免征土地使用税。

4. 贫困地区减税

经济落后地区土地使用税的适用税额标准，经省级人民政府批准，可以适当降低，但降低额不得超过税法规定最低税额的30%。

5. 企业免税用地

企业办的学校、医院、托儿所、幼儿园，其用地能与企业其他用地明确区分的，可比照财政

拨付事业经费的单位自用的土地，免征土地使用税。

6. 电力用地免税

(1)火电厂厂区围墙内的用地均应征收城镇土地使用税；对厂区围墙外的灰场、输灰管、输油(气)管道、铁路专用线用地，免征城镇土地使用税；厂区围墙外的其他用地，应照章征税。

(2)水电站的发电厂房用地(包括坝内、坝外式厂房)，生产、办公、生活用地，应征收城镇土地使用税；对其他用地给予免税照顾。

(3)对供电部门的输电线路用地、变电站用地，免征城镇土地使用税。

7. 石油、天然气生产用地免税

对石油、天然气生产建设的下列用地，暂免征土地使用税：

(1)石油地质勘探、钻井、井下作业、油田地面工程等施工临时用地。

(2)各种采油(气)井、注水井、水源井用地。

(3)油田内办公、生活区以外的公路、铁路专用线及输油(气、水)管道用地。

(4)石油长输管道用地。

(5)通讯、输变电线路用地。

8. 工矿区用地免税

对工矿区内的下列油、气生产、生活用地，暂免征土地使用税：

(1)与各种采油(气)井相配套的场面设施用地，包括油气采集、计量、接转、储运、装卸、综合处理等各种站的用地。

(2)与注水油(气)井相配套的地面设施用地，包括配水、取水、转水及供气、配气、压气、气举等各种站的用地。

(3)供(配)电、供排水、消防、防洪排涝、防风、防沙等设施用地。

(4)职工家属居住的简易房屋等用地。

9. 水利设施用地免税

对水利设施及其管护用地，免征土地使用税。

10. 机场用地免税

民航机场的机场飞行用地、机场场外道路用地，场内外通讯导航设施用地和飞行区四周排水防洪设施用地，免征土地使用税。

11. 港口用地免税

对港口码头用地，免征土地使用税；对港口的露天堆货场用地，纳税有困难的，由省级地税局给予定期减征或免征土地使用税。

12. 盐场用地减免

对盐场的盐滩、盐矿的矿井用地，免征土地使用税；对盐场、盐矿的其他用地，由省级地税局确定征收或定期减免土地使用税。

13. 免税单位用地免税

对免税单位使用纳税单位土地，免征土地使用税。

14. 企业用地免税

对企业的铁路专用线、公路等用地，在厂区以外，与社会公用地段未加隔离的，免征土地使用税。对企业厂区以外的公共绿化用地和向社会开放的公园用地，暂免征土地使用税。

15. 矿山企业用地免税

对矿山企业的采矿场、排土场、尾矿库、炸药库的安全区、采区运矿及运岩公路、尾矿输送管道及回水系统用地，免征土地使用税；对矿山企业采掘地下矿造成的塌陷地及荒山占用，在未利用前，免征土地使用税。

16. 高校后勤实体用地免税

对高校后勤经济实体自用土地，免征土地使用税。

17. 医疗卫生机构用地免税

疾病控制、妇幼保健等卫生机构和非营利性医疗机构自用的土地，免征土地使用税。营利性医疗机构自用的土地，免征土地使用税3年。

18. 非营利性科研机构免税

对主要从事应用基础研究或向社会提供公共服务的非营利性科研机构自用的土地，免征土地使用税。（国办发〔2000〕78号、财税〔2001〕5号）

19. 老年服务机构免税

对福利性、非营利性的老年服务机构，包括老年社会福利院、敬老院、养老院、老年服务中心、老年公寓、老年护理院等自用的土地，免征土地使用税。

【例8—14】 某火电厂2013年占地80万平方米，其中厂区围墙内占地40万平方米，厂区围墙外灰场占地3万平方米，生活区及其他商业配套设施占地37万平方米。已知，该火电厂所在地适用的城镇土地使用税每平方米年税额为1.5万元。根据城镇土地使用税法律制度的规定，该火电厂2013年应缴纳的城镇土地使用税税额为（　　）万元。

A. 55.5　　B. 60　　C. 115.5　　D. 120

【参考解析】 答案：C。根据土地使用税法律制度的规定，(1)火电厂厂区围墙内用地均应征收城镇土地使用税；(2)对厂区围墙外的灰场、输灰管、输油(气)管道、铁路专用线用地，免征城镇土地使用税；(3)厂区围墙外的其他用地，应照章征税；(4)该火电厂应缴纳城镇土地使用税=(80−3)×1.5=115.5(万元)。

五、城镇土地使用税的征收管理

(一)纳税义务发生时间

1. 纳税人购置新建商品房，自房屋交付使用之次月起，缴纳土地使用税。

2. 纳税人购置存量房，自办理房屋权属转移、变更登记手续，房地产权属登记机关签发房屋权属证书之次月起，缴纳土地使用税。

3. 纳税人出租、出借房产，自交付出租、出借房产之次月起，缴纳土地使用税。

4. 以出让或者转让方式有偿取得土地使用权的，应由受让方从合同约定交付土地时间的次月起缴纳土地使用税；合同未约定交付土地时间的，由受让方从合同签订的次月起缴纳土地使用税。

5. 纳税人新征用的耕地，自批准征用之日起满1年时，开始缴纳土地使用税。

6. 纳税人新征用的非耕地，自批准征用次月起，缴纳土地使用税。

(二)纳税期限

土地使用税按年计算、分期缴纳。缴纳期限由省、自治区、直辖市人民政府确定。

(三)纳税地点

土地使用税在土地所在地缴纳。纳税人使用的土地不属于同一省(自治区、直辖市)管辖范围的，应由纳税人分别向土地所在地税务机关缴纳；在同一省(自治区、直辖市)管辖范围内，纳税人跨地区使用的土地，其纳税地点由省、自治区、直辖市税务机关确定。

【例 8—15】 关于城镇土地使用税纳税义务发生时间的下列表述中，正确的有(　　)。

A. 纳税人新征用的耕地，自批准征用之日起缴纳

B. 纳税人新征用的非耕地，自批准征用次月缴纳

C. 纳税人以出让方式有偿取得土地使用权，合同约定交付土地时间的，自合同约定交付土地时间的次月起缴纳

D. 纳税人以出让方式有偿获取土地使用权，合同未约定交付土地时间的，自合同签订的次月起缴纳

【参考解析】 答案：BCD。根据土地使用税法律制度的规定，纳税人新征用的耕地，自批准征用之日起满 1 年时开始缴纳土地使用税。所以选项 A 的表述不正确。

第三节　耕地占用税法

一、耕地占用税的概念和特点

(一)耕地占用税的概念

耕地占用税，是国家对占用耕地建房或者从事其他非农业建设的单位和个人，依据实际占用耕地面积、按照规定税额一次性征收的一种税。

(二)耕地占用税的特点

耕地占用税作为一个出于特定目的、对特定的土地资源课征的税种，与其他税种相比，具有比较鲜明的特点，主要表现在：

1. 兼具资源税与特定行为税的性质。耕地占用税以占用农用耕地建房或从事其他非农用建设的行为为征税对象，以约束纳税人占用耕地的行为、促进土地资源的合理运用为课征目的，除具有资源占用税的属性外，还具有明显的特定行为税的特点。

2. 采用地区差别税率。耕地占用税采用地区差别税率，根据不同地区的具体情况，分别制定差别税额，以适应中国地域辽阔、各地区之间耕地质量差别较大、人均占有耕地面积相差悬殊的具体情况，具有因地制宜的特点。

3. 在占用耕地环节一次性课征。耕地占用税在纳税人获准占用耕地的环节征收，除对获准占用耕地后超过两年未使用者须加征耕地占用税外，此后不再征收耕地占用税。因而，耕地占用税具有一次性征收的特点。

4. 税收收入专用于耕地开发与改良。耕地占用税收入按规定应用于建立发展农业专项基金，主要用于开展宜耕土地开发和改良现有耕地之用，因此，具有“取之于地、用之于地”的补偿性特点。

现行耕地占用税的法律规范包括从 2008 年 1 月 1 日起施行的《中华人民共和国耕地占用税暂行条例》(以下简称《耕地占用税暂行条例》)和《中华人民共和国耕地占用税暂行条例实施细则》。

二、耕地占用税法的基本内容

(一)纳税人

耕地占用税的纳税人为在我国境内占用耕地建房或者从事其他非农业建设的单位和个

人。单位,包括国有企业、集体企业、私营企业、股份制企业、外商投资企业、外国企业以及其他企业和事业单位、社会团体、国家机关、部队以及其他单位;所称个人,包括个体工商户以及其他个人。

(二)征税范围

耕地占用税的征税范围包括纳税人为建房或从事其他非农业建设而占用的国家所有和集体所有的耕地。

所谓耕地,是指种植农业作物的土地,包括菜地、园地。其中,园地包括花圃、苗圃、茶园、果园、桑园和其他种植经济林木的土地。

占用鱼塘及其他农用土地建房或从事其他非农业建设,也视同占用耕地,必须依法征收耕地占用税。

占用前 3 年之内曾经用于种植农作物的土地、占用鱼塘和其他农业用地建房或者从事其他非农业建设,视同占用耕地。

占用已开发用于种植、养殖的滩涂、草场、水面和林地等从事非农业建设,是否征收耕地占用税,由各省、自治区、直辖市根据当地的具体情况自行确定。

建设直接为农业生产服务的生产实施占用上述规定的农用地的,不征收耕地占用税。

(三)税率

耕地占用税实行定额税率。根据不同地区人均占有耕地数量和经济发展状况规定不同的税率,即实行地区差别税率。具体标准如下:

1. 人均耕地不超过 1 亩的地区(以县级行政区域为单位,下同),每平方米为 10～50 元。
2. 人均耕地超过 1 亩但不超过 2 亩的地区,每平方米为 8～40 元。
3. 人均耕地超过 2 亩但不超过 3 亩的地区,每平方米为 6～30 元。
4. 人均耕地超过 3 亩的地区,每平方米为 5～25 元。

国务院财政、税务主管部门根据人均耕地面积和经济发展情况确定各省、自治区、直辖市的税额。

各地适用税额,由省、自治区、直辖市人民政府在规定的税额幅度内,根据本地区情况核定。各省、自治区、直辖市人民政府核定的适用税额的平均水平,不得低于国务院财政、税务主管部门确定的平均税额。

经济特区、经济技术开发区和经济发达且人均耕地特别少的地区,适用税额可以适当提高,但是提高的部分最高不得超过国务院财政、税务主管部门确定的当地适用税额的 50%。

占用基本农田的,适用税额应当在国务院财政、税务主管部门规定的当地适用税额的基础上提高 50%。

【例 8—16】 下列关于耕地占用税税收要素的说法中,不正确的有(　　)。

A. 纳税义务人是占用耕地建房或从事非农业建设的单位和个人

B.“耕地”是指种植农业作物的土地,包括菜地、园地,但不包括鱼塘

C. 耕地占用税以纳税人占用耕地的面积为计税依据

D. 经济特区、经济技术开发区和经济发达、人均耕地特别少的地区,适用税额可以适当提高,但最多不得超过上述规定税额的 30%

【参考解析】 答案:BD。根据耕地占用税法律制度的规定,占用鱼塘及其他农用土地建房或从事其他非农业建设,也视同占用耕地,必须依法征收耕地占用税;经济特区、经济技术开发区和经济发达、人均耕地特别少的地区,适用税额可以适当提高,但最多不得超过上述规定

税额的50%。

三、耕地占用税应纳税额的计算

(一)计税依据

耕地占用税以纳税人实际占用的耕地面积为计税依据,按照规定的适用税额计算缴纳,一次性征收。

实际占用的耕地面积,包括经批准占用的耕地面积和未经批准占用的耕地面积。

(二)应纳税额的计算

耕地占用税以纳税人实际占用的耕地面积(平方米)为计税依据,乘以所在地区适用的单位税额计算应纳税额。其计算公式为:

应纳税额=实际占用的耕地面积(平方米)×适用税额

【例8—17】 某企业占用耕地5 000平方米建设厂房,当地规定的耕地占用税适用税额标准为每平方米8元。计算该企业应纳耕地占用税税额。

【参考解析】 根据耕地占用税法律制度的规定,纳税人以实际占用的耕地面积(平方米)为计税依据,乘以所在地区适用的单位税额计算应纳税额。计算过程为:应纳税额 =5 000平方米×8元/平方米 =40 000(元)

四、耕地占用税的税收优惠

1. 下列项目占用耕地,可以免征耕地占用税

(1)军事设施,包括地上、地下的军事指挥、作战工程;军用机场、港口、码头;营区、训练场、试验场;军用洞库、仓库;军用通信、侦察、导航、观测台站和测量、导航、助航标志;军用公路、铁路专用线,军用通信、输电线路,军用输油、输水管道;其他直接用于军事用途的设施。

(2)学校,包括县级以上人民政府教育行政部门批准成立的大学、中学、小学、学历性职业教育学校和特殊教育学校。

(3)幼儿园,包括在县级以上人民政府教育行政部门登记或者备案的幼儿园用于幼儿保育、教育的场所。

(4)养老院,包括经批准设立的养老院为老年人提供生活照顾的场所。

(5)医院,包括县级以上人民政府卫生行政单位部门批准设立的医院用于提供医疗服务的场所及其配套设施。

2. 下列项目占用耕地,可以减按每平方米2元的税额标准征收耕地占用税

(1)铁路线路,包括铁路路基、桥梁、涵洞、隧道及其按照规定两侧留地。

(2)公路线路,包括经批准建设的国道、省道、县道、乡道和属于农村公路的村道的主体工程以及两侧边沟、截水沟。

(3)飞机场跑道、停机坪,包括经批准建设的民用机场专门用于民用航空器起降、滑行和停放的场所。

(4)港口,包括经批准建设的港口供船舶进出、停靠和旅客上下、货物装卸的场所。

(5)航道,包括在江、河、湖泊、港湾等水域供船舶安全航行的通道。

3. 农村居民经批准在户口所在地按照规定标准占用耕地,建设自用住宅,可以按照当地的适用税额标准减半征收耕地占用税。

4. 农村烈士家属、残疾军人、鳏寡孤独和革命老根据地、少数民族聚居区、边远贫困山区

生活困难的农村居民，在规定用地标准以内新建住宅缴纳耕地占用税确有困难的，经所在地乡(镇)人民政府审核，报经县级人民政府批准以后，可以免征、减征耕地占用税。

按规定免征或者减征耕地占用税后，纳税人改变原占地用途，不再属于免征或者减征耕地占用税情形的，应当按照当地适用税额补缴耕地占用税。

【例 8—18】 下列选项中，属于免征耕地占用税范围的是(　　)。

A. 飞机场跑道占用耕地

B. 医院占用耕地

C. 铁路线路占用耕地

D. 军事生产企业占用耕地

【参考解析】 答案：B。根据耕地占用税法律制度的规定，铁路线路占用耕地、飞机场跑道占用耕地减按每平方米 2 元的税额征收耕地占用税；军事生产企业占用耕地不属于耕地占用税的减免税范围。

五、耕地占用税的征收管理

(一)纳税义务发生时间

经批准占用耕地的，耕地占用税纳税义务发生时间为纳税人收到土地管理部门办理占用农用地手续通知的当天。

未经批准占用耕地的，耕地占用税纳税义务发生时间为实际占用耕地的当天。

(二)纳税期限

耕地占用税的纳税期限为 30 天，即纳税人应当在收到土地管理部门的通知之日起 30 日内缴纳耕地占用税。

(三)纳税地点

耕地占用税纳税地点为纳税人占用的耕地或其他农用地所在地。

(四)纳税环节

耕地占用税由税务机关负责征收。其纳税环节为：在土地管理部门通知单位和个人办理占用耕地手续后，土地管理部门发放建设用地批准书之前。土地管理部门在通知纳税人时，应同时通知耕地所在地同级地方税务机关，纳税人应当在规定的时间内到指定地点缴纳税款或办理免税手续，土地管理部门凭耕地占用税完税收据或免税凭证发放建设用地批准书。

【例 8—19】 下列关于耕地占用税的征收管理的陈述，正确的有(　　)。

A. 耕地占用税由地方税务机关负责征收

B. 土地管理部门在通知单位或者个人办理占用耕地手续时，应当同时通知耕地所在地同级地方税务机关

C. 获准占用耕地的单位或者个人应当在收到土地管理部门的通知之日起 10 日内缴纳耕地占用税

D. 纳税人临时占用耕地，应当依照规定缴纳耕地占用税

【参考解析】 答案：ABD。根据耕地占用税法律制度的规定，获准占用耕地的单位或者个人应当在收到土地管理部门的通知之日起 30 日内缴纳耕地占用税。占用耕地，第一年是征收耕地占用税，满 1 年后，才开始征收土地使用税。

第四节　土地增值税法

一、土地增值税的概念和特点

（一）土地增值税的概念

土地增值税是对转让国有土地使用权、地上建筑物及其附着物并取得收入的单位和个人，就其转让房地产所取得的增值额征收的一种税。

（二）土地增值税的特点

1. 以转让房地产取得的增值额为计税依据。我国的土地增值税属于“土地转移增值税”的类型，将土地、房屋的转让收入合并征收。作为计税依据的增值额，是纳税人转让房地产的收入减除税法规定准予扣除项目金额后的余额。

2. 征税面比较广。凡在我国境内转让房地产并取得收入的单位和个人，除税法规定免税的外，均应依照税法规定缴纳土地增值税。换言之，凡发生应税行为的单位和个人，不论其经济性质，也不分内外资企业或中外籍人员，无论专营或兼营房地产业务，均有缴纳土地增值税的义务。

3. 采用扣除法和评估法计算增值额。土地增值税在计算方法上考虑我国实际情况，以纳税人转让房地产取得的收入，减除法定扣除项目金额后的余额作为计税依据。对旧房及建筑物的转让，以及对纳税人转让房地产申报不实、成交价格偏低的，则采用评估价格法确定增值额，计征土地增值税。

4. 实行超率累进税率。土地增值税的税率是以转让房地产的增值额高低为依据，按照累进原则设计的，实行分级计税。增值率高的，适用税率高、多纳税；增值率低的，税率低、少纳税，税收负担较为合理，便于体现国家政策。

5. 实行按次征收。土地增值税在房地产发生转让环节，实行按次征收，每发生一次转让行为，就应根据每次取得的增值额征一次税。

现行土地增值税的基本法律规范包括，1994 年 1 月 1 日起施行的、国务院发布的《中华人民共和国土地增值税暂行条例》（以下简称《土地增值税暂行条例》）和 1995 年 1 月 27 日施行的财政部颁布的《中华人民共和国土地增值税暂行条例实施细则》。

二、土地增值税法的基本内容

（一）纳税人

土地增值税的纳税人是指转让国有土地使用权、地上的建筑物及其附着物（以下简称转让房地产）并取得收入的单位和个人。这里所称的单位包括国有企业、集体企业、私营企业、外商投资企业、外国企业、外国机构、股份制企业、其他企业、行政单位、事业单位、社会团体、其他单位；这里所称的个人包括个体经营者和其他个人。

（二）征收范围

1. 征税范围的一般规定

（1）土地增值税只对转让国有土地使用权的行为课税，转让非国有土地和出让国有土地的行为均不征税。

所谓国有土地使用权，是指土地使用人根据国家法律、合同等规定，对国家所有的土地享有的使用权利。土地增值税只对企业、单位和个人等经济实体转让国有土地使用权的行为征税。对属于集体所有的土地，按现行规定需先由国家征用后才能转让。

政府出让土地的行为及取得的收入不在土地增值税征税范围之列。因为国有土地使用权出让是指国家以土地所有者的身份将土地使用权在一定年限内让与土地使用者，并由土地使用者向国家支付使用权出让金的行为。这种行为属于由政府垄断的土地一级市场。土地使用权出让方是国家，国家凭借土地的所有权向土地使用者收取土地的租金。

(2)土地增值税既对转让土地使用权课税，也对转让地上建筑物和其他附着物的产权征税。

所谓地上建筑物，是指建于土地上的一切建筑物，包括地上地下的各种附属设施。如厂房、仓库、商店、医院、住宅、地下室、围墙、烟囱、电梯、中央空调、管道等。所谓附着物是指附着于土地上的、不能移动，一经移动即遭损坏的种植物、养植物及其他物品。上述建筑物和附着物的所有者对自己的财产依法享有占有、使用、收益和处置的权利，即拥有排他性的全部产权。

(3)土地增值税只对有偿转让的房地产征税，对以继承、赠与等方式无偿转让的房地产，虽然发生了转让行为，但未取得收入，所以不征收土地增值税。

不予征收土地增值税的赠与行为主要包括两种：

①房产所有人、土地使用人将房产、土地使用权赠与直系亲属或者承担直接赡养义务人的行为。

②房产所有人、土地使用人通过中国境内非营利的社会团体、国家机关将房屋产权、土地使用权赠与教育、民政和其他社会福利、公益事业的行为。

2. 征税范围的特殊规定

(1)以房地产进行投资联营。对于以房地产进行投资联营的，一方以土地作价入股进行投资或者作为联营条件，免征收土地增值税。对投资、联营企业将上述房地产再转让的，应征收土地增值税；其中如果投资联营的企业从事房地产开发，或者房地产开发企业以其建造的商品房进行投资联营的就不能暂免征税。

(2)房地产开发企业将开发的房产转为自用或者用于出租等商业用途，如果产权没有发生转移，不征收土地增值税。

(3)房地产的交换。这种情况是指一方以房地产与另一方的房地产进行交换的行为。由于发生了房产转移，因此属于土地增值税的征税范围。但是对于个人之间互换自有居住用房的行为，经过当地税务机关审核，可以免征土地增值税。

(4)合作建房。对于一方出地，另一方出资金，双方合作建房，建成后按比例分房自用的，暂免征收土地增值税；但建成后转让的，应征收土地增值税。

(5)房地产的出租。房地产的出租是指房产的产权所有人、依照法律规定取得土地使用权的土地使用人，将房产、土地使用权租赁给承租人使用，由承租人向出租人支付租金的行为。房地产的出租，出租人虽取得了收入，但没有发生房产产权、土地使用权的转让。因此，不属于土地增值税的征税范围。

(6)房地产的抵押。房地产的抵押是指房产所有者或土地使用者作为债务人或第三人向债权人提供不动产作为清偿债务的担保而不转移权属的法律行为。这种情况下房产的产权、土地使用权在抵押期间并没有发生权属的变更，因此对房地产的抵押，在抵押期间不征收土地增值税。待抵押期满后，视该房地产是否转移占有而确定是否征收土地增值税。但是，对于以房地产抵债而发生房地产权属转让的，应列入土地增值税的征税范围。

(7)企业兼并转让房地产。在企业兼并中，对被兼并企业将房地产转让到兼并企业中的，免征收土地增值税。

(8)房地产的代建行为。这种情况是指房地产开发公司代客户进行房地产的开发，开发完成后向客户收取代建收入的行为。对于房地产开发公司而言，虽然取得了收入，但没有发生房地产权属的转移，其收入属于劳务收入性质，故不属于土地增值税的征税范围。

(9)房地产的重新评估。房地产的重新评估是指国有企业在清产核资时对房地产进行重新评估而产生的评估增值的情况。这种情况房地产虽然有增值，但其既没有发生房地产权属的转移，房产产权、土地使用权人也未取得收入，所以不属于土地增值税的征税范围。

(10)土地使用者处置土地使用权。土地使用者转让、抵押或置换土地，无论其是否取得了该土地的使用权属证书，无论其在转让、抵押或置换土地过程中是否与对方当事人办理了土地使用权属证书变更登记手续，只要土地使用者享有占用、使用收益或处分该土地的权利，具有合同等证据表明其实质转让、抵押或置换了土地并取得了相应的经济利益，土地使用者及其对方当事人就应当依照税法规定缴纳营业税、土地增值税和契税等。

(三)税率

土地增值税实行四级超率累进税率：

1. 增值额未超过扣除项目金额 50%的部分，税率为 30%。
2. 增值额超过扣除项目金额 50%、未超过扣除项目金额 100%的部分，税率为 40%。
3. 增值额超过扣除项目金额 100%、未超过扣除项目金额 200%的部分，税率为 50%。
4. 增值额超过扣除项目金额 200%的部分，税率为 60%。

上述所列四级超率累进税率，每级“增值额未超过扣除项目金额”的比例，均包括本比例数。四级超率累进税率及速算扣除系数见表 8—3。

表 8—3　土地增值税四级超率累进税率表

级次	级　距	税　率	速算扣除系数
1	增值额未超过扣除项目金额 50%的部分	30%	0
2	增值额超过扣除项目金额 50%未超过 100%的部分	40%	5%
3	增值额超过扣除项目金额 100%未超过 200%的部分	50%	15%
4	增值额超过扣除项目金额 200%的部分	60%	35%

【例 8—20】　下列各项中，应当征收土地增值税的是(　　)。

A. 公司与公司之间互换房产

B. 房地产开发公司为客户代建房产

C. 兼并企业从被兼并企业取得房产

D. 双方合作建房按比例分配房产后自用

【参考解析】　答案：A。根据土地增值税征税范围规定，房地产开发公司为客户代建房产，没有发生房屋产权的转移，不属于土地增值税征税范围；兼并企业从被兼并企业取得房产、合作建房按比例分配房产后自用，暂免征收土地增值税。

【例 8—21】　根据土地增值税法律制度的规定，下列各项中，应当征收土地增值税的是(　　)。

A. 土地使用权出让
B. 土地使用权转让
C. 将自有房产出租
D. 双方合作建房,建成后自用

【参考解析】 答案:B。根据土地增值税征税范围规定,土地使用权的出让不征收土地增值税;土地使用权的转让征收土地增值税;自有厂房出租不征收土地增值税;双方合作建房,建成后自用的不征收土地增值税。

三、土地增值税应纳税额的计算

(一)计税依据

土地增值税以纳税人转让房地产所取得的增值额为计税依据。土地增值额为纳税人转让房地产所取得的收入减去税法规定的扣除项目金额后的余额。土地增值额的大小取决于转让房地产的收入和扣除项目金额两个因素。

1. 应税收入的确定

根据《土地增值税暂行条例》及其实施细则的规定,纳税人转让房地产所取得的收入,包括货币收入、实物收入和其他收入。

(1)货币收入。货币收入是指纳税人转让房地产而取得的现金、银行存款和国库券、金融债券、企业债券、股票等有价证券。

(2)实物收入。实物收入是指纳税人转让房地产而取得的各种实物形态的收入。

(3)其他收入。其他收入是指纳税人转让房地产而取得的无形资产收入或具有财产价值的权利。

2. 扣除项目及其金额

按照《土地增值税暂行条例》的规定,准予纳税人从房地产转让收入额减除的扣除项目具体包括以下六项内容:

(1)取得土地使用权所支付的金额。

①纳税人为取得土地使用权所支付的地价款。

纳税人为取得土地使用权所支付的地价款,其确定方式有三种:以协议、招标、拍卖方式取得土地使用权的,地价款为纳税人所支付的土地出让金;如果是以行政划拨方式取得土地使用权的,地价款为按照国家有关规定补交的土地出让金;如果是以转让方式取得土地使用权的,地价款为向原土地使用人实际支付的地价款。

②纳税人在取得土地使用权时按国家统一规定缴纳的有关费用和税金。包括手续费、契税。

(2)房地产开发成本。

房地产开发成本,是指纳税人开发房地产项目发生的实际成本,包括土地的征用及拆迁补偿费、前期工程费、建筑安装费、基础设施费、公共配套设施费、开发间接费用等。

(3)房地产开发费用。

房地产开发费用是指与房地产开发项目有关的销售费用、财务费用、管理费用。根据现行财务管理制度规定,这三项费用作为期间费用,直接记入当期损益,但在计算土地增值税时,房地产开发费用,并不是按纳税人实际发生的费用进行扣除,应分别以下两种情况扣除:

①财务费用中的利息支出,凡能够按转让房地产项目计算分摊并提供金融机构证明的,允许据实扣除,但最高不能超过按商业银行同类同期贷款利率计算的金额。其他房地产开发费用,按规定(即取得土地使用权所支付的金额和房地产开发成本,下同)计算的金额之和的5%

以内计算扣除。计算公式为：

允许扣除的房地产开发费用＝利息＋(取得土地使用权所支付的金额＋房地产开发成本)×5％

②财务费用中的利息支出，凡不能按转让房地产项目计算分摊利息支出或不能提供金融机构证明的，房地产开发费用按规定计算的金额之和的 10％以内计算扣除。计算扣除的具体比例，由各省、自治区、直辖市人民政府规定。计算公式为：

允许扣除的房地产开发费用＝(取得土地使用权所支付的金额＋房地产开发成本)×10％

(4)与转让房地产有关的税金。

与转让房地产有关的税金是指在转让房地产时缴纳的营业税、城市维护建设税、印花税。因转让房地产缴纳的教育费附加，也可视同税金予以扣除。

房地产开发企业在转让房地产时缴纳的印花税已列入管理费用中，不再单独扣除。

(5)财政部确定的其他扣除项目。

对从事房地产开发的纳税人可按规定计算的金额之和，加计 20％的扣除。此条优惠只适用于从事房地产开发的纳税人，除此之外的其他纳税人不适用。

(6)旧房及建筑物的扣除金额。

①按评估价格扣除。

旧房及建筑物的评估价格是指在转让已使用的房屋及建筑物时，由政府批准设立的房地产评估机构评定的重置成本乘以成新度折扣率后的价格。评估价格须经当地税务机关确认。此外转让旧房的，应按房屋及建筑的评估价格、取得土地使用权所支付的地价款和按国家统一规定缴纳的有关费用及在转让环节缴纳的税金作为扣除项目金额计征土地增值税。对取得土地使用权时未支付地价款或不能提供已支付的地价款凭据的，在计征土地增值税时不允许扣除。

②按购房发票金额计算扣除。

纳税人转让旧房及建筑物，不能取得评估价格，但能提供购房发票的，可按发票所载金额并从购买年度起至转让年度止每年加计 5％计算扣除。

③对于转让旧房及建筑物，既没有评估价格，又不能提供购房发票的，地方税务机关可以实行核定征收。

(7)计税依据的特殊规定。

纳税人转让房地产的成交价格低于房地产评估价格，并且没有正当的理由，或者隐瞒、虚报房地产成交价格，或者提供的扣除项目金额不真实，税务机关将按照房地产评估价格(指经过当地税务机关确认的，由政府批准设立的房地产评估机构根据相同地段、同类房地产综合评定的价格)计算征收土地增值税。

(二)应纳税额的计算

1. 应纳税额的计算公式

土地增值税按照纳税人转让房地产所取得的增值额和规定的税率计算征收。计算公式为：

$$应纳税额＝\sum(每级距的增值额\times适用税率)$$

由于分步计算比较繁琐，一般可以采用速算扣除法计算，即按增值额乘以适用的税率减去扣除项目金额乘以速算扣除系数的简便方法计算。计算公式为：

应纳税额＝增值额×适用税率－扣除项目金额×速算扣除系数

具体公式如下：

(1)增值额未超过扣除项目金额 50％的：

土地增值税税额＝增值额×30%

(2)增值额超过扣除项目金额50%未超过100%的：

土地增值税税额＝增值额×40%－扣除项目金额×5%

(3)增值额超过扣除项目金额100%未超过200%的：

土地增值税税额＝增值额×50%－扣除项目金额×15%

(4)增值额超过扣除项目金额200%的：

土地增值税税额＝增值额×60%－扣除项目金额×35%

2. 计算步骤

(1)计算增值额：

增值额＝房地产转让收入－扣除项目金额

(2)计算增值额占扣除项目金额的比例(增值率)：

增值率＝增值额÷扣除项目金额×100%

(3)确定适用税率。按照计算出来的增值率，从土地增值税税率表中确定适用税率。

(4)计算应纳税额：

应纳税额＝增值额×适用税率－扣除项目金额×速算扣除系数

【例8－22】 根据土地增值税法律制度的规定，下列各项中，属于房地产开发企业在计算土地增值税时可以扣除的项目有(　　)。

A. 取得土地使用权所支付的金额　　B. 房地产开发成本

C. 与转让房地产有关的税金　　D. 财政部确定的其他扣除项目

【参考解析】 答案：ABCD。根据土地增值税法律制度的规定，ABCD四项都属于房地产开发企业可以扣除的项目。

【例8－23】 某房地产开发公司建一住宅出售，取得销售收入1 800万元(假定城建税税率为7%，教育费附加征收率为3%)。开发此住宅该房地产公司共支付地价款200万元(含相关手续费2万元)，开发成本400万元，贷款利息支出无法准确分摊。已知该地区人民政府确定的房地产开发费用扣除比例为10%。计算则该房地产开发公司销售住宅应缴纳的土地增值税。

【参考解析】 根据土地增值税法律制度的规定，房地产开发企业可加计扣除。

(1)收入总额：1 800万元

(2)扣除项目金额：

①支付地价款：200万元

②支付开发成本：400万元

③房地产开发费用：(200＋400)×10%＝60(万元)

④与转让房地产有关的税金：1 800×5%×(1＋7%＋3%)＝99(万元)

⑤加计扣除费用：(200＋400)×20%＝120(万元)

⑥扣除费用总额：200＋400＋60＋99＋120＝879(万元)

(3)增值额：1 800－879＝921(万元)

(4)增值比率：921÷879＝105%

(5)应纳税额＝921×50%－879×15%＝328.65(万元)

四、土地增值税税收优惠

1. 纳税人建造普通标准住宅出售，其增值率未超过20%的，予以免税。增值率超过20%

的，应按全部增值额缴纳土地增值税。

对于纳税人既建造普通标准住宅又搞其他房地产开发的，应分别核算增值额。不分别核算增值额或不能准确核算增值额的，其建造的普通标准住宅不能适用这一免税规定。

2. 因国家建设需要而被政府征用、收回的房地产，免征土地增值税。因上述原因而自行转让比照国家收回处理。

3. 企事业单位、社会团体以及其他组织转让旧房作为廉租住房、经济适用住房房源且增值额未超过扣除项目金额 20%的，免征土地增值税。

4. 自 2008 年 11 月 1 日起，对居民个人转让住房一律免征土地增值税。

【例 8－24】 根据土地增值税法律制度的规定，下列各项中，可以免征土地增值税的有(　　)。

A. 国家机关转让自用房产

B. 工业企业以不动产作价入股投资非房地产企业

C. 房地产公司以不动产作价入股进行投资

D. 某商场因城市实施规划、国家建设的需要而自行转让原房产

【参考解析】 答案：BD。根据土地增值税法律制度的规定，国家机关转让自用房产属于土地增值税的征税范围；对于以土地(房地产)作价入股进行投资或联营的，凡所投资、联营的企业从事房地产开发的，或者房地产开发企业以其建造的商品房进行投资和联营的，不免征土地增值税；工业企业以不动产作价入股进行投资和某商场因城市实施规划、国家建设的需要而自行转让原房产属于免征土地增值税的情形。

五、土地增值税的征收管理

(一)纳税申报

纳税人应从签订转让房地产合同之日起 7 日内到房地产所在地主管税务机关办理纳税申报，并提供房屋及建筑物产权、土地使用权证书、土地转让、房屋买卖合同，房地产评估报告，与房地产转让有关税金的缴款凭证，以及其他与房地产有关的资料，然后在税务机关规定的期限内缴纳土地增值税。如果纳税人经常发生转让房地产行为的，经审核可按月按季申报纳税。

纳税人采取预售方式销售房地产的，对在项目全部竣工结算前转让房地产取得的收入，税务机关可以预征土地增值税，之后办理纳税清算后，多退少补。

(二)纳税清算

1. 符合下列情形之一的，纳税人应当进行土地增值税的清算：

(1)房地产开发项目全部竣工、完成销售的。

(2)整体转让未竣工决算房地产开发项目的。

(3)直接转让土地使用权的。

2. 符合下列情形之一的，主管税务机关可以要求纳税人进行土地增值税清算：

(1)已竣工验收的房地产开发项目，已转让的房地产建筑面积占整个项目可售建筑面积的比例在 85%以上，或该比例虽未超过 85%，但剩余的可售建筑面积已经出租或自用的。

(2)取得销售(预售)许可证满三年仍未销售完毕的。

(3)纳税人申请注销税务登记但未办理土地增值税清算手续的。

(4)省级税务机关规定的其他情况。

(三)纳税地点

纳税人发生应税行为应当向房地产所在地的主管税务机关缴纳税款。

1. 纳税人是法人的,当转让的房地产坐落地与其机构所在地或经营所在地一致时,则在办理税务登记的原管辖税务机关申报纳税即可;如果转让的房地产坐落地与其机构所在地或经营所在地不一致时,则应在房地产坐落地所管辖的税务机关申报纳税。

2. 纳税人是自然人的,当转让的房地产坐落地与其居住所在地一致时,则在居住所在地税务机关申报纳税;当转让的房地产坐落地与其居住所在地不一致时,在办理过户手续所在地的税务机关申报纳税。

【例 8-25】 根据土地增值税法律制度的规定,下列情形中,纳税人应当进行土地增值税清算的有(　　)。

A. 直接转让土地使用权的

B. 整体转让未竣工决算房地产开发项目的

C. 房地产开发项目全部竣工并完成销售的

D. 取得房地产销售(预售)许可证满 2 年尚未销售完毕的

【参考解析】 答案:ABC。根据土地增值税法律制度的规定,对于取得房地产销售(预售)许可证满 2 年尚未销售完毕的,不用进行土地增值税的清算。取得房地产销售(预售)许可证满 3 年尚未销售完毕的,主管税务机关可要求纳税人进行土地增值税清算

导入案例分析

某地税局的做法是错误的。《通知》按铁精粉与耗用铁矿石原矿折算比 1∶10 对公司征税不妥,应以公司实际移送使用的铁矿石原矿数量计算资源税。

《通知》中地税局依据《资源税暂行条例实施细则》第 9 条"纳税人不能准确提供应税产品销售数量的,以应税产品的产量或者主管税务机关确定的折算比换算成的数量为计征资源税的销售数量"的规定,确定当地铁矿企业生产销售铁精粉与耗用铁矿石原矿折算比为 1∶10,并按此对公司征收矿产资源税。但《实施细则》第 9 条按照折算比换算数量确定应纳税数量的前提是"纳税人不能准确提供应税产品销售数量的",而实际上不存在适用此条规定的前提,公司作为运营规范的上市公司,能准确提供应税产品销售数量。无论是公司采场开采的铁矿石原矿数量,还是选场使用的铁矿石原矿数量,生产铁精粉的数量及所消耗的铁矿石原矿数量等都有准确的记录,并在世界范围内公开,并非不能准确提供。所以,地税局在不具备适用前提的情况下,仍然适用第 9 条确定折算比换算计征资源税的销售数量是错误的。

另外,即使公司无法准确提供应税产品数量,地税局确定的 1∶10 的折算比也不合理。

国家税务总局曾发文,要求对纳税人不能准确提供销售应税矿产品数量和不能准确提供自用应税矿产品原矿移送使用数量的,征收机关应结合本地实际,要根据纳税人应税矿产品的有关资料和实际情况,根据矿产品赋存和生产条件,了解其采掘量、回采率、选矿比、选矿回收率、贫化率等指标,参照用电量、用炸药量等参数,科学、合理地选择和确定应税产品课税量的核定方法和标准,科学合理地确定折算比和选矿比,并以此确定课税数量。

但是地税局未从当地的实际情况出发,也未实际考察公司矿石的品位和选矿比等实际情况,仅凭自己的主观臆测,就毫无科学根据地确定折算比为 1∶10 征税,这与实际严重不符。如果按照地税局 1∶10 的折算比计算,生产 1 吨合格铁精粉需 10 吨铁矿石原矿,该铁矿石原

矿的平均全铁量含量为 6.6%。而实际上，公司的铁矿石原矿的平均全铁量含量为 30%以上，按 1 吨合格铁精粉的全铁量含量为 66%计算，生产 1 吨合格铁精粉仅需 2.5 吨铁矿石原矿。

据此，该矿山企业对某地税局的做法提出抗议是有道理的，主管税务机关应查实并纠正某地税局的错误做法，审查并撤销《通知》文件，要求地税局依法按照该公司实际移送使用铁矿石原矿数量计征资源税。

单元小结

本单元“资源类税法”知识结构如图 8—1 所示。

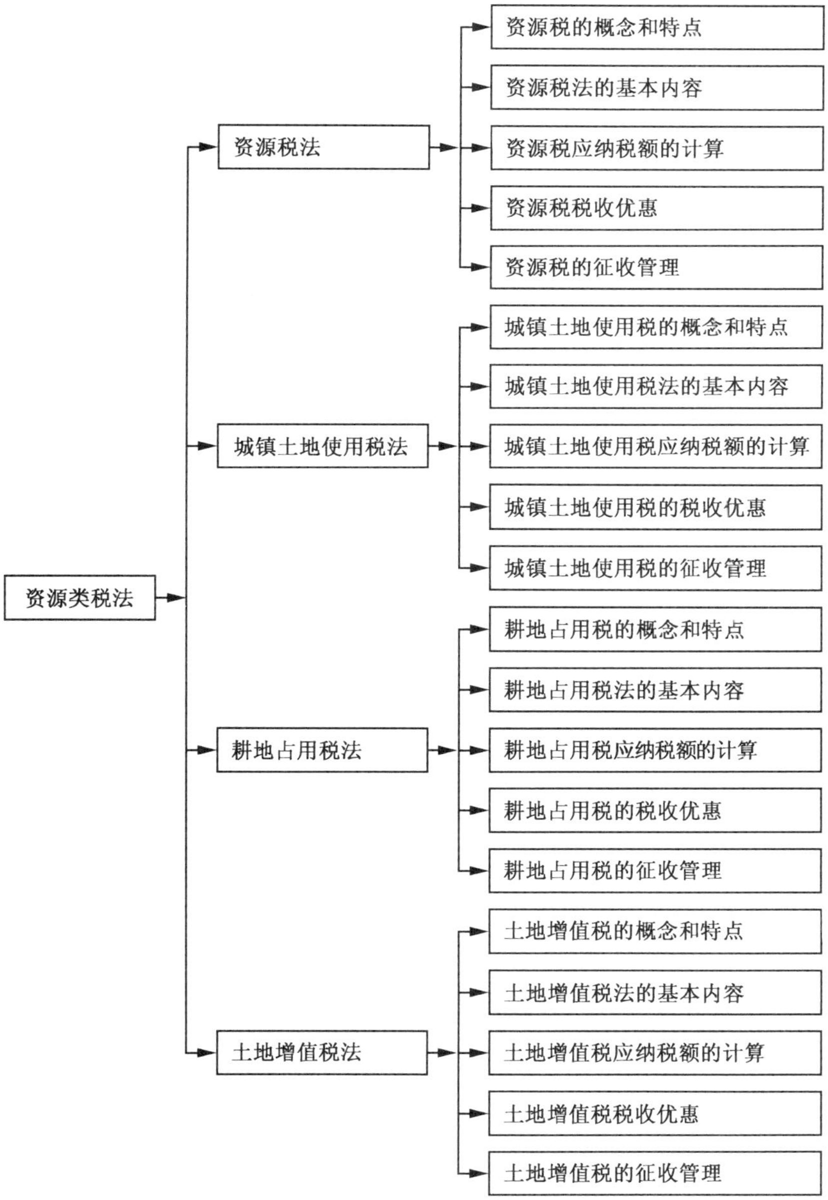

图 8—1　“资源类税法”知识结构

知识测试与能力训练

一、单项选择题

1. 现行资源税的征税范围为(　　)。

A. 原油、天然气、煤炭　　B. 原油、天然气、煤炭、盐

C. 矿产品和盐　　D. 原油、有色金属矿

2. 经批准开山填海整治土地和改造的废弃土地，从使用的月份起免缴土地使用税的年限是(　　)。

A. 1～3 年　　B. 3～5 年　　C. 5～10 年　　D. 10～15 年

3. 耕地占用税的征收机构是(　　)。

A. 税务机关　　B. 财政机关

C. 土地管理部门　　D. 国有资产管理部门

4. 下列占用耕地的单位和个人属于耕地占用税纳税人的是(　　)。

A. 占用耕地从事农业生产的单位和个人　　B. 占用耕地种植蔬菜的单位和个人

C. 占用耕地种植果树的单位和个人　　D. 占用耕地建房的单位和个人

5. 土地增值税实行(　　)税率。

A. 比例税率　　B. 全额累进税率

C. 超额累进税率　　D. 超率累进税率

6. 某煤矿 2014 年 10 月份生产销售原煤 10 万吨；地面抽采煤层气 50 万立方米，本月全部销售，取得不含税销售额 25 万元。已知该煤矿适用的单位税额为 1.5 元/吨，当地规定的天然气适用税率为 6%，该煤矿 10 月份应纳的资源税税额为(　　)万元。

A. 15　　B. 16.5　　C. 18　　D. 19.5

7. 某企业 2012 年实际占地面积为 2 000 平方米，2014 年 4 月该企业为扩大生产，根据有关部门的批准，新征用非耕地 3 000 平方米。该企业所处地段适用年税额 5 元/平方米。该企业 2012 年应缴纳城镇土地使用税(　　)。

A. 1 万元　　B. 3 万元　　C. 2 万元　　D. 5 万元

8. 纳税人本期以自产液体盐 30 000 吨和外购液体盐 20 000 吨(每吨已缴纳资源税 5 元)加工固体盐 12 000 吨对外销售，取得销售收入 600 万元。已知固体盐税额为每吨 30 元，液体盐税额为每吨 8 元。该纳税人本期应缴纳资源税为(　　)。

A. 36 万元　　B. 26 万元　　C. 2 万元　　D. 31 万元

9. 在土地增值税计算过程中，不准予按实际发生额扣除的项目是(　　)。

A. 支付的土地出让金　　B. 建筑安装工程费

C. 房地产开发费用　　D. 转让房地产缴纳的营业税

10. 几个单位共同拥有一块土地使用权，则城镇土地使用税的纳税人为(　　)。

A. 其中实际占用土地面积最大的单位　　B. 税务机关核定的单位

C. 共有的各方　　D. 协商确定纳税人

二、多项选择题

1.下列经批准占用的耕地，免征耕地占用税的有(　　)。

A. 军队设施用地和炸药库用地

B. 铁路线路、飞机场跑道和停机坪跑道

C. 学校、幼儿园、敬老院和医院用地

D. 农村居民新建住宅用地

2.资源税的纳税人是在我国境内从事开采应税资源的单位和个人，但不包括(　　)。

A. 外商投资和外国企业　　B. 进口应税产品的单位

C. 进口应税产品的个人　　D. 行政单位

3. 不属于土地增值税征税范围的有(　　)。

A. 国家出让土地使用权取得的收入　　B. 国有企业房地产的重新评估升值

C. 房地产的交换　　D. 将房地产赠与直系亲属

4. 城镇土地使用税的征税范围包括(　　)。

A. 城市　　B. 乡村　　C. 建制镇　　D. 工矿区

5. 资源税规定：纳税人开采或生产应税产品销售或自用的，以(　　)为课税数量

A. 开采数量　　B. 销售数量　　C. 生产数量　　D. 自用数量

6. 某铜矿 2009 年 5 月销售铜精矿 4 000 吨(选矿比为 20%)，每吨不含税售价为 1 500 元，当地铜矿石资源税为每吨 1.2 元。应纳资源税和增值税税额为(　　)。

A. 资源税 0.48 万元　　B. 资源税 2.4 万元

C. 增值税 78 万元　　D. 增值税 102 万元

7. 根据城镇土地使用税法律制度的有关规定，在城市、县城、建制镇和工矿区范围内，下列情况应该缴纳城镇土地使用税的有(　　)。

A. 国有企业生产经营用地　　B. 私营企业拥有土地使用权的办公用地

C. 外商投资企业的仓库用地　　D. 个人居住用房屋用地

8. 纳税人转让国有土地使用权应缴纳的税种有(　　)。

A. 土地增值税　　B. 耕地占用税　　C. 营业税　　D. 城镇土地使用税

9. 下列情况不属于土地增值税征税范围的是(　　)。

A. 房地产抵押　　B. 房地产买卖　　C. 房地产赠与　　D. 房地产评估增值

10. 以下关于耕地占用税的表述正确的是(　　)。

A. 耕地占用税是以纳税人实际占用耕地面积为计税依据，按照规定税额一次性征收

B. 耕地占用税实行地区差别幅度比例税率

C. 个人占用耕地建房也应缴纳耕地占用税

D. 耕地占用税实行按年征收，分期缴纳

三、不定项选择题

1. 某铜矿 2013 年 12 月份生产铜矿石原矿 10 万吨，移送入选精矿 1 万吨(选矿比为 20%)，销售铜矿石原矿 2 万吨，已知该矿山铜矿适用的单位税额为 1.2 元/吨。计算该铜矿 12 月份应纳资源税税额。

2. 2013 年某房地产开发企业以拍卖方式取得土地进行住宅楼的开发，支付土地出让金 3 000万元；住宅开发成本 2 800 万元，其中含公共配套设施费用 500 万元；房地产开发费用中的利息支出为 300 万元(能够按转让房地产项目计算分摊并提供金融机构证明)；当年住宅楼全部销售完毕，取得销售收入共计 9 000 万元；缴纳营业税、城市维护建设税和教育费附加 495 万元；缴纳印花税 4.5 万元。

已知该企业所在省人民政府规定的房地产开发费用的计算扣除比例为 5%。

要求：根据以上资料，回答下列问题：

(1)该企业计算土地增值税时准予扣除的房地产开发费用为(　　)万元。

A. 290　　B. 580　　C. 582　　D. 590

(2)该企业计算土地增值税时准予扣除的项目金额为(　　)万元。

A. 6 885　　B. 6 889.5　　C. 8 045　　D. 8 049.5

(3)该企业销售住宅楼应缴纳的土地增值税税额为(　　)万元。

A. 285.15　　B. 286.5　　C. 633.15　　D. 634.5

(4)根据土地增值税的相关税收法律制度,下列表述正确的是(　　)。

A. 取得土地使用权所支付的金额可以据实扣除

B. 房地产开发费用是指与房地产开发项目有关的销售费用、管理费用和财务费用

C. 房地产开发企业在转让房产时缴纳的印花税已列入管理费用中,故不允许单独作为税金扣除

D. 从事房地产开发的纳税人可以加计10%扣除

第 9 单元

财产类税法

学习目标

1. 掌握房产税法、车船税法和契税法的基本法律规定。
2. 掌握房产税、车船税和契税应纳税额的计算。
3. 熟悉房产税、车船税和契税的税收优惠。

导入案例

大华公司2013年自有房屋8栋，其中7栋用于生产经营，房产原值为7 000万元；1栋房屋与另一公司互换经营用房产，大华公司房产价格600万元，另一家公司的房产价格为800万元。此外，该公司拥有乘用车5辆，其中，发动机气缸容量（排气量）在1.0～1.6升的有3辆（车船税税率为每年400元/辆），2.0～2.5升的有2辆（车船税税率为每年900元/辆）。假设该省规定按房产原值一次性扣除20%作为房产税计税余值，契税税率3%。

想一想：该公司应缴纳的财产税有哪些？分别是多少？通过本章的学习，给出正确答案。

第一节　房产税法

一、房产税的概念和特点

（一）房产税的概念

房产税是以房产为征税对象，按房产的计税价值或租金收入，向房产所有人或经营管理人等征收的一种财产税。

（二）房产税的特点

1. 房产税属于财产税中的个别财产税，其征税对象只是房屋。按征税对象的范围不同，财产税可以分为一般财产税与个别财产税。一般财产税也称“综合财产税”,是对纳税人拥有的各类财产实行综合计征的税收。个别财产税也称“单项财产税”,是对纳税人拥有的土地、房屋、资本和其他财产分别征税。房产税属于个别财产税,其征税对象只限于房屋。

2. 征收范围限于城镇的经营性房屋。我国现行的房产税限定在城市、县城、建制镇和工矿区范围内征收,不涉及农村。但是,对某些拥有房屋,却没有纳税能力或者没有征税意义的单位,如国家拨付行政经费、事业经费和国防经费的单位自用的房产,税法规定予以免税,进而将其排除在征税范围之外。

3. 区别房屋的经营使用方式规定征税办法,对于自用的房产按房产计税余值征收,对于出租房屋按租金收入征税。拥有房屋的单位和个人,既可以将房屋自用于生产经营,又可以用于出租、出典。鉴于此,房产税根据纳税人经营形式不同,对前一类房屋按房产计税余值征税,对后一类房屋按租金收入征税,使征税办法符合纳税人的经营特点,不仅平衡了税收负担,而且便于征收管理。

4. 税收收入的地方性。房产税收收入大部分属于地方财政收入,是地方税收的重要组成部分。

现行的房产税是第二步利改税以后开征的,1986 年 9 月 15 日,国务院正式发布了《中华人民共和国房产税暂行条例》(以下简称《房产税暂行条例》),从当年 10 月 1 日开始实施。同年 9 月 25 日,财政部、国税总局印发《关于房产税若干具体问题的解释和暂行规定》,之后,国务院及财政部、国税总局又陆续发布了有关房产税的规定、办法,这些构成了我国房产税的基本法律规范。

二、房产税法的基本内容

(一)房产税纳税人

房产税的纳税人是指在我国城市、县城、建制镇和工矿区内拥有房屋产权的单位和个人,具体包括产权所有人、承典人、房产代管人或者使用人。

所称单位,包括国有企业、集体企业、私营企业、股份制企业、外商投资企业、外国企业以及其他企业和事业单位、社会团体、国家机关、军队以及其他单位;所称个人,包括个体工商户以及其他个人。

1. 产权属于国家的,其经营管理的单位为纳税人。

2. 产权属于集体和个人的,集体单位和个人为纳税人。

3. 产权出典的,承典人为纳税人。所谓出典是指产权所有人为了某种需要将自己的房屋在一定的期限内转让给他人使用,以押金形式换取一定数额的现金(或者实物),并立有某种合同(契约)的行为。在此,房屋所有人称为房屋“出典人”,支付现金的人称为房屋的“承典人”。

4. 产权所有人、承典人均不在房产所在地的,房产代管人或者使用人为纳税人。

5. 产权未确定以及租典(租赁、出典)纠纷未解决的,房产代管人或者使用人为纳税人。

6. 纳税单位和个人无租使用房产管理部门、免税单位及纳税单位的房产,由使用人代为缴纳房产税。

7. 房地产开发企业建造的商品房,在出售前,不征收房产税,但对出售前房地产开发企业已使用或出租、出借的商品房应按规定征收房产税。

(二)房产税征收范围

房产税的征税范围为城市、县城、建制镇和工矿区的房屋。这里的城市是指经国务院批准设立的市，其征税范围包括市区、郊区和市辖的县城，不包括农村；县城，是指未设立建制镇的县人民政府所在地，征收范围为县人民政府所在的城镇；建制镇是指镇人民政府所在地，不包括所辖的行政村；工矿区是指工商业比较发达，人口比较集中，符合国务院规定的建制标准，但尚未设立镇建制的大中型工矿企业所在地。开征房产税的工矿区，须经省、自治区、直辖市人民政府批准。

所谓房屋，是指有屋面和围护结构，能够遮风避雨，可供人们在其中生产、学习、工作、娱乐、居住或储藏物资的场所。

独立于房屋之外的建筑物如围墙、菜窖、水塔、烟囱、室外游泳池等不属于房产。

(三)房产税税率

我国房产税实行比例税率。具体有两种情况：

1. 从价计征的，税率为 1.2%。

2. 从租计征的，税率为 12%。

从 2001 年 1 月 1 日起，对个人按市场价格出租的居民住房，用于居住的，可暂减按 4%的税率征收房产税。

【例 9—1】 关于房产税纳税人的下列表述中，不符合法律制度规定的是(　　)。

A. 房屋出租的，承租人为纳税人

B. 房屋产权所有人不在房产所在地的，房产代管人为纳税人

C. 房屋产权属于国家的，其经营管理单位为纳税人

D. 房屋产权未确定的，房产代管人为纳税人

【参考解析】 答案：A。根据房产税法律制度的规定，房产出租的，出租人按照租金收入缴纳从租计征的房产税，出租人为房产税的纳税义务人。

【例 9—2】 根据房产税法律制度的规定，下列各项中，应缴纳房产税的是(　　)。

A. 某宾馆的围墙　　B. 某宾馆的室外游泳池

C. 某企业的办公楼　　D. 某房地产公司出租的写字楼

【参考解析】 答案：CD。根据房产税法律制度的规定，选项 AB 不属于房产税的房屋不属征收范围；选项 D，房地产开发企业建造的商品房，在出售前，不征收房产税，但对出售前房地产开发企业已使用或出租、出借的商品房应按规定征收房产税。

三、房产税应纳税额的计算

(一)计税依据

房产税以房产的计税价值或房产租金收入为计税依据。按房产的计税价值计税的，称为从价计征；按房产租金收入计税的，称为从租计征。

1. 从价计征的房产税的计税依据

从价计征的房产税，以房产余值为计税依据。房产税依照房产原值一次减除 10%～30%后的余值计算缴纳。具体减除幅度，由省、自治区、直辖市人民政府规定。

(1)房产原值，是指纳税人按照会计制度规定，在账簿固定资产科目中记载的房屋原价。

对依照房产原值计税的房产，不论是否记载在会计账簿固定资产科目中，均应按照房屋原价计算缴纳房产税。房屋原价应根据国家有关会计制度规定进行核算。对纳税人未按国家会计制度规定核算并记载的，应按规定予以调整或重新评估。

(2)房产余值，是指房产原值减除规定比例后的剩余价值。

(3)房屋附属设备和配套设施的计税规定如下。

为了维持和增加房屋的使用功能或使房屋满足设计要求,凡以房屋为载体,不可随意移动的附属设备和配套设施,如给排水、采暖、消防、中央空调、电气及智能化楼宇设备等,无论在会计核算中是否单独记账与核算,都应计入房产原值,计征房产税。

对于更换房屋附属设备和配套设施的,在将其价值计入房产原值时,可扣减原来相应设备和设施的价值;对附属设备和配套设施中易损坏、需要经常更换的零配件,更新后不再计入房产原值。

(4)对于投资联营的房产的计税规定。

①以房产投资联营、投资者参与投资利润分红、共担风险的情况,按房产余值作为计税依据计征房产税。

②对于以房产投资、收取固定收入、不承担经营风险的情况,实际上是以联营名义取得房产的租金,应按出租方收取的租金收入计缴房产税。

此外,对于融资租赁房屋的情况,由于租赁费包括购进房屋的价款、手续费、借款利息等,与一般房屋出租的租金内涵不同,且租赁期满后,当承担方偿还最后一笔租赁费时,房屋产权要转移到承租方,这实际上是一种变相的分期付款购买固定资产的形式,所以在计征房产税时应以房产余值计算征收。

(5)居民住宅区内业主共有的经营性房产的计税规定。

从 2007 年 1 月 1 日起,对居民住宅区内业主共有的经营性房产,由实际经营(包括自营和出租)的代管人或使用人缴纳房产税,其中自营的,依照房产原值减除 10%～30%后的余值计征,没有房产原值或不能将业主共有房产与其他房产的原值准确划分开的,由房产所在地地方税务机关参照同类房产核定房产原值;出租房产的,依照租金收入计征。

2. 从租计征的房产税计税依据

房产出租的,以房屋出租收取的租金收入为计税依据。租金收入,包括货币收入和实物收入。

(二)应纳税额的计算

1. 从价计征的房产税的计算

按房产原值一次减除 10%～30%后的余值计征。其计算公式:

应纳税额＝房产原值×(1－减除比率)×1.2%

2. 从租计征的房产税的计算

按照房产租金收入计征,其计算公式:

应纳税额＝房产租金收入×12%(或 4%)

【例 9－3】 某工业企业 2013 年有用于生产经营的厂房 2 000 平方米,原值为 240 万元;另外还有用于出租的仓库 500 平方米,原值为 60 万元,全年共取得租金 10 万元。该地区规定的扣除比例为 25%。该工业企业全年应纳的房产税(　　)万元。

A. 3.36　　B. 6.6　　C. 8.76　　D. 9.26

【参考解析】 答案:A。根据房产税法律制度的规定,纳税人经营用房产,从价计征房产税;出租的房产,从租计征房产税。计算过程为:

该工业企业全年应缴纳的房产税＝240×(1－25%)×1.2%＋10×12%＝3.36(万元)

【例 9－4】 赵某在市区拥有一栋七层楼房,其中一二层自用,经营饭店;三四层出租给某企业办公,年租金 120 万元;五六层用于投资联营(收取固定收入,不承担联营风险)每年固定收取100万元利润；第七层给朋友张某作为住宅无偿使用。已知该楼房产原值为7 000万元，假设每层分摊的房产原值均为1 000万元，当地政府规定的扣除率为30%，房产税从价计征的税率为1.2%，从租计征的税率为12%。计算赵某该年应纳房产税多少？

【参考解析】 根据房产税法律制度的规定，赵某自用的两层经营饭店，应从价计征房产税；出租的两层，应从租计征房产税；用于投资联营的两层，收取固定收入，应从租计征房产税；第七层给张某无偿使用，张某为受益人，由张某缴纳房产税。计算过程如下：

(1)赵某自用房产应纳房产税＝1 000×2×(1－30%)×1.2%＝16.8(万元)

(2)赵某出租的房产应纳房产税＝120×12%＝14.4(万元)

(3) 赵某用于投资联营的房产应纳房产税＝100×12%＝12(万元)

(4)赵某该年共缴纳房产税＝16.8＋14.4＋12＝43.2(万元)

四、房产税的税收优惠

1. 非营利性机构“自用”房产

(1)国家机关、人民团体、军队自用的房产免征房产税。

(2)由国家财政部门拨付事业经费(全额或差额)的单位(学校、医疗卫生单位、托儿所、幼儿园、敬老院以及文化、体育、艺术类单位)所有的、本身业务范围内使用的房产免征房产税。

上述单位所属的附属工厂、商店、招待所等不属于单位公务、业务的用房，应照章纳税。

(3)宗教寺庙、公园、名胜古迹自用的房产免征房产税。

(4)对行使国家行政管理职能的中国人民银行总行(含国家外汇管理局)所属分支机构自用的房产，免征房产税。

(5)对非营利性医疗机构、疾病控制机构和妇幼保健机构等卫生机构自用的房产，经财政部批准免征房产税。

(6)老年服务机构自用的房产，经财政部批准免征房产税。

2. 个人所有“非营业用”的房产免征房产税。对个人拥有的营业用房或者出租的房产，不属于免税房产，应照章征税。

3. 毁损不堪居住的房屋和危险房屋，经有关部门鉴定，在停止使用后，可免征房产税。

4. 自2001年1月1日起，对按政府规定价格出租的公有住房和廉租住房，暂免征收房产税。

5. 纳税人因房屋大修导致连续停用半年以上的，在房屋大修期间免征房产税。

6. 在基建工地为基建工地服务的各种工棚、材料棚、休息棚和办公室、食堂、茶炉房、汽车房等临时性房屋，施工期间一律免征房产税。但工程结束后，施工企业将这种临时性房屋交还或估价转让给基建单位的，应从基建单位接收的次月起，照章纳税。

7. 向居民供热并向居民收取采暖费的供热企业暂免征收房产税。“供热企业”包括专业供热企业、兼营供热企业、单位自供热及为小区居民供热的物业公司等，不包括从事热力生产但不直接向居民供热的企业。

8. 对高校后勤实体免征房产税。

【例9－5】 根据房产税法律制度的规定，下列各项中，应当征收房产税的有(　　)。

A. 城市居民出租的房产　　B. 城市居民投资联营的房产

C. 城市居民所有的自住用房　　D. 城市居民拥有的营业用房

【参考解析】 答案：ABD。根据房产税法律制度的规定，个人拥有的非营业用房免征房产税，即居民住房免房产税，营业用房或出租用房照章征税。

五、房产税的征收管理

(一)纳税义务发生时间

1. 纳税人将原有房产用于生产经营，从生产经营之月起，缴纳房产税。

2. 纳税人自行新建房屋用于生产经营，从建成之次月起，缴纳房产税。

3. 纳税人委托施工企业建设的房屋，从办理验收手续之次月起，缴纳房产税。

4. 纳税人购置新建商品房，自房屋交付使用之次月起，缴纳房产税。

5. 纳税人购置存量房，自办理房屋权属转移、变更登记手续，房地产权属登记机关签发房屋权属证书之次月起，缴纳房产税。

6. 纳税人出租、出借房产，自交付出租、出借本企业房产之次月起，缴纳房产税。

7. 房地产开发项目自用、出租、出借本企业建造的商品房，自房屋使用或交付之次月起，缴纳房产税。

8. 纳税人因房产的实物或权利状态发生变化而依法终止房产税纳税义务的，其应纳税款的计算应截止到房产的实物或权利状态发生变化的当月末。

(二)纳税期限

房产税实行“按年计算、分期缴纳”的征收方法，具体纳税期限由省、自治区、直辖市人民政府确定。

(三)纳税地点

房产税在房产所在地缴纳。房产不在同一地方的纳税人，应按房产的坐落地点分别向房产所在地的税务机关申报纳税。

【例 9—6】 甲公司委托某施工企业建造一幢办公楼，工程于 2013 年 12 月完工，2014 年 1 月办妥(竣工)验收手续，4 月付清全部价款。甲公司此幢办公楼房产税的纳税义务发生时间是(　　)。

A. 2013 年 12 月　　B. 2014 年 1 月　　C. 2014 年 2 月　　D. 2014 年 4 月

【参考解析】 答案：C。根据房产税法律制度的规定，纳税人委托施工企业建设的房屋，从办理验收手续之次月起，缴纳房产税。本题中 2014 年 1 月办妥(竣工)验收手续，所以从 2014 年 2 月起征收房产税。

第二节　车船税法

一、车船税的概念和特点

(一)车船税的概念

车船税是指对纳税人在中华人民共和国境内拥有或使用车船税法规定的车辆、船舶(以下简称车船)征收的一种税。

2006 年 12 月，国务院废止《车船使用牌照税暂行条例》和《车船使用税暂行条例》，制定了《车船税暂行条例》，自 2007 年 1 月 1 日施行。2011 年 2 月 25 日，第十一届全国人民代表大会常务委员会第十九次会议通过了《中华人民共和国车船税法》(以下简称《车船税法》)。2011

年 11 月 23 日国务院公布了《中华人民共和国车船税法实施条例》，均自 2012 年 1 月 1 日起施行。这些构成了现行车船税的法律规范。

(二)车船税的特点

《车船税法》的出台，与原来的《车船税暂行条例》比较，具有如下特点：

1. 提高了法律级次。在税收体制改革过程中，国务院对车船税收制度做过多次调整和完善，奠定了立法的制度基础，因此，在税制相对稳定、制定法律的条件比较成熟的情况下，有必要将《车船税暂行条例》上升为法律。这是第一部由条例上升的法律和第一部地方税法律。对促进税收法律体系建设，完善税收法制，体现税负公平，具有标志性作用。

2. 扩大了征收范围。按照现行条例，车船税的征税范围是依法应当在车船管理部门登记的车船，不需登记的单位内部作业车船不征税。而《车船税法》从税负公平出发，规定不论车船是否应向管理部门登记，都应纳入征税范围。除对依法应当在车船登记管理部门登记的车船继续征税外，将在机场、港口以及其他企业内部场所行驶或者作业且依法不需在车船登记管理部门登记的车船也纳入征收范围。

3. 改变了计税依据。将乘用车的计税依据，由现行统一计征调整为按排气量大小分档计征。按照不同排量实施阶梯式征税，排气量越大，税额越高。充分体现出政府鼓励发展小排量汽车，引导消费者节能减排的政策导向。另外，车船税法将船舶中的游艇单列出来，以长度为计税依据，并将税额幅度确定为每米 600～2 000 元。

4. 完善了税收优惠。《车船税法》及实施条例除了保留省、自治区、直辖市人民政府可以对公共交通车船给予定期减免税优惠外，还增加了对节约能源和使用新能源的车船、对受严重自然灾害影响纳税困难以及有其他特殊原因确需减免税的车船，可以减征或者免征车船税等税收优惠。另外，省、自治区、直辖市人民政府根据当地实际情况，可以对农村居民拥有并主要在农村地区使用的摩托车、三轮汽车和低速载货汽车定期减征、免征车船税。

二、车船税法的基本内容

(一)车船税纳税人

车船税纳税人，是指在中华人民共和国境内属于税法规定的车船的所有人或者管理人。应税车船的所有人或者管理人未缴纳车船税的，实际使用人应代为缴纳车船税。这里的管理人，是指对车船具有管理使用权，不具有所有权的单位。纳税人包括单位和个人。单位是指行政机关、事业单位、社会团体以及中外各类企业。个人是指我国境内的个体工商户及其他个人，包括中国人和外国人。

从事机动车第三者责任强制保险业务的保险机构为机动车车船税的扣缴义务人。

(二)车船税征收范围

车船税的征收范围是指在我国境内属于《车船税法》所规定的应税车辆和船舶。具体包括：

1. 依法应当在车船登记管理部门登记的机动车辆和船舶。

2. 依法不需要在车船登记管理部门登记的在单位内部场所行驶或者作业的机动车辆和船舶。

(三)车船税税目

车船税的税目分为 5 大类，包括乘用车、商用车、其他车辆、摩托车和船舶。具体划分见表 9—1。

表 9—1 车船税税目税额

税目		计税单位	年基准税额(元)	备注
乘用车(按发动机汽缸容量排气量分档)	1.0升(含)以下的	每辆	60～360	核定载客人数9人(含)以下
	1.0升以上至1.6升(含)的		360～660	
	1.6升以上至2.0升(含)的		660～960	
	2.0升以上至2.5升(含)的		960～1 620	
	2.5升以上至3.0升(含)的		1 620～2 460	
	3.0升以上至4.0升(含)的		2 460～3 600	
	4.0升以上的		3 600～4 500	
商用车	客车	每辆	480～1 440	核定载客人数9人以上,包括电车
	货车	整备质量每吨	16～120	包括半挂牵引、三轮汽车和低速载货车等
挂车		整备质量每吨	按货车税额的50%计算	
其他车辆	专用作业车	整备质量每吨	16～120	不包括拖拉机
	轮式专用机械车			
摩托车		每辆	36～180	
船舶	机动船舶	净吨位每吨	3～6	拖船、非机动驳船按机动船舶税额的50%计算;游艇税额另行规定
	游艇	艇身长度每米	600～2 000	

车船税税目税额表中车辆、船舶的含义如下:

乘用车,是指在设计和技术特性上主要用于载运乘客及随身行李,核定载客人数包括驾驶员在内不超过9人的汽车。

商用车,是指除乘用车外,在设计和技术特性上用于载运乘客、货物的汽车,划分为客车和货车。

半挂牵引车,是指装备有特殊装置用于牵引半挂车的商用车。

三轮汽车,是指最高设计车速不超过每小时50公里,具有三个车轮的货车。

低速载货汽车,是指以柴油机为动力,最高设计车速不超过每小时70公里,具有四个车轮的货车。

挂车,是指就其设计和技术特性需由汽车或者拖拉机牵引,才能正常使用的一种无动力的道路车辆。

专用作业车,是指在其设计和技术特性上用于特殊工作的车辆。

轮式专用机械车,是指有特殊结构和专门功能,装有橡胶车轮可以自行行驶,最高设计车速大于每小时20公里的轮式工程机械车。

摩托车,是指无论采用何种驱动方式,最高设计车速大于每小时50公里,或者使用内燃机,其排量大于50毫升的两轮或者三轮车辆。

船舶，是指各类机动、非机动船舶以及其他水上移动装置，但是船舶上装备的救生艇筏和长度小于 5 米的艇筏除外。其中，机动船舶是指用机器推进的船舶；拖船是指专门用于拖(推)动运输船舶的专业作业船舶；非机动驳船，是指在船舶登记管理部门登记为驳船的非机动船舶；游艇是指具备内置机械推进动力装置，长度在 90 米以下，主要用于游览观光、休闲娱乐、水上体育运动等活动，并应当具有船舶检验证书和适航证书的船舶。

(四)车船税税率

车船税采用有幅度的定额税率。对各类应税车辆分别规定一个最低到最高限额的年税额，同时授权省、自治区、直辖市人民政府在规定的税额幅度内，根据当地的实际情况自行确定本地区的适用税额，报国务院备案；对船舶实行分类分级、全国统一的定额税率。具体税额标准如下：

1. 机动船舶具体适用税额为：

(1)净吨位不超过 200 吨的，每吨 3 元。

(2)净吨位超过 200 吨但不超过 2 000 吨的，每吨 4 元。

(3)净吨位超过 2 000 吨但不超过 10 000 吨的，每吨 5 元。

(4)净吨位超过 10 000 吨的，每吨 6 元。

拖船按照发动机功率每 1 千瓦折合净吨位 0.67 吨计算征收车船税。

2. 游艇具体适用税额为：

(1)艇身长度不超过 10 米的，每米 600 元。

(2)艇身长度超过 10 米但不超过 18 米的，每米 900 元。

(3)艇身长度超过 18 米但不超过 30 米的，每米 1 300 元。

(4)艇身长度超过 30 米的，每米 2 000 元。

(5)辅助动力帆艇，每米 600 元。

3. 车船税法所涉及的排气量、整备质量、核定载客人数、净吨位、千瓦、艇身长度，以车船登记管理部门核发的车船登记证书或者行驶证所载数据为准。

依法不需要办理登记的车船和依法应当登记而未办理登记或者不能提供车船登记证书、行驶证的车船，以车船出厂合格证明或者进口凭证标注的技术参数、数据为准；不能提供车船出厂合格证明或者进口凭证的，由主管税务机关参照国家相关标准核定，没有国家相关标准的参照同类车船核定。车船税税目税额表见表 9－1。

【例 9－7】 下列纳税主体中，属于车船税纳税人的有(　　)。

A. 在中国境内拥有并使用船舶的国有企业　B. 在中国境内拥有并使用车辆的外籍个人

C. 在中国境内拥有并使用船舶的内地居民　D. 在中国境内拥有并使用车辆的外国企业

【参考解析】 答案：ABCD。根据《车船税法》的规定，车船税的纳税人是指在中国境内拥有或者管理车辆、船舶的单位和个人，包括外商投资企业、外籍个人。

【例 9－8】 下列各项中，不属于车船税征税范围的是(　　)。

A. 三轮汽车　　B. 火车　　C. 摩托车　　D. 养殖渔船

【参考解析】 答案：B。根据《车船税法》的规定，养殖渔船属于征税范围，但是享受免税优惠。车船税的征收范围为车辆和船舶，不包括火车、飞机。

三、车船税应纳税额的计算

(一)计税依据

车船税的计税依据，按车船的种类和性能，分别确定为每辆、整备质量每吨、净吨位每吨和艇身长度每米。

1. 乘用车、商用客车和摩托车,以每辆为计税依据。

2. 商用货车、专用作业车和轮式专用机械车,按整备质量每吨为计税依据。

3. 机动船舶、非机动驳船、拖船,按净吨位每吨为计税依据。

(二)应纳税额的计算

1. 车船税各税目应纳税额的计算公式为:

乘用车、客车和摩托车的应纳税额=辆数×适用年税额

货车、专用作业车和轮式专用机械车的应纳税额=整备质量吨位数×适用年税额

机动船舶的应纳税额=净吨位数×适用年税额

非机动驳船、拖船的应纳税额=净吨位数×适用年税额×50%

游艇的应纳税额=艇身长度×适用年税额

2. 购置的新车船,购置当年的应纳税额自纳税义务发生的当月起按月计算。计算公式为:

应纳税额=适用年基准税额÷12×应纳税月份数

3. 保险机构代收代缴车船税和滞纳金的计算:

(1)购买短期"交强险"的车辆。

对于境外机动车临时入境、机动车临时上道路行驶、机动车距规定的报废期限不足一年而购买短期"交强险"的车辆,保单中"当年应缴"项目的计算公式为:

当年应缴=计税单位×年单位税额×应纳税月份数÷12

其中,应纳税月份数为"交强险"有效期起始日期的当月至截止日期当月的月份数。

(2)已向税务机关缴税的车辆或税务机关已批准减免税的车辆。

对于已向税务机关缴税或税务机关已经批准免税的车辆,保单中"当年应缴"项目应为零;对于税务机关已批准减税的机动车,保单中"当年应缴"项目应根据减税前的应纳税额扣除依据减税证明中注明的减税幅度计算的减税额确定。计算公式为:

减税车辆应纳税额=减税前应纳税额×(1-减税幅度)

(3)滞纳金计算。

对于纳税人在应购买"交强险"截止日期以后购买"交强险"的或以前年度没有缴纳车船税的,保险机构在代收代缴税款的同时,还应代收代缴欠缴税款的滞纳金。

保单中"滞纳金"项目为各年度欠税与应加收滞纳金之和。

每一年度欠税应加收的滞纳金=欠税金额×滞纳天数×0.5‰

滞纳天数的计算自应购买"交强险"截止日期的次日起到纳税人购买"交强险"当日止。纳税人连续两年以上欠缴车船税的,应分别计算每一年度欠税应加收的滞纳金。

【例 9-9】 下列车船中,以整备质量每吨(自重吨位)作为车船税计税标准的有(　　)。

A. 载客汽车　　B. 三轮汽车　　C. 船舶　　D. 拖船

【参考解析】 答案:B。根据《车船税法》的规定,载客汽车以辆为计税标准;船舶(包括拖船)以净吨位为计税标准。

【例 9-10】 2013 年某生产企业拥有 2 辆六座载客汽车和 4 辆整备质量 5 吨的货车。已知当地车船税的年税额为:货车年基准税额每吨 60 元,乘人汽车每辆 360 元。计算该公司 2013 年应纳车船税额。

【参考解析】 根据《车船税法》的规定,六座载客汽车为乘用车,以每辆为计税依据;货车

按整备质量每吨为计税依据。计算过程为：

乘用车应纳税额＝2×360＝720(元)

货车应纳税额＝5×4×60＝1 200(元)

2013 年该公司的应纳车船税＝720＋1 200＝1 920(元)

四、车船税税收优惠

(一)《车船税法》规定的法定免税车船

1. 捕捞、养殖渔船：是指在渔业船舶登记管理部门登记为捕捞船或者养殖船的渔业船舶。

2. 军队、武装警察部队专用的车船：是指按照规定在军队、武装警察部队车船登记管理部门登记，并领取军队、武警牌照的车船。

3. 警用车船：是指公安机关、国家安全机关、监狱、劳动教养管理机关和人民法院、人民检察院领取警用牌照的车辆和执行警务的专用船舶。

4. 依照法律规定应当予以免税的外国驻华使领馆、国际组织驻华代表机构及其有关人员的车船。

(二)国务院规定的减免税项目

1. 节约能源、使用新能源的车船可以免征或减半征收车船税，具体范围由国务院有关部门确定。

2. 按照规定缴纳船舶吨税的机动船舶，自《车船税法》实施之日起 5 年内免征车船税。

3. 依法不需要在车船登记管理部门登记的机场、港口、铁路站场内部行驶或者作业的车船，自《车船税法》实施之日起 5 年内免征车船税。

(三)授权省、自治区、直辖市人民政府规定的减免税项目

1. 省、自治区、直辖市人民政府根据当地实际情况，可以对公共交通车船，农村居民拥有并主要在农村地区使用的摩托车、三轮汽车和低速载货汽车定期减征或者免征车船税。

2. 对受地震、洪涝等严重自然灾害影响纳税困难以及其他特殊原因确需减免税的车船，可以在一定期限内减征或者免征车船税。具体减免期限和数额由省、自治区、直辖市人民政府确定，报国务院备案。

另外，对纯电动乘用车、燃料电池乘用车、非机动车船(不包括非机动驳船)、临时入境的外国车船和香港特别行政区、澳门特别行政区、台湾地区的车船，不征收车船税。

【例 9－11】 根据车船税法律制度的规定，下列车船中，免征车船税的有(　　)。

A. 在农业部门登记的拖拉机　　B. 无轨电车

C. 武警专用车辆　　D. 远洋货船

【参考解析】 答案：AC。根据《车船税法》的规定，选项 BD 都是要按规定缴纳车船税的，不予免税。

五、车船税的征收管理

(一)纳税义务发生时间

车船税纳税义务发生时间为取得车船所有权或者管理权的当月，以购买车船的发票或者其他证明文件所载日期的当月为准。具体如下。

1.“登记时间”：一般情况下，车船税纳税义务的发生时间，为车船管理部门核发的车船登记证书或者行驶证书所记载日期的当月。

2.“发票时间”:纳税人未按照规定到车船管理部门办理应税车船登记手续的,以车船购置发票所载开具时间的当月作为车船税的纳税义务发生时间。

3.“核定”:对未办理车船登记手续且无法提供车船购置发票的,由主管地方税务机关核定纳税义务发生时间。

(二)纳税地点

车船税由地方税务机关负责征收。车船税的纳税地点为车船的登记地或者车船税扣缴义务人所在地。依法不需要办理登记的车船,车船税的纳税地点为车船的所有人或者管理人所在地。

(三)纳税申报

车船税按年申报,分月计算,一次性缴纳。纳税年度为公历1月1日至12月31日。具体申报纳税期限由省、自治区、直辖市人民政府规定。

1. 从事机动车第三者责任强制保险业务的保险机构为机动车车船税的扣缴义务人,应当在收取保险费时依法代收车船税,并出具代收税款凭证。

机动车车船税扣缴义务人在代收车船税时,应当在机动车交通事故责任强制保险的保险单以及保费发票上注明已收税款的信息,作为代收税款凭证。

2. 已完税或者依法减免税的车辆,纳税人应当向扣缴义务人提供登记地的主管税务机关出具的完税凭证或者减免税证明。

纳税人没有按照规定期限缴纳车船税的,扣缴义务人在代收代缴税款时,可以一并代收代缴欠缴税款的滞纳金。

扣缴义务人应当及时解缴代收代缴的税款和滞纳金,并向主管税务机关申报。扣缴义务人向税务机关解缴税款和滞纳金时,应当同时报送明细的税款和滞纳金扣缴报告。扣缴义务人解缴税款和滞纳金的具体期限,由省、自治区、直辖市地方税务机关依照法律、行政法规的规定确定。

3. 扣缴义务人已代收代缴车船税的,纳税人不再向车辆登记地的主管税务机关申报缴纳车船税。

没有扣缴义务人的,纳税人应当向主管税务机关自行申报缴纳车船税。

4. 纳税人缴纳车船税时,应当提供反映排气量、整备质量、核定载客人数、净吨位、千瓦、艇身长度等纳税信息的相应凭证以及税务机关根据实际需要要求提供的其他资料。

纳税人以前年度已经提供前款所列资料信息的,可以不再提供。

5. 已缴纳车船税的车船在同一纳税年度内办理转让过户的,不另纳税,也不退税。

6. 车辆所有人或者管理人在申请办理车辆相关登记、定期检验手续时,应当向公安机关交通管理部门提交依法纳税或者免税证明。公安机关交通管理部门核查后办理相关手续。对经核查没有提供依法纳税或者免税证明的,不予办理相关手续。

公安、交通运输、农业、渔业等车船登记管理部门,船舶检验机构等应当提供车船有关信息,协助税务机关加强车船税的征收管理。

7. 在一个纳税年度内,已完税的车船被盗抢、报废、灭失的,纳税人可以凭有关管理机关出具的证明和完税凭证,向纳税所在地的主管税务机关申请退还自被盗抢、报废、灭失月份起至该纳税年度终了期间的税款。

已办理退税的被盗抢车船失而复得的,纳税人应当从公安机关出具相关证明的当月起计算缴纳车船税。

【例9—12】 车船税纳税义务的发生时间,为车船管理部门核发的车船登记证书或者行驶证书所记载日期的(　　)。

A. 当年　　B. 当月　　C. 次月　　D. 当日

【参考解析】 答案:B。根据车船税法律制度的规定,车船税纳税义务的发生时间,为车船管理部门核发的车船登记证书或者行驶证书所记载日期的当月。

【例 9—13】 以下对车船税的理解正确的有(　　)。

A. 购置的新车船,其纳税义务发生时间为新置车船的购置使用之日

B. 扣缴义务人应当及时解缴代收代缴的税款,并向地方税务机关申报

C. 车船税的具体申报纳税期限由省级人民政府确定

D. 纳税人购买机动车交通事故责任强制保险时缴纳车船税,不再向地方税务机关申报

【参考解析】 答案:BCD。根据车船税法律制度的规定,纳税人购置的新车船,以车船购置发票所载开具时间的当月作为车船税的纳税义务发生时间。

第三节　契税法

一、契税的概念和特点

(一)契税的概念

契税,是指国家在土地、房屋权属转移时,按照当事人双方签订的合同(契约),以及所确定价格的一定比例,向权属承受人征收的一种税。

(二)契税的特点

1. 契税属于财产转移税。契税以发生转移的不动产,即土地和房屋为征税对象,具有财产转移课税性质。土地、房屋产权未发生转移的,不征契税。

2. 契税由财产承受人缴纳。一般税种确定销售者为纳税人,即卖方纳税。契税则属于土地、房屋产权发生交易过程中的财产税,由买方纳税,这样就承认不动产转移生效,承受人纳税以后,便拥有转移过来的不动产产权或使用权,法律保护纳税人的合法权益。

现行契税是 1997 年 7 月 7 日国务院颁布的《中华人民共和国契税暂行条例》(以下简称《契税暂行条例》),并于 1997 年 10 月 1 日起实施的。同年 10 月 28 日,财政部印发《契税暂行条例实施细则》。之后,国家财政、税务主管部门又陆续发布了有关契税的规定、办法,这些构成了我国契税法律规范。

二、契税法的基本内容

(一)纳税人

契税的纳税人,是指在我国境内承受土地、房屋权属转移的单位和个人。

这里所说的"承受",是指以受让、购买、受赠、交换等方式取得土地、房屋权属的行为。土地、房屋权属,是指土地使用权、房屋所有权。单位,是指企业单位、事业单位、国家机关、军事单位和社会团体以及其他组织;个人,是指个体经营者及其他个人。

(二)征收范围

契税的征税对象是在我国境内发生权属转移的土地、房屋。具体征税范围包括:

1. 国有土地使用权出让

国有土地使用权出让是指土地使用者向国家交付土地使用权出让费用，国家将国有土地使用权在一定年限内让与土地使用者的行为。

2. 土地使用权的转让

土地使用权的转让是指土地使用者以出售、赠与、交换或者其他方式将土地使用权转移给其他单位和个人的行为。土地使用权的转让不包括农村集体土地承包经营权的转移。

3. 房屋买卖

房屋买卖是指房屋所有者将其房屋出售，由承受者交付货币、实物、无形资产或者其他经济利益的行为。

4. 房屋赠与

房屋赠与是指房屋所有者将其房屋无偿转让给受赠者的行为。

5. 房屋交换

房屋交换是指房屋所有者之间互相交换房屋的行为。

6. 以特殊方式转移土地、房屋权属

随着经济形势的发展，下列以特殊方式转移土地、房屋权属的，也视同土地使用权转让、房屋买卖或者房屋赠与：

(1)以土地、房屋权属作价投资、入股。

(2)以土地、房屋权属抵债。

(3)以获奖方式承受土地、房屋权属。

(4)以预购方式或者预付集资建房款方式承受土地、房屋权属。

土地、房屋权属变动还有其他一些不同的形式，如典当、继承、分拆、出租或者抵押等形式而发生的土地、房屋权属变动的，不属于契税的征收范围。

(三)税率

契税采用比例税率，并实行3%～5%的幅度税率。具体适用税率由省、自治区、直辖市人民政府在幅度税率范围内按照本地区的实际情况确定，以适应不同地区纳税人的负担水平和调控房地产交易的市场价格。

【例9－14】 根据契税法律制度的规定，下列各项中，应缴纳契税的是( )。

A. 承包者获得农村集体土地承包经营权　B. 企业受让土地使用权

C. 企业将厂房抵押给银行　D. 个人承租居民住宅

【参考解析】 答案：B。根据契税征收范围的规定，土地使用权的转让不包括农村集体土地承包经营权的转移，故A错误；土地、房屋权属的典当、继承、出租、抵押，不属于契税的征税范围，故CD错误。

【例9－15】 根据契税法律制度的规定，下列各项中，不征收契税的有( )。

A. 某人将其拥有产权的一幢楼抵押　B. 某人在抽奖活动中获得一套住房

C. 某人将其拥有产权的房屋出租　D. 某人购置一套住房

【参考解析】 答案：AC。根据契税法律制度的规定，土地、房屋权属的典当、继承、出租、抵押，不属于契税的征税范围。

三、契税应纳税额的计算

(一)计税依据

契税的计税依据为不动产的价格。由于土地、房屋权属转移方式不同，定价方法不同，因而具体计税依据视不同情况而决定。

1. 国有土地使用权出让、土地使用权出售、房屋买卖，以成交价格为计税依据。成交价格是指土地、房屋权属转移合同确定的价格，包括承受者应交付的货币、实物、无形资产或者其他经济利益。

2. 土地使用权赠与、房屋赠与，由征收机关参照土地使用权出售、房屋买卖的市场价格核定。

3. 土地使用权交换、房屋交换，为所交换的土地使用权、房屋的价格差额。也就是说，交换价格相等时，免征契税；交换价格不等时，由多交付的货币、实物、无形资产或者其他经济利益的一方缴纳契税。

4. 以划拨方式取得土地使用权，经批准转让房地产时，由房地产转让者补交契税。计税依据为补交的土地使用权出让费用或者土地收益。

为了避免偷逃税款，税法规定，成交价格明显低于市场价格并且无正当理由的，或者所交换土地使用权、房屋的价格的差额明显不合理并且无正当理由的，征收机关可以参照市场价格核定计税依据。

(二)应纳税额的计算

契税应纳税额依照省、自治区、直辖市人民政府确定的适应税率和税法规定的计税依据计算征收。其计算公式为：

应纳税额＝计税依据×税率

【例 9—16】 关于契税计税依据的下列表述中，符合法律制度规定的有(　　)。

A. 受让国有土地使用权的，以成交价格为计税依据

B. 受赠房屋的，由征收机关参照房屋买卖的市场价格规定计税依据

C. 购入土地使用权的，以评估价格为计税依据

D. 交换土地使用权的，以交换土地使用权的价格差额为计税依据

【参考解析】 答案：ABD。根据契税法律制度的规定，国有土地使用权出让、土地使用权出售，以成交价格作为计税依据，因此选项 C 的说法错误。

【例 9—17】 周某原有两套住房。2013 年 8 月，出售其中一套，成交价格为 70 万元；将另一套以市场价格 60 万元与谢某的住房进行了等价置换；又以 100 万元价格购置了一套新住房，已知契税的税率为 3%。根据契税法律制度的规定，周某计算应缴纳的契税的下列方法中，正确的是(　　)。

A. 100×3%＝3(万元)　　B. (100＋60)×3%＝4.8(万元)

C. (100＋70)×3%＝5.1(万元)　　D. (100＋70＋60)×3%＝6.9(万元)

【参考解析】 答案：A。根据契税制度的规定，本题中周某出售的房屋，不缴纳契税(由对方缴纳契税)，房屋置换的，也不缴纳契税，购置的房屋需要缴纳契税，所以周某应缴纳的契税为 100×3%＝3 万元。

四、契税的税收优惠

(一)法定减免税项目

1. 国家机关、事业单位、社会团体、军事单位承受土地、房屋用于办公、教学、医疗、科研和军事设施的，免征。

2. 城镇职工按规定第一次购买公有住房的，免征。

3. 因不可抗力灭失住房而重新购买住房的，酌情准予减征或者免征。

(二)财政部规定的减免税项目

1. 土地、房屋被县级以上人民政府征用、占用后，重新承受土地、房屋权属的，是否减征或者免征契税，由省、自治区、直辖市人民政府确定。

2. 纳税人承受荒山、荒沟、荒丘、荒滩土地使用权，用于农、林、牧、渔业生产的，免征契税。

3. 依照我国有关法律规定以及我国缔结或参加的双边和多边条约或协定的规定应当予以免税的外国驻华使馆、领事馆、联合国驻华机构及其外交代表、领事官员和其他外交人员承受土地、房屋权属的，经外交部确认，可以免征契税。

纳税人符合减征或者免征契税规定的，应当在签订土地、房屋权属转移合同后 10 日内，向土地、房屋所在地的契税征收机关办理减征或者免征契税手续。

经批准减征、免征契税的纳税人改变有关土地、房屋的用途，不再属于减征、免征契税范围的，应当补缴已经减征、免征的税款。

五、契税的征收管理

(一)纳税义务发生时间

契税的纳税义务发生时间，为纳税人签订土地、房屋权属转移合同的当天，或者纳税人取得其他具有土地、房屋权属转移合同性质凭证的当天。

(二)纳税期限

纳税人应当自纳税义务发生之日起 10 日内，向土地、房屋所在地的契税征收机关办理纳税申报，并在契税征收机关核定的期限内缴纳税款。

(三)纳税地点

契税实行属地征收管理，纳税人发生纳税义务时，应向土地、房屋所在地的税务机关办理申报纳税。

【例 9－18】 根据契税法律制度的规定，下列各项中，免征契税的有(　　)。

A. 城镇职工自己购买的商品房　　B. 政府机关承受房屋用于办公

C. 遭受自然灾害后重新购买的住房　　D. 军事单位承受房屋用于军事设施

【参考解析】 答案：BD。根据契税法律制度的规定，国家机关、事业单位、社会团体、军事单位承受土地、房屋用于办公、教学、医疗、科研和军事设施的，免征契税；因不可抗力灭失住房而重新购买住房的，酌情准予减征或者免征契税，而非完全免税，所以 C 说法错误。

导入案例分析

该公司应缴纳的财产税有房产税、契税和车船税。计算过程如下：

1. 房产税

(1)生产经营用房，从价计征应纳税额＝房产原值×(1－减除比率)×1.2%＝7 000×(1－20%)×1.2%＝67.2(万元)

(2)换回的生产用房应纳税额＝800×(1－20%)×1.2%＝7.68(万元)

(3)大华公司共纳房产税＝67.2＋7.68＝74.88(万元)

2. 契税：房屋交换，以房屋的价格差额计算纳税

应纳税额＝(800－600)×3%＝6(万元)

3. 车船税：乘用车按辆从价计征

应纳税额＝3×400＋2×900＝1 200＋1 800＝300(万元)

单元小结

本单元“财产类税法”知识结构如图 9－1 所示。

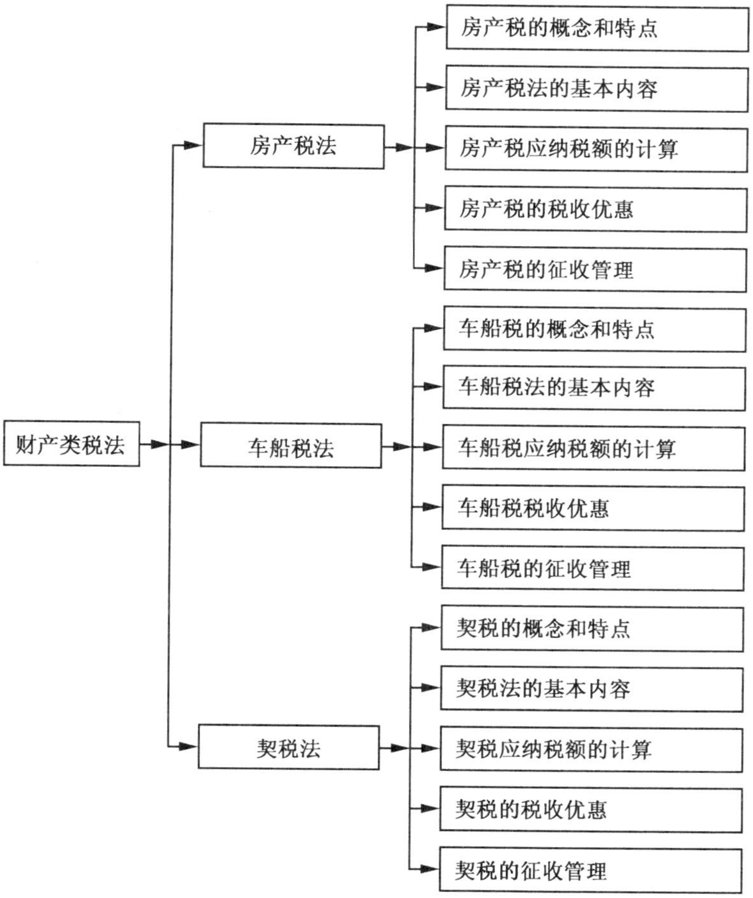

图 9－1　“财产类税法”知识结构

知识测试与能力训练

一、单项选择题

1. 纳税人经营自用的房屋缴纳房产税的计税依据是(　　)。

A. 房屋原值　　B. 房屋净值　　C. 市场价格　　D. 计税余值

2. 某企业 2013 年度生产经营用房原值 12 000 万元；幼儿园用房原值 400 万元；出租房屋原值 600 万元，年租金 80 万元。已知房产原值减除比例为 30%；房产税税率从价计征的为 1.2%，从租计征的为 12%。该企业当年应缴纳房产税税额的下列计算中，正确的是(　　)。

A. 12 000×(1－30%)×1.2%＝100.8(万元)

B. 12 000×(1－30％)×1.2％＋80×12％＝110.4(万元)

C. (12 000＋400)×(1－30％)×1.2％＋80×12％＝113.76(万元)

D. (12 000＋400＋600)×(1－30％)×1.2％＝109.2(万元)

3. 根据车船税法律制度的规定，下列使用中的交通工具，属于车船税征收范围的有(　　)。

A. 警用车船　　B. 养殖渔船　　C. 摩托车　　D. 非机动驳船

4. 周某向谢某借款80万元，后因谢某急需资金，周某以一套价值90万元的房产抵偿所欠谢某债务，谢某取得该房产产权的同时支付周某差价款10万元。已知契税税率为3％。关于此次房屋交易缴纳契税的下列表述中，正确的是(　　)。

A. 周某应缴纳契税3万元　　B. 周某应缴纳契税2.4万元

C. 谢某应缴纳契税2.7万元　　D. 谢某应缴纳契税0.3万元

5. 甲公司于2014年9月向乙公司购买一处闲置厂房，合同注明的土地使用权价款2 000万元，厂房及地上附着物价款500万元。已知当地规定的契税税率为3％。甲公司应缴纳的契税税额为(　　)万元。

A. 15　　B. 45　　C. 60　　D. 75

6. 下列各项中，属于房产税征税范围的是(　　)。

A. 农村居民住房　　B. 国家机关自用房产

C. 事业单位用房　　D. 国有企业所有的职工宿舍

7.下列有关房产税纳税义务发生时间的正确表述是(　　)。

A. 纳税人自建房屋的自房屋建成之日起开始缴纳房产税

B. 纳税人委托施工企业建设的房屋，自办理验收手续之日起缴纳房产税

C. 纳税人办理验收手续之前已经使用的房屋应征收房产税

D. 纳税人将房屋出典的，以签订合同的时间为纳税义务发生时间

8. 下列项目中，属于车船税的扣缴义务人的有(　　)。

A. 办理交强险业务的保险机构　　B. 机动车的生产厂家

C. 车辆船舶的所有人　　D. 车辆船舶的管理人

9. 2014年3月，境外的一辆载客汽车组织临时入境考察活动并在当月购买了短期“交强险”。“交强险”的截止日期为2014年6月，已知载客汽车的车船税年税额为600元/辆。该临时入境的车辆应纳的车船税是(　　)。

A. 150元　　B. 200元　　C. 300元　　D. 600元

10. 纳税人应当自纳税义务发生之日起(　　)，向土地、房屋所在地的契税征收机关办理纳税申报，并在契税征收机关核定的期限内缴纳税款。

A. 3日内　　B. 5日内　　C. 10日内　　D. 15日内

二、多项选择题

1. 根据房产税法律制度的规定，下列有关房产税纳税人的表述中，正确的是(　　)。

A. 产权属于国家所有的房屋，国家为纳税人

B. 产权属于集体所有的房屋，该集体单位为纳税人

C. 产权属于个人所有的营业用房屋，该个人为纳税人

D. 产权出典的房屋，出典人为纳税人

2. 下列选项中，属于契税的征税对象有(　　)。

A. 国有土地使用权出让　　B. 土地使用权转让
C. 房屋买卖　　D. 农村集体土地承包经营权的转移

3. 下列各项中，属于免征房产税的有(　　)。
A. 军队自用的房产　　B. 公园办公用的房产
C. 个人自己开商店的房产　　D. 学校教学楼

4. 下列属于车船税免税或不征税项目的有(　　)。
A. 警用车船　　B. 临时入境的外国车船
C. 挂车　　D. 军队、武警专用的车船

5. 车船税纳税义务发生时间为(　　)。
A. 车船管理部门核发的车船登记证书的当月
B. 新置车船的购置使用之日
C. 车船行驶证书所记载日期的次月
D. 未按规定到车船管理部门办理登记手续的，车船购置发票所载开具时间的当月

6. 下列应按规定缴纳房产税的单位是(　　)。
A. 甲企业坐落在乡政府所在地　　B. 某事业单位无租使用某市区企业房产
C. 某事业单位在城镇出租闲置用房一处　　D. 某外资企业驻地在某市区

7. 经财政部批准，下列情况可以免征房产税的是(　　)。
A. 仍在使用的危险房屋
B. 因维修停用3个月的房屋
C. 老年服务机构自用的房产
D. 施工期间在基建工地为其服务的临时性房屋

8. 根据《车船税法》的有关规定，下列各项中属于车船税纳税人的有(　　)。
A. 车辆、船舶的所有人　　B. 车辆、船舶的管理人
C. 车辆、船舶的使用人　　D. 车辆、船舶的保管人

9. 根据《车船税法》的有关规定，下列各项中按税额的50%计算车船税的有(　　)。
A. 非机动车辆　　B. 拖船　　C. 军队专用车辆　　D. 非机动驳船

10. 下列各项中，可以享受契税免税优惠的有(　　)。
A. 王教授购买商品住房　　B. 军事单位承受房屋用于军事设施
C. 陈女士根据遗嘱继承其男朋友的房屋　　D. 合并后企业承受各方土地房屋权属的

三、计算题

1. 某国有企业2013年拥有房产原值8 000万元。具体使用情况如下：

(1)1月1日将其中原值为1 500万元的房产对外投资，并与对方共担风险，且房产已过户到被投资企业名下；

(2)1月1日将其中原值为1 000万元的房产对外投资，不承担风险，每年取得固定收益为30万元；

(3)7月1日将其中原值为2 000万元的房产对外出租，取得的租金收入为50万元；

已知，其他房产自用，当地计算房产税的扣除比例为30%。

要求：计算企业当年应当缴纳的房产税。

2. 某运输公司拥有汽车40辆(每辆整备质量10吨)，其中10辆为本年5月份新购置，车船管理部门核发的行驶证书所记载日期是5月15日，低速载货汽车年应纳税额每吨100元。

请计算该运输公司车船税年应纳税额。

3. 某运动员2005年受赠一栋房屋，市场价值40万元，该省契税税率为5%。同年，外省某单位奖励其住宅一套，市场价值60万元，房产所在地契税税率为4%。

根据资料回答下列问题：

(1)该运动员受赠房屋的税务处理是(　　)。

A. 缴纳契税2万元　　B. 不缴纳契税

C. 缴纳契税1.6万元　　D. 缴纳契税1万元

(2)该运动员接受奖励房屋的税务处理是(　　)。

A. 不缴纳契税　　B. 缴纳契税1.2万元

C. 缴纳契税2.4万元　　D. 缴纳契税1.92万元

第 10 单元

行为类税法

学习目标

1. 熟悉印花税、车辆购置税、城市维护建设税及教育费附加的基本法律规定。
2. 能根据相关规定计算印花税、车辆购置税、城市维护建设税及教育费附加的应纳税额。

导入案例

某企业2014年2月开业。领受房产证、工商营业执照、土地使用证各一份，与其他企业订立转移专有技术使用权合同一份，所载金额50万元；订立产品购销合同两件，所载金额150万元；订立借款合同一份，所载金额40万元。此外，企业的营业账簿中“实收资本”账户余额为600万元，其他营业账簿20本。

想一想：企业开业时所办的一些证照、合同文书、营业账簿要缴印花税吗？它们各以什么作为计税依据？如何计算？

第一节　印花税法

一、印花税的概念与特征

印花税是对经济活动和经济交往中书立、使用、领受具有法律效力的应税经济凭证的单位和个人征收的一种行为税。因纳税人主要是通过在应税凭证上粘贴印花税票来完成纳税义务，故名印花税。

同其他税种相比较，印花税具有以下特点：

1. 兼有凭证税和行为税性质

印花税是对单位和个人书立、领受的应税凭证征收的一种税，具有凭证税性质。另一方面，任何一种应税经济凭证反映的都是某种特定的经济行为，因此，对凭证征税，实质上是对经济行为的课税。

2. 征税范围广泛

印花税的征税对象包括经济活动和经济交往中的各种应税凭证。凡书立和领受这些凭证的单位和个人都要缴纳印花税，其征税范围是极其广泛的。

3. 税收负担比较轻

印花税与其他税种相比较，税率要低得多，其税负较轻，具有广集资金、积少成多的财政效应。

4. 由纳税人自行完成纳税义务

纳税人通过自行计算、购买和粘贴印花税票的方法完成纳税义务，并在印花税票和凭证的骑缝处自行盖戳注销或划销。

现行印花税的基本规范是 1988 年 8 月 6 日国务院发布并于同年 10 月 1 日实施的《中华人民共和国印花税暂行条例》(以下简称《印花税暂行条例》)以及同年 9 月 29 日财政部制定的《中华人民共和国印花税暂行条例实施细则》。

二、印花税的纳税人

印花税的纳税人，是指在我国境内书立、领受、使用印花税征税范围所列凭证的单位和个人。这里所说的单位和个人，是指国内各类企业、事业单位、国家机关、社会团体、部队，以及中外合资企业、合作企业、外资企业、外国企业和其他经济组织及其在华机构等单位和个人。

根据书立、使用、领受应税凭证的不同，纳税人可分为立合同人、立账簿人、立据人、领受人和使用人等。

1. 立合同人。立合同人是指合同的各方当事人，即对凭证有直接权利义务关系的单位和个人，但不包括合同的担保人、证人、鉴定人。凡是书立《合同法》所规定的各类合同和具有合同性质的凭证的，以立合同人为纳税义务人。如果应税凭证是由当事人的代理人代为书立的，则代理人承担纳税义务。

2. 立账簿人。立账簿人是指设立并使用营业账簿的单位和个人。

3. 立据人。立据人是指书立产权转移书据的单位和个人。

4. 领受人。领受人是指领取并持有权利、许可证照的单位和个人。

5. 使用人。使用人是指在国外书立、领受，但在国内使用的应税凭证的单位和个人。

6. 各类电子应税凭证的签订人。即以电子形式签订的各类应税凭证的当事人。

凡由两方或两方以上当事人共同书立的合同或应税凭证，其当事人各方都是印花税的纳税人，应各就其所持合同或应税凭证的计税金额履行纳税义务。

【例 10－1】 关于印花税纳税人的下列表述中，正确的有(　　)。

A. 会计账簿以立账簿人为纳税人　　B. 产权转移书据以立据人为纳税人

C. 建筑工程合同以合同当事人为纳税人　　D. 房屋产权证以领受人为纳税人

【参考解析】 答案：ABCD。根据书立、领受和使用应税凭证的不同，印花税的纳税人可分为立合同人、立据人、立账簿人、领受人和使用人等。

三、印花税的征税范围

印花税的征税对象是《印花税暂行条例》列举的各种凭证，主要包括以下五类。

(一)各种经济合同

合同是指平等主体的当事人之间为实现一定目的,经协商一致,明确当事人权利、义务关系的协议。以经济业务作为内容的合同,通常称之为经济合同。我国印花税只对依法订立的经济合同书征收。

1. 购销合同。包括企业与其他单位和个人签订的各种供应、预购、采购、购销、结合及协作、调剂、补偿、易货贸易等各种合同;还包括各出版单位与发行单位(不包括订阅单位和个人)之间订立的图书、报刊、音像征订凭证。

对于企业经销、调拨商品的调拨单或者其他名称的单、书、表、卡等,应当区分其性质和用途,以决定是否应当征收印花税。凡是属于明确双方供需关系,据以供货和结算,具有合同性质的凭证,均应作为购销合同按规定缴纳印花税。

对纳税人以电子形式签订的各类应税凭证按规定征收印花税。

对发电厂与电网之间、电网与电网之间(国家电网公司系统、南方电网公司系统内部各级电网互供电量除外)签订的购售电合同按购销合同征收印花税。电网与用户之间签订的供用电合同不属于印花税列举征税的凭证,不征收印花税。

2. 加工承揽合同。包括加工、定做、修缮、修理、印刷、广告、测绘、测试等合同。

3. 建设工程勘探设计合同。包括勘探、设计合同的总包合同、分包合同和转包合同。

4. 建筑安装工程承包合同。包括建筑、安装工程承包合同的总包合同、分包合同和转包合同。

5. 财产租赁合同。包括租赁房屋、船舶、飞机、机动车辆、机械、器具、设备等的合同,还包括企业、个人出租门店、柜台等所签订的合同,但不包括企业与主管部门签订的经营性租赁承包合同。

6. 货物运输合同。包括民用航空、铁路运输、海上运输、内河运输、公路运输和联运合同。

7. 仓储保管合同。包括仓储、保管合同或者作为合同使用的仓单、栈单(或称入库单)等。对某些使用不规范的凭证不便计税的,可就其结算单据作为计税贴花的凭证。

8. 借款合同。包括银行及其他金融机构和借款人(不包括银行同业拆借)签订的借款合同。

9. 财产保险合同。包括财产、责任、保证、信用等保险合同。

10. 技术合同。包括技术开发合同、技术转让合同(包括专利申报转让合同、非专利技术转让合同等,但不包括专利权转让合同、专利实施许可合同,后者属于财产转移书据)、技术咨询合同(不包括一般的法律、会计、审计等方面的咨询合同)和技术服务合同。

在确定应税经济合同的范围时,特别需要注意以下三个问题:

(1)具有合同性质的凭证应视同合同征税。具有合同性质的凭证是指具有合同效力的协议、契约、合约、单据、确认书及其他各种名称的凭证。

(2)对于企业签订的上述各种合同,不论其是否兑现或者按期兑现,都应当缴纳印花税。

(3)如果一项业务既签订合同,又开立单据,只就合同贴花;凡不签订合同,只开立单据,以单据作为合同使用的,其使用的单据应按规定贴花。

(二)产权转移书据

包括财产所有权、版权、商标专用权、专利权、专用技术使用权共5项产权的买卖、继承、赠与、交换、分割等过程所书立的书据。其中,财产所有权转移书据是指经政府管理机关登记注册的不动产、动产的所有权转移所书立的书据,包括股份制企业向社会公开发行的股票,因购买、继承、赠与所书立的产权转移书据。

另外,土地使用权出让合同、土地使用权转让合同、商品房销售合同按照产权转移书据征收印花税。

(三)营业账簿

包括企业按照《会计法》和财务会计制度的要求设置的、反映其生产经营活动的各种账册。在印花税税目中,营业账簿分为资金账簿和其他营业账簿两类,以便于分别采用按金额计税和按件计税两种计税方法。

1. 资金账簿,是指反映资本增减变化的账簿,包括"实收资本"(股份制企业为"股本")和"资本公积"账簿。

2. 其他营业账簿,是指反映除资金资产以外的其他生产经营活动内容的账簿,即除资金账簿外的归属于财务会计体系的其他生产经营用账册,包括日记账簿和各明细分类账簿。

3. 有关"营业账簿"征免范围的有关规定。

(1)纳入征税范围的营业账簿,不按立账簿人是否属于经济组织(工商企业单位、工商业户)来划定范围,而是按账簿的经济用途来确定征免界限。反映企业经营活动的账簿是应征印花税的营业账簿,不反映企业经营活动的账簿如企业职工食堂、工会以及企业自办的幼儿园、托儿所、学校、敬老院等设置的收支账册,不征收印花税。

(2)对采用一级核算形式的单位,只就财会部门设置的账簿贴花;采用分级核算形式的,除财会部门的账簿应贴花之外,财会部门设置在其他部门和车间的明细分类账,也应按规定贴花。

(3)车间、门市部、仓库设置的不属于会计核算范围或虽属会计核算范围,但不记载金额的登记簿、统计簿、台账等,不贴印花。

(4)对会计核算采用单页表式记载资金活动情况,以表代账的,在未形成账簿(账册)前,暂不贴花,待装订成册时,按册贴花。

(5)对有经营收入的事业单位,凡属由国家财政部门拨付事业经费,实行差额预算管理的单位,其记载经营业务的账簿,按其他账簿定额贴花,不记载经营业务的账簿不贴花;凡属经费来源实行自收自支的单位,对其营业账簿应就记载资金的账簿和其他账簿分别按规定贴花。

(6)跨地区经营的分支机构使用的营业账簿,应由分支机构在其所在地缴纳印花税。对上级单位核拨资金的分支机构,其记载资金的账簿按核拨的账面资金的数额计税贴花;对上级单位不核拨资金的分支机构,只就其他账簿按定额贴花。

(7)实行公司制改造并经县级以上政府和有关部门批准的企业在改制过程中成立的新企业(重新办理法人登记的),其新启用的资金账簿记载的资金或因企业建立资本纽带关系而增加的资金,凡原已贴花的部分可不再贴花,未贴花的部分和以后新增加的资金按规定贴花。

公司制改造包括国有企业依《公司法》整体改造成国有独资有限责任公司;企业通过增资扩股或者转让部分产权,实现他人对企业的参股,将企业改造成为有限责任公司或股份有限公司;企业以其部分财产和相应债务与他人组建新公司;企业将债务留在原企业,而以其优质财产与他人组建新的公司。

(8)以合并或者分立方式成立的新企业,其新启用的资金账簿记载的资金,凡原已贴花的部分可不再贴花,未贴花的部分和以后新增加的资金应按规定贴花。

(9)企业债权转股权新增加的资金按规定贴花;企业改制中经评估增加的资金按规定贴花。

(10)企业其他会计科目记载的资金转为实收资本或资本公积的资金按规定贴花。

(四)权利、许可证照

权利、许可证照是指政府授予单位、个人某种法定权利和准予从事特定经济活动的各种证照,包括房屋产权证、工商营业执照、商标注册证、专利证、土地使用证等。

(五)经财政部确定征税的其他凭证

经财政部门确定征税的其他凭证主要是股权转让书据,包括上市股票和企业内部发行的股票买卖、继承、赠与等转让书据。

除了税法列举的以上五大类应税经济凭证外,在确定经济凭证的征免税范围时,需要注意以下三点:

(1)由于目前同一性质的凭证名称各异,不够统一,因此,各类凭证不论以何种形式或名称书立,只要其性质属于条例中列举征税范围的凭证,均应照章纳税。

(2)应税凭证均指在中国境内具有法律效力,受中国法律保护的凭证。

(3)适用于中国境内,并在中国境内具备法律效力的应税凭证,无论在中国境内或境外书立,均应依照印花税的规定贴花。

【例10—2】 下列合同或凭证中,应缴纳印花税的是(　　)。

A. 商标注册证

B. 企业仓库设置的产品进出统计簿

C. 某投资者与某会计师签订的会计咨询合同

D. 出版单位与订阅单位订立的征订凭证

E. 列明购销金额的合同

【参考解析】 答案:AE。选项A,按权利证照贴花;选项B,不属于印花税的征税范围,不贴花;选项C,会计咨询合同不属于印花税的征税范围,不贴花;选项D,出版单位与订阅单位订立的征订凭证不属于应纳印花税的购销合同范围,不缴纳印花税;选项E属购销合同应按规定缴纳印花税。

四、印花税税率

印花税税率有两种形式,即比例税率和定额税率。

1. 比例税率

对于载有金额的凭证,如各类合同以及具有合同性质的凭证、产权转移书据、资金账簿等,采用比例税率。按照凭证所标明的确定金额按比例计算应纳税额,既能保证财政收入,又能体现合理负担的原则。在印花税13个税目中,各类合同以及具有合同性质的凭证、产权转移书据、资金账簿中记载资金的账簿,适用比例税率。其中,共分4档税率,分别为:千分之一、万分之五、万分之三、万分之零点五。

2. 定额税率

为了简化征管手续,便于操作,对无法计算金额的凭证,或虽载有金额,但作为计税依据不合理的凭证,采用定额税率,以件为单位缴纳一定数额的税款。权利、许可证照、营业账簿中的其他账簿,均为按件贴花,单位税额为每件5元。

印花税税目及税率见表10—1。

表 10－1 印花税税目税率

税目	范围	税率	纳税人	说明
1. 购销合同	包括供应、预购、采购、购销、结合及协作、调剂、补偿、易货等合同	按购销金额 0.3‰贴花	立合同人	
2. 加工承揽合同	包括加工、定做、修缮、修理、印刷、广告、测绘、测试等合同	按加工或承揽收入 0.5‰贴花	立合同人	
3. 建设工程勘察设计合同	包括勘察、设计合同	按收取费用 0.5‰贴花	立合同人	
4. 建筑安装工程承包合同	包括建筑、安装工程承包合同	按承包金额 0.3‰贴花	立合同人	
5. 财产租赁合同	包括租赁房屋、船舶、飞机、机动车辆、机械、器具、设备等合同	按租赁金额 1‰贴花。税额不足 1 元，按 1 元贴花	立合同人	
6. 货物运输合同	包括民用航空运输、铁路运输、海上运输、内河运输、公路运输和联运合同	按运输费用 0.5‰贴花	立合同人	单据作为合同使用的，按合同贴花
7. 仓储保管合同	包括仓储、保管合同	按仓储保管费用 1‰贴花	立合同人	仓单或栈单作为合同使用的，按合同贴花
8. 借款合同	包括银行及其他金融组织和借款人(不包括银行同业拆借)所签订的借款合同	按借款金额 0.05‰贴花	立合同人	单据作为合同使用的，按合同贴花
9. 财产保险合同	包括财产、责任、保证、信用等保险合同	按保险费收入 1‰贴花	立合同人	单据作为合同使用的，按合同贴花
10. 技术合同	包括技术开发、转让、咨询、服务等合同	按所载金额 0.3‰贴花	立合同人	
11. 产权转移书据	包括财产所有权和版权、商标专用权、专利权、专有技术使用权等转移书据、土地使用权出让合同、土地使用权转让合同、商品房销售合同	按所载金额 0.5‰贴花	立据人	
12. 营业账簿	生产经营用账册	记载资金的账簿，按实收资本和资本公积的合计金额 0.5‰贴花。其他账簿按件贴花 5 元	立账簿人	
13. 权利、许可证照	包括政府部门发给的房屋产权证、工商营业执照、商标注册证、专利证、土地使用证	按件贴花 5 元	领受人	

注：适用 1‰税率的还有因股票买卖、继承、赠与而书立“股权转让书据”。自 2005 年 1 月 24 日起，“股权转让书据”(包括 A 股和 B 股)从 2‰调整为 1‰。

五、印花税计税依据

1. 合同或具有合同性质的凭证，以凭证所载金额作为计税依据。具体包括购销合同中记载的购销金额、加工承揽合同中的加工或承揽收入、建筑工程勘察设计合同中的收取费用、建筑安装合同中的承包金额、财产租赁合同中的租赁金额、货物运输合同中的运输费用(运费收入)、仓储保管费用、借款合同中的借款金额、保险合同中的保险费等。上述凭证的"金额""费用"作为计税依据的,应当全额计税,不得作任何扣除。

载有两个或两个以上应适用不同税目税率经济事项的同一凭证,分别记载金额的,应分别计算应纳税额,相加后按合计税额贴花;未分别记载金额的,按税率高的计算贴花。

2. 营业账簿中记载资金的账簿,以"实收资本"与"资本公积"两项的合计金额为其计税依据。

3. 不记载金额的营业账簿、政府部门发给的房屋产权证、工商营业执照、专利证等权利许可证照,以及日记账簿和各种明细分类账簿等辅助性账簿,以凭证或账簿的件数作为计税依据。

4. 纳税人有以下情形的,地方税务机关可以核定纳税人印花税计税依据。

(1)未按规定建立印花税应税凭证登记簿,或未如实登记和完整保存应税凭证的。

(2)拒不提供应税凭证或不如实提供应税凭证致使计税依据明显偏低的。

(3)采用按期汇总缴纳办法的,未按地方税务机关规定的期限报送汇总缴纳印花税情况报告,经地方税务机关责令限期报告,逾期仍不报告的或者地方税务机关在检查中发现纳税人有未按规定汇总缴纳印花税情况的。

地方税务机关核定征收印花税的,应根据纳税人的实际生产经营收入,参考纳税人各期印花税情况及同行业合同签订情况,确定科学合理的数额或比例作为纳税人印花税计税依据。

【例10—3】 关于印花税计税依据的下列表述中,符合法律规定的有( )。

A. 财产租赁合同以租赁金额为计税依据　B. 财产保险合同以保险费为计税依据

C. 工商营业执照以注册资金为计税依据　D. 商标注册证以件数为计税依据

【参考解析】 答案:ABD。根据税法规定,合同或具有合同性质的凭证,以凭证所载金额作为计税依据;权利许可证照(包括房屋产权证、土地使用证、工商营业执照、商标注册证和专利证)按照件数作为计税依据。因此C选项不符合法律规定。

六、印花税应纳税额的计算

1. 实行比例税率的凭证,印花税应纳税额的计算公式为:

应纳税额=应税凭证计税金额×比例税率

2. 实行定额税率的凭证,印花税应纳税额的计算公式为:

应纳税额=应税凭证件数×定额税率

3. 营业账簿中记载资金的账簿,印花税应纳税额的计算公式为:

应纳税额=(实收资本+资本公积)×0.5‰

4. 其他账簿按件贴花,每件5元。

【例10—4】 甲公司2013年3月开业,领受房产证、工商营业执照、商标注册证、土地使用证各一件;与乙公司签订加工承揽合同一份,合同载明由委托方甲公司提供原材料300万元,需支付给乙公司不含税加工费20万元;另订立财产保险合同一份,保险金额为1 000万元,支付保险费10万元。已知,加工承揽合同的印花税税率为0.5‰,财产保险合同的印花税税率为1‰,权利、许可证照的定额税率为每件5元。根据印花税法律制度的规定,甲公司应缴纳印花税( )元。

A. 200　B. 220　C. 240　D. 600

【参考解析】 答案:B。(1)加工承揽合同的计税依据为加工费,应纳印花税=200 000×

0.5‰=100(元);(2)财产保险合同的计税依据为保险费,应纳印花税=100 000×1‰=100(元);(3)权利、许可证照应纳印花税=5×4=20(元);(4)甲公司合计应缴纳的印花税=100+100+20=220(元)。

【例 10-5】 A公司与B公司签订了购销合同,由A公司向B公司提供价值300 000元的钢材,B公司向A公司提供价值400 000元的水泥,货物差价由A公司付款补足。已知购销合同的印花税税率为0.3‰,A公司和B公司分别应缴纳多少印花税?

【参考解析】 A公司应缴纳的印花税为:(300 000+400 000)×0.3‰=210(元)

B公司应缴纳的印花税为:(400 000+300 000)×0.3‰=210(元)

七、印花税的税收优惠

1. 已经缴纳印花税的凭证的副本或者抄本,免征印花税。
2. 财产所有人将财产赠给政府、社会福利单位、学校所立的书据,免征印花税。
3. 国家指定的收购部门与村民委员会、农民个人书立的农副产品收购合同,免征印花税。
4. 无息、贴息贷款合同,免征印花税。
5. 外国政府、国际金融组织向中国政府、国家金融机构提供优惠贷款所书立的合同,免征印花税。
6. 对房地产管理部门与个人订立用于生活居住的租赁合同,暂免征印花税。
7. 农牧业保险合同,免征印花税。
8. 特殊货运凭证,如军事物资运输结算凭证、抢险救灾物资运输结算凭证和新建铁路工程临管线专用运费结算凭证,免征印花税。
9. 对个人销售和购买住房暂免征收印花税。

八、印花税征收管理

(一)纳税义务发生时间

印花税应当在书立或领受时贴花。具体是指在合同签订时、账簿启用时和证照领受时贴花。如果合同是在国外签订,并且不便在国外贴花的,应在将合同带入境时办理贴花纳税手续。

(二)纳税地点

印花税一般实行就地纳税。对于全国性商品物资订货会(包括展销会、交易会等)上所签订的合同应纳的印花税,由纳税人回其所在地后及时办理贴花完税手续;对地方主办、不涉及省际关系的订货会、展销会上所签合同的印花税,其纳税地点由各省、自治区、直辖市人民政府自行确定。

(三)纳税期限

印花税的纳税方法实行自行计算应纳税额,并自行购买印花税票,自行完成纳税义务。同时,对特殊情况采取特定的纳税贴花方法。税法规定,印花税应税凭证应当在书立或领受时即行贴花完税,不得延至凭证生效日期贴花。同一种类应纳印花税凭证若需频繁贴花的,纳税人可以向当地税务机关申请近期汇总缴纳印花税,经税务机关核准发给许可证后,按税务机关确定的期限(最长不超过1个月)汇总计算纳税。

(四)纳税办法

根据税额大小,应税项目纳税次数多少以及税源控管的需要,印花税分别采用自行贴花、汇贴汇缴和委托代征三种缴纳方法。

1. 自行贴花

即纳税人在书立、领受应税凭证时，自行计算应纳税额，自行向当地税务机关或印花税票代售点购买印花税票，自行在应税凭证上一次贴足印花并自行注销。这是缴纳印花税的基本方法。印花税票一经售出，国家即取得印花税收入，但不等于纳税人履行了纳税义务，只有在纳税人按规定将印花税票（足额）粘贴在应税凭证的适当位置后，经盖章或划销后才算完成纳税手续。已完成纳税手续的凭证应按规定的期限（完税凭证应保存 10 年）妥善保管，以备核查。同时必须明确：已贴用的印花税票不得重用；已贴花的凭证，修改后所载金额有增加的，其增加部分应当补贴足印花。凡多贴印花税票者，不得申请退税或者抵用。纳税人如果对凭证不能确定是否贴花或适用哪一税目税率，应及时携带凭证到当地税务机关进行鉴别。

2. 汇贴汇缴

一份凭证应纳税额超过 500 元的，纳税人应当向当地税务机关申请填写缴款书或完税证，将其中一联粘贴在凭证上或者税务机关在凭证上加注完税标记代替贴花。

同一种类应纳凭证需频繁贴花的，纳税人应向当地税务机关申请按期汇总缴纳印花税。税务机关对核准汇总缴纳的单位，应发给汇缴许可证，汇总缴纳的限期限额由当地税务机关确定，但最长期限不得超过 1 个月。凡汇总缴纳印花税的凭证，应加注税务机关指定的汇缴戳记，编号并装订成册后，将已贴花或缴款书的一联贴附册后，盖章注销，保存备查。

3. 委托代征

为加强征收管理，简化手续，印花税可以委托有关部门代征，实行源泉控制。对通过国家有关部门发放、鉴证、公证或仲裁的应税凭证，税务部门可以委托这些部门代征印花税，发给代征单位代征委托书，明确双方权利义务。

第二节　车辆购置税法

车辆购置税是对在我国境内购置规定车辆的单位和个人征收的一种税，它由车辆购置附加费演变而来。现行车辆购置税法的基本规范，是从 2001 年 1 月 1 日起实施的《中华人民共和国车辆购置税暂行条例》（以下简称《车辆购置税暂行条例》）。

一、纳税人

车辆购置税的纳税人是指在我国境内购置应税车辆的单位和个人。所称购置，包括购买、进口、自产、受赠、获奖或者以其他方式取得并自用应税车辆的行为。所称单位，包括国有企业、集体企业、私营企业、股份制企业、外商投资企业、外国企业以及其他企业和事业单位、社会团体、国家机关、军队以及其他单位。所称个人，包括个体工商户及其他个人。

二、征税范围

车辆购置税的征收范围包括汽车、摩托车、电车、挂车、农用运输车。具体征收范围依照《车辆购置税暂行条例》所附车辆购置税征收范围表（见表 10－2）执行。车辆购置税征收范围的调整，由国务院决定并公布。

表 10－2 车辆购置税征收范围

应税车辆	具体范围	注 释
汽车	各类汽车	
摩托车	轻便摩托车	最高设计时速不大于 50km/h，发动机汽缸总排量不大于 $50cm^3$ 的两个或者三个车轮的机动车
	二轮摩托车	最高设计车速大于 50km/h，或者发动机汽缸总排量大于 $50cm^3$ 的两个车轮的机动车
	三轮摩托车	最高设计车速大于 50km/h，或者发动机汽缸总排量大于 $50cm^3$，空车重量不大于 400kg 的三个车轮的机动车
电 车	无轨电车	以电能为动力，由专用输电电缆线供电的轮式公共车辆
	有轨电车	以电能为动力，在轨道上行驶的公共车辆
挂 车	全挂车	无动力设备，独立承载，由牵引车辆牵引行驶的车辆
	半挂车	无动力设备，与牵引车辆共同承载，由牵引车辆牵引行驶的车辆
农用运输车	三轮农用运输车	柴油发动机，功率不大于 7.4kw，载重量不大于 500kg，最高车速不大于 40km/h 的三个车轮的机动车
	四轮农用运输车	柴油发动机，功率不大于 28kw，载重量不大于 1 500kg，最高车速不大于 50km/h 的四个车轮的机动车

注：表中 $50cm^3$＝50 立方厘米。

三、税率

车辆购置税采用 10％的比例税率。

四、计税依据

车辆购置税的计税依据为应税车辆的计税价格。计税价格根据不同情况，按下列规定确定：

1. 购买自用应税车辆计税依据的确定

纳税人购买自用应税车辆的计税价格为纳税人购买应税车辆而支付给销售者的全部价款和价外费用(不包括增值税税款)。其中，全部价款为销售发票上注明的不含增值税税款的实际销售价格，“价外费用”指销售方在价格外向购买者收取的手续费、违约金、包装费、运输费、保管费、代收款项、代垫款项和其他各种性质的价外收费，但不包括增值税税款。

由于纳税人购买自用的应税车辆是按不含增值税的计税价格征收车辆购置税的，因此，当纳税人购车发票的价格未扣除增值税税款，或者因不得开具机动车辆销售统一发票(或开具其他普通票据)而发生价款与增值税税款合并收取的，在确定车辆购置税计税依据时，应将其换算为不含增值税的销售价格。

2. 进口自用应税车辆计税依据的确定

进口自用应税车辆，是指纳税人直接从境外进口或者委托代理进口的自用应税车辆，即以非贸易方式进口自用的应税车辆。

纳税人进口自用应税车辆以组成计税价格为计税依据。其计算公式为：

计税价格＝关税完税价格＋关税＋消费税

3. 其他自用应税车辆计税依据的确定

纳税人自产、受赠、获奖和以其他方式取得并自用的应税车辆的计税价格，由主管税务机关参照国家税务总局规定不同类型应税车辆的最低计税价格核定。

4. 以最低计税价格为计税依据的确定

纳税人购买自用或者进口自用应税车辆，申报的计税价格低于同类型应税车辆的最低计税价格，又无正当理由的，按照最低计税价格征收车辆购置税。最低计税价格是由国家税务总局制定的计税基础价格，是车辆购置税的计税依据之一。

五、应纳税额的计算

车辆购置税实行从价定率的方法计算应纳税额。计算公式如下：

应纳税额＝计税依据×税率

进口应税车辆应纳税额＝(关税完税价格＋关税＋消费税)×税率

【例 10－6】 某公司 2013 年 10 月接受捐赠进口小汽车 10 辆自用，无法取得该型号汽车的市场价格，国家税务总局规定的同类型应税车辆的最低计税价格为 200 000 元/辆。则该公司应纳的车辆购置税额为(　　)元。

A. 199 560.52　　B. 199 660.52　　C. 200 000　　D. 216 000

【参考解析】 答案:C。本题考核车辆购置税应纳税额的计算。按现行政策规定，纳税人自产、受赠、获奖和以其他方式取得并自用的应税车辆的计税价格，由主管税务机关参照国家税务总局规定相同类型应税车辆的最低计税价格核定。该公司应纳的车辆购置税＝200 000×10×10%＝200 000(元)。

六、税收优惠

车辆购置税的免税、减税，按照下列规定进行：

1. 外国驻华使馆、领事馆和国际组织驻华机构及其外交人员自用的车辆，免税。
2. 中国人民解放军和中国人民武装警察部队列入军队武器装备订货计划的车辆，免税。
3. 设有固定装置的非运输车辆，免税。
4. 有国务院规定予以免税或者减税的其他情形的，按照规定免税、减税。

七、征收管理

(一)纳税申报

车辆购置税纳税申报是指纳税人发生车辆购置税应税行为时，按照规定期限向主管税务机关申报缴纳车辆购置税的行为。车辆购置税实行一次征收制度。购置已征车辆购置税的车辆，不再征收车辆购置税。

车辆购置税由国家税务局征收。纳税人购买自用应税车辆的，应当自购买之日起 60 日内申报纳税；进口自用应税车辆的，应当自进口之日起 60 日内申报纳税；自产、受赠、获奖或者以其他方式取得并自用应税车辆的，应当自取得之日起 60 日内申报纳税。

纳税人以外汇结算应税车辆价款的，按照申报纳税之日中国人民银行公布的人民币基准汇价，折合成人民币计算应纳税额。

(二)纳税环节

纳税人应当在向公安机关等车辆管理机构办理车辆登记注册手续前，缴纳车辆购置税。

纳税人应当持主管税务机关出具的完税证明或者免税证明，向公安机关车辆管理机构办理车辆登记注册手续,没有完税证明或者免税证明的,公安机关车辆管理机构不得办理车辆登记注册手续。

车辆购置税选择单一环节,实行一次课征制度,税款应当一次缴清。购置已征车辆购置税的车辆,不再征收车辆购置税。减税、免税车辆因转让、改变用途等原因不再属于免税、减税范围的,应在办理车辆过户手续前或者办理变更车辆登记注册手续前缴纳车辆购置税。

(三)纳税地点

纳税人购置应税车辆,应当向车辆登记注册地的主管税务机关申报纳税;购置不需要办理车辆登记注册手续的应税车辆,应当向纳税人所在地的主管税务机关申报纳税。车辆登记注册地是指车辆的上牌落籍地或落户地。

第三节 城市维护建设税与教育费附加法律制度

城市维护建设税是对从事工商经营,缴纳增值税、消费税、营业税(以下简称“三税”)的单位和个人就其实际缴纳的“三税”为计税依据而征收的一种税,主要目的是筹集城镇设施建设和城市的维护资金。我国现行城市维护建设税的基本规范是 1985 年 2 月 8 日国务院发布并于 1985 年 1 月 1 日起施行的《中华人民共和国城市维护建设税暂行条例》(以下简称《城市维护建设税暂行条例》)。

教育费附加是对缴纳“三税”的单位和个人征收的一种附加费。教育费附加名义上是一种专项资金,但实质上具有税的性质。其目的是为了加快发展地方性教育事业,扩大地方教育经费的资金来源。我国现行教育费附加的基本规范是 1986 年 4 月 28 日国务院颁布并于同年 7 月 1 日实施的《征收教育费附加的暂行规定》。

《城市维护建设税暂行条例》和《征收教育费附加的暂行规定》实施以来,对外商投资企业、外国企业和外籍个人暂不征收城市维护建设税和教育费附加。为统一税制,公平税负,2010 年 10 月 18 日,国务院发布了《关于统一内外资企业和个人城市维护建设税和教育费附加制度的通知》,决定自 2010 年 12 月 1 日起,对外商投资企业、外国企业和外籍个人征收维护城市建设税和教育费附加。

一、城市维护建设税法的基本内容

(一)征税范围

《城市维护建设税暂行条例》规定,凡是依照税法规定缴纳“三税”的单位和个人,都应同时缴纳城市维护建设税。城市维护建设税的征税范围比较广,不仅包括城市、县城、建制镇,而且也包括农村。

(二)纳税人

城市维护建设税的纳税人是指实际缴纳“三税”的单位和个人。它包括各类企业、行政单位、事业单位、军事单位、社会团体及其他单位,以及个体工商户和其他个人。自 2010 年 12 月 1 日起,对外商投资企业、外国企业和外籍个人征收维护城市建设税。

(三)税率

城市维护建设税实行分区域的差别比例税率,即按纳税人所在城市、县城或镇等不同的行政区域分别规定不同的比例税率。具体规定为:

1. 纳税人所在地在市区的，税率为 7%。

2. 纳税人所在地在县城、镇的，税率为 5%。

3. 纳税人所在地不在市区、县城、县属镇的，税率为 1%。

在具体适用中，由受托方代扣代缴、代收代缴"三税"的单位和个人，其代扣代缴、代收代缴的城市维护建设税按受托方所在地适用税率执行。

流动经营等无固定纳税地点的单位和个人，在经营地缴纳"三税"的，其维护城市建设税的缴纳按经营地适用税率执行。

（四）计税依据

城市维护建设税的计税依据是纳税人实际缴纳的"三税"税额。纳税人因违反"三税"有关规定而加收的滞纳金和罚款，不作为城市维护建设税的计税依据，但纳税人在被查补"三税"和被处以罚款时，应同时对其城市维护建设税进行补税、征收滞纳金和罚款。

（五）应纳税额的计算

城市维护建设税应纳税额的计算比较简单，计税方法基本上与"三税"一致。其计算公式为：

应纳税额＝（实际缴纳增值税＋消费税＋营业税税额）×适用税率

【例 10－7】 某市区的一外资企业 A 为增值税一般纳税人，主要从事货物的生产和销售。2013 年 7 月按规定缴纳增值税 100 万元，同时补交 2013 年 4 月份的增值税 10 万元及相应的滞纳金 1.595 万元，罚款 20 万元。计算该企业本月应缴纳的城市维护建设税。

【参考解析】 城市维护建设税的计税依据包括纳税人实际缴纳的"三税"税额，补交"三税"的同时要补交城市维护建设税，不包括滞纳金和罚款等非应税款项。

该企业本月应缴纳的城市维护建设税额＝(100＋10)×7%＝7.7(万元)

（六）税收优惠

城市维护建设税属于"三税"的一种附加税，原则上不单独规定税收减免条款，如果税法规定减免"三税"，也就相应地减免了城市维护建设税。现行城市维护建设税的减免规定主要有：

1. 海关对进口产品代征的增值税、消费税，不征收城市维护建设税。

2. 对由于减免增值税、消费税、营业税而发生退税的，可同时退还已征收的城市维护建设税。但对出口产品退还增值税、消费税的，不退还已缴纳的城市维护建设税。

3. 对"三税"实行先征后返、先征后退、即征即退办法的，除另有规定外，对随"三税"附征的城市维护建设税，一律不予退（返）还。

（七）征收管理

1. 城市维护建设税的纳税期限和纳税地点

按照规定，城市维护建设税应当与"三税"同时缴纳，自然其纳税期限和纳税地点也与"三税"相同。因此，城市维护建设税的纳税期限应比照"三税"的纳税期限，由主管税务机关根据纳税人应纳税额大小分别核定；不能按照固定期限纳税的，可以按此纳税。

代扣代缴、代收代缴"三税"的单位和个人，同时也是城市维护建设税的代扣代缴、代收代缴义务人，其纳税地点为代扣代收地。

流动经营等无固定纳税地点的单位和个人，应随同"三税"在经营地纳税。

2. 纳税申报

企业应当于月度终了后在进行"三税"申报的同时，进行城市维护建设税的纳税申报。

二、教育费附加的基本内容

(一)征费范围

教育费附加的征收范围为税法规定的征收“三税”的单位和个人。

(二)计费依据

以纳税人实际缴纳的“三税”的税额为计费依据。

(三)征收比率

根据1994年2月7日国务院《关于教育费附加征收问题的紧急通知》的规定，教育费附加征收率为“三税”税额的3%。

(四)计算与缴纳

1. 计算公式

应纳教育费附加＝(实际缴纳的增值税、消费税、营业税税额之和)×征收比率

2. 纳费期限

纳费人申报缴纳增值税、消费税、营业税的同时，申报、缴纳教育费附加。

【例10－8】 某外资企业地处武汉市区，2013年5月被税务机关查补增值税45 000元，消费税25 000元，所得税30 000元；还被加收滞纳金2 000元，被处罚款50 000元。计算该企业应补缴的教育费附加。

【参考解析】 根据应纳教育费附加的计算公式：

该企业应纳教育费附加＝(45 000＋25 000)×3%＝2 100(元)

(五)减免规定

教育费附加的减免，原则上比照“三税”的减免规定。如果税法规定“三税”减免，则教育费附加也就相应减免。主要减免规定有：

1. 对海关进口的产品征收的增值税、消费税，不征收教育费附加。

2. 对由于减免增值税、消费税、营业税而发生退税的，可以同时退还已征收的教育费附加。但对出口产品退还增值税、消费税的，不退还已征的教育费附加。

导入案例分析

企业开办时所办的一些证照、合同文书、营业账簿都要按规定缴纳印花税，但其计税依据各不相同。具体计算如下：

(1)企业领受权利、许可证照应纳税额：

应纳税额＝3(件)×5＝15(元)

(2)企业订立产权转移书据应纳税额：

应纳税额＝500 000×0.5‰＝250(元)

(3)企业订立购销合同应纳税额：

应纳税额＝1 500 000×0.3‰＝450(元)

(4)企业订立借款合同应纳税额：

应纳税额＝400 000×0.05‰＝20(元)

(5)企业营业账簿“实收资本”所载金额应纳税额：

应纳税额＝6 000 000×0.5‰＝3 000(元)

(6)企业其他营业账簿应纳税额：

$$应纳税额=20\times5=100(元)$$

该企业 2 月份应纳印花税额＝15＋250＋450＋20＋3 000＋100＝3 835(元)

单元小结

本章“行为类税法”的知识结构如图 10－1 所示。

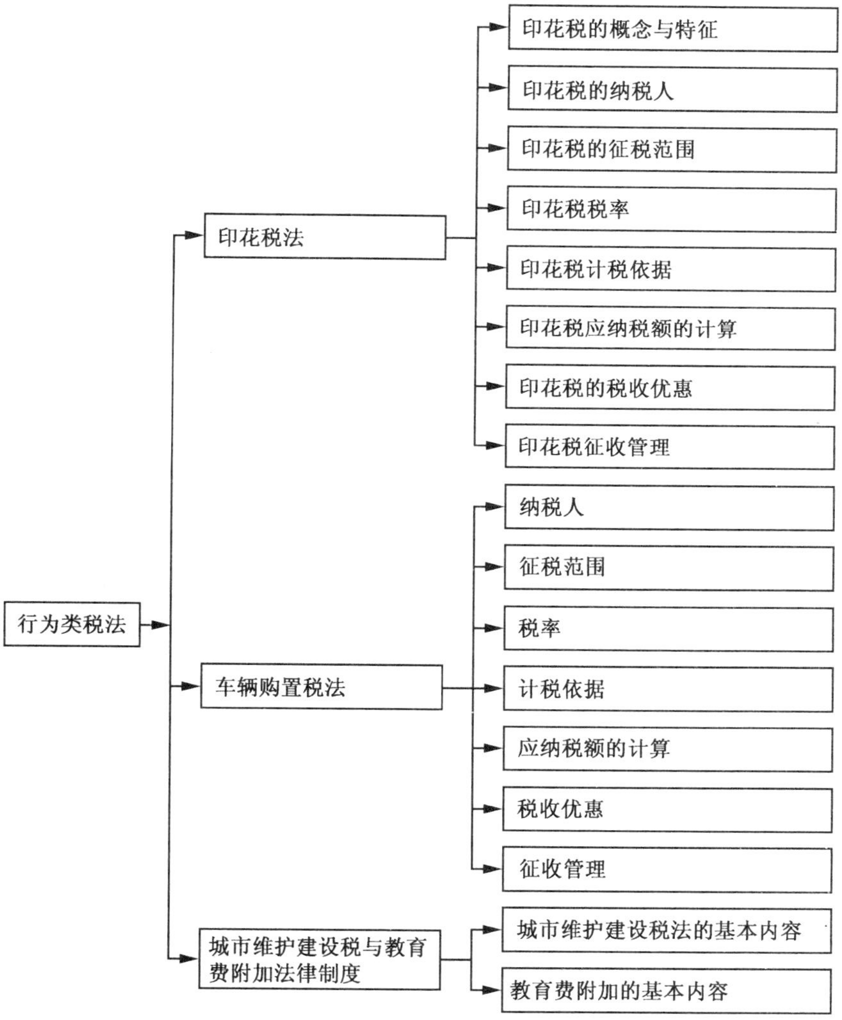

图 10－1　“行为类税法”知识结构

知识测试与能力训练

一、单项选择题

1. 下列凭证中，应缴纳(贴)印花税的是(　　)。

A. 卫生许可证　　B. 土地使用证　　C. 外汇许可证　　D. 税务登记证

2. 根据税收法律制度的规定，下列各项中，规定了比例税率和定额税率两种税率形式的税种是(　　)。

A. 印花税　B. 车船税　C. 房产税　D. 营业税

3. 甲企业将货物卖给乙企业，双方订立了购销合同，丙企业作为该合同的担保人，丁先生作为证人，戊单位作为鉴定人，则该合同印花税的纳税人为(　　)。

A. 甲企业和乙企业

B. 甲企业、乙企业和戊单位

C. 甲企业、乙企业和丙企业

D. 甲企业、乙企业、丙企业、丁先生、戊单位

4. 2013年3月，甲企业与乙企业签订了一份合同，甲向乙销售货物并负责运输到乙指定的地点，合同所载金额为300万元，其中包括货款和货物运输费用。已知，货物买卖合同适用的印花税税率为0.3‰，货物运输合同适用的印花税税率0.5‰。根据印花税法律制度的规定，甲企业应缴纳印花税(　　)万元。

A. 0.24　B. 0.15　C. 0.09　D. 0.06

5. 北京的甲公司与法国的乙公司在巴黎签订了一份购销合同，合同所载金额为6 000万元人民币。已知，购销合同适用的印花税税率为0.3‰。根据印花税法律制度的规定，甲公司回国履行合同时应缴纳印花税(　　)万元。

A. 1.8　B. 0　C. 0.9　D. 3.6

6. 根据《车辆购置税暂行条例》的规定，下列人员不属于车辆购置税的纳税人的是(　　)。

A. 应税车辆的馈赠人　B. 应税车辆的购买使用者

C. 免税车辆的受赠使用者　D. 应税车辆的进口使用者

7. 2014年1月，某市化妆品生产企业实际缴纳增值税32 300元，缴纳消费税60 000元，缴纳房产税3 000元。已知城市维护建设税税率为7%，教育费附加征收率为3%。该化妆品生产企业当月应缴纳城市维护建设税和教育费附加(　　)元。

A. 3 230　B. 6 000　C. 9 230　D. 9 530

二、多项选择题

1. 根据印花税法律制度的规定，下列各项中，属于印花税征税范围的有(　　)。

A. 土地使用权出让合同　B. 税务登记证

C. 房屋产权证　D. 会计咨询合同

2. 根据印花税法律制度的规定，下列凭证中，应按照“产权转移书据”征收印花税的有(　　)。

A. 商品房销售合同　B. 专利权转让合同

C. 非专利技术转让合同　D. 土地使用证

3. 印花税中以件数作为计税依据的应税凭证有(　　)。

A. 营业执照　B. 专利证

C. 记载金额的营业账簿　D. 企业承包合同

4. 根据印花税法律制度的相关规定，下列各项中按定额5元征收印花税的有(　　)。

A. 仓库设置的货物往来登记簿　B. 房屋产权证

C. 税务登记证　D. 专利证

5. 甲建筑公司与乙企业签订一份建筑承包合同，合同注明承包金额为 1 000 万元；施工期间，甲建筑公司又将其中 400 万元的安装工程分包给丙安装公司，并签订了分包合同。已知建筑安装工程承包合同印花税税率为 0.3‰，根据印花税法律制度的规定，下列说法中正确的有(　　)。

A. 甲公司应缴纳印花税＝1 000×0.3‰＝0.3(万元)

B. 乙企业应缴纳印花税＝1 000×0.3‰＝0.3(万元)

C. 丙公司应缴纳印花税＝400×0.3‰＝0.12(万元)

D. 甲、乙、丙合计应缴纳印花税＝(1 000＋400)×0.3‰×2＝0.84(万元)

6. 根据车辆购置税的有关规定，下列车辆免税的有(　　)。

A. 外国驻华使馆自用的车辆

B. 领事馆自用的车辆

C. 设有固定装置的非运输车辆

D. 中国人民武装警察部队列入军队武器装备订货计划的车辆

7. 下列各项中，符合城市维护建设税有关的规定的有(　　)。

A. 城市维护建设税的计税依据是纳税人实际缴纳增值税、消费税、营业税的税额

B. 因减免税而发生增值税、消费税、营业税减免的，城市维护建设税也同时减免

C. 纳税人因偷漏增值税、消费税、营业税应该补税的，也要补缴城市维护建设税

D. 纳税人偷漏"三税"而加收的滞纳金、罚款，一并计入城市维护建设税的计税依据

三、计算题

某企业 2011 年度有关资料如下：

(1)资金账簿中反映本企业的实收资本比 2010 年增加 200 万元。

(2)与银行签订 2 年期借款合同，借款金额 460 万元，年利率 3%。

(3)与甲公司签订以货换货合同，本企业的货物价值 500 万元，甲公司的货物价值 480 万元。

(4)委托乙企业加工一批服装并签订受托加工合同，合同约定乙公司提供价值 40 万元的原材料，本企业支付加工费 16 万元。

(5)与丙公司签订商标使用权转让合同，转让收入由丙公司按 2011～2020 年实现利润的 10%支付。

(6)与货运公司签订运输合同，载明货物价值 200 万元，运输费用 5 万元(其中含装卸费 1 万元)。

要求：逐项计算该企业 2011 年应缴纳的印花税。

第 11 单元

税收征收管理法律制度

学习目标

1. 掌握税收征收管理的基本法律规定。
2. 熟悉税款征收方式和税务检查制度。
3. 会办理税务登记、纳税申报。
4. 会管理账簿、凭证、发票。
5. 能运用税收征管法对相关案例进行分析。

导入案例

甲公司 2014 年 2 月开业并办理了税务登记。两个月后某一天,税务机关发来了一份税务处理通知书,称甲公司未按规定期限办理纳税申报(每月 1～7 日为申报期限),并处以罚款。甲公司经理王某对此很不理解,对税务机关辩称,本公司虽已开业两个多月,但尚未做成一笔生意,没有收入又如何办理纳税申报?

想一想:根据《税收征收管理法》的规定,分析并判断该公司的做法有无错误?如有错,错在哪里?应如何处理?

第一节　税收征收管理法概述

一、税收征收管理法的概念

税收征收管理法,是指调整税收征收与管理过程中所发生的社会关系的法律规范的总称。包括国家权力机关制定的税收征管法律、国家权力机关授权行政机关制定的税收征管行政法规和有关税收征管的规章等。税收征收管理法属于税收程序法,它是以规定税收实体法中所确定的权利义务的履行程序为主要内容的法律规范，是税法的有机组成部分。税收征收管理法不仅是纳税人全面履行纳税义务必须遵守的法律准则，也是税务机关履行征税职责的法律依据。

我国现行税收征收管理的基本法是 1992 年 9 月 4 日第七届全国人大常委会通过、历经 1995 年和 2001 年两次修订并于 2001 年 5 月 1 日实施的《中华人民共和国税收征收管理法》(以下简称《税收征收管理法》)。

二、税收征收管理法的适用范围

我国的征税机关有税务、海关、财政等部门。税务机关征收的各种工商税收的征收管理，均适用《税收征收管理法》。

耕地占用税务、契税的征收管理，按照国务院的有关规定执行。

由海关负责征收的关税以及海关代征的进口环节的增值税、消费税，适用其他法律、法规的规定。

目前还有一部分暂由税务机关征收，如教育附加费，这些费不适用该法。

我国同外国缔结的有关税收的条约、协定同本法有不同规定的依照条约协定的规定办理。

三、税收征收管理法的主体

(一)税务行政主体

税务行政主体是税务机关。《税收征收管理法》第五条规定：国务院税务主管部门主管全国税收征收管理工作。各地国家税务局和地方税务局应当按照国务院规定的税收征收管理范围分别进行征收管理。第十四条规定：税务机关是指各级税务局、税务分局、税务所和按照国务院规定设立的并向社会公告的税务机构。

(二)税务行政管理相对人

税务行政管理相对人为纳税人、扣缴义务人和其他有关单位。法律、行政法规规定负有纳税义务的单位和个人为纳税人；负有代扣代缴、代收代缴税款义务的单位和个人为扣缴义务人。纳税人、扣缴义务人和其他有关单位应当按照国家有关规定如实向税务机关提供与纳税和代扣代缴、代收代缴税款有关的信息。

第二节　税务管理

一、税务管理的概念

税务管理，是指税收征收管理机关为了贯彻、执行国家税收法律制度，加强税收工作，协调征税关系而对纳税人和扣缴义务人实施的基础性的管理制度和管理行为。税务管理是税收征收管理的重要内容，是税款征收的前提和基础。税务管理主要包括税务登记管理、账簿和凭证管理、纳税申报等。

二、税务登记管理

(一)税务登记的概念

税务登记是指纳税人为履行纳税义务就有关纳税事宜依法向税务机关办理登记的一种法定手续。税务登记又称纳税登记，是税务机关对纳税人实施税收管理的首要环节和基础工作，是征纳双方法律关系成立的依据和证明，也是纳税人必须履行的义务。其内容包括开业税务登记、变更登记、停业复业登记、注销登记等。通过税务登记，可以使税务机关掌握纳税人的基本情况和税源分布情况，有利于增强纳税人的依法纳税观念，促进应纳税款及时足额地缴入国库。

(二)税务登记范围、税务登记证件及使用

1. 税务登记范围

企业，企业在外地设立的分支机构和从事生产、经营的场所，个体工商户和从事生产、经营的事业单位，都应当办理税务登记(统称从事生产、经营的纳税人)。

前述规定以外的纳税人，除国家机关、个人和无固定生产经营场所的流动性农村小商贩外，也应当办理税务登记(统称非从事生产经营但依照规定负有纳税义务的单位和个人)。

根据税收法律、行政法规的规定，负有扣缴税款义务的扣缴义务人(国家机关除外)，应当办理扣缴税款登记。

【例 11－1】 下列各项中，按照《税收征收管理法》的规定，需要办理税务登记的是(　　)。

A. 国家机关

B. 个人

C. 无固定生产经营场所的流动性农村小商贩

D. 商品经销部

【参考解析】 答案:D。本题考核税务登记的范围。根据规定，除国家机关、个人和无固定生产经营场所的流动性农村小商贩外，企业，企业在外地设立的分支机构和从事生产、经营的场所，个体工商户和从事生产、经营的事业单位，都应当办理税务登记。

2. 税务登记证件及使用

税务登记证件包括税务登记证及其副本、临时税务登记证及其副本；扣缴税款登记证件包括扣缴税款登记证及其副本。纳税人应当将税务登记证件正本在其生产、经营或者办公场所公开悬挂，接受税务机关检查。

纳税人办理下列事项时，必须提供税务登记证件：一是开立银行账户；二是领购发票。

纳税人办理其他税务事项时，应当出示税务登记证件，经税务机关核准相关信息后办理手续：一是申请减税、免税、退税；二是申请办理延期申报、延期缴纳税款；三是申请开具外出经营活动税收管理证明；四是办理停业、歇业；五是其他有关税务事项。

从事生产、经营的纳税人应当按照国家有关规定，持税务登记证件，在银行或者其他金融机构开立基本存款账户和其他存款账户，并自开立基本存款账户或者其他存款账户之日起 15 日内，将其全部账号向主管税务机关报告；发生变化的应当自变化之日起 15 日内，向主管税务机关书面报告。银行和其他金融机构应当在从事生产、经营的纳税人的账户中登录税务登记证件号码，并在税务登记证件中登录从事生产、经营的纳税人的账户账号。

纳税人应当按照国务院税务主管部门的规定使用税务登记证件。税务登记证件不得转

借、涂改、损毁、买卖或者伪造。

税务机关对税务登记证件实行定期验证和换证制度。纳税人应当在规定的期限内持有关证件到主管税务机关办理验证或者换证手续。

【例 11—2】 根据税收征收管理法律制度的规定，纳税人办理的下列事项中，必须提供税务登记证件的有(　　)。

A. 纳税申报　　B. 开立银行账户

C. 领购发票　　D. 缴纳税务罚款

【参考解析】 答案：BC。本题考核税务登记证件的使用。根据规定，纳税人办理下列事项时，必须"提供"税务登记证件：(1)开立银行账户；(2)领购发票。纳税人办理其他税务事项时，应当"出示"税务登记证件，经税务机关核准相关信息后办理手续：(1)申请减税、免税、退税；(2)申请办理延期申报、延期缴纳税款；(3)申请开具外出经营活动税收管理证明；(4)办理停业、歇业；(5)其他有关税务事项。

(三)税务登记主管机关

县以上(含本级，下同)国家税务局(分局)、地方税务局(分局)是税务登记的主管机关，负责税务登记的设立登记、变更登记、注销登记和税务登记证验证、换证以及非正常户处理、报验登记等有关事项。

国家税务局(分局)、地方税务局(分局)按照国务院规定的税收征收管理范围，实施属地管理，采取联合登记或者分别登记的方式办理税务登记。在有条件的城市，国家税务局(分局)、地方税务局(分局)可以按照"各区分散受理、全市集中处理"的原则办理税务登记。

国家税务局(分局)、地方税务局(分局)执行统一的税务登记代码。税务登记代码由省级国家税务局、地方税务局联合编制，统一下发各地执行。

各级工商行政管理机关应当向同级国家税务局和地方税务局定期通报办理开业、变更、注销登记以及吊销营业执照的情况。

(四)税务登记的内容

我国现行税务登记制度包括设立(开业)税务登记、变更税务登记、注销税务登记、外出经营报验登记以及停业、复业登记等。

1. 设立税务登记

设立税务登记，是指纳税人依法成立并经工商行政管理登记后，为确认其纳税人的身份，纳入国家税务管理体系而到税务机关进行的登记。

(1)办理设立税务登记的地点

从事生产、经营的纳税人，向生产、经营所在地税务机关办理税务登记。

(2)申报办理税务登记的时限要求

①从事生产、经营的纳税人领取工商营业执照(含临时工商营业执照)的，应当自领取工商营业执照之日起 30 日内申报办理税务登记，税务机关核发税务登记证及副本(纳税人领取临时工商营业执照的，税务机关核发临时税务登记证及副本)。

②从事生产、经营的纳税人未办理工商营业执照但经有关部门批准设立的，应当自有关部门批准设立之日起 30 日内申报办理税务登记，税务机关核发税务登记证及副本。

③从事生产、经营的纳税人未办理工商营业执照也未经有关部门批准设立的，应当自纳税义务发生之日起 30 日内申报办理税务登记，税务机关核发临时税务登记证及副本。

④有独立的生产经营权、在财务上独立核算并定期向发包人或者出租人上交承包费或租

金的承包承租人，应当自承包承租合同签订之日起 30 日内，向其承包承租业务发生地税务机关申报办理税务登记，税务机关核发临时税务登记证及副本。临时税务登记的期限为承包承租期。

⑤从事生产、经营的纳税人外出经营，自其在同一县（市）实际经营或提供劳务之日起，在连续的 12 个月内累计超过 180 日的，应当自期满之日起 30 日内，向生产、经营的所在地税务机关申报办理税务登记，税务机关核发临时税务登记证及副本。

⑥境外企业在中国境内承包建筑、安装、装配、勘探工程和提供劳务的，应当自项目合同（协议）签订之日起 30 日内，向项目所在地税务机关申报办理税务登记，税务机关核发临时税务登记证及副本，临时税务登记的期限为合同规定的承包期。

⑦非从事生产经营但依照规定负有纳税义务的单位和个人，除国家机关、个人和无固定生产、经营场所的流动性农村小商贩外，都应当自纳税义务发生之日起 30 日内向纳税义务发生地税务机关申报办理税务登记，税务机关核发税务登记证及副本。

（3）申报办理税务登记需提供的证件、资料

纳税人在申报办理税务登记时，应当根据不同情况向税务机关如实提供以下证件和资料：一是工商营业执照或其他核准执业证件；二是有关合同、章程、协议书；三是组织机构统一代码证书；四是法定代表人或负责人、业主的居民身份证、护照或者其他合法证件；其他需要提供的有关证件、资料，由省、自治区、直辖市税务机关确定。

纳税人在申报办理税务登记时，应当如实填写税务登记表。

（4）税务登记证件的发放

纳税人提交的证件和资料齐全且税务登记表的填写内容符合规定的，税务机关应及时发放税务登记证件。

纳税人提交的证件和资料不齐全或税务登记表的填写内容不符合规定的，税务机关应当场通知其补正或者重新填报。纳税人提交的证件和资料明显有疑点的，税务机关应进行实地调查，核实后予以发放税务登记证件。

税务登记证件的主要内容包括纳税人名称、税务登记代码、法定代表人或负责人、生产经营地址、登记类型、核算方式、生产经营范围（主营、兼营）、发证日期、证件有效期等。

已办理税务登记的扣缴义务人应当自扣缴义务发生之日起 30 日内，向税务登记地税务机关申报办理扣缴税款登记。税务机关在其税务登记证件上登记扣缴税款事项，不再发给扣缴税款登记证件。根据税收法律、行政法规的规定可不办理税务登记的扣缴义务人，应当自扣缴义务发生之日起 30 日内，向机构所在地税务机关申报办理扣缴税款登记。税务机关核发扣缴税款登记证件。

2. 变更税务登记

纳税人税务登记内容发生变化的，应当向原税务登记机关申报办理变更税务登记。

纳税人已在工商行政管理机关办理变更登记的，应当自工商行政管理机关变更登记之日起 30 日内，向原税务登记机关如实提供下列证件、资料，申报办理变更税务登记：（1）工商登记变更表及工商营业执照；（2）纳税人变更登记内容的有关证明文件；（3）税务机关发放的原税务登记证件（登记证正、副本和登记表等）；（4）其他有关资料。

纳税人按照规定不需要在工商行政管理机关办理变更登记，或者其变更登记的内容与工商登记内容无关的，应当自税务登记内容实际发生变化之日起 30 日内，或者自有关机关批准或者宣布变更之日起 30 日内，持下列证件到原税务登记机关申报办理变更税务登记：①纳税

人变更登记内容的有关证明文件；②税务机关发放的原税务登记证明证件（登记证正、副本和税务登记表等）；③其他有关资料。

税务机关应当自受理之日起 30 日内，审核办理变更税务登记。纳税人税务登记表和税务登记证中的内容都发生变更的，税务机关按变更后的内容重新核发税务登记证件；纳税人税务登记表的内容发生变更而税务登记证中的内容未发生变更的，税务机关不重新核发税务登记证件。

3. 停业、复业登记

停业、复业登记，是指实行定期定额征收方式的纳税人，因自身经营的需要暂停经营或恢复经营而向主管税务机关申请办理的税务登记手续。

(1)停业登记。实行定期定额征收方式的个体工商户需要停业的，应当在停业前向税务机关申报办理停业登记。纳税人的停业期限不得超过 1 年。

纳税人在申报办理停业登记时，应如实填写停业申请登记表，说明停业理由、停业期限、停业前的纳税情况和发票的领、用、存情况，并结清应纳税款、滞纳金、罚款。税务机关应收存其税务登记证及副本、发票领购簿、未使用完的发票和其他税务证件。

纳税人在停业期间发生纳税义务的，应当按照税收法律、行政法规的规定申报缴纳税款。

(2)复业登记。纳税人应当于恢复生产、经营之前，向税务机关申报办理复业登记，如实填写停、复业报告书，领回并启用税务登记证件、发票领购簿及其停业前领购的发票。

纳税人停业期满不能及时恢复生产经营的，应当在停业期满前向税务机关提出延长停业登记申请，并如实填写停、复业报告书。

4. 外出经营报验登记

外出经营报验登记是指从事生产经营的纳税人到外县(市)进行临时性的生产经营活动时，按规定申报办理的税务登记手续。

纳税人到外县(市)临时从事生产经营活动的，应当在外出生产经营之前，持税务登记证向主管机关申请开具外出经营活动税收管理证明(以下简称外管证)。

税务机关按照一地一证的原则，核发外管证。外管证的有效期限一般为 30 日，最长不得超过 180 日。在同一地累计超过 180 日的，应当在营业地办理税务登记手续。

纳税人应当在外管证注明地进行生产经营前向当地税务机关报验登记并提交下列证件、资料：一是税务登记证副本；二是外管证。纳税人在外管证注明地销售货物的，除提交以上证件、资料外，还应如实填写外出经营货物报验单，申报查验货物。

纳税人外出经营活动结束，应当向经营地税务机关填报外出经营活动情况申报表，并结清税款、缴销发票。

纳税人应当在外管证有效期届满后 10 日内，持外管证回原税务登记地税务机关办理外管证缴销手续。

5. 注销税务登记

注销税务登记，是指纳税人由于出现法定情形终止纳税义务时，向原税务机关申请办理的取消税务登记的手续。办理注销税务登记后，该当事人不再接受原税务机关的管理。

纳税人发生解散、破产、撤销以及其他情形，依法终止纳税义务的，应当在向工商行政管理机关或者其他机关办理注销登记前，持有关证件和资料向原税务登记机关申报办理注销税务登记。按规定不需要在工商行政管理机关或者其他机关办理注册登记的，应当自有关机关批准或者宣告终止之日起 15 日内，持有关证件和资料向原税务登记机关申报办理注销税务登记。

纳税人被工商行政管理机关吊销营业执照或者被其他机关予以撤销登记的，应当自营业执照被吊销或者被撤销登记之日起 15 日内，向原税务登记机关申报办理注销税务登记。

纳税人因住所、经营地点变动，涉及改变税务登记机关的，应当在向工商行政管理机关或者其他机关申请办理变更、注销登记前，或者住所、经营地点变动前，持有关证件和资料，向原税务登记机关申报办理注销税务登记，并自注销税务登记之日起 30 日内向迁达地税务机关申报办理税务登记。

境外企业在中国境内承包建筑、安装、装配、勘探工程和提供劳务的，应当在项目完工、离开中国前 15 日内，持有关证件和资料，向原税务登记机关申报办理注销税务登记。

纳税人办理注销税务登记前，应当向税务机关提交相关证明文件和资料，结清应纳税款、多退(免)税款、滞纳金和罚款，缴销发票、税务登记证件和其他税务证件，经税务机关核准后，办理注销税务登记手续。

【例 11—3】 下列情形中，纳税人应当办理税务登记的有(　　)。

A. 纳税人变更法定代表人

B. 纳税人变更经营范围

C. 实行定期定额征收方式的个体工商户停业

D. 纳税人到外县进行临时生产经营活动

【参考解析】 答案：ABCD。根据税收征收管理法律制度的规定，税务登记的情形包括开业登记、变更登记、停业复业登记、外出经营报验登记、注销登记等几种情形。

(五)税务登记的管理

1. 证照管理

税务机关应当加强税务登记证件的管理，采取实地调查、上门验证等方法，或者结合税务部门和工商部门之间，以及国家税务局(分局)、地方税务局(分局)之间的信息交换比对进行税务登记证件的管理。

纳税人、扣缴义务人遗失税务登记证件的，应当自遗失税务登记证件之日起 15 日内，书面报告主管税务机关，如实填写税务登记证件遗失报告表，并将纳税人的名称、税务登记证件名称、税务登记证件号码、税务登记证件有效期、发证机关名称在税务机关认可的报刊上作遗失声明，凭报刊上刊登的遗失声明向主管税务机关申请补办税务登记证件。

2. 非正常户处理

已办理税务登记的纳税人未按照规定的期限申报纳税，在税务机关责令其限期改正后，逾期不改正的，税务机关应当派员实地检查，查无下落并且无法强制其履行纳税义务的，由检查人员制作非正常户认定书，存入纳税人档案，税务机关暂停其税务登记证件、发票领购和发票的使用。

纳税人被列入非正常户超过 3 个月的，税务机关可以宣布其税务登记证件失效，其应纳税款的追征仍按《税收征收管理法》及其实施细则的规定执行。

三、账簿、凭证管理

账簿和凭证是纳税人进行生产经营活动和核算财务收支的重要资料，也是税务机关对纳税人进行征税、管理、核查的重要依据。纳税人所使用的凭证、登记的账簿、编制的报表及其所反映的内容是否真实可靠，直接关系到计征税款依据的真实性，从而影响应纳税款及时足额入库。账簿、凭证管理是税收管理的基础性工作。加强账簿、凭证管理，目的在于促使纳税人如实反映生产、经营情况，保证国家税收的正确计征，预防和打击偷逃税等违法行为。

(一)账簿的设置管理

纳税人、扣缴义务人应按有关法律、行政法规和国务院财政、税务主管部门的规定设置账簿，根据合法、有效凭证记账，进行核算。

1. 从事生产、经营的纳税人应当自领取营业执照或者发生纳税义务之日起 15 日内，按照国家有关规定设置账簿。所谓账簿，是指纳税人连续地登记各种经济业务的账册或簿籍，包括总账、明细账、日记账以及其他辅助性账簿。总账、日记账应当采用订本式。所谓凭证，是指记录经济业务、明确经济责任的书面证明。

2. 生产、经营规模小又确无建账能力的纳税人，可以聘请经批准从事会计代理记账业务的专业机构或者经税务机关认可的财会人员代为建账和办理账务。聘请上述机构或者人员有实际困难的，经县以上税务机关批准，可以按照税务机关的规定，建立收支凭证粘贴簿、进货销货登记簿或者使用税控装置。

3. 扣缴义务人应当自税收法律、行政法规规定的扣缴义务发生之日起 10 日内，按照所代扣、代收的税种，分别设置代扣代缴、代收代缴税款账簿。

纳税人、扣缴义务人会计制度健全，能够通过计算机正确、完整计算其收入和所得或者代扣代缴、代收代缴税款情况的，其计算机输出的完整的会计记录，可视同会计账簿。

纳税人、扣缴义务人会计制度不健全，不能通过计算机正确、完整计算其收入和所得或者代扣代缴、代收代缴税款情况的，应当建立总账及与纳税或者代扣代缴、代收代缴税款有关的其他账簿。

(二)对纳税人财务会计制度及其处理办法的管理

1. 从事生产、经营的纳税人应当自领取税务登记证件之日起 15 日内，将其财务、会计制度或者财务、会计处理办法报送主管税务机关备案。纳税人的财务会计制度及其处理办法，是其进行会计核算的依据，直接关系到计税依据是否真实合理。

2. 纳税人使用计算机记账的，应当在使用前将会计电算化系统的会计核算软件、使用说明书及有关资料报送主管税务机关备案。纳税人建立的会计电算化系统应当符合国家有关规定，并能正确、完整核算其收入或者所得。

3. 纳税人、扣缴义务人的财务、会计制度或者财务、会计处理办法与国务院或者国务院财政、税务主管部门有关税收的规定抵触的，依照国务院或者国务院财政、税务主管部门有关税收的规定计算应纳税款、代扣代缴和代收代缴税款。

4. 账簿、会计凭证和报表，应当使用中文。民族自治地方可以同时使用当地通用的一种民族文字。外商投资企业和外国企业可以同时使用一种外国文字。

【例 11－4】 从事生产、经营的纳税人应当自领取税务登记证件之日起的一定期限内，将其财务、会计制度或者财务、会计处理办法报送税务机关备案。该期限为(　　)。

A. 7 日　　B. 15 日　　C. 30 日　　D. 45 日

【参考解析】 答案:B。根据税收征收管理法律制度的规定，从事生产、经营的纳税人应当自领取税务登记证件之日起 15 日内，将其财务、会计制度或者财务、会计处理办法报送主管税务机关备案。

(三)账簿、凭证等涉税资料的保存和管理

从事生产、经营的纳税人、扣缴义务人必须按照国务院财政、税务主管部门规定的保管期限保管账簿、记账凭证、完税凭证及其他有关资料。账簿、记账凭证、报表、完税凭证、发票、出口凭证以及其他有关涉税资料应当保存10年;但是法律、行政法规另有规定的除外。账簿、记账凭证、完税凭证及其他有关资料不得伪造、变造或者擅自损毁。

四、发票管理

(一)发票的概念和样式

发票是指在购销商品、提供或者接受服务以及从事其他经营活动中,开具、收取的收付款凭证。它是确定经济收支行为发生的法定凭证,是会计核算的原始依据。

国家税务总局统一负责全国的发票管理工作。省、自治区、直辖市国家税务局和地方税务局依据各自的职责共同做好本行政区域内的发票管理工作。财政、审计、工商行政管理、公安等有关部门在各自职责范围内,配合税务机关做好发票管理工作。

在全国范围内统一式样的发票,由国家税务总局确定;在省、自治区、直辖市范围内统一式样的发票,由省、自治区、直辖市国家税务局和地方税务局确定。

(二)发票的种类、联次和内容

发票的种类、联次和内容以及使用范围由国家税务总局确定。

1. 发票的种类

发票的种类通常按行业特点和纳税人的生产经营项目划分为普通发票、增值税专用发票和专业发票三种。

普通发票是最常见的一种发票,它的适用面最广,各种经济类型的纳税人都可以使用。营业税纳税人和增值税纳税人均可使用普通发票。

增值税专用发票是专供增值税一般纳税人销售货物或者提供应税劳务时使用的一种特殊发票。增值税专用发票除具备普通发票的基本特征外,还具备抵扣增值税税款的功能。它不仅是经济活动的重要商事凭证,而且是记录销货方纳税义务和购货方进项税额的合法证明,对增值税的计算与管理起着决定性的作用。

专业发票是指由国有金融、邮电、铁路、民用航空、公路和水上运输等单位开具的专业性很强的发票。如国有金融、保险企业的存贷、汇兑、转账凭证、保险凭证;国有邮电、电信企业邮票、邮单、话务、电报收据;国有铁路、民用航空企业和交通部门国有公路、水上运输企业的客票、货票等。

2. 发票的联次和内容

发票的基本联次包括存根联、发票联和记账联。存根联由收款方或开票方留存备查;发票联由付款方或受票方作为付款原始凭证;记账联由收款方或开票方作为记账原始凭证。省以上税务机关可根据发票管理情况以及纳税人经营业务需要,增减除发票联以外的其他联次,并确定其用途。

发票的基本内容包括发票的名称、发票代码和号码、联次及用途、客户名称、开户银行及账号、商品名称或经营项目、计量单位、数量、单价、大小写金额、开票人、开票日期、开票单位(个人)名称(章)等。

省以上税务机关可根据经济活动以及发票管理需要,确定发票的具体内容。有固定生产经营场所、财务和发票管理制度健全的纳税人,发票使用量较大或统一发票式样不能满足经营活动需要的,可以向省以上税务机关申请印有本单位名称的发票。

【例11-5】 根据税收征收管理法律制度的规定,下列发票中,属于专用发票的是

(　　)。

A. 机动车销售统一发票　　B. 商品房销售发票

C. 商业零售发票　　D. 铁路客票

【参考解析】 答案:D。本题考核发票的种类。专业发票是指由国有金融、邮电、铁路、民用航空、公路和水上运输等单位开具的专业性很强的发票。如国有金融、保险企业的存贷、汇兑、转账凭证、保险凭证;国有邮电、电信企业邮票、邮单、话务、电报收据;国有铁路、民用航空企业和交通部门国有公路、水上运输企业的客票、货票等。

(三)发票的印制

增值税专用发票由国家税务总局确定的企业印制;其他发票,按照国家税务总局的规定,由省、自治区、直辖市税务机关确定的企业印制。禁止私自印制、伪造、变造发票。印制发票的企业应当具备下列条件:

1. 取得印刷经营许可证和营业执照。

2. 设备、技术水平能够满足印刷发票的需要。

3. 有健全的财务制度和严格的质量监督、安全管理、保密制度。

印制发票应当使用国家税务总局确定的全国统一的发票防伪专用品,禁止非法制造发票防伪专用品。

发票应当套印全国统一发票监制章。全国统一发票监制章的式样和发票版面印刷的要求,由国家税务总局规定。发票监制章由省、自治区 、直辖市税务机关制作。禁止伪造发票监制章。发票实行不定期换版制度,全国范围内发票换版由国家税务总局确定;省、自治区、直辖市范围内的发票换版由省税务机关确定。发票换版时应当进行公告。禁止在境外印制发票。

(四)发票的领购

需要领购发票的单位和个人,应当持税务登记证件、经办人身份证明、按照国家税务总局规定式样制作的财务印章或发票专用章的印模,向主管税务机关办理发票领购手续。主管税务机关根据领购单位和个人的经营范围和规模,确认领购发票的种类、数量以及领购方式,在5个工作日内发给发票领购簿。

单位和个人领购发票时,应当按照税务机关的规定报告发票使用情况,税务机关应当按照规定进行查验。

需要临时使用发票的单位和个人,可以凭购销商品、提供或者接受服务以及从事其他经营活动的书面证明、经办人身份证明,直接向经营地税务机关申请代开发票。依照税收法律、行政法规规定应当缴纳税款的,税务机关应当先征收税款,再开具发票。税务机关根据发票管理的需要,可以按照国家税务总局的规定委托其他单位代开发票。禁止非法代开发票。

税务机关对外省、自治区、直辖市来本辖区从事临时经营活动的单位和个人领购发票的,可以要求其提供保证人或者根据所领购发票的票面限额以及数量缴纳不超过1万元保证金,并限期缴销发票。

按期缴销发票的,解除保证人的担保义务或者退还保证金;未按期缴销发票的,由保证人或者以保证金承担法律责任。税务机关收取保证金应当开具资金往来结算票据。

【例 11-6】 下列各项中,单位和个人申请领购发票时应向税务机关提供的有(　　)。

A. 税务登记证件　　B. 经办人身份证明

C. 工商营业执照　　D. 财务印章或发票专用章印模

【参考解析】 答案:ABD。根据税收征收管理法律制度的规定,需要领购发票的单位和个人，应当持税务登记证件、经办人身份证明、按照国家税务总局规定式样制作的财务印章或发票专用章印模，向主管税务机关办理发票领购手续。

（五）发票的开具和保管

销售商品、提供服务以及从事其他经营活动的单位和个人，对外发生经营业务收取款项，收款方应当向付款方开具发票，特殊情况下，由付款方向收款方开具发票。特殊情况是指：

（1）收购单位和扣缴义务人支付个人款项时。

（2）国家税务总局认为其他需要由付款方向收款方开具发票的。

所有单位和从事生产、经营活动的个人在购买商品、接受服务以及从事其他经营活动支付款项，应当向收款方取得发票。取得发票时，不得要求变更品名和金额。不符合规定的发票，不得作为财务报销凭证，任何单位和个人有权拒收。开具发票应当按照规定的时限、顺序、栏目，全部联次一次性如实开具，并加盖发票专用章。任何单位和个人不得有下列虚开发票行为：

（1）为他人、为自己开具与实际经营业务情况不符的发票。

（2）让他人为自己开具与实际经营业务情况不符的发票。

（3）介绍他人开具与实际经营业务情况不符的发票。

安装税控装置的单位和个人，应当按照规定使用税控装置开具发票，并按期向主管税务机关报送开具发票的数据。使用非税控电子器具开具发票的，应当将非税控电子器具使用的软件程序说明资料报主管税务机关备案，并按照规定保存、报送开具发票的数据。任何单位和个人应当按照发票管理规定使用发票，不得有下列行为：

（1）转借、转让、介绍他人转让发票、发票监制章和发票防伪专用品。

（2）知道或者应当知道是私自印制、伪造、变造、非法取得或者废止的发票而受让、开具、存放、携带、邮寄、运输。

（3）拆本使用发票。

（4）扩大发票使用范围。

（5）以其他凭证代替发票使用。

除国家税务总局规定的特殊情形外，发票限于领购单位和个人在本省、自治区、直辖市内开具。省、自治区、直辖市税务机关可以规定跨市、县开具发票的办法。除国家税务总局规定的特殊情形外，任何单位和个人不得跨规定的使用区域携带、邮寄、运输空白发票。禁止携带、邮寄或者运输空白发票出入境。

开具发票的单位和个人应当建立发票使用登记制度，设置发票登记簿，并定期向主管税务机关报告发票使用情况。开具发票的单位和个人应当在办理变更或者注销税务登记的同时，办理发票和发票领购的变更、缴销手续。开具发票的单位和个人应当按照税务机关的规定存放和保管发票，不得擅自损毁。已经开具的发票存根联和发票登记簿，应当保存5年。保存期满，报经税务机关查验后销毁。

（六）发票的检查

根据《发票管理办法》及其实施细则的规定，税务机关在发票管理中有权检查印制、领购、开具、取得、保管和缴销发票的情况；调出发票查验、查阅、复制与发票有关的凭证、资料；向当事各方询问与发票有关的问题和情况；在查处发票案件时，对与案件有关的情况和资料，可以记录、录音、录像、照相和复制。

印制、使用发票的单位和个人，必须接受税务机关依法检查，如实反映情况，提供有关资料，不得拒绝、隐瞒。税务人员进行检查时，应当出示税务检查证。

对专业发票的管理，国家税务总局可以根据有关行业特殊的经营方式和业务需求，会同国务院有关主管部门制定该行业的发票管理办法。

【例7—7】 根据《发票管理办法》及其实施细则的规定，纳税人已开具的发票存根联和发票登记簿的保存期限是（　　）年。

A. 3　　B. 5　　C. 10　　D. 15

【参考解析】 答案：B。已开具的发票存根联和发票登记簿应当保存5年。注意发票的保存期限与发票存根联和发票登记簿的保存期限是不同的。

五、纳税申报

（一）纳税申报的概念

纳税申报，是指纳税人按照税法规定的期限和内容，向税务机关提交有关纳税事项书面报告的法律行为。纳税申报是确定纳税人是否履行纳税义务，界定法律责任的主要依据。

根据《税收征收管理法》第二十五条的规定，纳税申报的对象为纳税人（包括取得临时应税收入或发生应税行为的纳税人，享有减税、免税待遇的纳税人）和扣缴义务人。

纳税人必须依照法律、行政法规规定或者税务机关依照法律、行政法规的规定确定的申报期限、申报内容如实办理纳税申报，报送纳税申报表、财务会计报表以及税务机关根据实际需要要求纳税人报送的其他纳税资料。

扣缴义务人必须依照法律、行政法规规定或者税务机关依照法律、行政法规的规定确定的申报期限、申报内容如实报送代扣代缴、代收代缴纳税款报告表以及税务机关根据实际需要要求扣缴义务人报送的其他有关资料。

（二）纳税申报的内容

纳税人、扣缴义务人的纳税申报或者代扣代缴、代收代缴税款报告表的主要内容包括：(1)税种；(2)税目；(3)应纳税项目或者应代扣代缴、代收代缴税款项目；(4)计税依据；(5)扣除项目及标准；(6)适用税率或者单位税额；(7)应退税项目及税额；(8)应减免税项目及税额；(9)应纳税额或者应代扣代缴、代收代缴税额；(10)税款所属期限、延期缴纳税款、欠税、滞纳金等。

纳税人办理纳税申报时，应当如实填写纳税申报表并根据不同的情况相应报送下列有关证件、资料：(1)财务会计报表及其说明材料；(2)与纳税有关的合同、协议书及凭证；(3)税控装置的电子报税资料；(4)外出经营活动税收管理证明和异地完税凭证；(5)境内或者境外公证机构出具的有关证明文件；(6)税务机关规定应当报送的其他有关证件、资料。

（三）纳税申报的方式

纳税申报方式是指纳税人和扣缴义务人在纳税申报期限内，依照规定到指定税务机关进行申报纳税的形式。纳税申报的方式主要有以下几种：

1. 自行申报。自行申报也称直接申报，是指纳税人、扣缴义务人按照规定的期限自行直接到主管税务机关（报税大厅）办理纳税申报手续。这是一种传统的申报方式。

2. 邮寄申报。邮寄申报，是指经税务机关批准，纳税人、扣缴义务人使用统一的纳税申报专用信封，通过邮政部门办理交寄手续，并以邮政部门收据作为申报凭据的方式。邮寄申报以寄出的邮戳日期为实际申报日期。

3. 数据电文方式。数据电文方式，是指以税务机关确定的电话语音、电子数据交换和网络传输等电子方式进行纳税申报。这种方式运用了新的电子信息技术，代表着纳税申报方式的发展方向，使用范围逐渐扩大。纳税人、扣缴义务人采取数据电文方式办理纳税申报的，其申报日期以税务机关计算机网络系统收到该数据电文的时间为准。与数据电文相对应的纸质申报资料的报送期限由税务机关确定。

4. 其他方式。实行定期定额缴纳税款的纳税人，可以实行简易申报、简并征期等方式申报纳税。

(四)纳税申报的其他要求

1. 纳税人在纳税期内没有应纳税款的，也应当按照规定办理纳税申报。

2. 纳税人享受减税、免税待遇的，在减税、免税期间应当按照规定办理纳税申报。

3. 纳税人、扣缴义务人按照规定的期限办理纳税申报或者报送代扣代缴、代收代缴税款报告表确有困难，需要延期的，应当在规定的期限内向税务机关提出书面延期申请，经税务机关核准，在核准的期限内办理。

4. 纳税人、扣缴义务人因不可抗力，不能按期办理纳税申报或者报送代扣代缴、代收代缴税款报告表的，可以延期办理；但是，应当在不可抗力情形消除后立即向税务机关报告。税务机关应当查明事实，予以核准。

5. 经核准延期办理纳税申报、报送事项的，应当在纳税期内按照上期实际缴纳的税额或者税务机关核定的税额预缴税款，并在核准的延期内办理税款结算。结算的时候，预缴税额大于应纳税额的，税务机关退还多缴的税款，但是不支持利息；预缴税额小于应纳税额的，税务机关补征少缴的税款，但是不加收滞纳金。

【例 11—8】 某企业按照国家规定享受 2 年内免纳企业所得税的优惠待遇。当税务局要求该企业进行纳税申报时，该纳税人认为，既然本企业享受免税待遇，就不用办理企业所得税纳税申报了。分析该纳税人的看法是否正确。

【参考解析】 该纳税人的看法不正确。根据税收征收管理法律制度的规定，纳税人享受减税、免税待遇的，在减税、免税期间仍应当按照规定办理纳税申报。

第三节 税款征收与税务检查

一、税款征收

(一)税款征收的概念

税款征收是税务机关依照法律、法规的规定，将纳税人依法应当缴纳的税款组织入库的一系列活动的总称。它是税收征收管理工作的中心环节，是全部税收征管工作的目的和归宿。

(二)税款征收的方式

税款征收方式，是指税务机关根据各种税的不同特点和纳税人的具体情况而确定的计算、征收税款的形式和方法。

1. 查账征收

查账征收，是指税务机关对财务健全的纳税人，依据其报送的纳税申报表、财务会计报表和其他有关纳税资料，依照适用税率，计算应纳税款的征收方式。这种征收方式较为规范，符合课税法定的基本原则，适用于财务会计制度健全，能够如实核算和提供生产经营情况，并能正确计算应纳税款和如实履行纳税义务的纳税人。扩大查账征收纳税人的范围，一直是税务管理的努力方向。

2. 查定征收

查定征收，是指对账务不全，但能控制其材料、产量或进销货物的纳税单位或个人，由税务机关依据正常条件下的生产能力对其生产的应税产品查定产量、销售额并据以征收税款的征收方式。这种征收方式适用生产经营规模较小、产品零星、税源分散、会计账册不健全，但能控制原材料或进销货的小型厂矿和作坊。

3. 查验征收

查验征收，是指税务机关对纳税人的应税商品、产品，通过查验数量，按市场一般销售单价计算其销售收入，并据以计算应纳税款的征收方式。这种征收方式适用于纳税人财务制度不健全，生产经营不固定，零星分散、流动性大的税源。

4. 定期定额征收

定期定额征收，是指对小型个体工商户在一定经营地点、一定经营时期、一定经营范围内的应纳税经营额（包括经营数量）或所得额进行核定，并以此为计税依据，确定其应纳税额的一种征收方式。这种征收方式适用于经主管税务机关认定和县以上税务机关（含县级）批准的生产、经营规模小，达不到《个体工商户建账管理暂行办法》规定设置账簿标准，难以查账征收，不能准确计算计税依据的个体工商户（包括个人独资企业，简称定期定额户）。

【例 11－9】 税务机关针对纳税人的不同情况可以采取不同的税款征收方式。对于账册不健全，但能控制原材料、产量或进销货物的单位，适用的税款征收方式是（　　）。

A. 查账征收　　B. 查定征收　　C. 查验征收　　D. 定期定额征收

【参考解析】 答案：B。根据税收征收管理法律制度的规定，对账务不全，但能控制其材料、产量或货物的纳税单位或个人，税务机关可依据正常条件下的生产能力对其生产的应税务产品查定产量、销售额并据以征收税款。

（三）税款征收措施

为了保证税款征收的顺利进行，《税收征收管理法》赋予税务机关在税款征收中根据不同情况可以采取相应措施的权力。

1. 由税务机关核定、调整应纳税额

纳税人有下列情形之一的，税务机关有权核定其应纳税额：

（1）依照法律、行政法规的规定可以不设置账簿的。

（2）依照法律、行政法规的规定应当设置但未设置账簿的。

（3）擅自销毁账簿或者拒不提供纳税资料的。

（4）虽设置账簿，但账目混乱或者成本资料、收入凭证、费用凭证残缺不全，难以查账的。

（5）发生纳税义务，未按照规定的期限办理纳税申报，经税务机关责令限期申报，逾期仍不申报的。

（6）纳税人申报的计税依据明显偏低，又无正当理由的。

为了减少核定应纳税额的随意性，使核定的税额更接近纳税人实际情况和法定负担水平，税务机关有权采用下列任何一种方法核定应纳税额：

（1）参照当地同类行业或者类似行业中经营规模和收入水平相近的纳税人的税负水平核定。

（2）按照营业收入或者成本加合理的费用和利润的方法核定。

（3）按照耗用的原材料、燃料、动力等推算或者测算核定。

(4)按照其他合理方法核定。

当其中一种方法不足以正确核定应纳税额时，可以同时采用两种以上的方法核定。纳税人对税务机关采取上述方法核定的应纳税额有异议的，应当提供相关证据，经税务机关认定后，调整应纳税额。

【例 11－10】 下列情形中，税务机关有权核定纳税人应纳税额的有(　　)。

A. 有偷税、骗税前科的

B. 拒不提供纳税资料的

C. 按规定应设置账簿而未设置的

D. 虽设置账簿，但账目混乱，难以查账的

【参考解析】 答案：BCD。根据税收征收管理法律制度的规定，税务机关主要根据纳税人的财务管理状况确定是否对纳税人核定应纳税额。选项 A 不属于税务机关核定应纳税额的情形。

2. 责令缴纳，加收滞纳金

(1)纳税人未按照规定期限缴纳税款的，扣缴义务人未按照规定期限解缴税款的，税务机关可责令限期缴纳，并从滞纳税款之日起，按日加收滞纳税款万分之五的滞纳金。

(2)对未按照规定办理税务登记的从事生产、经营的纳税人，以及临时从事经营的纳税人，由税务机关核定其应纳税额，责令缴纳；不缴纳的，税务机关可以扣押其价值相当于应纳税款的商品、货物。扣押后缴纳应纳税款的，税务机关必须立即解除扣押，并归还所扣押的商品、货物；扣押后仍不缴纳应纳税款的，经县以上税务局(分局)局长批准，依法拍卖或者变卖所扣押的商品、货物，以拍卖或者变卖所得抵缴税款。

(3)加收滞纳金的起止时间，为法律、行政法规规定或者税务机关依照法律、行政法规的规定确定的税款缴纳期限届满次日起至纳税人、扣缴义务人实际缴纳或者解缴税款之日止。

【例 11－11】 某企业按照规定，应于 2009 年 1 月 15 日前缴纳应纳税款 30 万元，该企业却迟迟未缴。主管税务机关责令其于当年 2 月 28 日前缴纳，并加收滞纳金。但直到 3 月 15 日，该企业才缴纳税款。该企业应缴纳的滞纳金金额是(　　)元。

A. 8 850　　　B. 8 700　　　C. 5 220　　　D. 750

【参考解析】 答案：A，该企业应缴纳税款期限是 1 月 15 日，即从 1 月 16 日滞纳税款，从 1 月 16 日～3 月 15 日共计 16＋28＋15＝59(天)。根据税收征收管理法律制度的规定，纳税人未按照规定期限缴纳税款的，扣缴义务人未按照规定期限解缴税款的，税务机关可从滞纳税款之日起，按日加收滞纳税款万分之五的滞纳金。

3. 责令提供纳税担保

纳税担保，是指经税务机关同意或确认，纳税人或其他自然人、法人、经济组织以保证、抵押、质押的方式，为纳税人应当缴纳的税款及滞纳金提供担保的行为。包括经税务机关认可的有纳税担保能力的保证人为纳税人提供的纳税保证，以及纳税人或者第三人以其未设置或者未全部设置担保物权的财产提供的担保。适用纳税担保的情形有：

(1)税务机关有根据认为从事生产、经营的纳税人有逃避纳税义务行为，在规定的纳税期之前经责令其限期缴纳应纳税款，在限期内发现纳税人有明显的转移、隐藏其应纳税的商品、货物，以及其他财产或者应纳税收入的迹象，责成纳税人提供纳税担保的。

(2)欠缴税款、滞纳金的纳税人或者其法定代表人需要出境的。

(3)纳税人同税务机关在纳税上发生争议而未缴清税款，需要申请行政复议的。

(4)税收法律、行政法规规定可以提供纳税担保的其他情形。

纳税担保范围包括税款、滞纳金和实现税款、滞纳金的费用。费用包括抵押、质押登记费用,质押保管费用,以及保管、拍卖、变卖担保财产等相关费用支出。

用于纳税担保的财产、权利的价值不得低于应当缴纳的税款、滞纳金,并考虑相关的费用。纳税担保的财产价值不足以抵缴税款、滞纳金的,税务机关应当向提供担保的纳税人或纳税担保人继续追缴。用于纳税担保的财产、权利的价格估算,除法律、行政法规另有规定外,参照同类商品的市场价、出厂价或者评估价估算。

4. 采取税收保全措施

税务机关责令具有税法规定情形的纳税人提供纳税担保而纳税人拒绝提供纳税担保或无力提供纳税担保的,经县以上税务局(分局)局长批准,税务机关可以采取下列税收保全措施:

(1)冻结存款。书面通知纳税人开户银行或者其他金融机构冻结纳税人的金额相当于应纳税款的存款。

(2)扣押财产。扣押、查封纳税人的价值相当于应纳税款的商品、货物或者其他财产。其他财产是指纳税人的房地产、现金、有价证券等不动产和动产。

个人及其所抚养家属维持生活必需的住房和用品,不在税收保全措施的范围之内。个人所抚养家属,是指与纳税人共同居住生活的配偶、直系亲属以及无生活来源并由纳税人抚养的其他亲属。个人及其所抚养家属维持生活必需的住房和用品不包括机动车辆、金银饰品、古玩字画、豪华住宅或者一处以外的住房。税务机关对单价5 000元以下的其他生活用品,不采取税收保全措施。

【例11—12】 根据税收征收管理法律制度的规定,下列个人财产中,不属于税收保全措施的有(　　)。

A. 机动车辆　　　　B. 金银首饰

C. 古玩字画　　　　D. 维持生活必需的住房

【参考解析】 答案:D。本题考核税收保全措施。税收保全措施的适用物的对象是存款、商品、货物或其他财产。个人及其所抚养家属维持生活必需的住房和用品,不在税收保全措施的范围之内。

5. 采取强制执行措施

税收强制执行是指纳税人等税收管理相对人在规定的期限内未履行法定义务,税务机关采取法定的强制手段强迫其履行纳税义务的行为。

从事生产、经营的纳税人、扣缴义务人未按照规定的期限缴纳或者解缴税款,纳税担保人未按照规定的期限缴纳所担保的税款,由税务机关责令限期缴纳,逾期仍未缴纳,经县以上税务局(分局)局长批准,税务机关可以采取下列强制执行措施:

(1)扣缴税款。书面通知其开户银行或者其他金融机构从其存款中扣缴税款。

(2)拍卖抵缴。扣押、查封、依法拍卖或者变卖其价值相当于应纳税款的商品、货物或者其他财产,以拍卖或者变卖所得抵缴税款。

税务机关采取强制执行措施时,对上述纳税人、扣缴义务人、纳税担保人未缴纳的滞纳金同时强制执行。个人及其所抚养家属维持生活必需的住房和用品,不在强制执行措施的范围之内。税务机关对单价5 000元以下的其他生活用品,不采取强制执行措施。

税务机关将扣押、查封的商品、货物或者其他财产变价抵缴税款时,应当交由依法成立的拍卖机构拍卖;无法委托拍卖或者不适合拍卖的,可以交由当地的商业企业代为销售,也可以责令纳税人限期处理；无法委托商业企业销售，纳税人也无法处理的，可交由税务机关变价处理，具体办法由国家税务总局规定。国家禁止自由买卖的商品，应当交由有关单位按照国家规定的价格收购。

6. 阻止出境

欠缴税款的纳税人或者其法定代表人在出境前未按规定结清应纳税款、滞纳金或者提供纳税担保的，税务机关可以通知出境管理机关阻止其出境。

二、税务检查

（一）税务检查的概念

税务检查又称纳税检查，是指税务机关根据税收法律、行政法规的规定，对纳税人、扣缴义务人履行纳税义务、扣缴义务及其他有关税务事项进行审查、核实、监督活动的总称。它是税收征收管理工作的一项重要内容，是确保国家财政收入和税收法律法规贯彻落实的重要手段。

（二）税务检查的权责

1. 税务机关在税务检查中的权限

（1）账证检查权。这是指税务机关有权检查纳税人的账簿、记账凭证、报表和有关资料，检查扣缴义务人代扣代缴、代收代缴税款账簿、记账凭证和有关资料。

（2）场地检查权。这是指税务机关有权到纳税人的生产、经营场所和货物存放地检查纳税人应纳税的商品、货物或者其他财产，检查扣缴义务人与代扣代缴、代收代缴税款有关的经营情况。

（3）责成提供资料权。这是指税务机关有权责成纳税人、扣缴义务人提供与纳税或者代扣代缴、代收代缴税款有关的文件、证明和有关资料。

（4）询问权。这是指税务机关有权询问纳税人、扣缴义务人与纳税或者代扣代缴、代收代缴税款有关的问题和情况。

（5）交通邮政检查权。这是指税务机关有权到车站、码头、机场、邮政及其分支机构检查纳税人托运、邮寄应纳税商品、货物或者其他财产的有关单据、凭证和有关资料。

（6）存款账户检查权。这是指经县以上税务局（分局）局长批准，凭全国统一格式的检查存款账户许可证明，税务人员有权查询从事生产、经营的纳税人、扣缴义务人在银行或者其他金融机构的存款账户。税务机关在调查税收违法案件时，经设区的市、自治州以上税务局（分局）局长批准，可以查询案件涉嫌人员的储蓄存款。税务机关查询所获得的资料，不得用于税收以外的用途。

税务机关行使上述职权时，应当指定专人负责，凭全国统一格式的检查存款账户许可证明进行，并有责任为被检查人保守秘密。

2. 税务机关在税务检查中的措施

税务机关对从事生产、经营的纳税人以前纳税期的纳税情况依法进行税务检查时，发现纳税人有逃避纳税义务行为，并有明显的转移、隐匿其应纳税的商品、货物以及其他财产或者应纳税的收入的迹象，可以按照《税收征收管理法》规定的批准权限采取税收保全措施或者强制执行措施。

税务机关采取税收保全措施的期限一般不得超过6个月；重大案件需要延长的，应当报国家税务总局批准。

3. 税务机关在税务检查中的取证手段

税务机关调查税务违法案件时，对与案件有关的情况和资料，可以记录、录音、录像、照相和复制。

4. 税务机关在税务检查中的义务

税务机关派出的人员进行税务检查时，应当出示税务检查证和税务检查通知书，并有责任为被检查人保守秘密；未出示税务检查证和税务检查通知书的，被检查人有权拒绝检查。

（三）被检查人的义务

1. 纳税人、扣缴义务人必须接受税务机关依法进行的税务检查，如实反映情况，提供有关资料，不得拒绝、隐瞒。

2. 税务机关依法进行税务检查时，有权向有关单位和个人调查纳税人、扣缴义务人和其他当事人与纳税或者代扣代缴、代收代缴税款有关的情况，有关单位和个人有义务向税务机关如实提供有关资料及证明材料。

【例 11—13】 根据税收征收管理法律制度的规定，税务机关在实施税务检查时，可以行使的职权有（　　）。

A. 检查纳税人会计资料

B. 检查纳税人货物存放地的应纳税商品

C. 检查纳税人托运、邮寄应纳税商品的单据、凭证

D. 经法定程序批准，查询纳税人在银行的储蓄存款账户

【参考解析】 答案：ABCD。税务机关为保证税收征收管理工作的顺利进行，保障国家的税收收入，有权对纳税人会计资料以及其他对纳税有辅助说明和相互印证作用的情况进行税务检查。

第四节　税务行政复议

一、税务行政复议概述

税务行政复议，是指当事人（纳税人、扣缴义务人、纳税担保人）不服税务机关及其工作人员的税务具体行政行为，依法向上一级税务机关（复议机关）提出申请，复议机关经审理对原税务机关具体行政行为依法做出维持、变更、撤销等决定的活动。实行税务行政复议制度的目的是为了维护和监督税务机关依法行使税收执法权，防止和纠正违法或者不当的税务具体行政行为，保护纳税人和其他当事人的合法权益。

根据《中华人民共和国行政复议法》和其他有关法律、行政法规的规定，国家税务总局于 1999 年 9 月发布了《税务行政复议规则（试行）》，自 1999 年 10 月 1 日起施行。经过试行、修改，2004 年 2 月国家税务总局发布《税务行政复议规则（暂行）》。2010 年 2 月 10 日国家税务总局发布《税务行政复议规则》，自 2010 年 4 月 1 日起施行。

二、税务行政复议范围

税务行政复议机关，是指依法受理税务行政复议申请，对具体行政行为进行审查并做出行政复议决定的税务机关。复议机关受理申请人对下列具体行政行为不服，可以提出行政复议申请。

1. 税务机关作出的征税行为。

包括确认纳税主体、征税对象、征税范围、减税、免税、退税、抵扣税款、适用税率、计税依据、纳税环节、纳税期限、纳税地点和税款征收方式等具体行政行为，征收税款、加收滞纳金，扣缴义务人、受税务机关委托的单位和个人做出的代扣代缴、代收代缴、代征行为等。

2. 行政许可、行政审批行为。

3. 发票管理行为，包括发售、收缴、代开发票等。

4. 税收保全措施、强制执行措施。

5. 税务机关做出的行政处罚行为：

(1)罚款；(2)没收财物和违法所得；(3)停止出口退税权

6. 税务机关不依法履行下列职责的行为：

(1)颁发税务登记证；(2)开具、出具完税凭证、外出经营活动税收管理证明；(3)行政赔偿；(4)行政奖励；(5)其他不依法履行职责的行为。

7. 资格认定行为。

8. 不依法确认纳税担保行为。

9. 政府信息公开工作中的具体行政行为。

10. 纳税信用等级评定行为。

11. 税务机关通知出入境管理机关阻止出境行为。

12. 税务机关作出的其他具体行政行为。

申请人认为税务机关的具体行政行为所依据的下列规定不合法，对具体行政行为申请行政复议时，可以一并向复议机关提出对该规定(不含规章)的审查申请：(1)国家税务总局和国务院其他部门的规定；(2)其他各级税务机关的规定；(3)地方各级人民政府的规定；(4)地方人民政府工作部门的规定。

【例 11－14】 纳税人对税务机关的下列行为不服时，可以申请行政复议的有(　　)。

A. 税务机关为其确认征税范围

B. 税务机关对其做出征收税款的决定

C. 税务机关关于具体贯彻落实税收法规的规定

D. 税务机关责令其提供纳税担保

【参考解析】 答案：ABD。根据《税务行政复议规则》的规定，复议机关只受理对具体行政行为不服提出的行政复议申请，换言之，即对抽象行政行为(规章、规定等)不服，不属于行政复议的受理范围。纳税人如果认为税务机关的具体行政行为所依据的规定不合法，可以向有关机关反映，或者在对具体行政行为申请行政复议时，一并向复议机关提出对该项规定的审查申请，但不包括规章。

三、税务行政复议管辖

(一)复议管辖的一般规定

1. 对各级国家税务局的具体行政行为不服的，向其上一级国家税务局申请行政复议。

2. 对各级地方税务局的具体行政行为不服的，可以选择向其上一级地方税务局或者该税务局的本级人民政府申请行政复议。

3. 省、自治区、直辖市人民代表大会及其常务委员会、人民政府对地方税务局的行政复议管辖另有规定的，从其规定。

4. 对国家税务总局的具体行政行为不服的，向国家税务总局申请行政复议。对行政复议决定不服的，申请人可以向人民法院提起行政诉讼，也可以向国务院申请裁决。国务院的裁决为最终裁决。

(二)复议管辖的特殊规定

1. 对计划单列市税务局的具体行政行为不服的，向省税务局申请行政复议。

2. 对税务所(分局)、各级税务局的稽查局的具体行政行为不服的，向其所属税务局申请行政复议。

3. 对两个以上税务机关共同做出的具体行政行为不服的，向共同上一级税务机关申请行政复议；对税务机关与其他行政机关共同做出的具体行政行为不服的，向其共同一上级行政机关申请行政复议。

4. 对被撤销的税务机关在撤销以前所作出的具体行政行为不服的，向继续行使其职权的税务机关的上一级税务机关申请行政复议。

5. 对税务机关做出逾期不缴纳罚款加处罚款的决定不服的，向作出行政处罚决定的税务机关申请行政复议，但是对已处罚款和加处罚款都不服的，一并向做出行政处罚决定的税务机关的上一级税务机关申请行政复议。

有前款第 2、3、4、5 项所列情形之一的，申请人也可以向具体行政行为发生地的县级地方人民政府提交行政复议申请，由接受申请的县级地方人民政府依法转送。

四、税务行政复议申请与受理

(一)税务行政复议的申请

申请人可以在知道税务机关做出具体行政行为之日起 60 日内提出行政复议申请。因不可抗力或者被申请人设置障碍等原因耽误法定申请期限的，申请期限的计算应当扣除被耽误时间。

申请人对复议范围中第 1 项规定的行为不服的，应当先向复议机关申请行政复议，对行政复议决定不服的，可以再向人民法院提起行政诉讼。对第 1 项规定以外的其他具体行政行为不服的，可以申请行政复议，也可以向人民法院提起行政诉讼。

申请人按前述规定申请行政复议的，必须依照税务机关根据法律、行政法规确定的税额、期限，先缴纳或者解缴税款及滞纳金，或者提供相应的担保，方可在实际缴清税款和滞纳金后或者所提供的担保得到做出具体行政行为的税务机关确认之日起 60 日内提出行政复议申请。

申请人对税务机关做出逾期不缴纳罚款加处罚款的决定不服的，应当先缴纳罚款和加处罚款，再申请行政复议。

申请人申请行政复议，可以书面申请，也可以口头申请。书面申请的，可以采取当面递交、邮寄、传真或者电子邮件等方式提出行政复议申请。口头申请的，复议机关应当当场制作行政复议申请笔录，交申请人核对或者向申请人宣读，并由申请人确认。

(二)税务行政复议受理

复议机关收到行政复议申请后，应当在 5 日内进行审查，决定是否受理。对不符合规定的行政复议申请，决定不予受理，并书面告知申请人；对不属于本机关受理的行政复议申请，应当告知申请人向有关行政复议机关提出。行政复议机关收到行政复议申请以后未按照规定期限审查并作出不予受理决定的，视为受理。

对符合规定的行政复议申请，自复议机关收到之日起即为受理。受理行政复议申请，应当书面告知申请人。

对应当先向行政复议机关申请行政复议，对行政复议决定不服再向人民法院提起行政诉讼的具体行政行为，行政复议机关决定不予受理或者受理以后超过行政复议期限不作答复的，申请人可以自收到不予受理决定书之日起或者行政复议期满之日起15日内，依法向人民法院提起行政诉讼。

行政复议期间具体行政行为不停止执行。但有下列情形之一的，可以停止执行：(1)被申请人认为需要停止执行的；(2)行政复议机关认为需要停止执行的；(3)申请人申请停止执行，复议机关认为其要求合理，决定停止执行的；(4)法律规定停止执行的。

【例11－15】 根据税收征收管理法律制度的规定，税务机关做出的下列行政行为中，纳税人不服时可以选择申请税务行政复议或直接向人民法院提起行政诉讼的有(　　)。

A. 罚款　　B. 加收滞纳金

C. 不予颁发税务登记证　　D. 征收税款

【参考解析】 答案：AC。根据《税务行政复议规则》的规定，申请人对复议范围中第1项规定的行为不服的，应当先向复议机关申请行政复议，对行政复议决定不服的，可以再向人民法院提起行政诉讼。对第1项规定以外的其他具体行政行为不服的，可以申请行政复议，也可以向人民法院提起行政诉讼。上述的第1项是指：税务机关作出的征税行为，包括确认纳税主体、征税对象、征税范围、减税、免税、退税、抵扣税款、适用税率、计税依据、纳税环节、纳税期限、纳税地点和税款征收方式等具体行政行为，征收税款、加收滞纳金，扣缴义务人、受税务机关委托的单位和个人作出的代扣代缴、代收代缴、代征行为等。显然，A项、C项属于第1项规定以外的其他具体行政行为。

五、税务行政复议审查和决定

(一)税务行政复议审查

行政复议机构应当自受理行政复议申请之日起7日内，将行政复议申请书副本或者行政复议申请笔录复印件发送被申请人。被申请人应当自收到申请书副本或者申请复印件之日起10日内提出书面答复，并提交当初做出具体行政行为的证据、依据和其他有关材料。

对国家税务总局的具体行政行为不服的行政复议的案件，由原承办具体行政行为的相关机构向行政复议机构提出书面答复，并提交当初做出具体行政行为的证据、依据和其他有关材料。

行政复议原则上采用书面审查的办法，但是申请人提出要求或者行政复议机构认为有必要时，应当听取申请人、被申请人和第三人的意见，并可以向有关组织和人员调查了解情况。

对重大、复杂的案件，申请人提出要求或者行政复议机构认为必要时，可以采取听证的方式审理。

行政复议机关应当全面审查被申请人的具体行政行为所依据的事实证据、法律程序、法律依据和设定的权利义务内容的合法性、适当性。

申请人在申请行政复议时，依据《税务行政复议规则》第十五条规定一并提出对有关规定的审查申请的，行政复议机关对该项规定有权处理的，应当在30日内依法处理；无权处理的，应当在7日内按照法定程序逐级转送有权处理的国家机关依法处理，有权处理的行政机关应当在60日内依法处理。处理期间，中止对具体行政行为的审查。

行政复议机关审查被申请人的具体行政行为时，认为其依据不合法，本机关有权处理的，应当在 30 日内依法处理；无权处理的，应当在 7 日内按照法定程序逐级转送有权处理的国家机关依法处理。处理期间，中止对具体行政行为的审查。

（二）税务行政复议决定

行政复议机构应当对被申请人的具体行政行为提出审查意见，经行政复议机关负责人批准，按照下列规定做出行政复议决定：

1. 具体行政行为认定事实清楚，证据确凿，适用依据正确，程序合法，内容适当的，决定维持。

2. 被申请人不履行法定职责的，决定其在一定期限内履行。

3. 具体行政行为有下列情形之一的，决定撤销、变更或者确认该具体行政行为违法：(1)主要事实不清、证据不足的；(2)适用依据错误的；(3)违反法定程序的；(4)超越或者滥用职权的；(5)具体行政行为明显不当的。

决定撤销或者确认该具体行政行为违法的，可以责令被申请人在一定期限内重新做出具体行政行为。复议机关责令被申请人重新做出具体行政行为的，被申请人不得以同一事实和理由做出与原具体行政行为相同或者基本相同的具体行政行为；但复议机关以原具体行政行为违反法定程序而决定撤销的，被申请人重新做出具体行政行为的，不受前述限制。

被申请人不按照规定提出书面答复，提交当初做出具体行政行为的证据、依据和其他有关材料的，视为该具体行政行为没有证据、依据，决定撤销该具体行政行为。

申请人在申请行政复议时可以一并提出行政赔偿请求，复议机关对符合国家赔偿法的有关规定应当给予赔偿的，在决定撤销、变更具体行政行为或者确认具体行政行为违法时，应当同时决定被申请人依法给予赔偿。申请人没有提出行政赔偿请求的，复议机关在依法决定撤销或者变更原具体行政行为确定的税款、滞纳金、罚款以及对财产的扣押、查封等强制措施时，应当同时责令被申请人退还税款、滞纳金和罚款，解除对财产的扣押、查封等强制措施，或者赔偿相应的价款。

复议机关应当自受理申请之日起 60 日内做出行政复议决定。情况复杂，不能在规定期限内做出行政复议决定的，经复议机关负责人批准，可以适当延长，并告知申请人和被申请人，但延长期限最多不超过 30 日。

复议机关做出行政复议决定的，应当制作行政复议决定书，并加盖印章。行政复议书一经送达，即发生法律效力。

第五节　税收法律责任

税收法律责任，是指税收法律关系主体违反税收法律制度的行为所引起不利法律后果。在税收法律关系中，违法主体主要承担行政责任和刑事责任。

行政责任是由税务机关对税收违法行为所追究的法律责任，包括行政处分和行政处罚两种。根据《公务员法》的规定，行政处分的种类有警告、记过、记大过、降级、撤职和开除六类；根据《行政处罚法》的规定，行政处罚包括：警告；罚款；没收违法所得、没收非法财物；责令停产停业；暂扣或者吊销许可证、暂扣或者吊销执照；行政拘留；其他。

刑事责任是由国家司法机关对触犯刑律的税收违法行为所追究的法律责任。刑事责任与行政责任不同之处：一是追究的违法行为不同，追究行政责任的是一般违法行为，追究刑事责任的是犯罪行为；二是追究责任的机关不同，追究行政责任由国家特定的行政机关依照有关法律的规定决定，追究刑事责任只能由司法机关依照《刑法》的规定决定；三是承担法律责任的后果不同，追究刑事责任是最严厉的制裁，可以判处死刑，比追究行政责任严厉得多。

一、纳税人、扣缴义务人的法律责任

（一）违反税务管理基本规定的法律责任

1. 纳税人有下列行为之一的，由税务机关责令限期改正，可以处 2 000 元以下的罚款；情节严重的，处 2 000 元以上 1 万元以下的罚款：

（1）未按照规定的期限申报办理税务登记、变更或者注销登记的。

（2）未按照规定设置、保管账簿或者保管记账凭证和有关资料的。

（3）未按照规定将财务、会计制度或者财务、会计处理办法和会计核算软件报送税务机关备查的。

（4）未按照规定将其全部银行账号向税务机关报告的。

（5）未按照规定安装、使用税控装置，或者损毁或者擅自改动税控装置的。

（6）纳税人未按照规定办理税务登记证件验证或者换证手续的。

2. 纳税人不办理税务登记的，由税务机关责令限期改正；逾期不改正的，经税务机关提请，由工商行政管理机关吊销其营业执照。

3. 纳税人未按照规定使用税务登记证件，或者转借、涂改、损毁、买卖、伪造税务登记证件的，处 2 000 元以上 1 万元以下的罚款；情节严重的，处 1 万元以上 5 万元以下的罚款。

4. 扣缴义务人未按照规定设置、保管代扣代缴税款账簿或者保管代扣代缴、代收代缴税款记账凭证及有关资料的，由税务机关责令限期改正，可以处 2 000 元以下的罚款；情节严重的，处 2 000 元以上 5 000 元以下的罚款。

5. 纳税人未按照规定的期限办理纳税申报和报送纳税资料的，或者扣缴义务人未按照规定的期限向税务机关报送代扣代缴、代收代缴税款报告表和有关资料的，由税务机关责令限期改正，可以处 2 000 以下的罚款；情节严重的，处 2 000 元以上 1 万元以下的罚款。

【例 11—16】 甲公司 2013 年 5 月 10 日取得营业执照并开业经营，但一直不办理税务登记。税务机关发现后责令限期改正，该公司在限期内仍不改正。税务机关有权对其采取的措施是（　　）。

A. 处以 2 000 元以上 1 万元以下的罚款

B. 提请工商行政管理机关吊销其营业执照

C. 没收其经营所得

D. 提请公安机关查封其财产

【参考解析】 答案：B。根据税收征收管理法律制度的规定，纳税人不办理税务登记的，由税务机关责令限期改正；逾期不改正的，经税务机关提请，由工商行政管理机关吊销其营业执照。

（二）逃税行为的法律责任

纳税人欠缴应纳税款，采取转移或者隐匿财产的手段，防碍税务机关追缴欠缴的税款的，由税务机关追缴欠缴的税款、滞纳金，并处欠缴税款 50%以上 5 倍以下的罚款；构成犯罪的，依法追究刑事责任。

扣缴义务人应扣未扣、应收而不收税款的，由税务机关向纳税人追缴税款，对扣缴义务人处应扣未扣、应收未收税款 50%以上 3 倍以下的罚款。

（三）偷税行为的法律责任

偷税，是指纳税人采取伪造、变造、隐匿、擅自销毁账簿、记账凭证，或者在账簿上多列支出或者不列、少列收入，或者经税务机关通告申报而拒不申报或者进行虚假的纳税申报的手段，不缴或者少缴应纳税款的行为。纳税人偷税的，由税务机关追缴其不缴或者少缴的税款、滞纳金，并处不缴或者少缴的税款 50%以上 5 倍以下的罚款；构成犯罪的，依法追究刑事责任。扣缴义务人采取上述偷税手段，不缴或者少缴已扣、已收税款，由税务机关追缴其不缴或者少缴的税款、滞纳金，并处不缴或者少缴的税款 50%以上 5 倍以下的罚款；构成犯罪的，依法追究刑事责任。

纳税人、扣缴义务人编造虚假计税依据的，由税务机关责任限期改正，并处 5 万元以下的罚款。

纳税人不进行纳税申报，不缴或者少缴应纳税款的，由税务机关追缴其不缴或者少缴的税款、滞纳金，并处不缴或者少缴的税款 50%以上 5 倍以下的罚款。

（四）抗税行为的法律责任

抗税，是指纳税人、扣缴义务人以暴力、威胁方法拒不缴纳税款的行为。对抗税行为，除由税务机关追缴其税款、滞纳金外，依法追究刑事责任。情节轻微，未构成犯罪的，由税务机关追缴其拒缴的税款、滞纳金，并处拒缴税款 1 倍以上 5 倍以下的罚款。

（五）骗税行为的法律责任

骗税行为，是指纳税人以假报出口或者其他欺骗手段，骗取国家出口退税款的行为。纳税人有骗税行为，由税务机关追缴其骗取的退税款，并处骗取税款 1 倍以上 5 倍以下的罚款；构成犯罪的，依法追究刑事责任。

对骗取国家出口退税款的，税务机关可以在规定期间内停止为其办理出口退税。

（六）非法印制发票行为的法律责任

非法印制发票的，由税务机关销毁非法印制的发票，没收违法所得和作案工具，并处 1 万元以上 5 万元以下的罚款；构成犯罪的，依法追究刑事责任。

（七）不配合税务机关进行税务检查的法律责任

1. 纳税人、扣缴义务人逃避、拒绝或者以其他方式阻挠税务机关检查的，由税务机关责令改正，可以处 1 万元以下罚款；情节严重的，处 1 万元以上 5 万元以下的罚款。

2. 纳税人、扣缴义务人有下列情形之一的，依照前款规定处罚。

（1）提供虚假资料，不如实反映情况，或者拒绝提供有关资料的。

（2）拒绝或者阻止税务机关记录、录音、录像、照相和复制与案件有关的情况和资料的。

（3）在检查期间，纳税人、扣缴义务人转移、隐匿、销毁有关资料的。

（4）有不依法接受税务检查的其他情形的。

3. 税务机关依照《税收征收管理法》的规定，到车站、码头、机场、邮政企业及其分支机构检查纳税人有关情况，有关单位拒绝的，由税务机关责令改正，可以处 1 万元以下的罚款；情节严重的，处 1 万元以上 5 万元以下的罚款。

【例 11－17】 纳税人发生偷税行为时，税务机关可以行使的权力有（　　）。

A. 追缴税款　　B. 加收滞纳金　　C. 处以罚款　　D. 处以罚金

【参考解析】 答案：ABC。根据税收征收管理法律制度的规定，对于偷税行为，税务机关可以追缴税款和滞纳金，并处以罚款。但不能处以罚金，因为，罚金是司法机关的权力。

二、税务机关和税务人员的法律责任

1. 税务机关违反规定擅自改变税收征收管理范围和税款入库预算级次的，责令限期改正，对直接负责的主管人员和其他直接责任人员依法给予降级或者撤职的行政处分。

2. 税务人员徇私舞弊，对依法应当移交司法机关追究刑事责任的不移交，情节严重的，依法追究刑事责任。

3. 税务机关、税务人员查封、扣押纳税人个人及其所抚养家属维持生活必需的住房和用品的，责令退还，依法给予行政处分；构成犯罪的，依法追究刑事责任。

4. 税务人员与纳税人、扣缴义务人勾结，唆使或者协助纳税人、扣缴义务人实施税收违法行为，构成犯罪的，依法追究刑事责任；未构成犯罪的，依法给予行政处分。

5. 税务人员利用职务上的便利，收受或者索取纳税人、扣缴义务人财物或者牟取其他不正当利益，构成犯罪的，依法追究刑事责任；未构成犯罪的，依法给予行政处分。

6. 税务人员徇私舞弊或者玩忽职守，不征或者少征应征税款，致使国家税收遭受重大损失，构成犯罪的，依法追究刑事责任；未构成犯罪的，依法给予行政处分。

7. 税务人员滥用职权，故意刁难纳税人、扣缴义务人的，调离税收工作岗位，并依法给予行政处分。

8. 税务人员对控告、检举税收违法行为的纳税人、扣缴义务人以及其他检举人进行打击报复的，依法给予行政处分；构成犯罪的，依法追究刑事责任。

9. 税务机关违反法律、行政法规的规定提前征收、延缓征收或者摊派税款的，由其上级机关或者行政监察机关责令改正，对直接负责的主管人员和其他直接责任人员依法给予行政处分。

10. 税务机关违反法律、行政法规的规定，擅自做出税收的开征、停征或者减税、免税、退税、补税以及其他同税收法律、行政法规相抵触的决定的，除按《税收征收管理法》的规定撤销其擅自做出的决定外，补征应征未征税款，退还不应征收而征收的税款，并由上级机关追究直接负责的主管人员和其他直接责任人员的行政责任；构成犯罪的，依法追究刑事责任。

11. 税务人员私分扣押、查封的商品、货物或者其他财产，情节严重，构成犯罪的，依法追究刑事责任；未构成犯罪的，依法给予行政处分。

12. 税务人员在征收税款或者查处税收违法案件时，未按照《税收征收管理法》的规定进行回避的，对直接负责的主管人员和其他直接责任人员，依法给予行政处分。未按照《税收征收管理法》的规定为纳税人、扣缴义务人、检举人保密的，对直接负责的主管人员和其他直接责任人员，由所在单位或者有关单位依法给予行政处分。

导入案例分析

(1)该公司的做法是错误的。纳税申报是确定纳税人是否履行纳税义务，界定法律责任的主要依据。根据《税收征收管理法》的规定，纳税人在纳税期内没有应纳税款的，也应当按照规定办理纳税申报。

(2)根据《税收征收管理法》的规定，纳税人未按规定的期限办理纳税申报和报送纳税资料的，由税务机关责令限期改正，可处以 2 000 元以下罚款。

单元小结

本单元“税收征收管理法律制度”知识结构如图 11－1 所示。

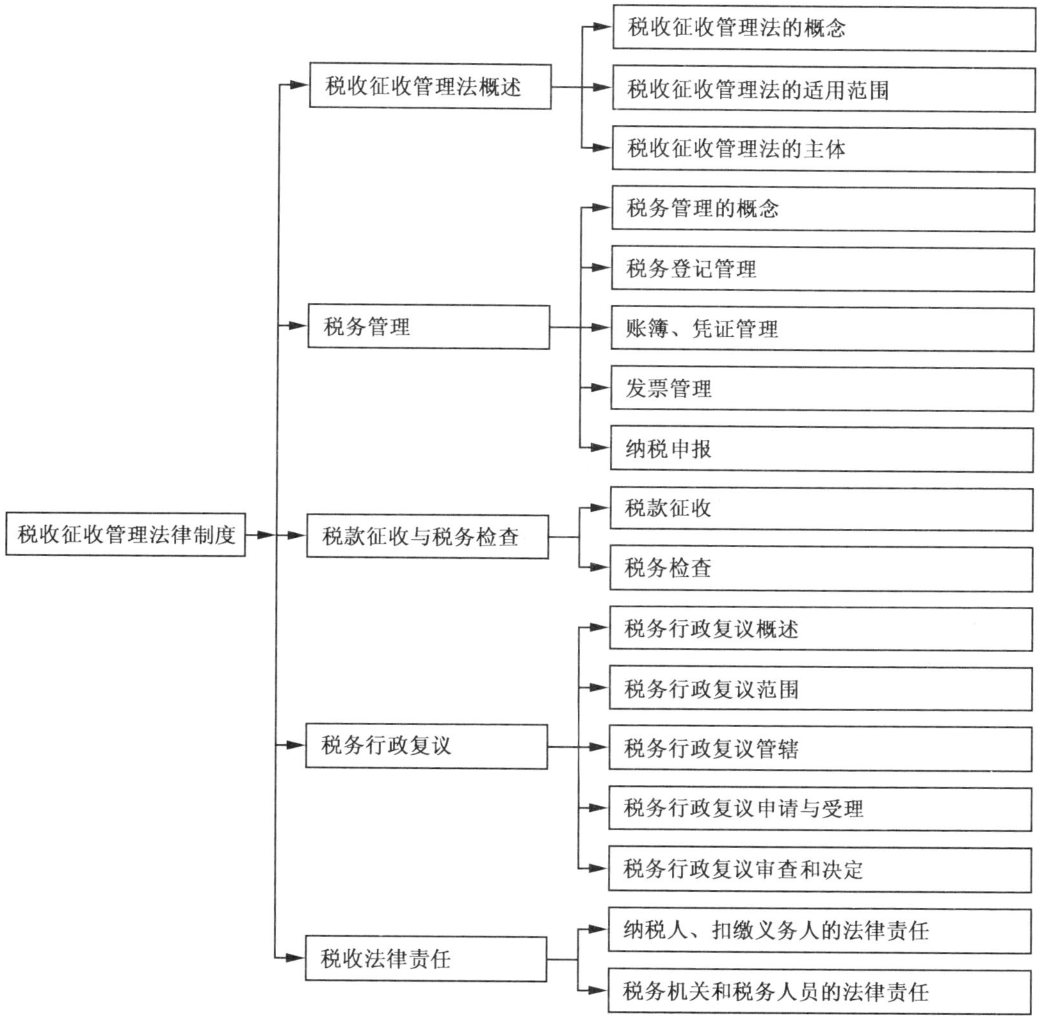

图 11－1　“税收征收管理法律制度”知识结构

知识测试与能力训练

一、单项选择题

1. 根据税收征收管理法律制度的规定，下列各项中，不属于税务机关职权的是(　　)。

A. 税务检查　　B. 税务代理　　C. 税务处罚　　D. 税款征收

2. 根据税收征收管理法律制度的规定，从事生产、经营的纳税人，应当自领取工商营业执照之日起(　　)内办理税务登记。

A. 15 日　　B. 20 日　　C. 30 日　　D. 45 日

3. 税务机关对外省、自治区、直辖市来本辖区从事临时经营活动的单位和个人申请领购发票的，可要求其提供保证人或者根据所领购发票的票面限额及数量缴纳(　　)元的保证金。

A. 不超过10 000　　B. 10 000～50 000

C. 不超过50 000　　D. 50 000

4. 销售商品、提供服务以及从事其他经营活动的单位和个人，对外发生经营业务收取款项，(　　)向(　　)开具发票；特殊情况下(如收购单位和扣缴义务人支付个人款项时)，由(　　)向(　　)开具发票。

A. 收款方　付款方　付款方　收款方　　B. 收款方　付款方　收款方　付款方

C. 付款方　收款方　收款方　付款方　　D. 付款方　收款方　付款方　收款方

5. 某餐饮公司2013年8月应缴纳营业税60 000元，城市维护建设税4 200元。该公司在规定期限内未进行纳税申报，税务机关责令其缴纳并加收滞纳金，该公司在9月30日办理了申报缴纳手续。税务机关核定该公司营业税和城市维护建设税均以一个月为一个纳税期；从滞纳税款之日起，按日加收滞纳税款0.5‰的滞纳金。该公司应缴纳的滞纳金金额是(　　)元。

A. 60 000×0.5‰×15＝450　　B. (60 000＋4200)×0.5‰×15＝481.5

C. 60 000×0.5‰×30＝900　　D. (60 000＋4200)×0.5‰×30＝963

6. 根据税收征收管理法律制度的规定，下列各项中，属于税收保全措施的是(　　)。

A. 阻止欠缴税款的纳税人或者其法定代表人出境

B. 书面通知纳税人的开户银行从其存款中扣缴税款

C. 提请工商行政管理机关吊销其营业执照

D. 查封纳税人价值相当于应纳税款的货物

7. 税务机关采取税收保全和税收强制执行措施都需要经(　　)批准。

A. 国家税务局　　B. 财政部

C. 省级人民政府　　D. 县级以上税务局(分局)局长

8. 根据税收征收管理法律制度的规定，税务机关对于单价(　　)元以下的其他生活用品，不采取强制执行措施。

A. 5 000　　B. 1 000　　C. 500　　D. 10 000

9. 下列各项中，不属于税务机关可以行使的税务检查职权的是(　　)。

A. 向扣缴义务人询问与代扣代缴有关的问题

B. 在邮电局检查扣缴义务人邮寄物品的单据和往来函电

C. 依法查询从事生产、经营的纳税人、扣缴义务人的银行存款账户

D. 到纳税人的生活场所检查纳税人应纳税的商品、货物或其他财产

10. 某企业在账簿上多列支出或者不列、少列收入，造成少缴税款的行为属于(　　)的违法行为。

A. 逃税　　B. 偷税　　C. 抗税　　D. 骗税

二、多项选择题

1. 下列税种不适用《税收征收管理法》的有(　　)。

A. 关税　　B. 城市维护建设税

C. 房产税　　D. 海关代征的消费税

2. 根据税收征收管理法律制度的规定，下列各项中，属于单位和个人申请领购发票时，应向税务机关提供的资料有(　　)。

A. 经办人身份证明　　B. 税务登记证件
C. 财务印章或者发票专用章的印模　　D. 营业执照

3. 根据《发票管理办法》及其实施细则的规定，下列说法正确的有(　　)。
A. 单位和个人开具发票时，必须全部联次一次复写、打印，内容完全一致
B. 开具发票应当使用中文，民族自治区可以同时使用当地通用的一种民族文字
C. 单位和个人不可以转让、代开发票，但可以拆本使用发票
D. 已开具的发票存根联和发票登记簿，在保存期满后可自行销毁

4. 根据税收征收管理法律制度的规定，纳税人和扣缴义务人可以采用的纳税申报方式有(　　)。
A. 委托申报　　B. 邮寄申报　　C. 数据电文方式　　D. 简易申报

5. 根据税收征收管理法律制度的规定，税务机关责令纳税人提供纳税担保的范围包括(　　)。
A. 税款　　B. 滞纳金
C. 实现税款、滞纳金的费用　　D. 罚款

6. 根据税收征收管理法律制度的规定，税务机关可以对从事生产经营的以下单位实行税收强制执行措施的有(　　)。
A. 纳税义务的关联企业　　B. 纳税担保人
C. 扣缴义务人　　D. 纳税义务人

7. 根据税收征收管理法律制度的规定，下列说法正确的有(　　)。
A. 纳税人不办理税务登记，税务机关责令其限期改正，逾期仍不改正的，由税务机关提请工商行政管理机关吊销其营业执照
B. 纳税人未按照规定期限办理纳税申报，税务机关责令其限期申报，逾期仍不申报的，由税务机关核定其应纳税额
C. 纳税人欠缴税款，税务机关责令其限期改正，逾期仍不改正的，由税务机关采取强制执行措施。
D. 依照法律、行政法规规定可以不设置账簿的，税务机关不用核定其应纳税额

8. 根据税收征收管理法律制度的规定，税务机关在税款征收中，可以采取的税款征收措施有(　　)。
A. 由税务机关核定、调整应纳税额　　B. 责令提供纳税担保
C. 采取税收保全措施　　D. 采取强制执行措施

9. 根据税收征收管理法律制度的规定，对于税务机关做出的下列具体行政行为，复议机关可以决定撤销、变更或者确认该具体行政行为违法的有(　　)。
A. 主要事实不清、证据不足的　　B. 违反法定程序的
C. 适用依据错误的　　D. 超越或者滥用职权的

10. 根据税收征收管理法律制度的规定，诉讼期间，不停止具体行政行为的执行，但有下列(　　)情形之一的，可以停止执行。
A. 被告认为需要停止执行　　B. 原告申请停止执行
C. 法律、法规规定停止执行　　D. 诉讼机关认为有必要停止执行

三、不定项选择题

2013 年 4 月，某市税务机关在对甲公司 2012 年度的纳税情况依法进行税务检查时，发现

甲公司有逃避纳税义务的行为，并有明显的转移、隐匿应纳税收入的迹象。税务机构责令甲公司于2013年4月11日～4月20日限期补税，但甲公司在4月20日期限届满后，仍拒绝补税。经市地方税务局局长批准，税务机关决定对甲公司采取税收强制执行措施。

要求：根据税收征收管理法律制度的规定，分析回答以下问题：

(1) 税务机关在对甲公司进行税务检查时，应当出示的证件、文件包括(　　)。

A. 税务人员工作证　　B. 税务人员身份证

C. 税务检查证　　D. 税务检查通知书

(2)下列对税收强制执行措施的说法中，正确的是(　　)。

A. 税务机关决定对甲公司采取税收强制执行措施符合规定

B. 税务机关只能对甲公司采取税收保全措施

C. 甲公司对税务机关的强制执行措施不服的，可以依法申请行政复议

D. 甲公司对税务机关的强制执行措施不服的，也可以依法向人民法院提起诉讼

(3)税务机关可以采取的强制执行措施包括(　　)。

A. 书面通知甲公司开户银行冻结甲公司的金额相当于应纳税款的存款

B. 书面通知甲公司开户银行从其存款中扣缴税款

C. 扣押、查封甲公司价值相当于应纳税款的商品、货物和其他财产

D. 依法拍卖或者变卖其价值相当于应纳税款的商品、货物，以拍卖或者变卖所得抵缴税款

(4)税务机关可以追征甲公司未缴税款的期限是(　　)。

A. 1年　　B. 3年　　C. 5年　　D. 无限期追征

主要参考文献

1. 财政部会计资格评价中心编．经济法基础[M]. 北京:经济科学出版社,2015.

2. 中国注册会计师协会．税法[M]. 北京:经济科学出版社,2014.

3. 梁伟样．税法[M]. 北京:高等教育出版社,2013.

4. 张亮．税法[M]. 大连:东北财经大学出版社,2012.

5. 胡兴成,喻靖文．税法[M]. 南京:南京大学出版社,2010.

6. 中华会计网校．经济法基础经典题解[M]. 北京:人民出版社,2014.

7. 国家税务总局.《中国税务年度报告(2013)》.

8.《中华人民共和国增值税暂行条例》(2008 年 11 月 10 日 国务院令第 538 号).

9.《中华人民共和国增值税暂行条例实施细则》(2008 年 12 月 15 日 财政部、国家税务总局第 50 号令).

10.《中华人民共和国消费税暂行条例》(2008 年 11 月 10 日 国务院令第 539 号).

11.《中华人民共和国消费税暂行条例实施细则》(2008 年 12 月 15 日 财政部、国家税务总局第 51 号令).

12.《中华人民共和国营业税暂行条例》(2008 年 11 月 10 日 国务院令第 540 号).

13.《中华人民共和国营业税暂行条例实施细则》(2008 年 12 月 15 日 财政部、国家税务总局第 52 号令).

14.《中华人民共和国企业所得税法》(2007 年 3 月 16 日第十届全国人民代表大会第五次会议通过).

15.《中华人民共和国企业所得税法实施条例》(国务院 2007 年 11 月 28 日通过).

16.《中华人民共和国个人所得税法》(1980 年 9 月 10 日第五届全国人民代表大会第三次会议通过,2011 年 6 月 30 日第十一届全国人民代表大会常务委员会第二十一次会议第六次修正).

17.《中华人民共和国个人所得税法实施条例》(1994 年 1 月 28 日国务院令第 142 号发布,2005 年 12 月 19 日国务院令第 452 号修订,2011 年 7 月 19 日国务院令第 600 号修订).

18.《中华人民共和国房产税暂行条例》(1986 年 9 月 15 日 国发[1986]90 号颁布).

19.《中华人民共和国契税暂行条例》(1997 年 7 月 7 日 国务院令第 224 号颁布).

20.《中华人民共和国契税暂行条例实施细则》(1997 年 10 月 28 日 财政部财法字[1997]52 号颁布).

21.《中华人民共和国土地增值税暂行条例》(1993 年 12 月 13 日 国务院令第 138 号).

22.《中华人民共和国土地增值税暂行条例实施细则》(1995 年 1 月 27 日 财法字[1995]

006 号).

23.《中华人民共和国城镇土地使用税暂行条例》(1988 年 9 月 27 日国务院令第 17 号颁布,2006 年 12 月 30 日国务院令第 483 号修订重新公布).

24.《中华人民共和国车船税法》(2011 年 2 月 25 日第十一届全国人大常委会第十九次会议通过).

25.《中华人民共和国车船税法实施条例》(2011 年 11 月 23 日 国务院令第 611 号颁布).

26.《中华人民共和国印花税暂行条例》(1988 年 8 月 6 日 国务院令第 11 号颁布).

27.《中华人民共和国印花税暂行条例实施细则》(1988 年 9 月 29 日 财政部[1988]财税 255 号颁布).

28.《中华人民共和国资源税暂行条例》.

29.《中华人民共和国资源税暂行条例实施细则》(2011 年 10 月 28 日 财政部、国家税务总局令第 66 号).

30.《中华人民共和国海关法》(1987 年 1 月 22 日第六届全国人大常委会第十九次会议通过,2000 年 7 月 8 日第九届全国人大常委会第 16 次会议修正).

31.《中华人民共和国进出口关税条例》(2003 年 11 月 23 日 国务院令第 392 号).

32.《中华人民共和国城市维护建设税暂行条例》(1985 年 2 月 8 日 国发[1985]19 号).

33.《中华人民共和国车辆购置税暂行条例》(2000 年 10 月 22 日 国务院令第 294 号颁布).

34.《中华人民共和国税收征收管理法》(1992 年 9 月 4 日第七届全国人民代表大会常务委员会第二十七次会议通过,1995 年 2 月 28 日第八届全国人民代表大会常务委员会第十二次会议修正,2001 年 4 月 28 日第九届全国人民代表大会常务委员会第二十一次会议修正).

35.《中华人民共和国税收征收管理法实施细则》(2002 年 9 月 7 日 国务院第 362 号令).